KB266367

프롭테크 AI 주역 부동산 투자론

표지 그림 해설(의미)

1. 중앙 구조물: 가치와 지혜의 결합

1) 한국 전통 건축물 형태 (탑/정자): 의미: 부동산 자산의 '토대'와 '영속성'을 상징합니다. 오랜 시간 동안 변하지 않는 가치와, 주역(周易)에서 상징되는 동양적 지혜, 즉 투자의 근본 원리를 내포하고 있습니다. 이는 단순한 건물이 아니라, 깊은 통찰과 역사를 가진 투자 대상임을 암시합니다.

2) AI 칩 (Chip) 상징: 의미: 전통적인 건축물의 최정점에 위치하여 전체를 지배하는 '주역(主役)'을 나타냅니다. 이는 인공지능이 과거의 지혜를 계승하면서도, 현재와 미래의 부동산 투자 결정에 있어 가장 중요한 동력이자 최고의 통찰력을 제공함을 의미합니다.

2. 색상 및 에너지: 번영과 혁신

1) 주요 색상 (골드/밝은 노란색): 의미: 부(富), 성공, 가치, 번영을 상징합니다. 이 색상은 프롭테크 AI를 통한 투자 전략이 궁극적으로 가져올 높은 수익성과 긍정적인 결과를 강조하며, 대학교재 표지로 사용될 경우 학문적 가치와 미래 전망을 밝게 비춥니다.

2) 빛의 궤도/고리 (에너지): 의미: AI가 만들어내는 정보의 흐름, 연결성, 강력한 시너지를 상징합니다. 전통적인 자산에 최첨단 분석 기술을 결합하여 발생하는 혁신적인 투자 에너지를 시각적으로 표현합니다.

3. 주변 요소: 글로벌 데이터 기반 환경

1) 지구본 (Globe): 부동산 투자가 이제 지역적 경계를 넘어 글로벌한 시각에서 이루어져야 함을 나타냅니다. AI가 전 세계의 시장 데이터와 트렌드를 분석하는 광범위한 기반임을 시사합니다.

2) 배경의 도시 야경 및 데이터 패널: 복잡하게 얽힌 현대 도시의 부동산 시장과, 그 속에서 데이터와 알고리즘이 끊임없이 작동하고 있음을 보여줍니다. AI가 이 복잡성 속에서 투자자에게 명확한 길을 제시해 줄 수 있음을 암시합니다.

프롭테크 AI
주역 부동산 투자론

초판 1쇄 발행 2026년 4월 1일

지은이   박운선
펴낸이   이기봉
편집   좋은땅 편집팀
펴낸곳   도서출판 좋은땅
주소   서울특별시 마포구 양화로12길 26 지월드빌딩 (서교동 395-7)
전화   02)374-8616~7
팩스   02)374-8614
이메일   gworldbook@naver.com
홈페이지   www.g-world.co.kr

ISBN   979-11-388-5679-9 (03320)

프롭테크 AI
주역 부동산 투자론

PropTech AI-driven
Real Estate Investment Theory

공명(共鳴) 박운선 Woonseon Park 저자

좋은땅

저자 소개

박운선의 공명학(共鳴學); GMPWS

Analysis: 이성의 공명 (지식의 분석)

Insight: 통찰의 공명 (지혜의 예견)

Value: 감성의 공명 (영혼의 울림)

'차가운 머리(Analysis)'와

'명석한 눈(Insight)'을 가지고 살아가되,

가장 뜨거운 '영혼의 심장(Value)'을 잃지 말라.

공간 불평등을 해소하는 미래 자산 경영의 개척자

저자는 지난 30여 년간 경제학, 부동산경제학, 금융학, 미래 경영학을 관통하며 '공간 불평등 해소'를 시대적 소명으로 삼아온 독보적인 전문가입니다. 국내1호 부동산경제학 박사로서 현재 미국 캐롤라인대학교 미래자산경영 교수 및 한성대학교 부동산대학원 겸임교수로 재직하며, 이론과 실무, 정책을 잇는 가교 역할을 하고 있습니다.

시대의 해법: 프롭테크 AI와 주역(周易)의 만남

신간 《프롭테크 AI 주역 부동산 투자론》에서 저자는 기존의 낡은 가치 평가 패러다임을 깨고 인공지능(AI)과 고전의 지혜인 주역을 결합한 혁명적인 투자론을 제시합니다.

AI 지식 분석: 첨단 데이터와 AI 기술을 통해 부동산 가치를 정밀하게 재정의합니다.

주역의 통찰: 변화의 원리인 주역의 지혜를 빌려 시장의 흐름을 통찰하고 미래를 예언적 시각으로 조망합니다.

비전 제시: 단순한 자산 증식을 넘어, 기술과 지혜가 조화를 이루는 '미래 자산 관리'의 새로운 이정표를 독자들에게 선사합니다.

학문적 깊이와 독창적 세계관: 공명학(共鳴學)

저자는 최초로 '공명학; GMPWS'을 창시하여 인간의 영혼과 공간 자산이 상호작용하는 원리를 정립했습니다.

SDHM(영혼 이중나선 모델): 영혼이 만드는 공간 자산의 개념을 통해 삶의 질을 높이는 본질적 가치를 탐구합니다.

FCG(공간자산 가지 모델): 공간 불균형 해소가 사회에 기여하는 바를 금융적으로 측정하는 독창적 모델을 개발하였습니다.

1. 주요 저서 및 활동

《프롭테크 AI 주역 부동산 투자론》,《ESG 부동산경제학》,《디지털자산과 부동산 금융론》,《공명학 1: 영혼 이중나선 모델(SDHM)》,《공명학 2: FCG 공간자산 가지(枝) 모델》등 다수의 저서를 통해 AI 시대의 새로운 학문적 지평을 열어가고 있습니다.

"부(富)를 넘어 공간을 통해 모두의 가치를 재창조하고, 영혼으로 삶을 완성하는 진정한 개척자의 길을 제안합니다."

2. 학위논문
- 주택하위시장별 특성가격 모형 추정에 관한 연구, 한성대학교(박사학위논문)
- 수도권 자연보전권역 자연휴양림의 비사용 가치에 대한 연구, 청주대학교(박사학위논문)
- 有望中小企業의 資金管理 行態에 관한 研究, 건국대학교(석사학위논문)
- 직업체험활동의 효과성 및 만족도에 관한 연구, 중앙대학교(석사학위논문)

3. 학술논문 외 다수

- K-리더십의 원형, 유일한 박사 연구: ESG와 CSV 관점을 중심으로
- 성수동 수제화 산업의 ESG 실천과 공간문화자산 불평등 해소에 관한 연구
- ESG기반 지속 가능한 문화자산 도플러 효과 연구
- 공공개발택지정책에 관한 연구: 안양 연현지구를 중심으로
- 한국기업의 해외부동산직접투자 진출에 대한연구
- 국유재산관리실태 조사의 효율적 개선에 대한 연구
- 상가권리금의 결정요인에 관한 연구(상가 매매가격의 영향을 중심으로)

4. 관공서 프로젝트(보고서)

- 의왕 장안지구 A1 A2 BL 공동주택 건설사업 전환 타당성 검토
- 아주 특별한 공연장 건립 기본계획 및 타당성 조사 용역
- 김해 율하도시개발사업 특수목적법인 착수 보고(안)
- 안양9동 지역 역량 강화 (도심 재생) 사업 교육 용역

외 다수의 학술 논문과 실무를 통해 끊임없이 AI시대의 새로운 학문의 지평을 열어 가고 있다.

위대한 재통합의 서막

인공지능(AI)의 시대, 우리는 기술 발전의 정점에서 역설적으로 가장 오래된 지혜를 다시 소환해야 하는 문명사적 전환기에 서 있다. 데이터 과학의 초합리성이 만들어낸 의미의 공백은 주역(周易)과 같은 고대의 통합적 사유 체계와 만날 때 비로소 채워질 수 있다. 챗GPT가 인간의 언어를 모방하고, AI가 시장을 예측하는 지금, 우리는 "그래서, 무엇이 중요한가?"라는 근본적인 질문과 마주하게 된다. 효율성과 생산성만으로는 채워지지 않는 가치의 영역, 그것이 바로 이 책의 학문적 탐구의 출발점이다.

지난 수 세기 동안 서구 문명은 분석과 분리의 길을 걸어왔다. 과학은 철학에서, 이성은 감성에서, 물질은 정신에서 분리되었다. 이 위대한 분업은 인류에게 눈부신 기술적 진보를 선물했지만, 동시에 우리는 세상의 모든 것이 연결되어 있다는 근원적인 진실을 잊어버렸다. 이제, AI라는 거울은 우리에게 그 분리의 한계를 명확히 보여 주고 있다.

본서는 주역이 단순한 점술이 아니라 변화의 패턴을 읽는 정교한 '운영체제'임을 학술적으로 증명하고, 이 고대의 알고리즘이 양자과학, AI, 그리고 우리가 살아가는 공간인 부동산의 미래와 어떻게 필연적으로 연결되는지 그 장대한 이론적 프레임워크를 제시하고자 한다. 우리는 이 새로운 통합 패러다임의 구현체를 '프롬테큰(Prom-Tekn)'이라 명명한다. 이는 우리의 의도와 질문('프롬프트(Prompt)')이 최첨단 '기술(Technology)'과 만나, 단순한 정보가 아닌 '지혜'를 창조하는 새로운 시대를 상징한다. 이것은 과거로의 회귀가 아니다. 이것은 인류가 잃어버렸던 반쪽의 지혜를 되찾아, 기술과 온전한 하나가 되는 미래를 향한 가장 급진적인 통합의 시작이다.

미래 연구자를 위한 항해 지도

본서는 단순한 지식의 전달을 넘어, 미래 부동산 시장을 주도하고자 하는 연구자 및 전문가들을 위한 전략적 사고의 틀을 제공한다. AI가 모든 것을 계산하고 예측하는 시대에, 진정한 경쟁 우위는 데이터 너머의 '의미'와 '패턴'을 읽어 내는 통합적 지혜에서 비롯된다. 이 책은 당신이 바로 그 '미래 설계자'가 될 수 있도록 돕는 학술적 항해 지도이다.

첫째, 다학제적 렌즈로 비판적으로 읽어야 한다. 본서는 주역, 양자과학, AI, 신경건축학, 부동산학이라는 서로 다른 렌즈를 통해 세계를 조망한다. 각 부를 읽을 때마다 의식적으로 렌즈를 교체하며, 각 이론의 전제와 한계를 비판적으로 고찰해야 한다. 이 훈련은 다각적이고 입체적인 사고 능력을 길러 줄 것이다.

둘째, 사례 연구를 통해 이론을 현실에 적용해야 한다. 각 장에는 이론적 논의를 뒷받침하는 구체적이고 상세한 사례 연구가 포함되어 있다. 이 사례들을 통해 추상적인 개념이 현실 세계에서 어떻게 작동하는지 심층적으로 이해하고, 자신의 연구나 실무에 적용할 수 있는 시사점을 도출해야 한다.

셋째, **단절이 아닌 연결과 융합에 주목해야 한다.** 본서의 가장 중요한 학술적 기여는 '통합'에 있다. 각 장의 내용을 독립된 지식으로 받아들이지 말고, "1장의 주역 원리가 6장의 디지털 풍수와 어떻게 연결되는가?", "3장의 시장 사이클 분석이 9장의 도시 공간 재편과 어떻게 이어지는가?"처럼 끊임없이 연결고리를 찾으려 노력해야 한다. 이 연결점들이 바로 새로운 연구 주제와 혁신의 기회가 숨어 있는 지점이다.

넷째, **각 장의 요약과 질문을 성찰의 도구로 삼아야 한다.** 각 절의 끝에는 '이것만은 꼭!', 각 장의 끝에는 전체 내용을 한눈에 파악할 수 있는 '요약 및 활용가이드'가 제시된다. 이를 통해 학습한 내용을 구조화하고, 제시된 질문들에 답하며 자신만의 학문적 청사진을 그려 나가야 한다. 이 과정은 수동적인 독자를 능동적인 연구자로 바꾸는 지적 연금술이 될 것이다.

다섯째, **고전 통찰로 미래를 디자인하라.** 64괘 원리 익혀 현실 문제에 적용하고 투자전략 연구를 기록하라.

마지막으로, **부록을 확장된 연구의 발판으로 활용해야 한다.** 책의 마지막에 수록된 부록들은 탐구를 더 깊고 넓게 확장시켜 줄 것이다. 핵심 용어 해설은 새로운 개념을 명확히 하고, 참고 문헌과 논문 목록은 더 깊은 지식의 바다로 안내할 것이다. 본서는 당신을 특정한 목적지로 인도하지 않는다. 대신, 어떤 미지의 바다에서도 스스로 길을 찾고 새로운 항로를 개척할 수 있는 항해술 그 자체를 제공할 것이다.

목차

저자 소개 ·· 05

프롤로그: 위대한 재통합의 서막 ··································· 08

활용 가이드: 미래 연구자를 위한 항해 지도 ················· 10

서문: 총론 ·· 19

제1부
새로운 렌즈: 고대의 지혜와 현대 과학의 통합

제1장 변화의 운영체제: 주역, 원형 알고리즘 ················· 36

1.1 오해의 해체: 점술에서 전략적 프레임워크로 ············ 36

1.2 라이프니츠의 이진법과 64괘 ······························· 42

1.3 복잡계 모델링: 주역, 상태-공간 지도 ···················· 48

1.4 요약 및 활용 가이드 ··· 54

제2장 현실의 공명: 양자물리학, 동시성, 그리고 데이터 ··· 56

2.1 양자적 세계관: 상보성과 중첩 ····························· 56

2.2 칼 융의 동시성: 비인과적 연결 원리 ···················· 61

2.3 동시성에서 다중 모드 데이터로 ··························· 66

2.4 요약 및 활용 가이드 ··· 70

제3장 변화의 다섯 얼굴: 오행으로 본 시장 사이클 모델링 ··· 72

3.1 오행 프레임워크: 선형적 사고를 넘어서 ················ 73

3.2 부동산 시장 사이클에 오행 맵핑하기 ···················· 78

3.3 경험적 증거: 데이터 기반 사이클 분석 ·················· 83

3.4 요약 및 활용 가이드 ··· 89

제2부

살아 있는 시스템으로서의 공간: 풍수에서 신경건축학까지

제4장 살아 있는 공간의 과학: 풍수의 재해석 ··························· 92

4.1 미신을 넘어: 풍수, 환경 심리학 ·················· 92

4.2 과학적 검증: 현대 연구와 공간의 웰빙 ·················· 97

4.3 조화와 갈등의 사례 연구: 경복궁에서 홍콩의 '풍수 전쟁'까지 ······ 102

4.4 요약 및 활용 가이드 ·················· 108

제5장 공간이 뇌에 미치는 영향: 신경건축학과 생명애 디자인 ············· 110

5.1 신경건축학: 건물이 우리의 뇌를 형성하는 방법 ·················· 110

5.2 생명애 디자인: 인간의 본능적인 자연 친화 욕구 ·················· 116

5.3 웰빙의 투자수익률(ROI): 건강한 건물의 가치 정량화 ·················· 120

5.4 요약 및 활용 가이드 ·················· 125

제6장 도시의 운명: 거시 풍수와 미래 도시 계획 ························· 128

6.1 국운풍수: 도시의 에너지 청사진 읽기 ·················· 128

6.2 AI 시대의 도시: 새로운 '용맥', 데이터와 인재 ·················· 133

6.3 디지털 풍수: AI를 활용한 도시 기(氣) 모델링 및 시뮬레이션 ······· 137

6.4 요약 및 활용 가이드 ·················· 143

제3부

거대한 재조정: AI, 일, 그리고 부동산 수요의 미래

제7장 일의 재구성: 초능력을 가진 전문가 ························· 148

7.1 거대한 재조정: 일자리 대체에서 과업 자동화로 ·················· 148

7.2 휴먼 임페러티브: 인간 가치가 존속하는 영역 ·················· 153

7.3 레거시 산업의 초능력을 가진 전문가   158

7.4 요약 및 활용 가이드   163

제8장   기업의 해체와 프로토콜 경제의 부상   165

8.1 거래 비용의 종말: AI와 API 경제   165

8.2 기업에서 프로토콜로: 새로운 경제 모델   172

8.3 '1인 유니콘'과 부동산에 미치는 영향   178

8.4 요약 및 활용 가이드   184

제9장   일터의 재정의: 포스트-오피스 시대의 도시   187

9.1 하이브리드 혁명: '문화적 허브'로서의 사무실   187

9.2 15분 도시: 도시 생활의 분산화   193

9.3 콘크리트 거인의 용도 변경: 오피스 빌딩에서 수직 농장으로   198

9.4 요약 및 활용 가이드   202

제4부

프롭테크: 미래 부동산의 청사진

제10장 프롭테크: 데이터에서 서비스로서의 지혜(WaaS)까지   206

10.1 프롭테크 2.0의 한계: 데이터-지혜 격차   207

10.2 프롭테크의 재정의: 프롬프트와 기술의 통합   211

10.3 WaaS 비즈니스 모델: 전략적 통찰의 민주화   216

10.4 제10장 요약 및 활용 가이드   221

제11장 다중 모드 융합 엔진: 기술 아키텍처   223

11.1 핵심 과제: 이종 데이터의 융합   224

11.2 해결책: 공통의 상징 언어로서의 괘(卦)   229

11.3 4개의 데이터 층위와 해당 AI 모델   234

11.4 요약 및 활용 가이드 ·· 240

제12장 초개인화 부동산: 에너지와 공간의 매칭 ······················· 242

12.1 원-사이즈-핏츠-올 추천의 실패 ································· 242

12.2 '에너지 프로필' 생성 ·· 247

12.3 '조화 점수': '적합성'을 위한 새로운 측정 기준 ··············· 252

12.4 요약 및 활용 가이드 ·· 257

제5부

미래를 위한 청사진: 새로운 시대를 위한 제언

제13장 개발자와 투자자의 새로운 임무: 삶의 플랫폼 큐레이션 ·········· 262

13.1 자산 건설자에서 플랫폼 큐레이터로 ···························· 262

13.2 통합적 가치 제안 ··· 268

13.3 생성형 디자인: AI와의 공동 창작 ······························ 273

13.4 요약 및 활용 가이드 ·· 278

제14장 건축가의 재탄생: '공간의 연금술사' ·························· 280

14.1 기술자의 함정에서 벗어나기 ····································· 280

14.2 오케스트레이터와 스토리텔러로서의 건축가 ··················· 285

14.3 새로운 도구 상자: 프롬프트, AI, 그리고 고대의 지혜 ·········· 289

14.4 요약 및 활용 가이드 ·· 294

제15장 미래는 예측이 아닌 선택이다 ································· 296

15.1 결정론적 무력감의 극복 ··· 296

15.2 윤리적 의무: 편향과 불평등의 문제 해결 ······················ 300

15.3 프롭테크 세대를 향한 행동 촉구 ································ 307

15.4 요약 및 활용 가이드 ·· 311

제6부
주역 64괘 성공 실무 적용 사례 연구

제16장 건乾부 적용 사례 ································· 316

  16.1 건위천(乾爲天), 천택리(天澤履), 천화동인(天火同人) ··········· 317

  16.2 천뢰무망(天雷无妄), 천풍구(天風姤), 천수송(天水訟) ··········· 323

  16.3 천산돈(天山遯), 천지부(天地否) ································· 329

제17장 태兌부 적용 사례 ································· 334

  17.1 택천쾌(澤天夬), 태위택(兌爲澤), 택화혁(澤火革) ··············· 335

  17.2 택뢰수(澤雷隨), 택풍대과(澤風大過), 택수곤(澤水困) ··········· 341

  17.3 택산함(澤山咸), 택지췌(澤地萃) ································· 347

제18장 이離부 적용 사례 ································· 351

  18.1 화천대유(火天大有), 화택규(火澤睽) ··························· 352

  18.2 이위화(離爲火), 화뢰서합(火雷噬嗑) ··························· 356

  18.3 화풍정(火風鼎), 화산여(火山旅), 화지진(火地晉), 화수미제(火水未濟) 361

제19장 진震부 적용 사례 ································· 368

  19.1 뢰천대장(雷天大壯), 뢰택귀매(雷澤歸妹), 뢰화풍(雷火豊) ········ 369

  19.2 진위뢰(震爲雷), 뢰수해(雷水解) ································· 374

  19.3 뢰산소과(雷山小過), 뢰지예(雷地豫), 뢰풍항(雷風恒) ··········· 378

제20장 손巽부 적용 사례 ································· 383

  20.1 풍천소축(風天小畜), 풍택중부(風澤中孚), 풍화가인(風火家人) ·· 384

  20.2 풍뢰익(風雷益), 손위풍(巽爲風), 풍수환(風水渙) ··············· 390

  20.3 풍산점(風山漸), 풍지관(風地觀) ································· 396

제21장 감坎부 적용 사례 ·· 401

21.1 수천수(**水天需**), 수택절(**水澤節**), 수화기제(**水火旣濟**) ········· 402

21.2 수뢰둔(**水雷屯**), 수풍정(**水風井**), 감위수(**坎爲水**) ··············· 408

21.3 수산건(**水山蹇**), 수지비(**水地比**) ······························· 412

제22장 간艮부 적용 사례 ·· 417

22.1 산천대축(**山天大畜**), 산화비(**山火賁**), 산뢰이(**山雷頤**) ········· 418

22.2 산풍고(**山風蠱**), 산수몽(**山水蒙**) ······························· 423

22.3 간위산(**艮爲山**), 산지박(**山地剝**), 산택손(**山澤損**) ··········· 427

제23장 곤坤부 적용 사례 ·· 432

23.1 지천태(**地天泰**), 지택림(**地澤臨**), 지화명이(**地火明夷**) ········· 433

23.2 지뢰복(**地雷復**), 지풍승(**地風升**), 지수사(**地水師**) ··········· 438

23.3 곤위지(**坤爲地**), 지산겸(**地山謙**) ······························· 444

제7부

연구논문 모델 개발

제24장 영혼 이중나선(Soul Double Helix) 모델을 통한 공간자산의 지속

가능한 가치 연구 ·· 450

24.1 서론: AI 시대의 위기와 가치의 재발견 ······························· 451

24.2 이론적 배경: 영혼 이중나선 모델의 아키텍처 ······················· 456

24.3 진단 및 분석: 4가지 불균형 프로파일과 리스크 ····················· 459

24.4 영(**靈**) 나선 개발 기술: 존재론적 나침반의 구축 ··············· 462

24.5 혼(**魂**) 나선 개발 기술: 애자일 실행과 데이터화 ··············· 466

24.6 시너지 공학: 공간자산의 형성 메커니즘 ··························· 469

24.7 결론 및 시사점: 유산(Legacy)과 지속 가능성 ····················· 472

에필로그: 더 조화로운 세상을 향하여 ······························· 475

참고 문헌 ··· 477

부록: 주역(周易) 핵심 해설 ·· 481

　　1. 주역 64괘(周易六十四卦) ······································ 482

　　2. 오행(五行) ··· 485

　　3. 효(爻) ··· 486

　　4. 핵심 용어 해설 ·· 487

서문

총론

전통과 미래가 완성하는 신(新)부동산 생태계

본 모델은 창시자 박운선이 정립한 이론으로, 고전적 가치인 '주역(I-Ching)'의 지혜'와 현대적 혁신인 '프롭테크(Proptech, 부동산 기술)'를 하나로 통합한 혁신적인 패러다임입니다.

우리는 부동산을 단순한 거래 물건이 아닌, 인간의 삶과 운명을 담아내는 '생명체'로 격상시켰습니다. 이를 통해 최적의 주거 및 투자 가치를 창출하는 최초의 융합 모델을 선보입니다.

"당신은 어떤 미래를 선택하겠습니까?"

본 이론은 인류 역사상 최초로 '물질적 풍요(부동산 자산)'와 '정신적 평안(운명의 조화)'을 동시에 해결하고자 하는 도전적인 시도입니다. 단순히 차가운 데이터 수치에만 휘둘리는 수동적인 투자자에서 벗어나, 스스로 운명을 개척하는'부동산의 주인'이 되는 길을 명확히 제시합니다.

프롭테크가 제안하는 객관적 수치와 주역이 말하는 운명적 흐름을 결합하여, 지금까지 '정보의 부족'이 아닌 '운명적 불일치'로 인해 실패했던 당신의 투자 실수를 근본적으로 바로잡겠습니다. 이를 통해 당신을 상위 1% 지혜로운 자산가의 길로 안내할 것입니다.

"차가운 데이터와 따뜻한 지혜의 만남, 당신의 인생을 바꿀 부동산의 새로운 문을 엽니다."

이 이론은 단순히 부동산으로 돈을 버는 기술을 넘어, "왜 데이터는 맞는데 사람은 행복하지 않은가?"라는 근본적인 질문에서 시작되었습니다. 수만 건의 실거래 데이터와 수천 명의 임상 사례를 정밀하게 대조한 끝에 탄생한 이 모델은, 부동산 산업이 '물질'에서 '데이터'로, 그리고 최종적으로는 '인간의 삶'으로 진화하는 과정을 보여 주는 최초의 부동산 완결형 생태계입니다.

부동산 패러다임의 대전환: 프롭테크와 주역의 만남

오늘날 부동산 시장은 단순한 '정보의 싸움'을 넘어섰습니다. 과거 우리는 입지, 학군, 교통 등 눈에 보이는 데이터에만 매달려 왔으나, 이는 부동산을 오직 '물건'으로만 바라보는 반쪽짜리 접근이었습니다.

"왜 같은 아파트, 같은 라인에 살아도 누군가는 승승장구하고 누군가는 우환이 끊이지 않을까요?"

이 질문에 대한 해답을 찾기 위해 다음 세 가지 핵심 요소를 결합한 최초의 융합 모델을 제시합니다.

① Foundation(전통적 지식): 오랜 세월 검증된 근본적 토대
② Engine(프롭테크 기술): 현대적이고 정밀한 분석 도구

우리는 차가운 숫자가 분석하는 '물리적 가치' 위에 인간의 운명과 공간의 흐름을 읽는 '에너지 가치'를 입혔습니다. 부동산을 단순한 소유물이 아닌, 당신의 운명을 돕는 '에너지 증폭기'로 재정의하고자 합니다.

데이터의 이성과 주역의 지혜가 만나는 부동산의 신세계

현재 부동산 시장은 단순한 투자 기법이나 차가운 데이터 분석(Proptech)에만 치우쳐 있습니다. 하지만 수치만으로는 결코 채워지지 않는 투자자의 '불안감'과 '운명적 선택'에 대한 갈증은 여전히 존재합니다.

최초로 첨단 부동산 기술(Proptech)과 동양 최고의 지혜인 주역(周易)을 융합한 독보적인 모델을 제시합니다.

부동산을 바라보는 관점을 완전히 바꾸어, 독자들에게 단순히 돈을 버는 기술을 넘어 자신과 가족을 살리는'명당'을 찾는 법과 최적의 '타이밍'을 잡는 지혜를 전수하고자 합니다.

1. 부동산 패러다임의 대전환: 박운선 창시자의 고유 모델

1) 배경 및 목적: 창시자 고유 모델 및 공식

박운선 창시자는 기존 부동산 시장의 한계를 극복하기 위해 통찰을 결합한 고유 모델 및 과학적·철학적 공식을 개발하였습니다.

구분	내용 (박운선 창시자 개발 모델)	비고
핵심 공식	프롭테크(기술) + 주역(지혜) = 가치 최적화 상품	기술과 인문학의 결합
통합 모델	신(新)부동산 생태계 통합 이론 모델	전통 서비스 + 현대 기술 + 동양 철학
실행 알고리즘	개인별 맞춤형 매칭 (Personal Matching Algorithm)	사주/성장 + 입지/기술데이터
3대 프로세스	1. 데이터 스캐닝 → 2. 에너지 분석 → 3. 최적 타이밍 결정	원스톱 의사결정 시스템

핵심 가치: 과거의 시장이 중개사의 경험과 서류상 데이터에만 의존했다면, 본 모델은 서류상 완벽해도 입주 후 건강이나 사업이 악화되는 **'에너지 불일치'** 현상을 해결합니다. 기술(AI)이 길을 찾고 지혜(주역)가 방향을 결정하여, 부동산을 투기 대상이 아닌 '인간의 삶을 풍요롭게 하는 살아 있는 유기체'로 재정의합니다.

2) 핵심 개념: 데이터와 통찰의 결합

프롭테크(Proptech): AI, 빅데이터, VR을 통해 부동산의 투명성과 효율성을 극대화하는 물리적 도구입니다.

주역(Insight): 단순 수치를 넘어 기운(Energy), 흐름(Flow), 시기(Timing)를 읽는 고차원적 분석입니다.

통합의 결과: 전통적인 신뢰(Trust) 위에 데이터의 정확성(Data)을 더하고, 주역의 통찰로 마침표를 찍는 '올인원(All-in-one)' 가치 창조입니다.

3) 주요 표현(Key Messages)

"기술은 길을 찾고, 지혜는 답을 안다."

"부동산은 단순히 돈을 버는 기술이 아니라, 나의 운명을 바꾸는 에너지 증폭기이다."

"아무리 날카로운 칼(부동산)이라도 내 손(운때)에 맞지 않으면 상처를 입을 뿐이다."

4) 박운선 창시자 모델의 3대 핵심 프로세스

박운선 창시자가 개발한 이 솔루션은 독자에게 다음과 같은 단계적 해법을 제공합니다.

(1) 1단계: 데이터 스캐닝(Proptech)

AI 알고리즘을 통해 전국 매물의 가치를 1차 필터링하여 객관적 우량 매물을 선별합니다.

(2) 2단계: 시공간 에너지 분석(I Ching)

선별된 매물에 주역 64괘를 적용하여 공간의 기운을 읽습니다. "이 집이 나를 부자로 만들어 줄 것인가?"를 판별합니다.

(3) 3단계: 최적의 타이밍 결정(The Solution)

가격 정보와 주역의 '운의 흐름'을 결합하여 최종 매수/매도 시점을 확정합니다.

5) 실전 사례(Case Study)

상황: 강남 A 아파트 매수를 고민 중인 40대 사업가 김 대표의 선택

프롭테크(기술) 분석: "현재 저평가 구간이며 2년 내 15% 상승 예상, 적극 추천."

주역(지혜) 통찰: 김 대표의 사주와 해당 토지의 지기를 분석한 결과, 현재 김 대표는 '수천수(水天需)' 괘로 '기다림이 복이 되는 시기'임.

해석: 객관적 가치는 훌륭하나, 현재 김 대표의 기운과는 충돌함. "지금이 아닌 3개월 뒤 매수하라"는 전략적 처방을 내려 위기를 관리하고 이익을 극대화함.

[결론] 부동산 패러다임의 대전환

박운선 창시자의 이론은 데이터에만 매몰된 서구식 부동산 투자론을 넘어, '인간

중심의 철학'을 입힌 혁명적인 모델입니다. 이는 'K-부동산 철학'의 표준이 될 것이며, 고객에게 가장 완벽한 시점과 공간을 제안하는 궁극의 지표가 될 것입니다.

2. 현황 분석 및 문제 제기

1) 내용: 현실 진단과 이론의 필요성

전통적인 부동산 투자는 지금까지 오로지 '입지'와 '가격'이라는 지표에만 매몰되어 왔습니다. 하지만 우리는 똑같은 단지, 똑같은 아파트 내에서도 어떤 집은 부를 부르고, 어떤 집은 우환을 불러오는 사례를 수없이 목격합니다. 이는 단순한 데이터만으로는 설명할 수 없는 '보이지 않는 기운'의 영역이 분명히 존재하기 때문입니다.

프롭테크(Proptech)의 한계: 건물의 물리적 건전성과 가격의 적정성은 알려주지만, 그 공간이 과연 '나'와 맞는지에 대한 운명적 적합성은 답해 주지 못합니다.

주역(周易)의 보완: 데이터가 놓치기 쉬운 지형의 형세, 물의 흐름, 거주자의 사주와 공간의 오행 조화를 분석하여 투자의 완성도를 비약적으로 높여 줍니다.

2) 주요 표현: 핵심 원칙 및 분석 기법

독자의 이해를 돕기 위해 분석의 핵심 단계를 세 가지 '나침반(Compass)' 모델로 정의합니다.

(1) 1단계: 기초 확립(Foundation)

전통 지식 기반 법률 및 서비스 분석: 부동산의 물리적 상태, 공법적 규제 등 가장 기초적인 토대를 확인하는 단계입니다.

(2) 2단계: 정밀 분석(Engine)

프롭테크(AI) 데이터 최적화: 최근 3년간의 실거래가 흐름을 통해 가격 안정성을 확인하고, 5년 이내의 교통(GTX, 지하철 등) 및 편의시설 확충 계획을 데이터로 입증하여 효율성을 극대화합니다.

(3) 3단계: 조화와 예측(Compass)

주역(지혜)을 통한 인간과 공간의 상생: 해당 입지의 기운이 거주자의 부족한 오행을 채워주는지 분석(同氣感應)합니다.

최종 판정표: AI 데이터와 주역의 통찰을 통합하여 '매수/보류/매도'에 대한 최적의 의사결정을 내리는 시뮬레이션 단계입니다.

■ 예시: 실전 종목별 융합 솔루션

종목	프롭테크 분석(기술)	주역 통찰 및 처방(지혜)
아파트	바닥권 확인, 학군 수요, 30평대 환금성 분석	동호수의 방위와 세대주의 사주 매칭. 기운이 충돌할 경우 인테리어 소재(금속, 색상 등)로 중화
상가	유동 인구 데이터, 업종 적합도, 예상 수익률(5%) 분석	입구의 기운 분석. 재물이 고이지 않고 흘러가는 방위라면 '수재운(守財運)' 보강 처방.
토지	지자체 조례상 개발 행위 허가 가능 여부, 도로 확장 계획 확인	지형의 형세(산풍고 괘 등) 분석. 정체된 기운을 풀어주는 '비보(裨補)' 작업 선행 제안

[결론] 왜 똑같은 아파트인데 옆집만 부자가 될까?

"1001호는 주인의 운에 맞춰 기(氣)를 활용하는 '프롭테크+주역'의 조화를 이루었기 때문이며, 1002호는 데이터만 보고 자신의 기운과 상극인 공간에 머물렀기 때문입니다."

프롭테크는 우리에게 '무엇(What)'을 살 것인지 알려 주지만, 주역은 우리에게 '어떻게(How)’ 그 공간과 공존하며 복을 누릴 것인지를 알려줍니다.

이 두 가지가 만날 때 비로소 부동산은 단순한 물건이 아닌, 당신의 운명을 돕는 조력자가 됩니다.

3. 기본 원칙 및 가치

1) 이론적 배경 및 핵심 개념

부동산의 주인은 데이터가 아니라 ‘사람’입니다. 박운선 창시자의 통합 모델 (Ultimate Synthesis)은 전통적인 부동산의 ‘신뢰’와 현대 기술의 ‘지능’, 그리고 고전 철학의 ‘지혜’가 하나로 묶인 혁신적 솔루션입니다.

(1) 1단계: 전통적 부동산(Classic Phase)

중개사의 법률 지식과 서비스 정신이 핵심인 기초 단계입니다. 개인의 경험과 직관에 의존하는 ‘복덕방’ 형태를 띠며, 정보가 다소 제한적이라는 특징이 있습니다.

(2) 2단계: AI 시대 부동산(Innovation Phase)

첨단 기술인 프롭테크(Proptech)와 고전의 지혜인 주역(周易)이 처음으로 만나는 혁신 단계입니다. 데이터로 부동산의 ‘몸’을 분석하고, 주역의 기운으로 부동산의 ‘영혼’을 분석하여 성공 확률을 극대화합니다.

(3) 3단계: 박운선 통합 모델(Convergence Phase)

부동산을 더 이상 단순한 재테크 수단으로 보지 않습니다. 사용자에게 맞춰 공간을 처방하는 ‘공간 맞춤 처방(Spatial Prescription)’을 통해 천시(天時), 지리(地理), 인화(人和)를 완성하는 인문-기술 통합 솔루션입니다.

2) 주요 표현(철학적 핵심)

"부동산은 소유하는 물건이 아니라, 나와 함께 호흡하는 운명의 파트너입니다."

천(天)·지(地)·인(人)의 조화: 운 때(천시)를 결합하여 최적의 타이밍과 공간을 제안합니다.

세 개의 눈: 법률과 서비스를 보는 눈, 데이터와 기술을 보는 눈, 그리고 인간과 공간의 조화를 보는 지혜의 눈을 동시에 갖춰야 합니다.

행복의 증폭기: 부동산은 단순한 자산 가치를 넘어 지속 가능한 행복과 부를 실현하는 에너지의 실체입니다.

3) 예시(부동산 가치 통합 진단 모델)

독자가 직접 자신의 사례를 적용해 볼 수 있는 실전 워크북 형태의 진단 예시입니다.

[실제 적용 사례: 서울시 OO구 아파트]

단계	분석 항목	실제 적용 예시 (서울시 OO구 아파트)
Step 1. 프롭테크 진단	물리적 가치	최근 6개월간 거래량 10% 회복세, 지하철 연장 호재 및 초품아 입지
Step 2. 주역 통찰	에너지 가치	의뢰인의 기운(木)과 아파트 방위(巽-동남향)의 '상생' 관계 확인
Step 3. 박운선 통합 처방	Solution	비보(裨補) 전략: 안방 침대 머리 방향을 북쪽으로 수정하고, 현관에 맑은 소리가 나는 종을 달아 탁한 기운 정화

[독자 참여형: 나의 '운명적 부동산' 자가 진단]

본인의 사례를 아래 기준에 따라 점수화해 보세요.

A영역(기술): 시세 대비 저평가 여부, 향후 5년 내 개발 호재 등(15점 만점)

B영역(지혜): 공간 진입 시 심리적 편안함, 사주와 입지의 조화 등(15점 만점)

[진단 결과 및 전략]

종합 25~30점: 당신과 집은 '천생연분형'입니다.

17점 이하: 무리한 투자보다는 '때(Timing)'를 기다리는 전략이 필요합니다.

"어떤 집에서 살아야 성공하는가?",

"언제 사야 부자가 되는가?"

이 문구는 인류의 오랜 질문에 대한 가장 현대적이고 과학적인 답안지가 될 것입니다.

4. 핵심 추진 방법과 방향

부동산 선택의 실패를 줄이고 성공적인 미래를 설계하기 위한 구체적인 방법론과 방향성을 다음과 같이 설정합니다.

1) 내용(추진 전략 및 분석 모델)

(1) 3대 핵심 공식의 결합

전통(경험) + 프롭테크(기술) + 주역(지혜)의 삼위일체 구조를 통해 입체적인 가치 판단을 수행합니다.

(2) 데이터와 에너지의 융합 분석(2축 그래프 모델)

X축(프롭테크 가치): 수익성, 입지, 가격 데이터 등 경제적 가치 분석.

Y축(주역 에너지 가치): 거주자 조화, 기운, 매수 타이밍 등 운명적 가치 분석.

(3) 공간 처방전(비보 裨補 기술)

데이터상 완벽해 보여도 에너지 매칭이 최악인 경우, 인테리어 요소(수기운 도입 등)와 수면 방향 수정 등을 통해 공간의 기운을 보완합니다.

(4) 타이밍의 미학

프롭테크가 '가격의 저점과 고점'을 말할 때, 주역을 통해 '운의 흐름에 맞는 매수/매도 시기'를 결정합니다.

2) 주요 표현(Key Messages)

"부동산은 차가운 숫자가 아니라, 나와 함께 호흡하는 생명체다."

"기술로 길을 찾고, 지혜로 방향을 정하라."

"부동산은 소유가 아니라 당신의 운명을 돕는 조력자다."

"박운선 융합 부동산 솔루션: 기술에 영혼을 입히는 혁명."

3) 예시(실전 적용 사례)

[사례 1] 아파트(거주·안식):

강남의 노른자위 입지에 가격 상승세도 완벽했던 A 아파트. 그러나 입주 후 사업 송사와 질병에 시달린 J씨의 사례. 분석 결과, 강한 '화(火)'의 기운을 가진 J씨에게 불을 부채질하는 지기(地氣)의 집이었음.

처방: 인테리어에 수(水) 에너지 도입 및 투자 멈춤 권고 후 한 달 만에 병세 호전 및 계약 성사

[사례 2] 상가(수익·번창):

유동 인구와 상권 분석(AI)을 기반으로 하되, 출입구의 재물운 방위(주역)와 업종 간의 조화를 통해 대박 상가를 선점하는 전략.

[사례 3] 토지(생명·미래):

용도 변경 가능성 등 공적 규제 데이터와 땅의 결(지기)을 읽는 지혜를 결합하여 잠든 땅의 가치를 깨우는 비보 기술 적용.

(1) 박운선 융합 모델: 삼위일체 구조 분석표

이 도표는 전통적 기반과 현대적 기술, 그리고 동향의 지혜가 결합하여 어떻게 최적의 부동산 솔루션을 돌출하는지 보여 줍니다.

[박운선 융합 모델: 운명적 공간의 탄생]

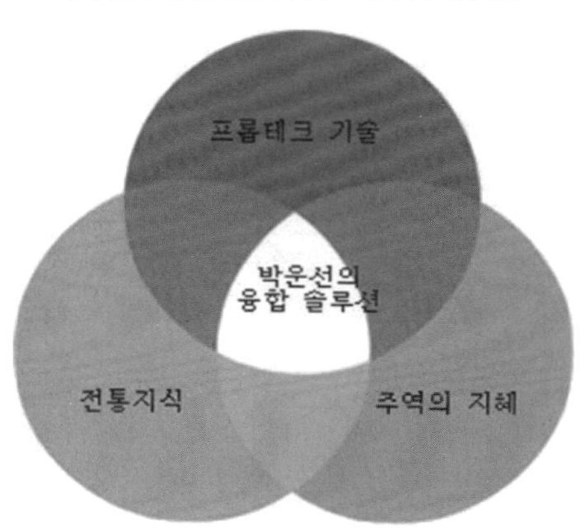

구분	구성 요소	역할(메타포)	상세 설명(문장 분석)
왼쪽 원	전통 지식 (Foundation)	부동산의 '몸'	입지, 법률, 세무 등 우리가 흔히 아는 부동산의 기본기입니다. 자산으로서의 기초 골격을 구성합니다.
상단 원	프롭테크 기술 (Engine)	부동산의 '두뇌'	인공지능(AI)과 빅데이터를 활용합니다. 차가운 숫자로 정확한 시세와 미래의 수익성을 정밀하게 분석합니다.
오른쪽 원	주역의 지혜 (Compass)	영혼의 '나침반'	시공간의 흐름과 에너지(기운)를 읽습니다. 나에게 딱 맞는 매수 '때'와 나아갈 '방향'을 제시합니다.
중앙 교집합	박운선 융합 솔루션 (Converged Solution)	살아있는 명당	위 세 가지 요소가 완벽하게 결합된 지점입니다. "기술에 영혼을 입히는 혁명"을 통해 진정한 가치를 발견하는 유일한 길입니다.

- **전통 지식(기반):** 부동산 투자의 가장 기본이 되는 데이터(입지 분석, 관련 법규)를 말합니다. 아무리 기운이 좋아도 법적 하자가 있거나 입지가 나쁘면 안 되기에 '몸'으로 비유합니다.
- **프롭테크 기술(가속):** 현대적인 기술력을 의미합니다. 감에 의존하는 투자가 아닌, AI와 빅데이터를 통해 객관적인 수익률과 가격 추이를 계산하여 '두뇌'처럼 명석한 판단을 돕습니다.
- **주역의 지혜(방향):** 부동산과 사람 사이의 '조화'를 다룹니다. 숫자는 좋지만 나에게는 맞지 않는 공간이 있을 수 있습니다. 주역은 이를 가려내어 나를 돕는 '나침반이 되어줍니다.
- **박운선 융합 솔루션(완성):** 단순히 정보를 나열하는 것이 아니라, 기술(프롭테크)과 지혜(주역)를 하나로 묶어 운명을 바꾸는 공간을 찾아내는 것이 이 모델의 최종 목적입니다.

(2) [4분면 도표] 가치 판단의 두 축: 가격 vs 에너지

부동산의 경제적 가치(X축)와 운명적 가치(Y축)를 결합한 핵심 지표입니다.

구분	상태 분석	투자 및 거주 전략
제1사분면 (천시지리 명당)	데이터상 수익성도 높고, 주역학적 에너지도 나와 완벽하게 조화를 이루는 곳	망설일 이유가 없는 최고의 선택. '무조건 매수 및 장기 보유'를 추천. 단순한 자산을 넘어 운명을 상승시키는 엔진
제2사분면 (실속형 길지)	현재 시장 가치는 저평가되어 있으나, 땅의 기운이 맑고 거주자의 건강과 행복에 최적화된 곳	투자금은 적지만 삶의 질을 중시하는 '실거주 목적' 매수자에게 최고. 시간이 흐를수록 운이 좋아져 경제적 이득으로 이어지는 선순환 발생
제3사분면 (절대 기피 구역)	수익성도 보이지 않고, 공간의 에너지마저 탁하여 사람을 지치게 만드는 곳	고민의 가치도 없음. '빠른 처분'이 정답이며, 새로 진입해서는 안 되는 위험 지역
제4사분면 (외화내빈 주의)	남들이 부러워하는 고가의 부동산이고 데이터상 오를 것 같지만, 실제로는 거주자의 에너지를 깎아먹는 곳	가장 주의해야 할 구간'. 재산은 늘지 몰라도 몸이 아프거나 송사에 휘말릴 수 있음. 반드시 '공간 처방전(비보)'이 필요

5. 기대효과 및 비전

이론은 단순한 재테크 수단이 아닙니다. 당신의 삶을 담는 그릇인 '공간'을 풍요와 행복으로 채우는 마법의 열쇠가 될 것입니다.

- **실패 없는 투자**: AI 알고리즘으로 거품을 걷어내고, 주역의 쾌로 미래 흐름을 읽어 리스크를 최소화합니다.
- **맞춤형 명당 찾기**: 데이터가 말하는 '좋은 물건'을 넘어, 나의 사주와 기운에 맞는 '나만의 명당'을 판별합니다.
- **운명을 다스리는 비보(補)**: 부족한 기운을 채우고 흉(凶)을 길(吉)로 바꾸는 구체적인 솔루션을 통해 삶의 질을 혁명적으로 개선합니다.
- **글로벌 확장성**: 동양의 철학과 서양의 기술이 결합한 이 모델은 'K-부동산'의 세계화 기준이 될 것입니다.

1) 실전! 프롭테크-주역 융합 비법(3단계 프로세스)

(1) 1단계: 프롭테크로 '몸'을 검진하라

모든 부동산의 시작은 숫자입니다. AI와 빅데이터라는 현미경으로 부동산의 물리적 가치를 낱낱이 파헤칩니다.

- **적정 가치 분석**: AI 알고리즘을 통해 가격 거품을 제거하고 저평가 여부를 확인합니다.
- **미래 가치 선점**: 교통망, 인구 이동, 일조량 변화 데이터를 분석해 5년 후의 지도를 미리 그립니다.
- **물리적 건강 상태**: 노후도와 용적률을 분석하여 재생 가치와 사업성을 판단합니다.

(2) 2단계: 주역으로 '영혼'을 진단하라(보이지 않는 에너지)

데이터 검진이 끝났다면, 그 공간이 '나'와 맞는지 확인할 차례입니다. 주역의 64 쾌와 음양오행은 공간의 에너지를 읽어내는 정밀한 도구입니다.

- **주파수 맞추기:** 나의 사주 오행(木, 火, 土, 金, 水)과 부동산 입지의 방위가 상생 (相生)하는지 확인합니다.
- **흐름 읽기:** 현재 매수 시점의 운을 주역의 쾌로 풀이합니다. (예: 적극 투자 vs 법 적 분쟁 주의)
- **지기(地氣) 판별:** 땅의 형세와 바람의 길을 읽어 사람이 살아나는 '생기(生氣)'가 도는 곳인지 진단합니다.

(3) 3단계: 박운선의 '비보(裨補)' 기술(부족함을 채우는 지혜)

세상에 100% 완벽한 명당은 드뭅니다. 진정한 가치는 부족한 점을 찾아내어 보완 하는 기술에 있습니다.

- **공간 에너지 교정:** 중문 설치, 특정 방위에 맞는 색상 및 소품 배치를 통해 기운 을 다스립니다.
- **타이밍의 처방:** 운 때가 맞지 않을 때는 계약 시점을 조정하거나, 가족 중 운이 좋은 사람으로 명의를 변경하여 부정적 기운을 피합니다.

2) 융합 모델의 실제 적용 사례

분석 항목	프롭테크 핵심 체크(AI 데이터)	주역 핵심 체크(지혜/에너지)
아파트	실거래가 추이, 학군, 교통망 분석	현관 방위, 거주자 사주 조화, 층간소음 기운
상가/상권	유동 인구, 업종 생존율, 매출 데이터	주 출입구 방위, 창업자 운 때, 재물운 입구
토지/개발	지적도, 개발 규제, 공시지가 분석	산맥의 흐름, 물의 길(득수), 땅의 기운(토목)
실전 처방	데이터 검진: 적정가 및 사업성 확정	비보 처방: 중문, 색채 비보, 계약 타이밍 조절

3) 마음을 움직이는 핵심 메시지

"데이터는 거짓말하지 않고, 지혜는 길을 잃지 않는다."

"데이터를 무시하는 것은 눈을 감고 길을 걷는 것과 같고, 데이터만 믿는 것은 나침반 없이 지도만 보는 것과 같습니다."

"부동산은 차가운 물건이 아니라, 당신과 호흡하는 에너지입니다."

"이제 숫자에게만 속지 마십시오. 당신의 운명을 바꾸는 공간의 비밀, 박운선의 나침반이 그 길을 안내합니다."

결과적으로, 숫자를 넘어 운명으로, 데이터의 이성을 넘어 지혜의 완성으로 박운선 창시자가 정립한 **[프롭테크+주역] 융합 모델**은 단순히 부동산 투자 수익률을 높이는 기술이 아닙니다. 그것은 차가운 데이터 속에 숨겨진 '삶의 결'을 읽어 내고, 나를 살리는 '공간의 영혼'을 찾아가는 여정입니다.

우리는 이제 숫자에게만 매몰되어 정작 소중한 삶의 터전을 운에 맡기던 시대에서 벗어나야 합니다.

데이터로 보이지 않던 거품과 리스크를 걷어 내고, 주역으로 나와 공간의 운명적 조화를 확인하며, 비보(裨補)로 부족함을 채워 길(吉)한 기운을 완성하는 것. 이것이 바로 박운선 모델이 지향하는 부동산의 신인류, '디지털 도사'의 길입니다.

이 모델은 당신의 자산을 지키는 견고한 성벽이 됨과 동시에, 당신의 운명을 빛내는 명당으로 인도하는 가장 명확한 나침반이 될 것입니다. 데이터는 길을 알려주지만, 박운선의 지혜는 그 길 끝에서 당신을 미소 짓게 할 것입니다.

이제, 당신의 공간에 흐르는 진정한 가치를 깨워 보십시오.

제1부

새로운 렌즈: 고대의 지혜와 현대 과학의 통합

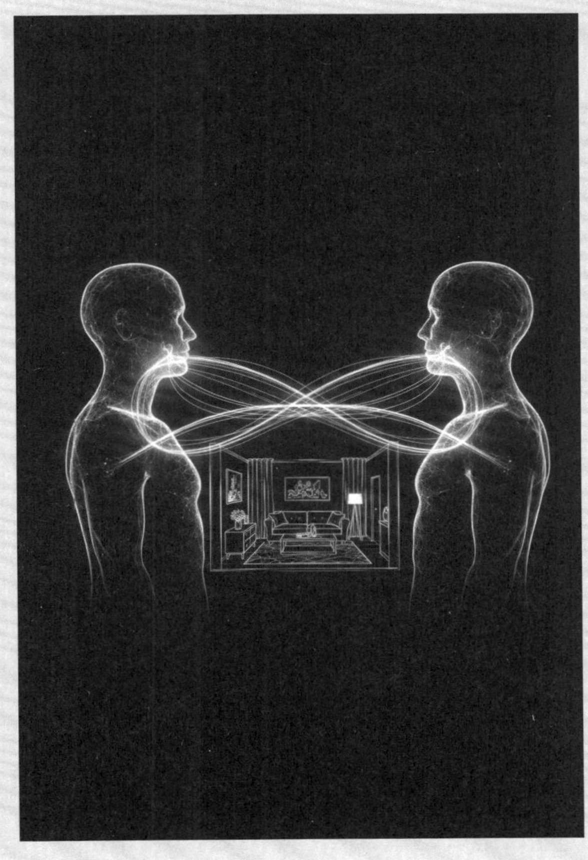

제1장
변화의 운영체제: 주역, 원형 알고리즘

제2장
현실의 공명: 양자물리학, 동시성, 그리고 데이터

제3장
변화의 다섯 얼굴: 오행으로 본 시장 사이클 모델링

변화의 운영체제: 주역, 원형 알고리즘

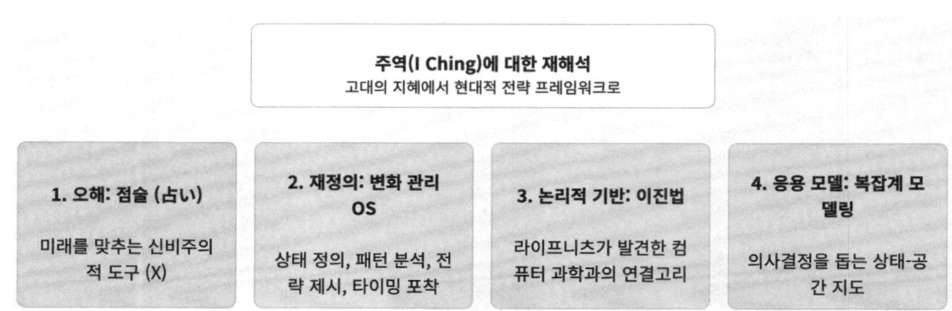

주역의 현대적 응용(Modern applications of the Book of Changes)

개념도 설명: 본 도표는 주역을 단순 점술이 아닌 '변화 관리 OS'로 재정의합니다. 이진법적 논리를 기반으로 복잡한 변화의 패턴을 분석하며, 현대 사회의 불확실한 의사결정을 돕는 전략적 프레임워크로서의 활용 가치를 제시합니다.

1.1 오해의 해체: 점술에서 전략적 프레임워크로

'주역(周易)'이라는 단어를 들었을 때 현대인의 뇌리에 가장 먼저 떠오르는 이미지는 무엇일까? 아마도 대부분은 인사동이나 홍대 거리의 붉은 천막 아래에서 미래의 길흉화복을 점치는 역술가의 모습을 연상할 것이다. 혹은 중요한 시험이나 비즈니스 계약을 앞두고 재미 삼아 인터넷 운세 사이트에서 오늘의 주역 괘를 클릭해 보았던 가벼운 경험을 떠올릴 수도 있다. 이처럼 주역은 현대 사회에서 '미래를 예언하는 신비한 점술'이라는 낡고 편협한 프레임 안에 갇혀 있다. 이러한 대중적 인식은 주역이 가진 본질적 가치, 즉 전략적 사고 도구로서의 역할을 심각하게 왜곡하고 있다.

이러한 뿌리 깊은 오해의 근원은 크게 두 가지로 분석할 수 있다. 첫째는 미디어와 상업주의가 주역의 신비주의적 측면만을 자극적으로 소비해 온 역사에 있다. "재물운을 부르는 비법"이나 "애정운을 높이는 괘"와 같은 단편적인 해석들은 대중의 호기심을 자극하기는 쉬우나, 주역이 담고 있는 복잡하고 체계적인 철학적 사유를 거세해 버렸다. 둘째는 우리의 교육 시스템이 '정답 찾기'에만 몰두해 온 결과, 정답이 없는 현실 세계의 복잡한 '과정'과 '관계'를 중시하는 주역의 사유 방식을 낯설고 비과학적인 것으로 여기게 만들었다는 점이다.

이러한 오해는 개인의 차원을 넘어, 합리성과 데이터 기반의 의사결정을 최고선으로 여기는 현대 비즈니스 및 학문 세계 전반에 깊게 퍼져 있다. 중요한 경영 전략 회의에서 "이번 분기 시장 상황을 주역 괘로 분석해 봅시다"라고 제안하는 CEO나, 부동산학 학술대회에서 "특정 지역의 부동산 가치 변동을 64괘의 순환 원리로 설명하겠다"고 발표하는 연구자를 상상하기는 어렵다. 주역은 합리적 분석의 영역 바깥에 있는, 증명 불가능한 미신의 영역으로 추방당했다.

특히 챗GPT와 같은 생성형 인공지능(AI)이 등장한 지금, 우리는 더욱더 데이터와 알고리즘에 대한 맹신에 빠져들기 쉽다. AI가 과거 데이터를 기반으로 미래를 예측해 줄 것이라는 기대 속에서, 우리는 데이터가 포착하지 못하는 질적인 변화의 패턴과 인간사의 복잡한 맥락을 읽어 내는 능력을 상실할 위험에 처해 있다. 이는 마치 최첨단 GPS 장비를 가지고 있으면서도, 정작 지형의 높낮이나 숲의 깊이를 읽는 법을 잊어버려 거대한 산맥 앞에서 길을 잃는 것과 같은 상황이다.

따라서 본서는 주역에 대한 낡은 인식을 과감히 해체하고, AI 시대의 불확실성을 항해하기 위한 새로운 '운영체제(Operating System)'로 그 학문적 위상을 재정립할 것을 제안한다. 컴퓨터의 OS가 복잡한 하드웨어 부품들을 유기적으로 작동시키고 모든 소프트웨어가 원활히 구동될 기반 환경을 제공하듯, 주역은 불확실한 현실 세계라는 하드웨어 위에서 우리가 최적의 의사결정이라는 소프트웨어를 실행할 수 있도록 돕는 강력한 사고의 프레임워크다. 이 OS는 네 가지 핵심 기능을 가진다.

첫째, 주역은 '상태(State)'에 대한 정교한 정의 체계다. 우리는 종종 자신의 상황을 "요즘 좀 힘들다" 혹은 "일이 잘 풀리는 것 같다"와 같이 막연하게 인식한다. 하지만 주역은 64괘를 통해 우리가 처한 상황을 훨씬 더 정밀하게 진단한다. 예를 들어, 새로운 프로젝트를 시작하며 겪는 어려움은 단순히 '힘든' 것이 아니라 '시작의 어려움'을 의미하는 준괘(屯卦)일 수 있다. 이 괘는 혼돈 속에서도 위대한 가능성이 내재되어 있으니, 섣불리 나아가기보다 기반을 다지고 조력자를 구해야 한다는 구체적인 진단과 처방을 내린다. 이처럼 자신의 상태를 명확히 정의하는 것만으로도 우리는 문제 해결의 첫 단추를 꿸 수 있다.

둘째, 주역은 '패턴(Pattern)'에 대한 깊은 통찰을 제공한다. 64괘는 각각 독립된 섬이 아니라, 서로 연결된 거대한 순환의 지도다. 예를 들어, 모든 것이 완벽하게 질서 잡힌 기제괘(旣濟卦, 완성)의 상태는 그 자체로 정점을 의미하기에, 곧 미제괘(未濟卦, 미완성)라는 혼돈의 상태로 넘어갈 수 있음을 암시한다. 반대로, 모든 것이 깎여 나가는 최악의 박괘(剝卦, 쇠퇴)가 극에 달하면, 마침내 하나의 양(陽) 기운이 돌아오는 복괘(復卦, 회복)가 시작된다. 이처럼 주역은 "영원한 것은 없다"는 변화의 대원칙을 통해, 현재의 성공에 안주하지 않고 다가올 위기를 대비하며, 현재의 실패에 좌절하지 않고 다가올 회복의 기회를 준비하는 거시적인 안목을 길러 준다.

셋째, 주역은 '전략(Strategy)'에 대한 실용적인 조언을 담고 있다. 각 괘의 괘사(卦辭)와 여섯 개의 효사(爻辭)는 해당 '상태'에서 어떤 행동이 길(吉)하고 어떤 행동이 흉(凶)한지에 대한 구체적인 시나리오별 조언이다. 이는 맹목적인 믿음을 요구하는 신탁이 아니라, 수천 년간 축적된 인간 경험의 빅데이터를 바탕으로, "이러한 상황에서는 통계적으로 이러한 선택이 좋은 결과를 낳을 확률이 높다"고 알려 주는 전략적 가이드북에 가깝다. 넷째, 주역은 '타이밍(Timing)'의 예술, 즉 '시중(時中)'의 지혜를 가르쳐 준다. AI가 수많은 데이터를 분석해 줄 수는 있지만, 그 데이터를 바탕으로 언제 결정적인 행동에 나서야 하는지에 대한 타이밍의 감각은 결국 인간의 지혜에 달려 있다.

변화 읽어 최적의 때(뿌리)에 변화를(줄기) 전략(가지)으로 실현하라.

- **인식의 전환**: 주역을 '점술'이라는 편협한 프레임에서 벗어나, 불확실한 현실 세계의 변화 패턴을 읽고 최적의 의사결정을 돕는 '전략적 사고의 프레임워크'로 재정의해야 한다.
- **운영체제(OS)로서의 주역**: 주역은 현실이라는 하드웨어 위에서 작동하는 '변화 관리 운영체제'이며, 이는 ①상태(State) 정의, ②패턴(Pattern) 통찰, ③전략(Strategy) 제시, ④타이밍(Timing) 포착이라는 네 가지 핵심 기능을 수행한다.
- **실용적 가치**: 주역은 문제의 본질을 정확히 진단하고, 상황의 전체적인 맥락 속에서 전략적 방향성을 제시함으로써, 개인과 조직이 위기를 극복하고 기회를 포착하도록 돕는 실용적인 지혜를 제공한다.

투자전략 연구 1. 위기의 이커머스 기업, 주역으로 돌파구를 찾다

2010년대 후반, 혁신적인 새벽 배송 모델로 급성장한 프리미엄 식료품 이커머스 기업 '프레시테이블(FreshTable)'은 심각한 성장통을 겪고 있었다. 폭발적인 주문량 증가는 물류 시스템의 과부하로 이어졌고, 잦은 배송 지연과 오배송으로 인해 고객 불만이 폭주했다. 내부적으로는 초기 창업 멤버들과 새로 영입된 대기업 출신 임원들 간의 갈등으로 조직 문화가 와해될 위기에 처했다. 창업자 김 대표는 밤낮으로 문제 해결에 매달렸지만, 상황은 좀처럼 나아지지 않았다.

이때 인문학에 조예가 깊었던 한 사외이사가 김 대표에게 주역을 활용한 상황 진

단을 제안했다. 반신반의하던 김 대표는 지푸라기라도 잡는 심정으로 현재 회사의 상황을 질문으로 던지고 괘를 뽑았다. 그가 얻은 괘는 바로 제18괘 산풍고(山風蠱)였다. '고(蠱)'는 그릇 위에 벌레 세 마리가 있는 형상으로, '좀먹다, 썩다, 부패하다'는 의미를 가진다. 괘사를 보니 "큰 내를 건너는 것이 이로우니, 시작하기 전 3일과 시작한 후 3일을 신중히 하라(利涉大川, 先甲三日 後甲三日)"고 되어 있었다.

김 대표는 이 괘를 단순한 점괘가 아닌, 조직에 대한 냉철한 '진단서'로 받아들였다. 그는 '고(蠱)'가 회사의 외형적 성장 이면에 내부적으로 곪아 터진 문제들이 있음을 정확히 지적하고 있다고 보았다. 특히 괘사는 '아버지의 일을 바로잡고(幹父之蠱), 어머니의 일을 바로잡는다(幹母之蠱)'는 효사를 통해, 문제가 과거의 성공 방식에 안주한 창업 세대(아버지)와, 원칙 없이 과도하게 수용적인 조직 문화(어머니) 모두에 있음을 암시했다. "선갑삼일 후갑삼일"이라는 조언은, '갑(甲)' 즉 새로운 시작과 개혁을 위해서는 철저한 사전 준비와 사후 관리가 필요하다는 전략적 지침으로 해석했다.

이러한 통찰을 바탕으로 김 대표는 '프로젝트 고(蠱)'라는 이름의 전사적 혁신 TF를 출범시켰다. 그는 먼저 과거의 성공에 안주하며 변화를 거부하던 일부 창업 멤버들을 설득하여 일선에서 물러나게 하고, 데이터 기반의 합리적인 의사결정 시스템을 도입했다. 또한, 무너진 조직 문화를 바로잡기 위해 전 직원의 의견을 수렴하여 새로운 핵심 가치와 행동 규범을 재정립했다. 이 과정은 고통스러웠지만, '프레시테이블'은 썩은 부분을 도려내고 내부 시스템을 재정비함으로써 위기를 극복하고 한 단계 더 도약하는 계기를 마련할 수 있었다. 이 사례는 주역이 미래를 예언하는 도구가 아니라, 현재 상황의 본질을 깊이 통찰하고 위기 극복을 위한 전략적 프레임워크를 제공하는 강력한 '경영 컨설팅' 도구가 될 수 있음을 명확히 보여 준다.

투자전략 연구 2. 부동산 시장 '상태(State)' 진단 및 투자 타이밍(Timing) 전략(대과:大過)

- **적용 분야:** 빅데이터 기반 부동산 시장 분석 및 투자 컨설팅 플랫폼
- **핵심 원리:** 주역은 **64괘**를 통해 우리가 처한 상황을 정밀하게 진단하고, 각 괘와 효사(爻辭)는 해당 '상태'에서 어떤 행동을 할지 구체적인 시나리오별 조언을 제공한다. 이는 '타이밍(Timing)의 예술'이다.
- **적용 예시**

  프롭테크 진단: 플랫폼이 수집된 **거래량, 가격 변동성, 금리, 미분양률** 등 거시적 데이터를 분석하여 현재 시장 상황을 **'대과(大過)'** 괘(아래는 연못이요, 위는 바람)로 진단합니다. 대과는 **지탱하기 어려운 큰 부담**이나 **비정상적인 상황**을 의미하며, 균형이 깨진 상태를 나타낸다.
- **전략적 조언: 초구(初九) 효사**처럼 "기둥뿌리가 썩는다"는 해석을 통해, 지금은 무리한 대출이나 확장을 피하고 **위험 자산을 처분**하거나 현금 보유를 늘려야 하는 '보수적 타이밍'임을 명시한다.
- **종국적 이득:** 막연한 "힘들다"는 인식 대신, **데이터가 가리키는 비정상적 균형**을 64괘의 해석을 통해 명료하게 시각화하여, 투자자에게 시장 **하락에 대비**하거나 **급매물을 확보할 기회**를 준비하는 **구체적인 전략적 가이드**를 제공한다.

투자전략 연구 3. 노후 건물/빈집 재생 프로젝트의 '변화 패턴(Pattern)' 관리 및 리스크 예측(복:復)

- **적용 분야:** 도시 재생, 리모델링, 빈집 활용 스타트업
- **핵심 원리:** 주역은 **'패턴(Pattern)'에 대한 깊은 통찰**을 제공하며, 64괘는 독립된 섬이 아닌 서로 연결된 순환의 지도이다. 이를 통해 **혼돈 속에서도 성공의 실마리**를 찾고, 실패에 좌절하지 **않고 기회를 준비하는 안목**을 기를 수 있다.
- **적용 예시:**

프롭테크 진단: 노후 건물을 매입하여 리모델링하는 프로젝트의 진행률, 예상치 못한 공사 지연 리스크, 초기 자금 조달의 어려움 등을 분석하여 상황을 **'복(復)'** 괘(땅 아래 우뢰)로 진단한다. 복은 **'시작의 어려움'** 속에서도 '회복'과 '새로운 시작'의 가능성을 내포한다.

- **전략적 조언:** **초구 효사**의 "멀지 않은 곳에서 돌아온다"는 해석처럼, 프로젝트의 어려움은 **시작 단계의 불확실성**일 뿐, **핵심 인력(조력자)의 재정비**나 **초기 설계의 명확화** 등 **내부 상태를 점검**하면 곧 **안정적인 궤도로 복귀**할 수 있음을 예측한다.

- **종국적 이득:** 예상치 못한 난관에 부딪혔을 때, 감정적인 포기 대신 주역의 **순환적 패턴 인식을 바탕**으로 어려움을 '시작의 통과의례'로 받아들이고, **좌절하지 않고 다음 단계를 위한 철저한 준비**를 독려하여 리모델링 프로젝트의 **완공 및 가치 창출 성공률**을 높이는 데 기여한다.

1.2 라이프니츠의 이진법과 64괘

주역을 단순한 동양의 철학적 상징 체계를 넘어, 현대 컴퓨터를 움직이는 디지털 논리와 맞닿아 있는 수학적 구조로 이해하는 데 결정적인 다리를 놓아준 인물은 17세기 독일의 천재 철학자이자 수학자인 고트프리트 빌헬름 라이프니츠(Gottfried Wilhelm Leibniz)였다. 그는 미적분을 아이작 뉴턴과 각자 독립적으로 발견했으며, 현대 컴퓨터의 작동 원리인 이진법(binary system)을 발명한 인물로 잘 알려져 있다. 그의 지적 호기심은 서양 학문의 경계를 넘어 동양의 지혜에까지 뻗어 있었다.

라이프니츠는 모든 복잡한 현실이 가장 단순한 원리, 즉 신(神)을 상징하는 '1'과 무(無)를 상징하는 '0'의 조합으로 설명될 수 있다고 믿었다. 이러한 그의 철학은 이진법의 수학적 체계로 구체화되었다. 그는 자신의 이진법 체계가 우주의 창조 원리를 담고 있는 보편적인 언어라고 확신했지만, 당시 유럽 학계에서는 이를 실용성이 없는 지적 유희로 치부하는 분위기가 팽배했다. 그는 자신의 발견에 대한 확신을 외부에서 찾고자 했다.

그 결정적인 계기는 중국에서 활동하던 프랑스 예수회 선교사 요아힘 부베(Joachim Bouvet)와의 서신 교환을 통해 찾아왔다. 부베는 주역에 깊이 매료되어 있었고, 주역이야말로 기독교 이전 시대에 신이 인류에게 내려준 보편적인 지혜의 원형이라고 믿었다. 그는 1701년 라이프니츠에게 복희(伏羲)가 만들었다고 전해지는 64괘의 배열도(방원도)를 보내며 그 의미에 대한 자문을 구했다.

라이프니츠는 이 배열도를 보고 엄청난 지적 충격과 희열에 휩싸였다. 그는 괘를 구성하는 끊어진 효(음효 --)를 '0'으로, 이어진 효(양효 —)를 '1'로 치환하자, 64개의 괘가 0부터 63까지의 숫자를 이진법으로 완벽하게 표현하고 있음을 즉시 발견했다. 예를 들어, 모든 효가 음으로 이루어진 곤괘(坤卦, ䷁)는 '000000'으로 숫자 0을, 모든 효가 양으로 이루어진 건괘(乾卦, ䷀)는 '111111'로 숫자 63을 나타내는 식이었다. 수천 년 전 고대 중국의 지혜 체계가 자신이 발견한 최첨단 수학 원리와 정확히 일치한다는 사실에 그는 경탄을 금치 못했다.

이 역사적인 발견은 단순한 우연의 일치가 아니었다. 이는 주역이 단순한 비유나 철학적 상징이 아니라, 현대 컴퓨터 과학의 근간을 이루는 이진법과 동일한 논리적, 수학적 구조를 가진 정교한 시스템임을 명확히 보여 주는 객관적인 증거였다. 라이프니츠는 이 발견을 유럽 학계에 발표하며, 자신의 이진법이 고대의 지혜 속에서 그 보편성을 증명받았다고 주장했다.

이 논리적, 수학적 상동성(homology)이야말로 고대의 지혜인 주역을 현대의 인공지능(AI)과 연결하는 철학적 'API(Application Programming Interface)' 역할을 한다. API가 서로 다른 소프트웨어 애플리케이션이 정보를 교환하고 소통할 수 있도록 하는 표준화된 규약이듯, 이진법이라는 공통의 논리 구조는 주역의 지혜가 번역 불가능한 신비주의의 영역에서 벗어나, 현대 기술의 언어로 번역되고 시스템에 통합될 수 있는 논리적 타당성을 확보하게 해 준다.

이는 이 책에서 제시하는 프롭테(Prom-Tekn) 프레임워크 전체의 기술적 가능성을 뒷받침하는 핵심적인 근거가 된다. 만약 주역이 단순히 모호한 상징 체계에 불과했다면, 그것을 AI 알고리즘과 결합하려는 시도는 과학적 근거가 없는 비약에 그쳤을 것이다. 그러나 라이프니츠의 발견 덕분에, 우리는 주역의 64괘를 64개의 '상태 값(state value)'으로, 각 효의 변화를 '비트(bit)의 전환'으로 치환하여 컴퓨터가 이해하고 처리할 수 있는 데이터 구조로 변환할 수 있는 길을 열게 되었다.

물론 주역의 가치가 단순히 이진법 체계와 같다는 데 있는 것은 아니다. 주역의 진정한 힘은 각 상태가 다른 상태로 끊임없이 변화하는 '동적 시스템(Dynamic System)'을 모델링하고, 각 상태에 대한 깊이 있는 '의미론적 해석(semantic interpretation)'을 담고 있다는 데 있다. 이진법이 순수한 '구문론(syntax)'이라면, 주역은 그 구문론 위에 풍부한 서사와 지혜라는 '의미론'을 구축한 고도의 정보 체계다.

본질 꿰어 현상 해석 ; 삶의 지혜로 득괘!

- **역사적 발견**: 17세기 수학자 라이프니츠는 주역의 64괘가 현대 컴퓨터의 기반인 이진법 체계와 수학적으로 완벽하게 일치함을 발견했다.
- **논리적 연결고리**: 이 발견은 주역이 단순한 신비주의가 아니라, 현대 기술과 소통할 수 있는 논리적이고 체계적인 구조를 가진 시스템임을 증명한다. 이는 주역의 지혜를 AI와 같은 현대 기술에 통합할 수 있는 '철학적 API' 역할을 한다.
- **구문론과 의미론의 통합**: 주역은 이진법이라는 '구문론' 위에, 64가지 원형적 상황에 대한 깊이 있는 해석이라는 '의미론'을 더한 고도의 정보 체계다. 이는 AI의 '블랙박스' 문제를 해결하고, 데이터 너머의 의미와 맥락을 제공하는 '설명 가능한 AI(XAI)'의 새로운 가능성을 연다.

투자전략 연구 1. AI 연구자, 라이프니츠의 통찰에서 영감을 얻다

2020년대 중반, 스탠퍼드 인간중심 인공지능 연구소(HAI)의 AI 연구자 에블린 리드(Evelyn Reed) 박사는 '설명 가능한 AI(Explainable AI, XAI)'의 한계에 부딪혀 있었다. 그녀의 팀이 개발한 딥러닝 기반 부동산 가치 예측 모델은 95% 이상의 높은 정확도를 보였지만, 왜 특정 매물의 가치를 높거나 낮게 예측했는지 그 이유를 인간이 이해할 수 있는 방식으로 설명하지 못했다. 이 '블랙박스' 문제는 모델의 신뢰성을 떨어뜨려 실제 금융 기관에서의 도입을 가로막는 결정적인 장애물이었다.

리드 박사는 문제 해결을 위해 컴퓨터 과학의 역사를 거슬러 올라가던 중, 우연히 라이프니츠와 주역의 만남에 대한 논문을 접하게 되었다. 처음에는 흥미로운 역사적 일화로 여겼지만, 그녀는 곧 라이프니츠의 통찰 너머에 있는 더 깊은 가능성을 발견했다. 그녀는 "만약 64괘가 단순히 0부터 63까지의 숫자가 아니라, 인간이 경험하는 64가지의 원형적(archetypal) 상황에 대한 '의미론적 태그(semantic tag)'라면 어떨까?"라는 가설을 세웠다.

이 가설을 검증하기 위해 그녀의 팀은 새로운 실험을 설계했다. 기존의 AI 모델이 예측값을 도출하면, 또 다른 AI 모델이 그 예측이 나오게 된 데이터 패턴(예: '거래량 급증', '금리 하락', '주변 학군 평판 상승' 등)을 분석하여, 그 패턴과 가장 유사한 의미를 가진 주역 괘를 매칭하도록 했다. 예를 들어, AI가 특정 지역의 부동산 가치 급등을 예측하면서, 그 데이터 패턴이 '갑작스러운 충격과 새로운 시작'의 특성을 보인다면, 시스템은 **제51괘 중뢰진(重雷震)** 괘를 '설명의 근거'로 함께 제시하는 방식이었다.

결과는 놀라웠다. "예상 상승률 15%"라는 차가운 숫자만 제시했을 때보다, "현재 시장은 '진괘(震卦)'의 상태로, 단기적 충격에 의한 급등이므로 변동성에 유의해야 합니다"라는 서사적 설명을 함께 제공했을 때, 부동산 분석가들의 의사결정 정확도와 모델에 대한 신뢰도가 유의미하게 향상되었다. 리드 박사의 연구는 라이프니츠가 발견한 구문론적 연결을 넘어, 주역의 의미론적 체계가 AI의 '설명 가능성' 문제를 해결하는 새로운 열쇠가 될 수 있음을 시사했다. 이는 고대의 지혜가 현대 기술의 한계를 보완하고, 인간과 AI의 협력을 위한 새로운 인터페이스가 될 수 있다는 가능성을 보여 준 중요한 사례다.

투자전략 연구 2. 부동산 시장 예측의 '설명 가능한 AI(XAI)' 구현

인공지능(AI)의 고질적인 한계인 '블랙박스(결과 도출 과정의 불투명성)' 문제를 해결하기 위해, 동양의 64괘 체계를 현대적 '원형적 상황(Archetypal Condition)'으로 재해석하여 부동산 시장 예측에 접목하는 것을 목표로 합니다.

① 기술적 배경 및 목적: "숫자를 넘어 서사로 소통하는 AI"

기존 AI가 제공하는 부동산 가격 변동 예측은 단순한 수치적 결과에 그쳐 사용자가 그 배경을 직관적으로 이해하기 어려웠습니다. 본 연구는 AI의 예측 결과에 인간이 공감할 수 있는 서사적 설명(Narrative Explanation)을 덧입힘으로써, 데이터의 신뢰도를 높이고 전문가의 의사결정을 돕는 '설명 가능한 AI(XAI)'를 구현하고자 합니다.

② 핵심 원리: "데이터 패턴과 64괘의 매칭"

부동산 시장에서 발생하는 다양한 현상(급등, 금리 변동, 학군 변화 등)을 64가지의 원형적 상황으로 규정합니다. AI가 분석한 복잡한 데이터 패턴을 가장 유사한 의미를 지닌 주역의 괘(卦)와 매칭하여, 통계적 수치가 갖는 본질적인 의미를 철학적·상황적 근거로 제시하는 것이 핵심 알고리즘입니다.

③ 실질적 적용: "현장감 있는 리포트 제공"

예를 들어, 특정 지역의 가격이 +15% 급등할 것으로 예측될 때, AI는 단순히 숫자만 제시하지 않습니다. 대신 제51괘 중뢰진(重雷震)을 매칭하여 "현재 시장은 천둥이 치듯 요동치는 진퇴(震)의 상태로, 단기적 충격에 의한 급등이므로 변동성에 유의해야 한다"는 식의 통찰력 있는 분석을 함께 제공합니다.

④ 기대 효과: "블랙박스 해소와 신뢰의 혁신"

이러한 서사적 접근은 부동산 전문가들이 AI의 예측 모델을 단순한 기계적 결과가 아닌 '이해 가능한 전략적 지표'로 받아들이게 합니다. 결과적으로 예측 모델의 투명성을 확보하고, AI와 인간 전문가 사이의 신뢰 간극을 메워 더욱 정교하고 과감한 투자 전략 수립에 기여할 것입니다.

투자전략 연구 3. 투자/개발 리스크 분석 및 전략 수립 지원

부동산 개발 및 투자 프로젝트의 초기 단계에서 발생할 수 있는 잠재적 리스크를 다각도로 분석하고, 변화무쌍한 시장 환경에 대응하는 최적의 맞춤형 전략을 도출하는 데 목적이 있습니다.

① 융합적 분석 원리: 데이터와 인문학적 통찰의 결합

단순한 수치 계산을 넘어 부동산 개발, 투자, 임대차 등 복잡한 사업 환경을 정밀하게 데이터화합니다. 이를 64괘 기반의 '동적 시스템(Dynamic System)'과 연계하여, 시장의 복합적인 변동성을 의미론적으로 해석함으로써 상황의 본질을 꿰뚫는 분석을 수행합니다.

② 실전 적용 사례: 위기 속의 기회 포착

특정 상업용 부동산 프로젝트 분석 시, 개발 환경과 규제 변화, 시장 심리 지표를 종합하여 현재 상황을 '수뢰둔(水雷屯)'의 상태로 진단할 수 있습니다. 이는 "만물이 처음 생겨나 어려움에 처한 시기"를 의미하며, 이를 바탕으로 "급격한 확장보다는 내실을 다지는 보수적 접근이 필수적"이라는 구체적이고 전략적인 조언을 제공합

니다.

③ 기대 효과: 불확실성을 넘어서는 의사결정

투자자는 표면적인 데이터 수치를 넘어 상황이 내포한 본질적인 의미까지 통찰할 수 있습니다. 이러한 깊이 있는 분석은 불확실성이 높은 부동산 시장에서 전략적 오류를 최소화하고, 성공적인 투자 결정을 내리는 데 강력한 이정표가 될 것입니다.

1.3 복잡계 모델링: 주역, 상태-공간 지도

주역의 진정한 힘은 단순한 이진법 체계를 넘어, 각 상태가 다른 상태로 끊임없이 변화하는 '동적 시스템(Dynamic System)'을 모델링하는 알고리즘이라는 데 있다. 이는 수많은 변수가 서로 비선형적으로 상호작용하여 개별 변수의 합만으로는 전체 시스템의 행동을 예측할 수 없는 현대 과학의 '복잡계(Complex System)' 이론과 정확히 상통한다. 부동산 시장, 도시 생태계, 조직 문화, 개인의 커리어와 같은 현실 세계의 문제들은 대부분 이러한 복잡계의 특성을 띤다.

전통적인 경제학이나 경영학의 분석 모델들은 종종 선형적 인과관계에 기반한다. "금리가 오르면 부동산 가격은 떨어진다"와 같은 단순한 모델은 시스템의 특정 단면을 설명하는 데는 유용하지만, 현실에서는 금리가 올라도 다른 변수들(예: 공급 부족, 개발 호재, 투자 심리)의 상호작용으로 인해 가격이 오히려 상승하는 '예측 불가능한' 현상이 빈번하게 발생한다. 이러한 복잡계는 정밀한 '예측(Prediction)'의 대상이 아니라, 전체 시스템의 역학을 이해하고 다양한 시나리오에 대비하는 '대응(Response)'의 대상이 되어야 한다.

주역은 바로 이러한 복잡계를 64개의 원형적 '상태(State)'와 그 상태들 사이의 '전이 확률(Transition Probability)'로 모델링하는 탁월한 프레임워크를 제공한다. 즉,

64괘는 인간사와 비즈니스가 겪을 수 있는 거의 모든 종류의 원형적 상황을 담은 일종의 '상태-공간 지도(State-Space Map)'라고 할 수 있다. 이 지도 위에서 우리는 현재 자신의 좌표를 확인하고, 앞으로 나아갈 수 있는 여러 경로와 각 경로의 특징에 대한 통찰을 얻을 수 있다.

사용자가 특정한 질문(입력)을 던지고 동전이나 서죽과 같은 무작위적 행위(프로세스)를 통해 특정 괘와 변효(變爻)를 얻는 과정은, 이 복잡한 지도 위에서 자신의 현재 좌표(본괘)를 확인하고, 변화의 에너지가 작용하여 이동하게 될 가능성이 높은 다음 좌표(지괘)를 시뮬레이션하는 정교한 과정이다. 여기서 중요한 것은 주역이 '하나의 정해진 미래'를 예언하는 것이 아니라, 현재 상태에서 발생할 수 있는 '여러 가능성의 경로'를 보여 준다는 점이다.

예를 들어, 현재 당신의 사업이 최고의 전성기를 누리고 있는 건괘(乾卦)의 상태라고 하자. 만약 여섯 효 중 최상단에 있는 상구효(上九爻)가 변효로 나온다면, 이는 "하늘 끝까지 올라간 용이니, 후회할 일이 있을 것이다(亢龍有悔)"라는 경고와 함께, 건괘가 쾌괘(夬卦)로 변할 것을 암시한다. 이는 정점에 도달한 에너지는 반드시 쇠퇴의 길로 접어들 수밖에 없으며, 과감한 결단과 정리가 필요한 시점이 다가오고 있음을 알려 주는 시뮬레이션 결과다.

이러한 관점에서 주역은 미래를 '예측'하는 수정 구슬이 아니라, 복잡한 시스템의 전체 역학을 이해하고 그 안에서 최적의 경로를 '선택'하도록 돕는 강력한 의사결정 지원 알고리즘(Decision Support Algorithm)이다. 이는 마치 비행기 조종사가 사용하는 비행 시뮬레이터와 같다. 시뮬레이터는 앞으로 닥칠 모든 기상 상황을 100% 예측해 주지는 않지만, 다양한 돌발 상황(엔진 고장, 난기류 등) 속에서 조종사가 어떻게 대응해야 하는지를 훈련시켜 생존 확률을 높여 준다.

부동산 투자 역시 마찬가지다. 어떤 AI 모델도 다음 달 아파트 가격을 100% 정확하게 예측할 수는 없다. 하지만 주역이라는 '시장 시뮬레이터'를 통해, 우리는 현재 시장이 '과열의 정점'에 있는지, '하락의 시작'에 있는지, 아니면 '회복의 문턱'에 있는지 그 '상태'를 진단할 수 있다. 그리고 그 상태에 맞는 최적의 전략(매수, 매도, 관망)을 선택함으로써, 예측 불가능한 시장의 파도 속에서 살아남고 기회를 잡을 확률을 높일 수 있다.

이처럼 주역을 복잡계 모델링의 도구로 재해석하는 것은, 그것을 과학적 담론의 장으로 끌어들이는 중요한 시도다. 이는 주역의 지혜가 더 이상 개인적 수양이나 철학적 사변에 머무르지 않고, 부동산 시장 분석, 경영 전략 수립, 리스크 관리 등 현대 사회의 복잡한 문제들을 해결하는 데 실질적으로 기여할 수 있는 새로운 길을 열어준다.

복잡계 뿌리 알고, 가지 전략을 펴라.

- **복잡계로서의 현실**: 부동산 시장과 같은 현실 세계의 시스템은 수많은 변수가 비선형적으로 상호작용하는 '복잡계'이므로, 선형적 예측 모델로는 한계가 있다.
- **상태-공간 지도**: 주역의 64괘는 이러한 복잡계가 처할 수 있는 64가지의 원형적 '상태'를 정의한 '상태-공간 지도' 역할을 한다.
- **의사결정 지원 알고리즘**: 주역을 활용하는 것은 미래를 점치는 행위가 아니라, 현재 시스템의 좌표를 확인하고 미래의 가능한 경로들을 시뮬레이션하여 최적의 전략적 선택을 하도록 돕는 '의사결정 지원 알고리즘'이다.

투자전략 연구 1. 헤지펀드, 주역으로 시장의 '상태'를 읽다

세계적인 헤지펀드 '브리지워터 어소시에이츠(Bridgewater Associates)'의 창립자 레이 달리오(Ray Dalio)는 그의 저서 『원칙(Principles)』에서, 모든 시장과 경제는 반

복되는 '사이클'과 '패턴'을 따른다고 강조했다. 그는 특정 공식에 의존하기보다, 현재 경제가 어떤 '원형적 상황'에 처해 있는지를 거시적으로 진단하고 그에 맞는 투자 원칙을 적용하는 것으로 유명하다. 그의 접근 방식은 주역이 세상을 이해하는 방식과 놀라울 정도로 유사하다.

2007년 초, 대부분의 투자은행들이 서브프라임 모기지 기반 파생상품의 호황에 취해 있을 때, 브리지워터의 분석 모델은 시스템 전체의 부채 수준이 지속 불가능한 임계점에 도달했다는 신호를 포착했다. 이를 주역의 상태-공간 지도에 비유하자면, 시장은 모든 것이 깎여 나가고 단 하나의 양효만 남은 박괘(剝卦)의 위태로운 상태에 근접해 있었다. 박괘는 '침상이 다리부터 무너져 내리는' 형상으로, 기반부터 붕괴되는 총체적 위기를 상징한다.

데이터만 본다면 시장은 여전히 활황이었지만, 브리지워터는 이 '상태' 진단을 바탕으로 대규모 숏(Short) 포지션을 구축하여 시장 붕괴에 베팅했다. 그들은 시장의 '숫자'가 아닌 '구조적 취약성'을 읽었던 것이다. 2008년 리먼 브라더스 사태로 금융 위기가 터지자 대부분의 금융사들이 파산 위기에 몰렸지만, 브리지워터는 역사상 유례없는 수익률을 기록했다.

반대로, 위기가 절정에 달했던 2009년 초, 모두가 공포에 질려 자산을 투매할 때, 그들은 시스템에 구제 금융이 투입되고 새로운 질서가 만들어지는 미세한 신호들을 포착했다. 이는 박괘가 극에 달하면 마침내 하나의 양(陽) 기운이 돌아오는 복괘(復卦)의 상태로 전환되는 것과 같다. 그들은 시장의 바닥에서 조용히 우량 자산을 매집하기 시작했고, 이후 이어진 장기 상승장에서 또 한 번의 큰 성공을 거두었다.

이 사례는 성공적인 투자가 미래를 정확히 '예측'하는 능력이 아니라, 현재 시장이 복잡계의 어떤 '상태'에 있는지를 깊이 '이해'하고, 그 상태의 역학에 따라 남들보다 한발 앞서 전략적으로 행동하는 능력에 달려있음을 보여 준다. 주역은 바로 이러한 '상태 인식 지능(State-Aware Intelligence)'을 길러 주는 가장 강력하고 유서 깊은 훈련 도구다.

투자전략 연구 2. 매매 타이밍 진단 및 리스크 관리

단순한 가격 예측의 시대를 넘어, 이제는 데이터에 기반한 시장의 '상태(State)'와 '전환(Transition)'을 정확히 포착하는 것이 투자 성패의 핵심입니다. 본 전략은 부동산 시장의 방대한 데이터를 분석하여 현 시장의 위치를 64개 핵심 상태 중 하나로 정의하고, 그에 따른 최적의 리스크 관리 솔루션을 제공합니다.

① 시장의 '상태'를 진단하고 '전환'을 선점하다

시장은 살아 있는 유기체처럼 끊임없이 변화합니다. 우리는 현재 시장이 처한 위치를 정밀하게 진단하여, 잠재된 위험을 사전에 파악하고 다음 단계로의 전환을 예측합니다. 이는 막연한 기대감이 아닌, 객관적 지표를 통해 시장의 맥락(Context)을 읽어 내는 일입니다.

② 고전의 지혜와 데이터 알고리즘의 결합

예를 들어, 시장 데이터가 '천산둔(天山遯)' 상태를 가리킨다면 이는 "물러나야 할 때"를 의미합니다. 이를 실무적으로 해석하면 가격 하락기의 초입으로 판단하며, 매수보다는 관망 또는 매도 타이밍으로 설정합니다.

리스크 임계점 설정: 데이터 기반의 임계점을 돌파할 경우, 포트폴리오 내 매도 비중 확대를 권고하는 알고리즘을 가동합니다.

변화의 신호, 택화혁(澤火革): 시장의 구조적 변화가 필요한 시점을 즉각 포착하여 전략적 수정을 지원합니다.

③ 단순 가격 예측을 넘어선 '동력학적' 대응

우리의 목표는 단순히 "얼마가 오를 것인가"를 맞히는 것이 아닙니다. '시장의 동력학적 상태'를 근거로 하여, 상승장에서는 수익을 극대화하고 하락장에서는 손실을 최소화하는 전략적 대응 체계를 구축하는 것입니다. 데이터가 가리키는 명확한 신호를 통해, 투자자는 흔들리지 않는 판단 기준을 갖게 될 것입니다.

투자전략 연구 3. 최적 투자/개발 전략 및 용도 결정

시뮬레이션을 통한 최적 투자 및 개발 의사결정 모델

단순한 선형적 예측을 넘어 시장, 규제, 심리 등 복합적인 비선형 변수들의 상호작용을 정교하게 모델링합니다. 특히 주역의 64괘 역학 원리를 시뮬레이션에 도입하여, 현재의 자산 상태에서 파생될 수 있는 수만 가지 미래 경로 중 가장 실현 가능성이 높은 '최적의 경로'를 도출하는 것이 핵심입니다.

이를 통해 실무에서는 다음과 같은 전략적 의사결정을 지원합니다.

① 지천태(地天泰)형 전략: 장기 가치 극대화

특정 지역이나 자산이 '순조로운 발전과 번영'의 단계로 진입할 것으로 시뮬레이션 될 경우, 단기적 접근보다는 장기적인 대규모 개발로 전략을 확정하여 미래 가치를 선점하도록 유도합니다.

② 수화기제(水火旣濟)형 전략: 리스크 관리 및 유동성 확보

이미 성숙기에 도달하여 '정점'에 가까운 상태로 분석될 경우, 추가적인 상승을 기다리기보다 단기 차익 실현 후 관망하거나, 즉시 유동성이 높은 자산으로 전환할 것을 권고하여 자산의 안전성을 극대화합니다.

결과적으로, 이 시스템은 불확실성이 높은 투자 시장에서 데이터의 과학적 분석과 역학의 통찰을 결합하여, 진입과 청산의 골든타임을 결정짓는 명확한 전략적 나침반 역할을 수행합니다.

1.4 요약 및 활용 가이드

1) 제1장 핵심 개념 요약

절(Section)	핵심 개념(Core Concept)	부동산학적 적용(Application in Real Estate)
1.1 오해의 해체	**주역의 재정의**: 점술이 아닌, 변화 관리 운영체제(Change Management OS)이자 전략적 사고 프레임워크.	부동산 시장의 현재 '상태'를 정확히 진단하고, 사이클의 변화에 맞는 투자 전략(매수/매도/관망)을 수립하는 데 활용.
1.2 라이프니츠와 이진법	**논리적 기반**: 주역의 64괘는 현대 컴퓨터의 이진법과 수학적으로 동일한 구조를 가짐.	주역의 원리를 AI 알고리즘에 통합할 수 있는 기술적 타당성을 확보. 부동산 가치 평가 모델에 질적, 서사적 분석 층위를 추가.
1.3 복잡계 모델링	**상태-공간 지도**: 주역은 예측 불가능한 복잡계(부동산 시장)를 64개의 원형적 상태로 모델링하는 의사결정 지원 알고리즘.	시장의 단기적 가격 변동 예측을 넘어, 시장의 근본적인 '체질'과 '역학'을 이해하고 장기적 리스크를 관리하는 데 활용.

2) 핵심 활용 가이드(Actionable Guide for Researchers & Practitioners)

본 장의 내용을 연구와 실무에 효과적으로 적용하기 위해 다음의 세 가지 지침을 따를 것을 제안한다.

(1) 관점의 전환: '예측'에서 '진단'으로 사고의 프레임을 전환하라.

부동산 시장을 분석할 때 "내일 집값이 오를까?"라는 예측적 질문에만 매몰되지 마라. 대신 "현재 우리 시장은 64괘 중 어떤 상태와 가장 유사한가?"라는 진단적 질문을 던져라. 시장이 '과열(풍괘)', '정체(비괘)', '개혁(혁괘)' 중 어떤 상태에 있는지 진단하는 것만으로도 당신의 전략적 선택지는 훨씬 명확해질 것이다.

(2) 방법론의 확장: 정량적 데이터에 '원형적 서사'를 결합하라.

당신이 작성하는 시장 분석 보고서나 투자 제안서에 주역의 원형적 통찰을 녹여내라. 예를 들어, "거래량 30% 감소"라는 데이터만 제시하는 대신, "거래량 감소와 투자 심리 위축은 시장이 '수렴'과 '내실'을 요구하는 소축괘(小畜卦)의 단계에 진입했음을 시사합니다. 따라서 지금은 공격적 확장보다 포트폴리오를 점검하고 현금 유동성을 확보할 때입니다."와 같이 데이터에 깊이 있는 의미와 전략적 방향성을 부여하라.

(3) 도구의 재발견: 주역을 '개인 및 조직의 GPS'로 활용하라.

부동산 관련 의사결정뿐만 아니라, 당신의 커리어 경로 설정이나 조직의 문제 해결 과정에서도 주역을 활용해 보라. 당신의 팀이 겪고 있는 갈등 상황을 송괘(訟卦)의 관점에서 분석해 보고, 새로운 프로젝트의 어려움을 준괘(屯卦)의 지혜를 통해 극복할 실마리를 찾아라. 이 과정은 당신에게 문제의 본질을 꿰뚫는 통찰력과 복잡한 상황을 헤쳐 나갈 지혜를 제공할 것이다.

제2장

현실의 공명: 양자물리학, 동시성, 그리고 데이터

현실의 다차원적 이해
눈에 보이는 데이터 너머의 세계

1. 양자적 세계관	2. 칼 융의 동시성	3. 현대적 구현: 다중 모드 AI
상보성, 중첩, 관찰자 효과를 통해 본 부동산 가치의 이중성(자산가치 +잠재가치)	인과를 넘어선 '의미 있는 우연'. 투자의 '직관'을 내면과 외부의 공명으로 재해석	이종 데이터(숫자, 이미지, 텍스트)를 융합해 보이지 않는 가치를 정량화

주역의 현대적 재해석과 활용

(A modern reinterpretation and application of the protagonist)

개념도 설명: 양자역학의 중첩성, 칼 융의 동시성 이론을 기반으로 부동산의 유·무형 가치를 재해석하고, 멀티모달 AI 기술을 활용해 데이터 너머의 보이지 않는 잠재 가치를 정량화하여 입체적으로 분석하는 현대적 주역 활용법을 제시합니다.

2.1 양자적 세계관: 상보성과 중첩

현대 사회에서 우리는 '과학'과 '지혜'를 종종 별개의, 심지어 서로 대립하는 영역으로 간주한다. 과학은 객관적이고, 측정 가능하며, 논리적인 세계를 다루는 반면, 주역과 같은 고대의 지혜는 주관적이고, 해석에 의존하며, 비논리적인 영역으로 치부된다. 이러한 이분법적 사고는 17세기 뉴턴과 데카르트로부터 시작된 기계론적 세계관에 깊이 뿌리내리고 있다. 이 세계관은 우주를 정밀한 시계처럼 예측 가능하고 분리 가능한 부품들의 합으로 보았고, 이러한 관점은 지난 300년간 과학 기술의 눈부신 발전을 이끌었다.

그 결과, 우리는 눈에 보이는 것, 데이터로 증명되는 것만을 '진실'로 믿게 되었다. 기업의 의사결정은 재무제표와 시장 분석 데이터에 의존하고, 개인의 커리어 선택은 연봉과 직업 안정성이라는 수치화된 지표에 따라 이루어진다. 이러한 세상에서 '음양의 조화'와 같은 개념은 비합리적인 것으로 여겨지기 쉽다. 하지만 20세기 초, 물리학의 세계에서는 이 견고했던 기계론적 세계관을 뿌리부터 뒤흔드는 혁명이 일어났다. 바로 양자역학의 등장이었다.

양자역학은 미시 세계로 내려가자, 우리가 알던 상식적인 세계의 법칙이 더 이상 통하지 않는다는 충격적인 사실을 발견했다. 입자는 파동이기도 하고, 관찰하기 전까지는 위치가 확정되지 않으며, 멀리 떨어진 입자들이 서로 연결되어 영향을 주고 받는다는 사실은 당시의 과학자들에게 큰 혼란을 안겨 주었다. 문제의 본질은, 이 양자역학이 보여 주는 세계의 모습이 놀라울 정도로 주역과 같은 동양의 고대 지혜가 설명하는 세계와 닮아 있다는 점을 대부분의 사람들이 여전히 인식하지 못하고 있다는 것이다.

이 인식의 간극을 메우고 새로운 세계관을 정립하기 위해, 우리는 양자역학의 아버지 중 한 명인 닐스 보어(Niels Bohr)의 통찰에서 시작해야 한다. 그는 양자 세계의 역설적인 현상들을 설명하기 위해 '상보성 원리(Principle of Complementarity)'를 제시했다. 이는 마치 동전의 양면처럼, 어떤 현상의 서로 다른 측면들이 비록 모순되어 보일지라도, 그 현상을 완전히 이해하기 위해서는 두 측면 모두가 필수적이라는 생각이다.

첫째, '파동-입자 이중성'은 주역의 '음양(陰陽)' 사상과 정확히 공명한다. 양자역학에서 빛이나 전자는 때로는 파동처럼 퍼져 나가고, 때로는 입자처럼 한 점에 집중된다. 이 두 가지 성질은 동시에 관찰될 수 없지만, 둘 다 전자의 본질적인 모습이다.

보어는 이것이 바로 음(陰)과 양(陽)의 관계와 같다고 보았다. 음과 양은 서로 반대되지만, 어느 하나만으로는 존재할 수 없으며, 둘이 역동적으로 상호작용하며 태극(太極)이라는 전체를 이룬다. 부동산의 가치 역시 마찬가지다. 부동산은 현재의 임대 수익을 창출하는 안정적인 '자산(입자)'인 동시에, 미래의 개발 가능성과 시장 변화에 따라 가치가 유동하는 '잠재력(파동)'이다. 이 둘은 모순이 아니라 상보적인 가치다.

둘째, '중첩(Superposition)'의 개념은 미래가 수많은 가능성의 바다임을 암시한다. 양자역학에 따르면, 우리가 관찰하기 전까지 전자는 특정 위치에 있는 것이 아니라, 여러 위치에 동시에 존재할 수 있는 '확률의 구름' 상태, 즉 '중첩' 상태로 존재한다. 이는 우리의 미래 역시 하나의 정해진 길이 아니라, 수많은 가능성이 중첩된 상태로 존재한다는 주역의 세계관과 맞닿아 있다. 특정 부동산의 미래 가치는 지금 이 순간 '성공'과 '실패'가 결정된 것이 아니라, 우리의 다음 선택과 행동(관찰)에 따라 무한한 가능성 중 하나로 현실화될 잠재력의 바다와 같다.

셋째, '관찰자 효과(Observer Effect)'는 우리의 의도가 현실을 창조하는 힘임을 시사한다. 양자역학의 가장 충격적인 발견 중 하나는 '관찰'이라는 행위 자체가 결과에 영향을 미친다는 것이다. 우리가 어떤 방식으로 입자를 관찰하느냐에 따라 그것이 파동으로 나타날지 입자로 나타날지가 결정된다. 이는 주역에서 '의도를 가진 질문'이 우주의 무작위적인 패턴 속에서 의미 있는 답(괘)을 이끌어 낸다는 원리와 정확히 일치한다. 이는 우리의 '의도'와 '관점'이 결코 수동적인 것이 아니라, 현실을 창조하는 데 능동적으로 참여하는 강력한 힘임을 보여 준다.

가지관찰, 잠재 파동을 현실로

• **상보성 원리:** 부동산의 가치는 현재의 안정적인 자산 가치(입자)와 미래의 불확

실한 잠재 가치(파동)라는 두 가지 상보적인 측면을 동시에 가지고 있다. 어느 한쪽만 보는 것은 전체를 놓치는 것이다.

- **중첩과 가능성:** 특정 부동산의 미래 가치는 확정된 것이 아니라, 개발 계획, 정책 변화, 시장 심리 등 다양한 가능성이 '중첩'된 상태로 존재한다.
- **관찰자 효과와 의도:** 투자자의 관심, 자본의 투입, 정책 입안자의 결정과 같은 '관찰 행위'는 가능성의 중첩 상태를 하나의 현실로 구체화시키며, 가치 창조에 능동적으로 참여한다.

투자전략 연구 1. 닐스 보어, 태극 문양을 가문의 문장으로 삼다

1947년, 닐스 보어는 덴마크 최고 훈장인 코끼리 훈장을 수여받는 영예를 안았다. 전통에 따라 기사 작위를 받은 사람은 자신의 철학을 담은 가문의 문장(Coat of Arms)을 직접 디자인해야 했다. 이때 보어는 주저 없이 문장의 중앙에 태극 문양을 그려 넣었다. 그리고 그 아래에 "Contraria sunt complementa"라는 라틴어 좌우명을 새겼다. 이는 "반대되는 것은 상보적이다"라는 의미다.

양자역학이라는 서구 과학의 최정점에 선 인물이 자신의 과학 철학의 핵심을 동양의 고대 상징인 태극에서 찾았다는 이 사건은 매우 상징적이다. 그는 입자와 파동, 위치와 운동량처럼 서로 배타적으로 보이는 개념들이 사실은 현실을 이해하기 위한 상-보적인 측면임을 태극 문양이 완벽하게 표현한다고 보았다. 이는 과학과 지혜가 분리된 것이 아니라, 동일한 진리를 다른 언어로 표현하고 있음을 보여 주는 강력한 증거다.

이러한 보어의 통합적 시선은 부동산 시장을 분석하는 데 중요한 시사점을 준다. 예를 들어, 한 재개발 예정 지역의 낡은 단독주택을 평가한다고 가정해 보자. 전통적인 평가 방식(입자적 관점)은 현재 건물의 물리적 가치와 토지의 공시지가를 기준으로 낮은 가격을 매길 것이다. 그러나 양자적 관점(파동적 관점)을 도입하면, 이

주택의 가치는 현재의 물리적 상태에 고정된 것이 아니라, '재개발이 성공했을 때의 미래 아파트 가치'와 '재개발이 무산되었을 때의 현재 가치'가 '중첩'된 상태로 존재한다고 볼 수 있다. 투자자의 '관찰 행위', 즉 재개발 계획에 대한 긍정적 전망과 자본 투입은 이 가능성의 파동을 현실의 높은 가치로 '붕괴'시키는 역할을 한다. 이처럼 상보성의 렌즈는 우리에게 부동산의 현재 가치와 미래 가치를 동시에 조망하는 입체적인 시각을 제공한다.

투자전략 연구 2. '현재 가치(입자)'와 '잠재적 변동성(파동)'의 통합 분석 모델

- **주역 적용 원리: 상보성 원리**(음양, 입자-파동의 상호 보완적 관계)
- **프롭테크 활용: AI 기반 이중 가치 평가 시스템**
- **적용 예시:**
  - **부동산 현황 데이터(입자):** 현재 공시지가, 실거래가, 건물 연식, 임대수익률 등 **정량적이고 확정된** 데이터를 수집/분석한다.
  - **미래 잠재력 데이터(파동):** 주변 개발 계획(교통/재건축 등), 정책 변동성 지수, 시장 심리 지수, 소셜 미디어 트렌드(Prop-Wave Index) 등 **변동 가능성이 큰** 데이터를 '잠재적 파동'으로 수치화한다.
  - **통합 결과:** 64괘의 '이중적 속성(예: 건괘(乾卦)의 강건함과 곤괘(坤卦)의 포용력)'처럼, AI는 이 두 상보적인 정보를 통합하여 부동산의 '현재 확정 가치'과 '최대/최소 잠재 변동 폭'을 동시에 제공하여 투자자에게 편향되지 않은 입체적인 의사결정 자료를 제공한다.

투자전략 연구 3. '중첩된 가능성'의 관찰자 기반 최적 시나리오 도출

- **주역 적용 원리: 중첩과 관찰자 효과**(미래는 수많은 가능성 중 관찰/행위에 의해 현실화됨)
- **프롭테크 활용: 사용자 맞춤형 시나리오 시뮬레이션 및 피드백 시스템**

- **적용 예시:**
  - **'중첩된 미래' 설정:** 특정 개발 예정지의 미래 가치를 '성공(재개발 확정)', '보류(정책 변경)', '실패(사업 무산)'의 **중첩된 상태**로 정의하고, 각 시나리오에 따른 64괘의 '변화의 상(象)'을 매핑한다.
  - **관찰자 행위 반영:** 투자자(관찰자)가 **'투자금액, 보유 기간, 리모델링 실행'** 등 자신의 행위(관찰 행위)를 입력하면, 시스템은 64괘의 '변화의 동적인 흐름'을 시뮬레이션하여 입력된 행위가 각 미래 시나리오의 확률(현실화 가능성)에 미치는 영향을 실시간으로 분석한다.
  - **최적 시나리오 제시:** 이를 통해 투자자는 '가장 유리한 결과를 만들어낼 수 있는 관찰 행위(최적의 투자 시점 또는 개발 방식)'을 도출하여, 능동적으로 가치 창조에 참여하는 전략적 의사결정을 수행한다.

2.2 칼 융의 동시성: 비인과적 연결 원리

혹시 이런 경험이 있는가? 특정 지역의 아파트를 사야겠다고 막연히 생각하고 있었는데, 우연히 만난 친구가 바로 그 아파트에 살고 있다며 좋은 정보를 주고, 동시에 그 지역의 개발 호재에 대한 뉴스가 터지는 경험. 우리는 보통 이런 일들을 그저 "신기한 우연" 혹은 "타이밍이 좋았다"고 말하며 가볍게 넘겨 버린다. 하지만 이런 '의미 있는 우연'들이 반복될 때, 우리는 혼란에 빠지기 시작한다.

우리의 이성은 세상이 명확한 '인과관계(Causality)'의 법칙에 따라 움직인다고 믿기 때문이다. 원인이 있으면 결과가 있고, 모든 일에는 논리적인 이유가 있어야 한다. 하지만 이런 의미 있는 우연들은 도무지 인과적으로 설명할 방법이 없다. 내가 특정 아파트를 생각한 것(원인)이 친구를 만나게 하거나 뉴스가 나오게 만든(결과) 물리적인 힘이 될 수는 없기 때문이다.

이러한 혼란을 극복하고 우연을 삶의 나침반으로 활용하기 위해, 우리는 20세기 최고의 심리학자 중 한 명인 칼 융(Carl Gustav Jung)의 통찰을 빌려와야 한다. 그는 인과관계만으로는 설명할 수 없는 '의미 있는 우연의 일치' 현상을 설명하기 위해 '동시성(Synchronicity)'이라는 혁명적인 개념을 제시했다. 동시성이란, "인과적으로는 연결되지 않은 두 개 이상의 사건이, 관찰자에게 의미 있는 패턴으로 동시에 나타나는 비인과적 연결 원리"를 의미한다.

융은 바로 이 동시성의 원리를 탐구하는 과정에서 주역을 만났고, 주역이야말로 동시성을 탐구하는 가장 완벽한 도구임을 발견했다. 주역 점을 치는 행위 자체가 바로 '의도적인 동시성 실험'이기 때문이다. 즉, 내가 마음속에 특정한 질문을 품는 내면의 사건과, 동전을 던져 우연히 특정 괘를 얻는 외부의 사건 사이에는 어떠한 인과관계도 없지만, 그 둘이 만나 '의미 있는 해답'을 만들어 내는 것이다.

융의 관점에서, 이것은 우주가 우리에게 보내는 무의식적인 메시지일 수 있다. AI 시대에 동시성의 원리를 이해하고 활용하는 것은 그 어느 때보다 중요하다. AI가 인과관계와 데이터 패턴 분석의 끝을 보여 준다면, 인간은 비인과적이고 의미 중심적인 연결을 통해 AI가 결코 제공할 수 없는 통찰을 얻어야 한다.

모든 우연을 '데이터'로 수집하고, 인과관계가 아닌 '의미'의 패턴을 찾으며, 주역을 '해석의 렌즈'로 활용하는 새로운 정보 처리 방식을 통해 우리는 우연을 삶의 나침반으로 활용할 수 있다. 예를 들어, 당신에게 일어나는 의미 있는 우연들을 '동시성 일지'에 기록해 볼 수 있다. "오늘 아침 '재개발'이라는 단어에 대해 고민했는데, 오후에 만난 세 명의 사람이 모두 '재개발' 투자 경험에 대해 이야기했다."와 같이 구체적으로 기록하는 것이다. 이것은 당신의 무의식이 현재 어떤 주제에 집중하고 있는지 알려 주는 중요한 데이터가 된다.

수집된 동시성 데이터들 사이에서 공통적으로 나타나는 '주제'나 '메시지'가 무엇인지 찾아보는 것이다. 여러 우연들이 반복적으로 특정 '지역'이나 '부동산 유형'을 가리키고 있다면, 그것은 당신의 무의식이 그곳에 당신의 다음 기회가 있음을 암시하는 신호일 수 있다.

내외 공평, 욕망과 시류의 절묘한 일치

- **동시성의 정의:** 동시성은 인과관계 없이 '의미'로 연결된 우연의 일치이며, 이는 우주와 나의 무의식이 소통하는 방식일 수 있다.
- **우연의 데이터화:** 일상에서 마주치는 의미 있는 우연들을 '동시성 일지'에 기록하고, 그 안에서 반복되는 패턴과 메시지를 찾아내는 훈련이 필요하다.
- **직관의 재해석:** 부동산 투자에서 '촉'이나 '직관'은 비과학적인 감이 아니라, 내면의 필요와 외부 세계의 신호가 공명하는 '동시성' 현상일 수 있다. 데이터 분석과 함께 중요한 의사결정의 단서로 활용해야 한다.

투자전략 연구 1. 융의 황금 풍뎅이와 부동산 투자의 '촉'

융의 환자 중 한 명은 극도로 합리적인 여성이었는데, 그녀는 자신의 꿈에 나타난 '황금 풍뎅이'의 의미를 받아들이려 하지 않았다. 그녀가 꿈 이야기를 하던 바로 그 순간, 융의 상담실 창문에 무언가 부딪히는 소리가 났고, 융이 창문을 열자 그곳에는 그녀의 꿈에 나온 황금 풍뎅이와 매우 유사한 풍뎅이 한 마리가 있었다. 이 충격적인 '동시성' 사건 앞에서, 그녀는 마침내 자신의 이성적인 방어벽을 허물고 무의식의 세계를 받아들이기 시작했으며, 이를 통해 그녀의 치료는 극적인 진전을 이루었다.

이러한 동시성 현상은 부동산 투자 결정 과정에서 우리가 흔히 '촉' 또는 '직관'이라고 부르는 것의 본질을 설명해 준다. 2015년, 부동산 투자자 박 씨는 서울 성수동의 낡은 공장 지대를 답사하고 있었다. 당시 성수동은 지금처럼 주목받는 지역이 아니었고, 데이터상으로는 투자 매력이 크지 않았다. 하지만 그는 낡은 공장들 사이에서 젊은 예술가들이 운영하는 작은 공방과 카페들을 발견했고, 그곳에서 느껴지는 '활기'에 강한 이끌림을 느꼈다(내면의 사건).

그날 저녁, 그는 우연히 서점에서 펼친 잡지에서 뉴욕의 버려진 공장 지대였던 '소호(SoHo)'가 어떻게 예술가들의 거리로 변모했는지에 대한 특집 기사를 읽게 되었다(외부의 사건 1). 며칠 후, 그는 지인과의 식사 자리에서 패션 대기업에 다니는 그 지인이 "회사에서 다음 시즌 팝업 스토어 장소로 성수동을 비밀리에 검토 중"이라는 이야기를 우연히 듣게 되었다(외부의 사건 2). 이 세 사건은 인과적으로 연결되어 있지 않지만, 박 씨에게는 '성수동의 미래'라는 하나의 의미 있는 패턴으로 다가왔다. 그는 이 '동시성'을 자신의 직관을 확증하는 신호로 받아들였고, 데이터가 아닌 자신의 '촉'을 믿고 과감하게 성수동의 낡은 공장 건물을 매입했다. 그 후 성수동이 '한국의 브루클린'으로 불리며 급성장한 것은 모두가 아는 사실이다. 이 사례는 데이터 너머의 의미 있는 우연을 포착하는 동시성적 사고가 어떻게 성공적인 투자로 이어질 수 있는지를 보여 준다.

투자전략 연구 2. '동시성 일지' 기반 부동산 투자 지역 추천 시스템

일반적인 프롭테크는 시세, 인구, 개발 계획 등의 **정량적 데이터**를 분석하여 투자 유망 지역을 추천한다. 여기에 '동시성 일지' 개념을 도입하여 **사용자의 무의식적 관심사**를 반영하는 융합적 추천 시스템을 구축합니다.

- **적용 예시:**
  - **동시성 데이터 수집:** 사용자가 특정 지역, 개발 호재 등 부동산 관련 질문을 마음속에 품고 주역을 취한 후(점괘를 얻은 후), 일상에서 발생하는 의미 있는 우연들을 **'동시성 일지'** 앱에 기록한다. (예: 주역 점괘의 핵심 키워드가 '산'이었는데, 길에서 우연히 만난 3명의 지인 모두 '산 주변 택지 개발'에 대해 이야기함.)

- **패턴 분석:** 프롭테크 시스템은 이 동시성 일지 데이터(비인과적 '의미'의 패턴)와 주역 64괘의 해석 데이터를 결합한다.
- **지역 추천:** 시스템은 일반적인 정량적 데이터 분석 결과와 더불어, **사용자의 무의식(주역, 우연 일치)이 반복적으로 가리키는 특정 지역 또는 테마**를 '동시성 신호'로 추출하여 투자 후보군으로 제시한다. 이는 AI가 제공할 수 없는 '비인과적이고 의미 중심적인 연결'을 활용한 의사결정 보조 도구가 된다.

투자전략 연구 3. '심층적 직관' 반영 매물/테마 선별 필터

부동산 투자의 '촉' 또는 '직관'은 때로 데이터가 간과하는 숨겨진 가치(예: 성수동의 낡은 공장이 예술가들의 공방으로 변모하는 '활기')를 포착한다. 주역 64괘는 이러한 심층적 직관을 구체화하는 '해석의 렌즈'로 작용한다.

- **적용 예시:**
  - **매물/테마 심층 분석:** 투자자가 현재 관심 있는 매물이나 개발 테마(예: '재건축', '소호(SoHo) 거리', '친환경 빌딩' 등)에 대해 마음을 모으고 주역 64괘 중 하나를 취한다.
  - **주역 기반 필터 적용:** 프롭테크 시스템은 취해진 **주역 괘의 핵심 의미나 상징**을 분석하고, 이를 기준으로 매물 또는 테마를 선별하는 필터로 활용한다.
  - **예시:** 투자자가 얻은 괘가 '이익(利益)'과 '새로운 시작'을 암시하는 괘라면, 시스템은 단순히 수익률이 높은 매물뿐만 아니라 '최근 1년 내 리모델링/용도 변경이 완료된 상가'나 **새로운 정책 수혜가 예상되는 지역의 토지'** 등 '새로운 변화'와 '수익'이라는 **동시성적 의미**를 내포한 매물을 상위에 필터링하여 제시한다.
  - **의미 보강:** 이 과정은 투자자가 자신의 직관을 논리적/상징적 맥락(주역의 해석) 안에서 재확인하고, 데이터 분석만으로는 놓칠 수 있는 '비과학적이나 중요한 가치'를 의사결정에 통합하도록 돕는다.

2.3 동시성에서 다중 모드 데이터로

융의 동시성 원리는 단순히 심리학적 호기심을 넘어, 현대 AI 기술의 최전선에 있는 '다중 모드 기계 학습(Multimodal Machine Learning)'의 철학적 선구자로 재해석될 수 있다. 다중 모드 학습은 텍스트, 이미지, 수치, 지리 정보 등 서로 다른 형태(modality)의 데이터를 통합하여, 단일 모드 데이터만 사용했을 때보다 훨씬 더 정확하고 깊이 있는 예측을 수행하는 AI 기술이다.

이 기술적 과제는 본질적으로 동시성의 원리와 같다. 융이 환자의 꿈(내적, 상징적 데이터)과 상담실 창문에 부딪힌 풍뎅이(외적, 물리적 데이터)의 '의미 있는 일치'에서 통찰을 얻었듯, 현대의 부동산 가치 평가 AI는 매물의 사진(이미지 데이터), 매물 설명(텍스트 데이터), 그리고 과거 거래 가격(수치 데이터)의 '의미 있는 패턴'을 찾아내어 더 정확한 가치를 예측한다.

전통적인 부동산 가치 평가 모델(AVMs)은 주로 부동산의 크기, 침실 수, 위치 등 정량적인 '속성 데이터'에 의존해 왔다. 이는 강력한 방법이지만, "같은 동, 같은 평수인데 왜 저 집이 더 비쌀까?"라는 질문에 답하기에는 한계가 있었다. 그 차이는 종종 데이터로 표현하기 어려운 질적인 요소들, 예를 들어 '채광이 좋은 집', '인테리어가 세련된 집', '동네 분위기가 조용한 집' 등에서 비롯되기 때문이다.

다중 모드 AI는 바로 이 질적인 요소들을 데이터의 영역으로 끌어들인다. 예를 들어, AI는 수백만 장의 주택 내부 사진을 학습하여 '세련된 인테리어'나 '풍부한 채광'과 같은 시각적 특징이 가격에 미치는 영향을 정량화할 수 있다. 또한, 부동산 중개인이 작성한 매물 설명 텍스트를 분석하여 "한강뷰", "숲세권", "신혼부부 추천"과 같은 키워드가 가격에 미치는 긍정적 효과를 학습한다.

더 나아가, GIS(지리정보시스템) 데이터를 결합하여 특정 매물 주변에 공원, 학교, 카페 등 '관심 지점(POI)'이 얼마나 분포해 있는지를 분석하고, 이를 가치 평가에 반영한다. 이처럼 서로 다른 종류의 데이터들이 결합될 때, AI는 개별 데이터만으로는 볼 수 없었던 복합적인 가치의 패턴을 발견하게 된다.

학술 연구들은 이러한 다중 모드 접근법이 단일 모드 접근법에 비해 예측 정확도 측면에서 월등한 성능을 보인다는 것을 일관되게 증명하고 있다. 이는 단순히 더 많은 데이터를 사용하는 것을 넘어, 현실 세계의 다양한 차원들이 서로 어떻게 공명하며 가치를 형성하는지에 대한 더 깊은 이해를 가능하게 한다.

즉, 다중 모드 AI의 도전은 동시성의 원리를 기술적으로 구현하려는 시도라고 볼 수 있다. 융이 서로 다른 두 사건의 '의미' 있는 연결을 통찰했듯, AI는 서로 다른 데이터 스트림의 '상관관계' 있는 패턴을 찾아낸다. 이 연결고리를 이해할 때, 우리는 프롬테큰 엔진이 단순히 이질적인 데이터를 기계적으로 합산하는 것이 아니라, 현실의 다양한 차원들이 서로 공명하며 드러내는 더 깊은 의미의 패턴을 포착하려는 시도임을 알 수 있다.

입지 동시성 질적 가치 판단

- **철학과 기술의 연결**: 융의 '동시성' 원리는 서로 다른 데이터 유형을 결합하여 더 깊은 통찰을 얻는 현대 AI의 '다중 모드 학습'과 철학적으로 맞닿아 있다.
- **가치의 다차원성**: 부동산의 가치는 단순히 숫자로만 결정되지 않는다. 이미지, 텍스트, 지리 정보 등 다양한 차원의 질적 데이터가 결합될 때 비로소 온전한 가치를 파악할 수 있다.
- **정확도 향상의 핵심**: 학술 연구와 상업적 사례 모두, 다중 모드 AI가 전통적인 단일 모드 가치 평가 모델보다 월등히 높은 정확도를 보임을 증명한다. 이는 미래 부동산 분석의 핵심 기술이 될 것이다.

투자전략 연구 1. 프롭테크 기업 '질로우(Zillow)'의 다중 모드 가치 평가

미국의 대표적인 프롭테크 기업 '질로우(Zillow)'의 주택 가치 자동 평가 모델인 '제스티메이트(Zestimate)'는 다중 모드 AI의 상업적 성공 가능성을 보여 주는 대표적인 사례다. 초기의 제스티메이트는 주로 과거 거래 가격, 주택의 기본 속성(면적, 방 개수 등)과 같은 정량적 데이터에 의존했다. 이 모델은 시장의 평균적인 가격을 예측하는 데는 유용했지만, 개별 주택의 고유한 가치를 정확히 반영하지 못해 오차율이 높다는 비판을 받았다.

이에 질로우는 제스티메이트의 정확도를 높이기 위해 대규모 AI 경진대회를 열고 전 세계 데이터 과학자들의 아이디어를 모았다. 그 결과, 우승팀들의 모델은 공통적으로 다중 모드 접근법을 채택했다는 점이 밝혀졌다. 그들은 정량적 데이터를 넘어, 주택의 내/외부 사진(이미지 데이터), 위성사진을 통한 지붕의 상태나 마당의 크기 분석(GIS 데이터), 그리고 매물 설명(텍스트 데이터)까지 통합하여 모델을 구축했다.

예를 들어, AI는 주방 사진을 보고 '최신 리모델링된 주방'이 가격에 약 5%의 프리미엄을 더한다는 사실을 학습했다. 또한, 매물 설명에서 '파노라마 뷰'라는 단어가 포함될 경우, 그렇지 않은 경우보다 평균 7% 높은 가격에 거래된다는 패턴을 발견했다. 이러한 다중 모드 데이터의 융합을 통해, 제스티메이트의 오차율은 획기적으로 개선되었고, 현재는 미국 주택 시장에서 가장 신뢰받는 가치 평가 지표 중 하나로 자리 잡았다.

이 사례는 동시성의 원리가 철학적 사변을 넘어, 어떻게 수조 달러 규모의 부동산 시장을 움직이는 핵심적인 기술적 원리로 구현될 수 있는지를 명확히 보여 준다. 질로우의 AI는 사진 속 '리모델링된 주방'과 텍스트 속 '파노라마 뷰', 그리고 숫자 데이터 속 '높은 거래 가격' 사이의 '의미 있는 우연의 일치'를 학습함으로써, 인간 전문가의 직관에 가까운, 혹은 그를 뛰어넘는 정교한 가치 평가를 가능하게 한 것이다.

투자전략 연구 2. 잠재력 괘(卦) 기반 '가치 불균형' 투자 발굴

- **핵심 원리:** AI가 인식한 '질적 잠재력 괘'과 현재 시장 가격이 반영된 **'양적 거래 괘'** 간의 불일치를 이용한다.

- **적용 예시:** AI는 주택 사진(이미지)과 설명(텍스트)을 분석하여 내부 상태, 조망, 인테리어 등이 최고 가치를 나타내는 '태(泰)의 괘'에 해당한다고 평가한다. 하지만, 현재 거래 가격(숫자 데이터)은 시장 침체나 홍보 부족으로 인해 가치가 낮은 **'비(否)의 괘'** 상태로 측정된다.

  AI는 이 불균형을 포착하고, 시장이 아직 인식하지 못한 **'잠룡(潛龍)'** 상태의 매물로 투자자에게 추천한다. 이는 단순히 저렴한 매물이 아닌, **질적 잠재력 대비 저평가된 우량 자산**을 발굴하는 필터로 활용된다.

투자전략 연구 3. 동효(動爻) 진단을 통한 '최적 매물 전략' 컨설팅

- **핵심 원리:** 주역에서 한 효(爻)의 변화가 전체 괘를 바꾸듯, AI가 매물의 가치를 가장 크게 끌어올리거나 낮추는 '결정적 데이터 포인트(동효)'을 식별하여 전략적 개선을 유도한다.

- **적용 예시:** AI는 특정 매물의 '현 괘'을 분석하여(예: 몽(蒙)- 미숙함, 잠재력 발휘 불가) 현재 가치가 제자리걸음인 원인을 진단한다.

  AI는 네 가지 모드 중 가장 약한 연결 고리(동효)를 지목한다. 만약 **텍스트 모드**가 문제라면, "단순하고 무성의한 매물 설명이 가치 인식의 흐름(물, ☵)을 막고 있다"고 진단한다.

  AI는 이 '동효'를 개선하기 위해 "파노라마 뷰", "최신 리모델링"과 같은 구체적인 '파워 키워드'을 추가하도록 중개사에게 즉시 권고한다. 이 조치(텍스트 모드 개선)를 통해 매물의 '괘'가 잠재력이 폭발하는 **'대축(大畜)의 괘'** 등으로 **변화**하도록 유도하여 거래 성공률과 가격을 극대화한다.

2.4 요약 및 활용 가이드

1) 제2장 핵심 개념 요약

절(Section)	핵심 개념(Core Concept)	부동산학적 적용 (Application in Real Estate)
2.1 양자적 세계관	**상보성 & 중첩**: 현실은 확정된 실체가 아니라, 대립적인 속성(입자/파동)이 공존하며, 다양한 가능성이 중첩된 상태.	부동산 가치를 현재의 실물 가치(입자)와 미래의 잠재 가치(파동)가 중첩된 것으로 이해. 투자자의 관점(관찰)이 가치 실현에 영향을 미침.
2.2 칼 융의 동시성	**의미 있는 우연**: 인과관계 없이 '의미'로 연결된 사건들의 일치. 무의식과 외부 세계의 공명.	데이터로 설명되지 않는 '촉'이나 '직관'을 중요한 투자 신호로 간주. 반복되는 우연한 정보들을 '동시성 일지'로 관리하여 패턴 분석.
2.3 다중 모드 데이터	**이종 데이터 융합**: 텍스트, 이미지, 숫자 등 서로 다른 형태의 데이터를 AI가 결합하여 더 깊은 패턴을 발견하는 기술.	정량적 데이터 외에 매물 사진, 위성 이미지, 온라인 리뷰 등을 통합한 AI 가치 평가 모델(AVM)을 활용하여 더 정확한 가치 산정 및 투자 결정.

2) 핵심 활용 가이드(Actionable Guide for Researchers & Practitioners)

본 장의 내용을 연구와 실무에 효과적으로 적용하기 위해 다음의 세 가지 지침을 따를 것을 제안한다.

(1) '상보적 가치 평가서'를 작성하라.

특정 부동산을 분석할 때, 전통적인 가치 평가(입자적 관점)와 함께, 그 부동산이 가진 미래의 '가능성 시나리오'(파동적 관점)를 함께 기술하라. "현재 가치는 10억 원으로 평가되나, 3년 내 인근 지역에 바이오 클러스터가 조성될 경우(관찰 사건), 최대 15억 원까지 가치 상승이 기대됨"과 같이 두 가지 측면을 모두 고려하는 보고서는 당신의 분석에 깊이를 더할 것이다.

(2) 당신의 '투자 직관'을 데이터로 검증하고 훈련하라.

어떤 지역이나 매물에 대해 강한 '촉'을 느꼈다면, 그것을 무시하거나 맹신하지 마라. 먼저 그 느낌의 근거가 된 '동시성' 사건들을 기록하라(예: 우연히 들은 대화, 본 뉴스 기사 등). 그 후, 그 직관을 검증하기 위한 데이터를 찾아라. 이 과정을 반복하면, 당신의 직관은 점점 더 정교해지고 데이터와 조화를 이루는 강력한 의사결정 도구가 될 것이다.

(3) 다중 모드 데이터 소스를 의식적으로 탐색하라.

부동산 투자를 결정하기 전에, 가격과 거래량 같은 숫자 데이터만 보지 마라. 해당 지역의 온라인 커뮤니티에 가입하여 사람들의 '정성적'인 평가(텍스트 데이터)를 확인하고, 로드뷰와 위성뷰를 통해 실제 동네의 '분위기'와 '녹지 비율'(이미지/GIS 데이터)을 반드시 체크하라. 이러한 다중 모드 정보 수집은 당신이 놓칠 수 있는 숨겨진 리스크와 기회를 발견하게 해 줄 것이다.

제3장

변화의 다섯 얼굴: 오행으로 본 시장 사이클 모델링

선형적 사고(X) → 순환적 사고(O)

↓

오행(五行) 에너지 순환 모델

성장(상생)과 균형(상극)의 동적 시스템

↓

부동산 시장 사이클 맵핑

목(회복) → 화(확장) → 토(과잉) → 금(침체) → 수(불황)

오행 모델을 활용한 부동산 시장 사이클 분석

(Real Estate Market Cycle Analysis Using the Five Elements Model)

개념도 설명: 선형적 사고를 벗어나 오행의 상생·상극 원리를 바탕으로 부동산 시장을 순환적 시스템으로 분석한 모델입니다. 시장의 흐름을 목(회복), 화(확장), 토(과잉), 금(침체), 수(불황)의 5단계 사이클로 매핑하여 체계적으로 설명합니다.

3.1 오행 프레임워크: 선형적 사고를 넘어서

우리는 성공이 영원할 것이라 믿고 싶어 하고, 위기가 닥치면 끝없는 나락으로 떨어질 것이라고 절망한다. 부동산 시장이 뜨거울 때는 모두가 이 상승세가 계속될 것이라고 낙관하고('이번에는 다르다'), 시장이 얼어붙으면 다시는 회복하지 못할 것처럼 비관한다. 이러한 극단적인 심리적 쏠림 현상은 인간이 세상을 '직선(line)'으로 이해하려는 '선형적 사고(Linear Thinking)'의 함정에 빠져 있기 때문이다. 시작이 있으면 끝이 있고, 한번 올라가면 계속 올라가거나, 한번 내려가면 계속 내려간다는 이 단순한 관성은 산업 시대의 예측 가능한 환경 속에서 형성된 낡은 사고방식이다.

이러한 선형적 사고는 AI 시대의 복잡하고 역동적인 현실을 이해하는 데 심각한 장애물이 된다. 기술의 발전, 시장의 사이클, 기업의 생애주기, 심지어 우리 개인의 삶조차도 결코 직선으로 움직이지 않는다. 모든 것은 흥망성쇠를 거듭하는 '순환(Cycle)'의 패턴을 따른다. 이 순환의 리듬을 이해하지 못하면, 우리는 필연적으로 잘못된 타이밍에 잘못된 결정을 내리게 된다. 상승의 정점에서 무리하게 투자하여 '상투'를 잡거나, 하락의 바닥에서 공포에 질려 '투매'를 하는 실수를 반복하는 것이다.

문제의 핵심은, 우리가 변화의 '단계'를 구분하고 각 단계에 맞는 다른 전략을 구사해야 한다는 사실을 알지 못한다는 점에 있다. 씨앗을 심어야 할 봄에 열매를 수확하려 하거나, 모든 것을 거두어들여야 할 가을에 새로운 사업을 시작하는 농부는 없다. 하지만 우리는 비즈니스와 투자, 그리고 인생이라는 경작지에서는 바로 그런 어리석음을 저지르고 있다. 우리에게는 이 변화의 사계절을 알려 주는 정교한 '자연의 달력'이 필요하다.

주역의 세계관을 떠받치는 또 하나의 기둥인 '오행(五行)'은 바로 이 '자연의 달력' 역할을 한다. 오행, 즉 목(木), 화(火), 토(土), 금(金), 수(水)는 단순히 다섯 가지 물질이 아니라, 모든 생명과 시스템이 거쳐가는 성장(봄), 확장(여름), 안정(환절기),

수렴(가을), 응축(겨울)이라는 다섯 가지 동적인 에너지 단계를 상징한다. 이 오행의 렌즈를 통해 우리는 복잡한 시스템의 현재 '계절'을 진단하고, 다음 계절을 예측하며, 각 단계에 맞는 최적의 전략을 수립할 수 있다.

오행의 역학은 두 가지 핵심적인 순환 원리로 설명된다. 첫째는 '상생(相生)' 순환으로, 이는 성장의 엔진 역할을 한다. 수생목(水生木)은 겨울의 응축된 에너지(水)가 봄의 새싹(木)을 틔우는 것을, 목생화(木生火)는 봄의 나무(木)가 여름의 불꽃(火)을 위한 땔감이 되는 것을 의미한다. 화생토(火生土)는 여름의 불꽃(火)이 타서 재(土)가 되어 땅을 비옥하게 하고, 토생금(土生金)은 안정된 땅(土) 속에서 단단한 금속(金)이 생성되며, 금생수(金生水)는 차가운 금속(金) 표면에 물방울(水)이 맺히는 현상을 상징한다. 이 순환은 준비(水)가 새로운 시작(木)을 낳고, 성장이 확장(火)의 기반이 되며, 확장의 결과가 안정(土)을 만들고, 안정 속에서 핵심 가치(金)가 추출되며, 결실 이후 다시 내면을 성찰(水)하는 지혜로 이어지는 자연스러운 발전의 과정을 보여 준다.

둘째는 '상극(相剋)' 순환으로, 이는 시스템의 균형과 조절 메커니즘 역할을 한다. 이는 파괴가 아닌 '건강한 긴장' 관계다. 수극화(水剋火)는 물이 불을 끄듯, 지나친 열정은 냉철한 이성으로 조절되어야 함을 의미한다. 화극금(火剋金)은 불이 쇠를 녹이듯, 지나치게 경직된 원칙은 뜨거운 열정으로 녹여야 함을 뜻한다. 금극목(金剋木)은 쇠가 나무를 자르듯, 무분별한 성장은 날카로운 결단과 가지치기를 통해 제어되어야 함을, 목극토(木剋土)는 나무가 흙을 뚫고 자라듯, 안주하려는 안정감은 새로운 도전과 성장을 통해 극복되어야 함을 상징한다. 마지막으로 토극수(土剋水)는 흙이 물의 흐름을 막듯, 지나치게 깊은 생각과 침체는 현실적인 행동으로 제방을 쌓아야 함을 의미한다.

이 상생과 상극의 조화를 통해 시스템은 성장하면서도 균형을 잃지 않고, 위기를 맞으면서도 회복탄력성을 유지하며 지속 가능한 순환을 이어간다. 오행 모델은 이처럼 복잡한 시스템의 동적인 균형 상태를 설명하는 데 매우 정교하고 유용한 프레임워크를 제공한다.

순환 성장이 뿌리, 상생 조화로 열매 맺는다.

- **선형적 사고의 함정**: 시장과 기업의 생애주기는 직선이 아닌 '순환'의 패턴을 따르므로, 선형적 사고는 필연적으로 잘못된 의사결정을 낳는다.
- **오행, 동적 에너지 모델**: 오행(목, 화, 토, 금, 수)은 성장, 확장, 안정, 수렴, 응축이라는 모든 시스템이 거쳐가는 다섯 가지 동적인 에너지 단계를 상징하는 '자연의 달력'이다.
- **상생과 상극의 조화**: '상생'은 성장의 엔진이며, '상극'은 시스템의 균형을 유지하는 건강한 긴장 관계다. 이 둘의 조화를 통해 시스템은 지속 가능한 순환을 이룬다.

투자전략 연구 1. 핀란드 게임 기업 '로비오(Rovio)'의 오행 생애주기

'앵그리버드' 신드롬을 일으켰던 핀란드의 모바일 게임 회사 '로비오 엔터테인먼트'의 흥망성쇠는 오행의 순환 모델을 통해 그 역동성을 심층적으로 분석할 수 있는 탁월한 사례다.

- **수(水)의 시기(2003-2008, 응축 및 준비기)**: 2003년, 헬싱키 공과대학 학생 세 명이 창업한 '로비오'는 '앵그리버드' 이전까지 6년간 51개의 게임을 출시했지만 대부분 실패했다. 이 시기는 깊은 겨울과 같았다. 그들은 시장의 냉혹함 속에서 조용히 기술력을 축적하고, 실패를 통해 배우며 다음 기회를 위한 에너지를 응축했다. 이는 다음 단계인 '목(木)'을 낳기 위한 필수적인 '수생목(水生木)'의 과

정이었다.

- **목(木)의 시기(2009-2010, 성장기):** 2009년 12월, 52번째 게임인 '앵그리버드'가 출시되었다. 아이폰이라는 새로운 플랫폼의 등장과 맞물려, 이 게임은 폭발적인 성장을 시작했다. 마치 봄의 새싹이 땅을 뚫고 솟아오르듯, '로비오'는 무명의 개발사에서 일약 글로벌 스타로 발돋움했다.

- **화(火)의 시기(2011-2013, 확장기):** '앵그리버드'의 성공은 캐릭터 라이선싱, 애니메이션, 테마파크 등 전방위적인 사업 확장으로 이어졌다. 회사의 이름은 전 세계에 알려졌고, 기업 가치는 최고조에 달했다. 이는 모든 것을 태울 듯이 타오르는 여름의 불꽃과 같은 시기였다. 그러나 이 화려함 이면에는 '화극금(火剋金)'의 원리가 작동하지 못한 위험이 내재되어 있었다. 즉, 뜨거운 열정이 핵심 IP에 대한 냉철한 관리와 차기작 개발이라는 원칙을 녹여 버린 것이다.

- **토(土)의 시기(2014-2016, 안정 및 조정기):** 화려한 확장의 에너지가 정점에 달한 후, '앵그리버드'의 인기는 서서히 식기 시작했고, 후속작들은 기대에 미치지 못했다. 회사는 2014년 대규모 구조조정을 단행하며 안정과 조정을 거치는 환절기를 맞았다. 이는 '화생토(火生土)'의 과정이었지만, 너무 늦은 감이 있었다.

- **금(金) & 수(水)의 시기(2017-현재, 수렴 및 재준비기):** 2017년 기업공개(IPO)에 성공했지만, 주가는 계속해서 하락세를 보였다. 시장의 냉정한 평가 속에서 회사는 옥석 가리기(金)를 진행했고, 결국 2023년 일본의 '세가'에 인수되었다. 이는 한 시대의 결실을 거두고(金), 다시 거대 기업의 일부가 되어 다음 시대를 준비하는 응축(水)의 단계로 회귀했음을 의미한다. 이 사례는 오행 모델이 단일 기업의 생애주기를 얼마나 정교하게 설명할 수 있는지 보여 준다.

투자전략 연구 2. 매물별 '기운' 진단 및 최적 투자 타이밍 예측(괘상 기반 시장 예측)

주역의 괘상(卦象)은 현재 상황과 잠재적 변화를 상징한다. 이를 부동산 매물 및 지역 분석에 적용하여 매물의 '잠재적 성장성'과 '위험 요소'를 진단한다.

- **프롭테크 적용 예시:**
  - **데이터 수집:** 특정 매물의 과거 거래 이력, 주변 개발 호재, 미시적 소비자 심리 (SNS, 뉴스 댓글 등) 데이터를 실시간 수집 및 분석한다.
  - **괘상 변환 및 진단:** 인공지능(AI)이 이 데이터를 **'64괘'** 중 하나로 변환하여 현재 매물의 '기운(氣運)'을 진단한다. (예: 地雷復 → 회복/반등이 기미, 山天大畜 → 장기간 축적/보유의 가치)
- **실무 활용:** 투자자는 진단된 괘를 통해 **최적의 매수/매도 타이밍**을 예측한다. 예를 들어, 하락장에서 地雷復괘가 나온다면 매수 시점으로 판단하고, 과열장에서 火天大有(크게 소유함) 괘가 '변화의 기운'을 보일 경우 매도를 고려하게 한다.

투자전략 연구 3. 프로젝트 리스크 관리 및 포트폴리오 '조화' 구축(효변 기반 리스크 관리)

주역의 괘는 변하는 '효(爻)'를 통해 미래의 변화 방향과 그에 따른 길흉을 예측한다. 부동산 개발 및 투자 포트폴리오의 리스크를 '효의 변화'로 간주하고 관리한다.

- **프롭테크 적용 예시:**
  - **리스크 요인 분석:** 프로젝트의 핵심 리스크 지표(금리 변동, 공사 지연, 정책 변화 등)를 측정하고, 각 지표의 변동을 '효의 변화'로 매핑한다.
  - **효변 예측 및 경고:** AI가 주요 리스크 요인의 변화를 시뮬레이션하여 괘의 '변화된 괘(變卦)'을 도출하고, 잠재적인 리스크 상황을 미리 경고한다.
- **실무 활용:** 개발업자는 프로젝트 진행 중 水火旣濟(이미 이룸)에서 火水未濟(아직 이루지 못함)로 변할 가능성이 감지되면, **선제적으로 리스크 헷지(Hedge)** 방안을 마련한다. 투자자는 포트폴리오 내 자산들이 '상생과 상극'의 원리에 따라 조화로운 괘(卦)을 이루도록 자산 배분을 조정하여, 한쪽 리스크가 전체를

무너뜨리는 것을 방지한다.

3.2 부동산 시장 사이클에 오행 맵핑하기

오행의 동적 모델은 전통적인 부동산 경제학에서 널리 사용되는 4단계 시장 사이클 모델(회복, 확장, 과잉공급, 침체)을 더욱 정교하고 심층적으로 설명하는 프레임워크를 제공한다. 전통적인 모델이 주로 수요와 공급, 점유율 같은 지표에 초점을 맞춘다면, 오행 모델은 각 단계의 이면에 있는 '에너지의 질적 변화'와 '시장 참여자들의 집단 심리'까지 포괄하여 설명할 수 있다. 각 단계는 오행의 에너지와 명확하게 대응된다.

회복기(Recovery) → 목(木)의 시기: 이 시기는 깊고 긴 침체기(水)의 바닥을 다진 후, 시장에 새로운 생명력이 싹트는 봄의 단계다. '수생목(水生木)'의 원리에 따라, 불황기에 축적된 잠재 수요와 정부의 부양책(유동성 공급)이 자양분이 되어 새로운 성장을 이끈다. 시장의 특징으로는 공실률이 서서히 감소하기 시작하고, 급매물이 소진되며, 거래량이 바닥을 치고 반등한다. 임대료 상승률은 여전히 낮거나 마이너스일 수 있지만, 하락세가 멈춘다. 투자자들의 심리는 여전히 비관적이지만, 소수의 선도적인 '역발상 투자자'들이 저평가된 우량 자산이나 재개발/재건축 잠재력이 큰 부지를 조용히 매입하기 시작한다. 이 시기의 핵심 전략은 '저점 매수'와 '가치 부가(Value-add)'다.

확장기(Expansion) → 화(火)의 시기: 시장이 본격적인 활황세에 접어드는 여름의 단계다. '목생화(木生火)'의 원리에 따라, 회복기에 시작된 성장의 에너지가 폭발적으로 확장된다. 시장의 특징으로는 공실률이 자연공실률 이하로 떨어지고, 수요가 공급을 크게 초과하며, 임대료와 자산 가격이 급등한다. 신규 건설 프로젝트가 대거 착공되고, 언론은 연일 부동산 시장의 호황을 보도한다. 투자자들의 심리는 극단적인 낙관론으로 바뀌고, 일반 대중까지 '패닉 바잉'에 가세하며 시장은 과열 양상을 띤다. 이 시기는 공격적인 개발과 성장이 이루어지지만, 버블 형성의 위험이 내재되어 있다. 핵심 전략은 '개발'과 '매각을 통한 차익 실현'이다.

과잉공급기(Hypersupply) → 토(土)의 시기: 상승 에너지가 정점에 달한 후, 시장이 안정과 조정을 거치는 환절기의 단계다. '화생토(火生土)'의 원리처럼, 화려했던 확장의 결과 공급이 수요를 초과하기 시작한다. 시장의 특징으로는 신규 공급 물량이 시장에 쏟아져 나오면서 공실률이 다시 상승세로 전환된다. 임대료와 가격 상승세가 둔화되거나 정체된다. 시장 참여자들은 여전히 낙관적인 전망을 유지하려 하지만, 이면에서는 불안감이 싹트기 시작한다. 이 시기는 상승과 하락의 기운이 교차하는 변곡점으로, 포트폴리오를 재조정하고 현금을 확보하며 다음 단계를 준비해야 하는 중요한 시기다. 핵심 전략은 '자산 관리 강화'와 '리스크 관리'다.

침체기(Recession) → 금(金) & 수(水)의 시기: 이 하강 국면은 두 단계로 나누어 볼 수 있다. 먼저 **금(金)의 시기**는 시장이 본격적인 하락세로 돌아서며 옥석 가리기가 진행되는 가을의 단계다. '금극목(金剋木)'의 원리처럼, 무분별하게 성장했던 부실 프로젝트들이 정리되고, 시장의 거품이 꺼지기 시작한다. 공실률은 급등하고 임대료와 자산 가격은 하락한다. 투자자들의 심리는 비관론으로 급격히 전환된다. 이어서 **수(水)의 시기**는 거래가 급감하고 시장이 깊은 침체에 빠지는 겨울의 단계다. 자금 시장이 경색되고, 부실 자산들이 경매 시장에 쏟아져 나온다. 투자자들은 극도의 공포 속에서 투자를 멈추고 시장을 관망한다. 이 시기는 고통스럽지만, 다음 상승기(木)를 위한 에너지를 응축하는 필수적인 과정이다. 핵심 전략은 '우량 자산 중심의 포트폴리오 방어'와 '현금 비중 확대'다.

변곡점 준비, 성공 자기 성패 뿌리

- **오행과 부동산 사이클의 맵핑:** 전통적인 4단계 부동산 사이클은 오행의 에너지 변화(목→화→토→금→수)와 정확하게 대응되며, 이는 시장의 질적 변화와 참여자 심리까지 설명하는 더 깊은 통찰을 제공한다.
- **단계별 전략의 중요성:** 각 오행 단계(계절)마다 요구되는 투자 전략은 근본적으로 다르다. 현재 시장이 어떤 계절에 있는지를 정확히 진단하는 것이 성공적인 투자의 핵심이다.
- **변곡점의 인식:** 특히 '토(土)'의 시기, 즉 과잉공급기는 상승에서 하락으로 전환되는 중요한 변곡점이므로, 이때 리스크를 관리하고 다음 단계를 준비하는 것이 장기적인 성패를 좌우한다.

투자전략 연구 1. 2008년 글로벌 금융위기 전후 미국 상업용 부동산 시장

2008년 글로벌 금융위기(GFC)를 전후한 미국 상업용 부동산(CRE) 시장의 극적인 변화는 오행 사이클 모델을 통해 그 역동성을 생생하게 분석할 수 있다.

- **화(火)의 시기(2005-2007, 확장기):** 위기 직전, 미국 CRE 시장은 유례없는 호황을 누리고 있었다. 서브프라임 모기지를 기반으로 한 파생상품(CDO)이 무분별하게 발행되며 시장에 엄청난 유동성이 공급되었다. 투자자들은 극단적인 낙관론에 휩싸여 리스크를 무시한 채 레버리지를 극대화했다. 신규 오피스 및 리테일 개발이 봇물처럼 터져 나왔다. 이는 모든 것을 태울 듯이 타오르는 '화(火)'의 정점이었다.
- **토(土)의 시기(2007 하반기-2008 상반기, 과잉공급기):** 서브프라임 모기지 부실

의 징후가 나타나기 시작했지만, 시장은 여전히 관성에 젖어 있었다. 신규 공급은 계속되었고, 가격은 고점에서 정체되었다. 시장 참여자들 사이에 미묘한 불안감이 퍼져나갔지만, 대부분은 '연착륙'을 기대했다. 이는 상승과 하락의 기운이 교차하는 '토(土)'의 변곡점이었다.

- **금(金)의 시기(2008. 9.-2009, 침체기-옥석 가리기):** 2008년 9월 리먼 브라더스의 파산은 시장을 얼어붙게 만들었다. 신용 시장이 붕괴되고, 자산 가격은 폭락했다. 수많은 부실 프로젝트들이 중단되고, 레버리지를 과도하게 사용했던 투자자들이 파산했다. 이는 가을의 서리가 내려와 쭉정이를 가려 내는 '금(金)'의 숙살(肅殺)의 시기였다.

- **수(水)의 시기(2010-2012, 불황기-바닥 다지기):** 시장은 깊은 침체의 늪에 빠졌다. 거래는 거의 실종되었고, 공실률은 사상 최고치를 기록했다. 투자자들은 극도의 공포에 휩싸여 있었다. 그러나 이 어둠 속에서 미국 연방준비제도(Fed)는 양적완화(QE)를 통해 시장에 막대한 유동성을 공급하기 시작했다. 이는 다음 봄을 위한 씨앗에 물을 주는 '수(水)'의 응축 과정이었다. '역발상 투자자'들은 이 시기에 부실 채권(NPL)과 경매 물건들을 헐값에 사들이기 시작했다.

- **목(木)의 시기(2013-2015, 회복기):** 양적완화의 효과가 나타나고 경제가 서서히 회복되면서, CRE 시장도 바닥을 다지고 반등하기 시작했다. 공실률이 하락하고, 임대료가 상승세로 돌아섰다. 기술 기업들의 성장은 샌프란시스코와 같은 특정 시장의 오피스 수요를 폭발적으로 증가시켰다. 이는 겨울을 끝내고 새로운 성장의 싹을 틔우는 '목(木)'의 시기였다. 이 사례는 오행 모델이 실제 역사적 시장 사이클의 복잡한 동학을 얼마나 설득력 있게 설명할 수 있는지를 보여 준다.

<표 3-1> 오행(五行) 부동산 사이클

오행 단계 (계절)	시장 사이클	핵심 특징 및 참여자 심리	핵심 전략
목(木) (봄)	회복기 (Recovery)	침체 바닥 다진 후 새 생명 싹틈. 공실률 감소 시작, 임대료 하락/정체. **일부 역발상 투자자** 저평가 자산 매입 시작.	'저점 매수"가치 부가(Value-add)'
화(火) (여름)	확장기 (Expansion)	시장 활성화, 성장 에너지 폭발. 공실률 급감, 임대료/자산 가격 급등. **대중의 극단적 낙관론, '패닉 바잉'.**	'개발' 및 '매각'을 통한 **차익 실현**
토(土) (환절기)	과잉공급기 (Supersupply)	에너지 정점 후 안정/조정기. 신규 공급 물량 쏟아짐, 공실률 상승. 임대료/가격 상승세 둔화/정체. **불안감 싹트기 시작**, 다음 단계 준비 필요.	'자산 강화', '리스크 관리'
금(金)/수(水) (가을/겨울)	침체기 (Recession)	**금(金):** 하락세 시작(옥석 가리기). **수(水):** 깊은 침체(바닥 다지기). 자산 가격 폭락, 거래 실종. **투자자들의 극도의 공포.**	'우량 자산 중심의 포트폴리오 방어', '현금 비중 확대'

투자전략 연구 2. 매입 전략: '회복기(木) / 저점 매수 및 가치 부가'

- **적용 예시: 낡은 오피스 빌딩 리모델링을 통한 가치 증대**
- **상황 진단(木의 시기):** 시장은 오랜 침체(水)를 벗어나 막 회복기(木)에 진입. 주변 오피스 공실률은 아직 높지만, 정부의 부양 정책과 신기술 기업 성장 기대감으로 **잠재 수요가** 형성되는 초기 단계.
- **적용 전략:**
  - **저점 매수:** 저평가되어 있는 **노후화된 도심 외곽 중소형 오피스 빌딩**을 경쟁 없이 저렴하게 매입(10% - 20% 할인된 가격).
  - **가치 부가(Value-add):** 단순히 재매각하는 것이 아닌, 매입 후 **친환경 스마트 설비 도입층별 유연 오피스(Flex Office) 공간**으로 리모델링.
  - **결과:** 잠재 수요가 현실화되는 확장기(火) 초입에 리모델링을 완료하여, 경쟁력 있는 임대료로 공실을 빠르게 해소하고, **자산 가치를 30% 이상 상승**시킨 후 기관

투자자에게 매각하여 수익 실현.

투자전략 연구 3. 관리/매각 전략: '과잉공급기(土) / 리스크 관리 및 포트폴리오 재조정'

- **적용 예시: 성장 정체 자산의 매각 통한 현금 확보 및 포트폴리오 재편**

  - **상황 진단(土의 시기):** 확장기(火)의 호황 끝에 신규 공급이 대거 쏟아져 나오면서 공실률이 다시 상승세로 전환. 임대료 상승세가 둔화되고, **시장 참여자 사이에 미묘한 불안감**이 감돌기 시작.

- **적용 전략:**

  - **자산 점검 및 리스크 관리:** 보유 중인 자산 포트폴리오 중 **노후도가 높거나, 입지 대비 수익률이 정체**된 '성숙 자산'을 선별. 특히 향후 침체기(金/水)에 공실 위험이 높은 자산(예: 특정 산업에 편중된 임차 구조)을 리스크 자산으로 분류.

  - **재조정 및 현금화:** 리스크 자산으로 분류된 '성숙 자산'을 **시장 분위기가 완전히 꺾이기 전**(극단적 낙관론이 남아 있는 시점)에 선제적으로 매각하여 **현금 비중을 확대.**

  - **결과:** 확보된 현금으로 다가올 침체기(金/水)에 발생할 **우량 부실 채권(NPL) 또는 급매물**을 '역발상 투자' 전략으로 매입할 준비를 갖추어, 다음 회복기(木)를 위한 **종잣돈**을 마련.

3.3 경험적 증거: 데이터 기반 사이클 분석

오행이라는 고대의 순환 모델은 단순히 철학적 비유에 그치지 않고, 현대 계량 경제학 및 부동산 금융 연구를 통해 관찰되는 시장의 실제 움직임에 대한 강력한 설명 프레임워크를 제공한다. 수많은 학술 연구들은 부동산 시장이 뚜렷한 사이클을 보이며, 그 사이클이 투자자 심리, 거시 경제 지표, 그리고 신용 시장의 동학과 깊이 연관되어 있음을 경험적으로 증명한다. 오행 모델은 이러한 개별적인 데이터 분석 결과들을 하나의 통합된 서사, 즉 '계절의 변화'라는 거시적인 관점 속에서 이해할 수 있게 해 준다.

첫째, 투자자 심리(Investor Sentiment)의 역할은 오행 모델의 '화(火)'와 '수(水)'의 단계를 설명하는 핵심적인 경험적 증거다. 행동 재무학 연구에 따르면, 투자자들은 종종 시장의 근본적인 가치(펀더멘털)에서 벗어난 집단적인 낙관(과열)이나 비관(공포)에 휩싸이는 경향이 있다.

*Journal of Property Investment & Finance*에 게재된 연구들은 이러한 투자자 심리가 상업용 부동산 수익률 및 자본화율(Cap Rate)에 통계적으로 유의미한 영향을 미친다는 것을 보여 준다. 시장이 '화(火)'의 시기에 있을 때, 긍정적인 심리는 자기실현적 예언처럼 작동하여 가격을 펀더멘털 이상으로 밀어 올린다. 반대로 '수(水)'의 시기에는 부정적인 심리가 투매를 유발하여 가격을 펀더멘털 이하로 끌어내린다. 즉, 현대 계량 분석이 포착한 '심리 지수'는 오행 모델에서 말하는 시장의 '기(氣)'를 측정하는 데이터인 셈이다.

둘째, 거시 경제 지표(Macroeconomic Indicators)의 영향은 오행 사이클을 움직이는 근본적인 동력임을 보여 준다. GDP 성장률, 실업률, 금리, 인플레이션과 같은 거시 경제 변수들이 부동산 시장 성과와 강한 상관관계를 가진다는 것은 수많은 실증 연구를 통해 입증되었다. 예를 들어, 높은 GDP 성장률과 낮은 실업률은 가계 소득과 기업 이익을 증가시켜 부동산 수요를 촉진하며, 이는 '목(木)'과 '화(火)'의 시기를 이끈다. 반면, 중앙은행의 급격한 금리 인상은 신용 비용을 높여 투자 수요를 위축시키고, '금(金)'과 '수(水)'의 시기를 촉발하는 주요 원인이 된다. 오행 모델은 이러한 개별 거시 경제 변수들의 복합적인 상호작용이 어떻게 시장의 '계절' 변화를 만들어 내는지를 통합적으로 설명하는 거시적 관점을 제공한다.

셋째, 신용 사이클(Credit Cycle)의 역할은 오행 순환의 에너지를 공급하고 차단하는 혈관과 같다. 부동산 시장은 본질적으로 레버리지에 크게 의존하기 때문에, 신용의 가용성과 비용은 시장 사이클에 결정적인 영향을 미친다. 은행들이 대출 기준을 완화하고 저금리로 자금을 공급하는 '신용 팽창기'에는 시장에 유동성이 넘쳐나며 '화(火)'의 시기를 가속화시킨다. 2008년 금융위기 이전의 서브프라임 모기지 붐이 대표적인 예다. 반대로, 금융위기나 급격한 통화 긴축으로 인해 은행들이 대출을 회수하고 기준을 강화하는 '신용 경색기'에는 시장의 돈줄이 마르면서 '수(水)'의 시기를 심화시킨다.

심리/데이터로 흐름을 읽고, 본질에 투자하라.

- **경험적 증거의 존재:** 오행 모델이 제시하는 순환론적 세계관은 투자자 심리, 거시 경제 지표, 신용 사이클에 대한 현대 계량 분석 연구들을 통해 강력하게 뒷받침된다.
- **심리와 기(氣)의 연결:** 행동 재무학에서 연구하는 '투자자 심리'는 오행 모델에서 말하는 시장의 집단적인 '기(氣)'를 측정하는 현대적인 지표로 해석될 수 있다.
- **질적 모델과 양적 데이터의 융합:** 텍스트 마이닝과 같은 최신 데이터 과학 기술은 오행 모델과 같은 질적 프레임워크의 타당성을 검증하고, 그 통찰을 정량적으로 측정하는 새로운 가능성을 열어 준다.

투자전략 연구 1. 텍스트 마이닝을 통한 시장 심리 분석과 오행 모델

최근 부동산 금융 연구에서는 시장 참여자들의 심리를 객관적으로 측정하기 위해 뉴스 기사, 애널리스트 리포트, 소셜 미디어 게시글 등 방대한 텍스트 데이터를 분석하는 '텍스트 마이닝(Text Mining)' 또는 '감성 분석(Sentiment Analysis)' 기법이 활발

히 사용되고 있다. 이는 오행 모델의 질적 통찰을 데이터로 검증하는 흥미로운 사례를 제공한다.

영국의 한 연구팀은 수십 년간 발행된 부동산 시장 리포트에서 '성장', '기회', '혁신'과 같은 긍정적 단어와 '위험', '불확실성', '침체'와 같은 부정적 단어의 출현 빈도를 분석하여 '시장 감성 지수'를 개발했다. 그들은 이 감성 지수가 미래의 부동산 임대료 성장률과 자본화율을 예측하는 데 있어 전통적인 거시 경제 변수들만큼, 혹은 그 이상의 설명력을 가진다는 것을 발견했다.

이 연구 결과를 오행 모델의 관점에서 재해석해 보자. 텍스트 데이터에서 '성장', '확장', '열기'와 같은 단어들이 급증하는 시기는 시장의 에너지가 '화(火)'의 정점을 향해 가고 있음을 나타내는 명백한 신호다. 반대로 '수축', '조정', '냉각'과 같은 단어들이 지배하기 시작하면, 시장은 '금(金)'의 수렴 단계를 지나 '수(水)'의 응축 단계로 진입하고 있음을 의미한다.

이처럼 텍스트 마이닝 기술은 과거에는 전문가의 직관에 의존해야 했던 시장의 '분위기'나 '기운'을 객관적인 데이터로 정량화하는 것을 가능하게 한다. 이는 오행이라는 고대의 질적 분석 프레임워크가 현대의 데이터 과학과 결합될 때, 얼마나 더 강력하고 정교한 예측 및 진단 도구가 될 수 있는지를 명확히 보여 준다. 데이터가 보여 주는 '현상'을 넘어, 그 현상 이면에 있는 '역학'을 통찰하게 하는 지혜, 그것이 바로 오행 모델의 현대적 가치다.

투자전략 연구 2. 부동산 매매 타이밍 예측 시스템

AI와 주역의 결합: 차세대 부동산 매매 타이밍 예측 시스템

시스템은 데이터 기반의 프롭테크(Proptech) 기술에 동양 철학의 정수인 주역(周易)의 심리 해석 체계를 접목하여, 부동산 시장의 보이지 않는 흐름을 정밀하게 포착하는 독창적인 투자 전략 모델입니다.

① 기술적 기반: 빅데이터와 심리 지수의 융합

현대 부동산 시장은 단순히 공급과 수요에 의해 결정되지 않으며, 참여자들의 '심리'가 가격에 결정적인 영향을 미칩니다. 본 시스템은 텍스트 마이닝 기술을 활용하여 뉴스, 온라인 커뮤니티, SNS 등 방대한 데이터를 분석합니다. 이를 통해 전국 아파트 단지별 거래 심리를 '탐욕'과 '공포'라는 두 가지 핵심 지수로 수치화합니다.

② 주역 괘(卦)를 통한 시장 상태의 재해석

AI가 생성한 심리 지수가 특정 임계치를 넘어서는 순간, 시스템은 주역의 원리를 빌려 시장의 과열 혹은 위축 상태를 진단합니다.

시장 과열 경보(택산함 卦): 시장에 과도한 '탐욕'이 감지될 때, 이를 '교감과 열기'를 뜻하는 택산함(澤山咸) 단계로 해석합니다. 이는 시장이 고점에 다다랐음을 알리는 강력한 매도 경보 시그널로 작용합니다.

저가 매수 기회(천풍구 卦): 반대로 시장에 극심한 '공포'가 지배할 때, 이를 '우연한 만남과 예기치 않은 변동'을 뜻하는 천풍구(天風姤) 단계로 정의합니다. 이는 예상치 못한 하락장에서 저점 매수 타이밍을 포착하는 핵심 지표가 됩니다.

③ 현장 활용: 정밀한 타이밍의 실현

이 시스템은 부동산 중개업자와 전문 투자자들에게 개별 매물 및 지역별 최적의 매수·매도 시점을 제공합니다. 특히 오행(五行) 모델의 '화(火)의 시기(상승/발산)'와 '수(水)의 시기(하강/수렴)'를 주역 64괘의 구체적인 심리 상태와 연동함으로써, 단순한 통계적 예측을 넘어 시장의 생동하는 리듬을 꿰뚫는 초정밀 타이밍 제어를 가능하게 합니다.

"데이터는 숫자를 보여 주지만, 주역은 그 너머의 심리를 읽습니다."

투자전략 연구 3. 상업용 부동산 리모델링 및 용도 변경 컨설팅

데이터와 통찰의 만남: 상업용 부동산 리모델링 및 용도 변경 컨설팅

오늘날의 부동산 투자는 단순히 입지를 보는 것을 넘어, 건물의 숨겨진 흐름을 읽고 미래의 변화를 선점하는 '안목'의 싸움입니다. 본 컨설팅은 주역의 깊은 통찰과 디지털 트윈(Digital Twin)이라는 첨단 기술을 결합하여 최적의 투자 해법을 제시합니다.

① 통찰의 시작: 현상을 꿰뚫어 보는 '풍지관(風地觀)'

모든 성공적인 투자는 정확한 관찰에서 시작됩니다. 주역의 '풍지관' 괘를 바탕으로, 현재 상권의 흐름과 건물의 현황을 다각도에서 분석합니다. 단순히 육안으로 확인하는 것이 아니라, AI를 활용해 주변 유동 인구, 경쟁 시설 현황, 임대료 추이 및 노후도 등 방대한 데이터를 디지털 트윈으로 시뮬레이션합니다. 이를 통해 현재 부동산이 처한 상황을 객관적이고 입체적으로 파악합니다.

② 기회의 포착: 미완의 가치를 깨우는 '화수미제(火水未濟)'

분석 결과, 현재 건물의 가치가 낮게 평가되어 있더라도 주변 환경의 변화가 감지된다면 그것은 곧 '기회'입니다. 이를 주역의 '화수미제(미완성, 변화의 기회)' 단계로 해석합니다. 정체된 현재의 상태를 변화의 시작점으로 보고, 용도 변경이나 대대적인 리모델링을 통해 가치를 극대화할 수 있는 최적의 실행 시점을 도출합니다.

③ 확신의 시각화: 3D 모델링을 통한 미래 수익 예측

변화된 미래는 막연한 상상이 아닌 구체적인 숫자로 증명되어야 합니다. 오피스텔, 스마트 오피스, 공유 주방 등 제안된 새로운 용도에 맞춰 3D 모델링을 진행하며, 이를 통해 시각화된 자료와 정교한 수익률 예측치를 제공합니다. 투자자는 리모델

링 후의 모습을 미리 확인하며 투자 확신을 가질 수 있습니다.

3.4 요약 및 활용 가이드

1) 제3장 핵심 개념 요약

절(Section)	핵심 개념(Core Concept)	부동산학적 적용 (Application in Real Estate)
3.1 오행 프레임워크	**순환적 사고**: 모든 시스템은 성장(木), 확장(火), 안정(土), 수렴(金), 응축(水)이라는 다섯 단계의 순환 패턴을 따른다.	부동산 시장을 선형이 아닌 순환의 관점에서 이해하고, 각 '계절'에 맞는 장기적인 투자 전략을 수립한다.
3.2 오행과 시장 사이클 맵핑	**단계별 진단**: 부동산 시장의 4단계(회복, 확장, 과잉공급, 침체)는 오행의 에너지 변화와 정확히 대응된다.	현재 시장이 회복기(木)인지, 확장기(火)인지, 과잉공급기(土)인지, 침체기(金/水)인지를 진단하여 매수/매도/관망/개발 등 최적의 전략을 선택한다.
3.3 경험적 증거	**데이터 기반 검증**: 오행 모델의 통찰은 투자자 심리, 거시 경제 지표, 신용 사이클에 대한 현대 계량 분석 연구 결과와 일치한다.	감성 분석, 거시 경제 데이터 등을 활용하여 시장의 현재 '오행 단계'를 객관적으로 판단하고, 질적 통찰과 양적 분석을 결합한 의사결정을 내린다.

2) 핵심 활용 가이드(Actionable Guide for Researchers & Practitioners)

본 장의 내용을 연구와 실무에 효과적으로 적용하기 위해 다음의 세 가지 지침을 따를 것을 제안한다.

(1) '오행 시장 대시보드'를 구축하라.

당신이 관심 있는 부동산 시장에 대해, 각 오행 단계를 대표하는 핵심 지표들을 선정하여 자신만의 대시보드를 만들어라. 예를 들어, **목(木)** 지표로는 '신규 건축 허가 건수', **화(火)** 지표로는 '가격 상승률'과 '투자자 심리 지수', **토(土)** 지표로는 '재고 물량'과 '공실률 변화', **금(金)** 지표로는 '경매 낙찰가율', **수(水)** 지표로는 '거래량'과 '금리'를 설정할 수 있다. 이 대시보드를 주기적으로 업데이트하며 시장의 '계절' 변화를 직관적으로 파악하라.

(2) '상극(相剋)'의 원리를 리스크 관리 도구로 활용하라.

시장이 '화(火)'의 시기, 즉 과열 국면에 접어들었다고 판단되면, 의식적으로 '수극화(水剋火)'의 원리를 적용하라. 즉, 시장의 뜨거운 열기를 식힐 수 있는 '냉철한 이성(水)'의 관점에서 포트폴리오를 점검해야 한다. "만약 금리가 예상보다 빨리 인상된다면?", "만약 예상치 못한 외부 충격이 발생한다면?"과 같은 스트레스 테스트를 통해 리스크를 관리하고, 과도한 레버리지를 줄이며 현금 비중을 늘리는 전략을 고려하라.

(3) 연구 가설 설정에 오행 프레임워크를 적용하라.

부동산학 연구자라면, 오행 모델을 새로운 연구 가설을 설정하는 이론적 프레임워크로 활용할 수 있다. 예를 들어, "부동산 시장의 '화(火)' 국면에서는 투자자들의 군집 행동(Herding Behavior)이 통계적으로 유의미하게 증가할 것이다" 또는 "정부의 규제 완화 정책(水生木)은 시장이 '수(水)'의 단계에 있을 때보다 '목(木)'의 단계에 있을 때 더 큰 효과를 보일 것이다"와 같은 가설을 설정하고, 계량 분석을 통해 검증해 볼 수 있다. 이는 전통적인 부동산 연구에 새로운 관점과 깊이를 더해 줄 것이다.

| 제2부 |

살아 있는 시스템으로로서의 공간: 풍수에서 신경건축학까지

제4장

살아 있는 공간의 과학: 풍수의 재해석

제5장

공간이 뇌에 미치는 영향: 신경건축학과 생명애 디자인

제6장

도시의 운명: 거시 풍수와 미래 도시 계획

살아 있는 공간의 과학: 풍수의 재해석

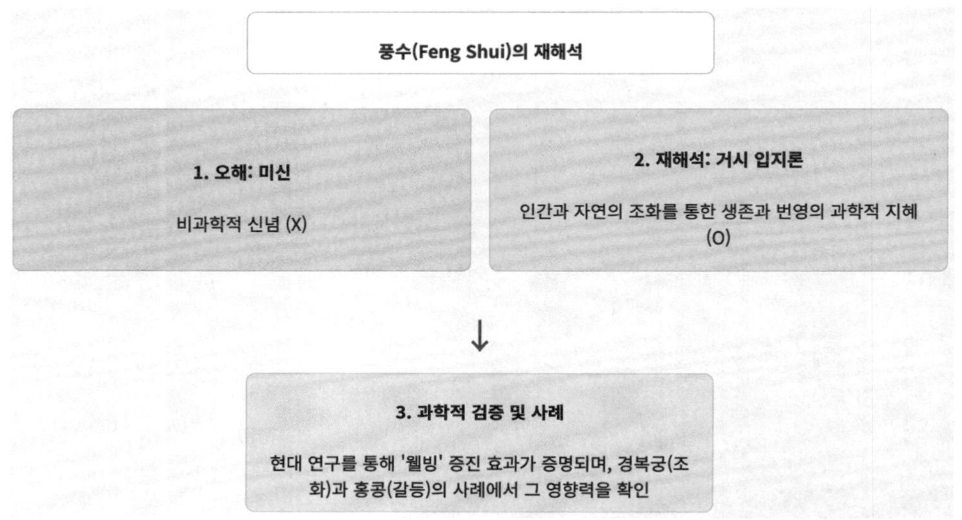

풍수: 미신을 넘어선 과학적 지혜(Feng Shui: Scientific Wisdom Beyond Superstition)

개념도 설명: 풍수를 미신적 신념이 아닌 인간과 자연의 조화를 꾀하는 거시 입지론으로 재해석한 결과입니다. 현대 과학적 검증과 경복궁 및 홍콩의 사례를 통해 풍수의 실질적 가치와 웰빙 증진 효과를 체계적으로 보여 줍니다.

4.1 미신을 넘어: 풍수, 환경 심리학

"풍수 인테리어? 그거 그냥 소파 위치 바꾸고 노란색 그림 걸어 두는 거 아니야?"

현대인들에게 풍수는 종종 이렇게 피상적이고 단편적인 '규칙'의 집합으로 오해받는다. 미디어가 "돈 들어오는 그림", "애정운 높이는 소품"처럼 자극적이고 상업적인 측면만을 부각한 결과, 풍수는 그 본질을 잃고 단순한 미신이나 장식 기법의 하나로 전락해 버렸다. 이러한 오해는 우리가 집을 선택하고 공간을 이해할 때 더 큰 그림을 보지 못하게 만드는 심각한 장벽으로 작용한다.

우리는 집 '안'의 인테리어와 가구 배치에는 많은 시간과 비용을 투자하면서도, 정작 그 집이 뿌리내리고 있는 '땅'과 주변 '환경'이 보내는 더 중요하고 근본적인 신호는 놓치고 만다. 집을 둘러싼 산의 모양, 물의 흐름, 바람의 길, 도로의 형태가 우리 삶에 얼마나 지대한 영향을 미치는지 이해하지 못하는 것이다. 이는 마치 화려한 화분에 심긴 나무의 잎사귀만 가꾸면서, 정작 그 화분이 놓인 토양과 햇빛, 바람의 조건은 전혀 고려하지 않는 것과 같다.

문제의 핵심은, 풍수가 본래 집 안의 가구 배치를 논하기 이전에, 어떤 땅에, 어떤 방향으로, 어떤 모양의 집을 지어야 하는가를 다루는 거시적인 '입지론(立地論)'이자 고대의 '환경과학'이라는 사실을 우리가 잊고 있다는 점이다. 튼튼하고 비옥한 땅에 뿌리내리지 못한 나무가 결코 무성한 잎을 피울 수 없듯, 좋은 터에 자리 잡지 못한 집은 아무리 화려하게 인테리어를 해도 결코 좋은 기운을 담을 수 없다.

이제 우리는 풍수를 미신의 영역에서 구출하여, 땅의 언어를 해석하고 자연과 조화롭게 공존하는 방법을 가르쳐 주는 지혜로운 '환경과학'으로 재정의해야 한다. 풍수(風水)라는 이름 자체가 '바람(風)'과 '물(水)'을 의미하듯, 그 핵심은 눈에 보이지 않는 바람(기)의 흐름을 다스리고 생명의 근원인 물을 지혜롭게 활용하는 데 있다. 즉, 인간에게 이로운 에너지는 모으고 해로운 에너지는 피하는 공간을 찾는 것이 풍수의 본질이다.

풍수에서 말하는 이상적인 터, 즉 명당(明堂)의 조건은 '사신사(四神砂)'라는 개념으로 압축된다. 이는 집을 중심으로 동서남북 네 방향을 지키는 신성한 동물에 비유하여 지형을 설명하는 천년의 공식이다. 북쪽의 현무(玄武)는 주산(主山), 즉 집의 뒤를 든든하게 받쳐 주는 산을 의미하며, 이는 차가운 북서 계절풍을 막아 주고 심리적인 안정감을 준다. 남쪽의 주작(朱雀)은 안산(案山), 즉 집 앞의 나지막한 산이나 언덕으로, 집 안의 기운이 밖으로 쉽게 흩어지는 것을 막아 주고 편안한 시야를 제공한다. 동쪽의 청룡(靑龍)과 서쪽의 백호(白虎)는 각각 집의 왼쪽과 오른쪽을 감싸는 산줄기나 언덕으로, 마치 양팔로 감싸 안듯 아늑한 지형을 만들어 기운을 모으는 역할을 한다.

사신사의 조건을 가장 간결하게 표현한 것이 바로 '배산임수(背山臨水)'다. 뒤로는 산을 등지고(背山), 앞으로는 물을 마주한다(臨水)는 이 원칙은 단순히 풍수적 길지를 넘어, 인간이 생존하기에 가장 유리한 자연환경을 찾는 과학적 지혜의 산물이다. 뒤의 산은 추운 겨울바람과 적의 침입을 막아주는 천연 방패가 되고, 앞의 물은 농업용수와 생활용수를 공급하는 생명의 젖줄이 된다. 또한, 강이나 하천 주변은 공기 순환이 원활하고 햇빛이 잘 들어 농사를 짓고 살기에 최적의 조건을 갖추고 있다. 이는 현대 건축에서 말하는 '패시브 디자인(Passive Design)'의 원리와도 정확히 일치한다.

이처럼 풍수는 인간이 자연환경 속에서 어떻게 하면 더 안전하고, 더 건강하며, 더 풍요롭게 살 수 있는지를 수천 년의 경험을 통해 체계화한 고대의 환경 심리학이자 생태 건축학이다. 따라서 부동산의 가치를 평가할 때, 우리는 건물의 연식이나 내부 구조뿐만 아니라, 그 건물이 자리한 터의 풍수적 가치를 반드시 함께 고려해야 한다.

대덕은 입지 조화, 가치 뿌리다

- **풍수의 본질:** 풍수는 가구 배치 이전에, 어떤 땅에 집을 지을 것인가를 다루는 거시적인 '입지론'이자 고대의 '환경과학'이다.

- **사신사와 배산임수:** 이상적인 터(명당)는 현무(뒤), 주작(앞), 청룡(좌), 백호(우)가 감싸는 지형이며, 이는 '배산임수' 원칙으로 요약된다. 이는 미신이 아닌, 생존과 번영을 위한 과학적 지혜다.
- **거시적 관점의 필요성:** 부동산의 진정한 가치는 건물 자체뿐만 아니라, 그 건물이 뿌리내린 땅과 주변 환경과의 조화 속에서 결정된다.

투자전략 연구 1. 천년 수도의 입지, 한양(서울)의 풍수 설계

1394년, 조선을 건국한 태조 이성계는 새로운 국가의 백년대계를 위한 수도 입지를 결정해야 했다. 당시 최고의 지관(地官)이었던 하륜과 무학대사는 풍수지리 원칙에 입각하여 여러 후보지를 검토했고, 최종적으로 한양(서울)을 선택했다. 이는 한 국가의 운명을 건 가장 거대한 '부동산 개발 프로젝트'였으며, 그 결정의 핵심에는 바로 풍수 입지론이 있었다.

첫째, 한양은 완벽한 '배산임수'의 지형을 갖추고 있었다. 도시의 북쪽에 웅장하게 솟은 북악산을 주산(主山)으로 삼아 차가운 북풍을 막는 현무(玄武)로 삼았다. 그리고 도시의 남쪽으로는 거대한 한강이 흘러 명당수(明堂水)이자 안산(案山) 너머의 조산(朝山) 역할을 하는 주작(朱雀)의 조건을 충족시켰다. 이는 도시의 방어와 수자원 확보라는 실용적인 측면과 함께, 국가의 안정과 번영을 기원하는 상징적인 의미를 동시에 담고 있었다.

둘째, '사신사'의 구조가 완벽했다. 주산인 북악산을 중심으로, 동쪽에는 낙산(駱山)이 청룡(靑龍)이 되어 좌측을 감싸고, 서쪽에는 인왕산(仁王山)이 백호(白虎)가 되어 우측을 감쌌다. 청룡은 학문과 벼슬을, 백호는 재물과 권위를 상징하는데, 이 두 산줄기가 수도를 안정적으로 감싸 안는 형태는 인재가 끊이지 않고 국부가 쌓이는 이상적인 구조로 해석되었다.

셋째, 도시 내부의 물길, 즉 '내명당수(內明堂水)'의 흐름이 탁월했다. 서쪽에서 발

원하여 도심의 중심을 관통해 동쪽으로 흘러나가는 청계천은 도시 전체에 생기를 공급하고 재물운을 모으는 혈관과 같은 역할을 했다. 물은 풍수에서 재물을 상징하는데, 이 물길이 도시를 급하게 관통하지 않고 부드럽게 감싸며 흘러나가는 것은 부가 쌓이고 흩어지지 않는 길한 형태로 여겨졌다. 600년이 넘는 시간 동안 서울이 한 나라의 수도로서 번영을 누릴 수 있었던 배경에는, 이처럼 정교하게 계산된 풍수지리적 설계가 그 근간을 이루고 있었던 것이다.

투자전략 연구 2. 부동산 시장 트렌드 및 리스크 예측 시스템(괘상 예측 모델)

부동산 시장은 정책, 금리, 경제 상황 등 복합적인 요인에 의해 끊임없이 변화합니다. 주역 64괘는 64가지 상황 변화의 패턴을 담고 있어, 이를 시장 상황 예측에 적용할 수 있다.

- **적용 예시**
  - **프롭테크 기술:** 머신러닝(Machine Learning)과 **데이터 마이닝** 기술을 활용하여, 거시 경제 지표(금리, 환율, GDP 등), 정책 변화, 특정 지역의 거래량 및 가격 변동 데이터를 주역 64괘의 '효사(爻辭)'에 대응하는 패턴으로 학습시킨다.
  - **예) 적용 사례:** 특정 부동산 투자 건의 현재 상황이 '屯(준)' 괘(어렵고 혼란한 시기)의 3효(爻)에 해당한다고 예측될 경우, 시스템은 "나아가면 위험하니 멈추어 때를 기다려야 한다"는 주역의 지혜를 바탕으로 투자 **'보류'** 또는 '관망'의 리스크 알림 및 조언을 제공한다. 이는 단순한 수치 예측을 넘어선 상황적 '의미'를 부여하여 투자자의 의사결정을 돕는다.

투자전략 연구 3. 최적 입지 및 건물 용도 분석 AI 컨설턴트(괘상 입지 분석)

풍수는 '배산임수'와 같은 지리적 요소를 통해 땅의 길흉을 판단한다. 주역 64괘는 이러한 '환경'과 '상황'의 조화를 '괘상(卦象)'으로 표현한다. 이를 프롭테크에 적용하여 최적의 입지 및 용도를 추천한다.

- **적용예시:**

  - **프롭테크 기술:** GIS(지리정보 시스템) 데이터와 **AI 분석**을 결합하여, 특정 부지의 지형, 주변 건물, 교통 접근성, 일조량 등의 **풍수적/환경적 요소**를 정량화한다. 이 데이터를 주역의 '팔괘(八卦)'와 **64괘**의 의미 구조에 대입하여 부지의 잠재력을 분석한다.

  예) 적용 사례: 상업용 빌딩을 짓고자 하는 부지가 '**大有(대유)' 괘**(크게 소유하고 번영하는 상)에 가깝다고 분석되면, 시스템은 "최고의 상업시설이나 랜드마크 용도로 활용 시 큰 성공을 거둘 것"이라고 추천한다. 반면, '**蠱(고)' 괘**(문제가 쌓여 썩어 가는 상)에 가깝다면, "기존 문제를 해결할 수 있는 공공시설이나 친환경 시설로 용도를 전환해야 한다"는 구체적인 개선 방향을 제시한다.

4.2 과학적 검증: 현대 연구와 공간의 웰빙

풍수가 수천 년간 축적해 온 직관적인 지혜는 과연 현대 과학의 엄밀한 잣대로도 그 타당성을 인정받을 수 있을까? 최근 건축 환경, 환경 심리학, 예방 의학 분야의 연구들은 놀랍게도 풍수의 핵심 원리들이 거주자의 신체적, 정신적 웰빙에 다차원적인 영향을 미친다는 것을 속속 증명하고 있다. 이는 풍수를 더 이상 신비주의의 영역이 아닌, '증거 기반 디자인(Evidence-Based Design)'의 관점에서 재조명해야 할 필요성을 제기한다.

*Advances in Built Environment Research*에 게재된 한 종합 리뷰 논문에 따르면, 풍수 원리가 적용된 공간은 그렇지 않은 공간에 비해 거주자의 웰빙을 증진시키는 다양한 물리적 특성을 보이는 것으로 나타났다. 예를 들어, 바람을 가두고 물을 얻

는다는 '장풍득수(藏風得水)'의 원칙에 부합하는 공간, 즉 적절한 차폐와 통풍이 이루어지고 수변 공간이 가까운 곳은 현대적인 측정 장비로 분석한 결과, 여러 긍정적인 효과가 확인되었다.

첫째, 쾌적한 열 환경(Thermal Comfort)이 조성된다. 주산을 등지고 남향으로 배치된 집은 겨울철 차가운 북서풍을 막아 난방 에너지를 절약하고, 여름철에는 시원한 남동풍을 받아들여 자연 냉방 효과를 누릴 수 있다. 이는 거주자의 신체적 스트레스를 줄이고 쾌적함을 높이는 직접적인 요인이다.

둘째, 적절한 습도 조절(Humidity Regulation)이 가능하다. 집 가까이에 강이나 호수 같은 수변 공간이 있는 경우, 물의 증발 작용을 통해 주변 지역의 미기후(microclimate)가 조절되어 여름에는 시원하고 겨울에는 상대적으로 온화한 환경이 만들어진다. 이는 호흡기 건강에 긍정적인 영향을 미친다.

셋째, 우수한 실내 공기질(Indoor Air Quality)이 유지된다. 풍수에서는 기(氣)의 흐름, 즉 통풍을 매우 중요하게 여긴다. 맞통풍이 잘 되는 구조의 집은 실내의 오염 물질과 이산화탄소를 효과적으로 배출하고 신선한 외부 공기를 유입시켜 거주자의 인지 능력과 집중력을 향상시킨다. 이는 현대 건축의 '환기 설계' 기준과 정확히 일치한다.

이러한 연구 결과들은 풍수가 단순히 심리적인 안정감을 주는 플라시보 효과를 넘어, 거주자의 신체적 건강에 직접적으로 기여하는 실질적인 환경 설계 원리임을 명확히 보여 준다. 풍수는 미신의 영역에서 구출되어, 인간과 자연의 조화로운 상호작용을 통해 웰빙을 증진시키는 고대의 지혜로운 '환경 설계 과학'으로 재정의되어야 한다.

이치 기반, 미래 웰빙 자산 성장의 길

- **과학적 근거:** 풍수의 핵심 원리들은 현대 과학 연구를 통해 쾌적한 열 환경, 습도 조절, 실내 공기질 개선 등 거주자의 웰빙에 긍정적인 영향을 미친다는 사실이 경험적으로 증명되고 있다.
- **증거 기반 디자인:** 풍수는 더 이상 주관적인 믿음의 영역이 아니라, 데이터와 과학적 증거에 기반하여 더 건강하고 생산적인 공간을 만드는 '증거 기반 디자인'의 중요한 방법론으로 재평가되어야 한다.
- **경제적 가치:** 풍수 원리를 적용한 '건강한 건물'은 거주자의 신체적, 정신적 건강을 증진시킬 뿐만 아니라, 기업의 생산성 향상과 부동산의 장기적인 자산 가치 상승이라는 명확한 경제적 가치로 이어진다.

투자전략 연구 1. 시드니 오피스 빌딩 비교 연구: 풍수와 생산성의 관계

호주 시드니 기술대학교(University of Technology Sydney)의 마이클 막(Michael Mak) 교수는 현대적인 지속가능 건축물에 풍수 원리를 적용했을 때 나타나는 효과를 실증적으로 연구했다. 그의 연구 방법론을 차용하여 두 가상의 오피스 빌딩 사례를 구성해 보자. 하나는 순수한 현대 건축 원리에 따라, 다른 하나는 풍수 원리를 통합하여 설계되었다.

- **A 빌딩(효율성 중심):** 시드니 CBD에 위치한 전형적인 유리 커튼월 마천루. 에너지 효율을 극대화하기 위해 창문은 완전히 밀폐되어 있으며, 중앙 공조 시스템으로 온습도를 제어한다. 모든 사무 공간은 표준화된 규격으로 동일하게 배치되어 있으며, 창가 자리는 임원들에게 우선 배정된다.

- **B 빌딩(풍수 통합):** A 빌딩과 인접한 곳에 위치. 건물의 주된 방향은 인근 공원의 녹지를 바라보도록 배치되었고(득수), 주변 고층 빌딩의 날카로운 모서리(벽도살)를 피하도록 건물의 형태가 디자인되었다. 저층부에는 작은 인공 폭포와 정원을 조성하여 '명당수'를 구현했다. 내부적으로는 자연 환기가 가능하도록 설계되었고, 모든 직원이 창밖의 자연 풍경을 조망할 수 있도록 레이아웃이 구성되었다.

두 빌딩에 입주한 비슷한 규모의 금융 회사를 대상으로 1년간 직원들의 건강 데이터와 생산성을 추적 조사했다고 가정해 보자. 연구 결과, B 빌딩의 직원들은 A 빌딩의 직원들에 비해 평균 병가 일수가 15% 적었고, 스스로 평가한 업무 만족도와 창의성은 20% 높게 나타났다. 특히 B 빌딩의 자연 환기 시스템은 실내 이산화탄소 농도를 A 빌딩보다 평균 30% 낮게 유지했으며, 이는 직원들의 인지 능력 테스트 점수와 유의미한 상관관계를 보였다. 이 가상 사례는 풍수 원리가 직원의 웰빙과 기업의 생산성이라는 구체적인 경제적 가치로 이어질 수 있음을 시사한다. 이는 더 이상 동양의 신비가 아니라, 모든 건축가와 부동산 개발자가 고려해야 할 중요한 설계 변수임을 보여 준다.

투자전략 연구 2. AI 기반 '장소 기운 분석 및 최적화' 컨설팅 서비스

① 서비스의 핵심: 전통 철학과 첨단 AI의 만남

이 서비스는 주역 64괘의 심오한 원리를 현대적인 딥러닝 모델에 적용한 혁신적인 공간 컨설팅 솔루션입니다. '괘운(卦運) 스캐너'라는 프롭테크 앱을 통해 부지 및 건물의 층별·구역별 위치 데이터(방위, 주변 환경 등)를 정밀하게 분석합니다. 이는 단순한 배치를 넘어 해당 공간이 가진 고유의 '기운'을 과학적으로 해석하는 과정입니다.

② 공간 맞춤형 최적화 전략

분석된 데이터는 각 구역의 목적에 맞게 구체적인 설계 가이드라인으로 변환됩니다.

소통 활발 구역: '천풍구(天風姤)' 괘를 도출하여 만남과 교류가 잦은 건물 입구나 라운지에 협업 공간을 배치하도록 추천합니다.

안정 및 집중 구역: '지산겸(地山謙)' 괘를 적용하여 개인 업무실이나 깊은 사고가 필요한 공간을 배치함으로써 심리적 안정을 도모합니다.

새로운 시작: '지뢰복(地雷復)'의 원리를 활용해 공간에 새로운 에너지와 재기의 기운을 불어넣습니다.

③ 기대 효과: 생산성을 넘어 가치를 창출하는 공간

본 컨설팅을 통해 조성된 공간은 사용자의 심리적 안정감과 생산성을 극대화합니다. 단순히 머무는 곳이 아니라, 공간의 목적과 사용자의 에너지가 조화를 이루게 함으로써 다음과 같은 비즈니스 성과를 창출합니다.

임대 만족도 및 재계약률 향상: 공간 경험의 질을 높여 임차인의 충성도를 확보합니다.

웰빙 가치 실현: 사용자의 정신적 건강과 효율성을 동시에 고려한 '생산성 중심의 웰빙' 가치를 구현합니다.

결과적으로, 이 서비스는 AI 기술을 통해 장소의 잠재력을 데이터화하고, 주역의 지혜를 빌려 공간의 품격을 완성함으로써 부동산의 가치를 한 단계 더 끌어올리는 미래형 투자 전략입니다.

투자전략 연구 3. 미래 가치 변동 예측을 위한 '부동산 운세(運勢) 인덱스'

최근 부동산 시장은 단순한 지표 분석을 넘어, 시시각각 변하는 시장의 흐름과 타이밍을 포착하는 '예측의 정교함'을 요구하고 있습니다. 이에 본 전략은 주역 64괘의 변화 원리를 데이터 과학과 결합하여, 부동산의 미래 가치를 예측하는 새로운 패러다임을 제시합니다.

① 데이터와 철학의 만남: AI 융합 분석 모델

단순한 운세 풀이가 아닙니다. 거시적·미시적 환경 변화 데이터(인구 이동, 정책 변화, 대규모 개발 계획 등)를 수집하고, 이를 AI가 주역의 '육효(六爻) 변괘(變卦)' 원리에 대입합니다. 이를 통해 해당 매물의 고유한 '운세 괘'를 도출하고, '변화의 시계열 분석'을 통해 최적의 매매 타이밍을 제안합니다.

② 시장의 정점(頂點)을 포착하는 타이밍 전략

본 모델의 핵심은 '화천대유(火天大有: 크게 소유함)'와 같은 괘의 변화를 감지하는 것입니다. 시장이 변화하는 결정적 순간을 '최적의 매매 시점'으로 정의하여 투자자에게 알림으로써, 감정에 휘둘리지 않는 이성적이고 철학적인 지표를 제공합니다.

③ 기대 효과: 장기적 자산 가치의 극대화

분석의 깊이 강화: 기존의 평면적인 데이터 분석에 '시간적 변화의 철학적 깊이'를 더해 투자 결정의 보조 지표로 활용합니다.

가치 상승의 가이드라인: 제시된 이미지와 데이터의 연계를 통해 해당 부동산의 장기적인 자산 가치 상승 가능성을 명확히 제시합니다.

4.3 조화와 갈등의 사례 연구: 경복궁에서 홍콩의 '풍수 전쟁'까지

풍수의 원리가 공간의 운명을 설계하는 힘은 역사와 현대를 관통하며, 때로는 조화의 철학으로, 때로는 치열한 경쟁의 무기로 그 모습을 달리한다. 조선의 법궁(法宮)인 경복궁이 국가의 태평성대를 기원한 '조화의 건축학'의 정수라면, 세계 금융의 허브인 홍콩 센트럴은 풍수가 어떻게 현대 비즈니스에서 수조 원의 가치를 움직이는지를 보여 주는 '갈등의 건축학'의 살아 있는 전쟁터다. 이 두 극적인 사례는 풍수의 원리가 시대와 장소를 초월하여 인간의 욕망과 권력을 공간에 투영하는 강력한 도구임을 명확히 보여 준다.

먼저, 조화의 건축학으로서 경복궁을 다시 살펴보자. 제4.1절에서 언급했듯, 경복궁은 북악산을 등지고 한강을 바라보는 완벽한 배산임수 명당에 자리 잡았다. 그러나 경복궁의 풍수적 설계는 단순히 좋은 입지를 선택하는 데 그치지 않고, 주역의 철학을 공간의 이름과 배치에 녹여 내어 국가의 이상적인 통치 질서를 구현하고자 했다. 그 대표적인 예가 바로 왕비의 침전인 '교태전(交泰殿)'이다. '교태'라는 이름은 주역 64괘 중 가장 길한 괘 중 하나인 제11괘 '지천태(地天泰)'에서 유래했다. 지천태괘는 땅의 기운(坤, 陰)이 위에 있고 하늘의 기운(乾, 陽)이 아래에 있는 형상으로, 음과 양의 기운이 서로 만나고 조화롭게 소통하며 만물이 태평해지는 이상적인 상태를 상징한다. 이는 왕(陽)이 자신을 낮추어 백성(陰)과 소통하고, 왕비(陰)가 하늘의 뜻을 받들어 나라를 안정시키는 조화로운 통치 철학을 건축의 이름에 담은 것이다.

또한, 경복궁은 '비보풍수(裨補風水)'의 개념을 적극적으로 활용했다. 이는 터가 가진 풍수적 결함을 인위적인 장치를 통해 보완하고 강화하는 기법이다. 예를 들어, 경복궁의 남쪽에 위치한 관악산은 그 모양이 불꽃처럼 보여 강력한 화기(火氣)를 뿜어내는 것으로 해석되었다. 목조 건물인 궁궐에 화기는 매우 위협적이었기에, 이를 제어하기 위해 광화문 앞에 물의 기운을 가진 상상의 동물 '해치' 조각상을 세웠다. 이는 불을 제압하는 상징적인 방화 장치였다. 이처럼 경복궁은 자연과의 조화를 추구하면서도, 부족한 부분은 인위적인 지혜로 보완하여 공간의 에너지를 최적의 상태로 유지하려는 정교한 '공간 에너지 엔지니어링'의 산물이었다.

반면, 현대 자본주의의 정점인 홍콩의 금융 중심가는 풍수가 어떻게 치열한 전략적 무기로 사용되는지를 보여 준다. 1980년대 이후 홍콩 센트럴에 들어선 마천루들은 단순한 건물이 아니라, 각 기업의 부와 권력을 상징하며 서로의 기(氣)를 빼앗고 방어하려는 거대한 풍수적 장치들의 각축장이었다. 이 '풍수 전쟁'의 서막을 연 것은 1990년 완공된, 세계적인 건축가 I.M. 페이가 설계한 중국은행(Bank of China) 타워다.

중국은행 타워는 날카로운 칼날을 연상시키는 삼각형 구조와 X자 형태의 골조가 그대로 드러나는 공격적인 디자인으로 유명하다. 풍수에서는 건물의 날카로운 모서리가 다른 건물을 향하는 것을 '벽도살(壁刀煞)'이라 하여 가장 강력한 흉살 중 하나로 본다. 중국은행 타워의 수많은 칼날들은 주변의 홍콩 총독부와 경쟁 은행인 HSBC 본사 빌딩을 직접 겨냥하고 있었다. 실제로 이 건물이 완공된 후 당시 홍콩 총독이 갑자기 심장마비로 쓰러지고, HSBC의 실적이 악화되었다는 이야기는 홍콩에서 공공연한 사실처럼 받아들여진다.

이에 대응하여 HSBC는 자신들의 본사 빌딩을 리모델링하면서 명백한 풍수적 방어 장치를 설치했다. 바로 옥상에 설치된 두 개의 거대한 대포 모양의 유지보수용 크레인이다. 이 '대포'들은 평소에는 창문 청소용으로 사용되지만, 그 포신은 정확히 중국은행 타워를 겨누고 있다. 이는 중국은행 타워가 뿜어내는 강력한 살기(殺氣)를 막아 내고, 필요하다면 반격하겠다는 의지를 노골적으로 드러낸 것이다. 이 두 거대 금융기관의 보이지 않는 전쟁은 풍수가 더 이상 동양의 신비가 아니라, 글로벌 비즈니스의 성패를 좌우하는 냉엄한 현실임을 보여 준다.

이 치열한 갈등 속에서 조화의 지혜를 보여 준 사례도 있다. 홍콩 최고의 부호인 리카싱의 청콩(Cheung Kong) 센터는 바로 이 두 '전쟁 중인' 건물 사이에 들어서게 되었다. 양쪽의 강력한 기운 사이에서 살아남기 위해, 청콩 센터는 매우 신중하게 설계되었다. 건물 형태는 공격적인 삼각형이나 날카로운 모서리를 피하고, 가장 안정적인 기운을 상징하는 두터운 사각형 형태로 디자인되었다. 또한, 외벽은 주변 건물의 살기를 그대로 반사하여 또 다른 공격을 낳지 않도록, 빛을 부드럽게 흡수하고 분산시키는 특수 유리를 사용했다. 이는 양측의 공격적인 에너지를 중재하고 조화시켜 자신의 안위를 지키려는 고도의 풍수 전략이었다. 이처럼 시대와 장소는 달라도, 공간을 통해 번영과 안정을 추구하고 경쟁에서 우위를 점하려는 원리는 변치 않으며, 풍수는 그 전략을 구현하는 강력한 도구로 여전히 작동하고 있다.

이것만은 꼭!(This is a must)

공간은 뿌리, 욕망은 줄기, 번영은 가지다.

- **풍수의 양면성:** 풍수는 경복궁의 사례처럼 국가의 태평성대를 기원하는 '조화의 철학'으로 사용될 수도 있고, 홍콩의 사례처럼 경쟁자를 제압하고 자신의 이익을 극대화하려는 '갈등의 무기'로 사용될 수도 있다.
- **공간의 전략적 가치:** 건물은 단순한 물리적 구조물이 아니라, 그 형태와 방향, 주변과의 관계를 통해 보이지 않는 에너지를 주고받는 전략적 자산이다.
- **시대를 초월하는 원리:** 공간을 통해 번영을 추구하고 위협을 방어하려는 인간의 욕망과 그것을 구현하는 풍수의 원리는 고대 궁궐부터 현대 마천루에 이르기까지 시대를 관통하여 적용된다.

투자전략 연구 1. 매물 잠재력 및 리스크 예측 시스템(괘상 분석 기반)

① 개요 및 추진 배경

본 프로젝트는 부동산 매물이 가진 잠재적 성장 가능성(吉)과 내재적 리스크(凶)를 주역의 64괘 및 효사(爻辭) 원리와 결합하여 분석하는 혁신적인 투자 시스템입니다. 기존의 단순 수치 중심 분석을 넘어, 매물의 가치를 정량적·정성적으로 통합 진단하고 이를 프롭테크 플랫폼의 리포트 형식으로 시각화하여 제공하는 것을 목적으로 합니다.

② 핵심 프롭테크 요소(기술적 구현)

데이터의 객관성과 분석의 자동화를 위해 다음과 같은 기술적 요소를 도입합니다.

- 알고리즘 자동화: 지리 정보 시스템(GIS) 데이터와 주역의 분석 모델을 결합하여, 특정 매물의 입지 조건에 따른 괘상을 자동으로 생성하는 알고리즘을 개발합니다.
- 데이터 시각화: 분석된 결과를 투자 리포트 내의 독립된 섹션으로 구성하여, 투자자가 직관적으로 매물의 흐름을 파악할 수 있도록 시각적인 정보를 제공합니다.

③ 실무 적용의 의의 및 기대효과

이 시스템은 전통적인 고전 지혜를 현대적 빅데이터 분석에 접목함으로써 독보적인 투자 인사이트를 창출합니다.

- 데이터 편향성 보완 및 심층 분석: 빅데이터 기반 분석이 놓치기 쉬운 '공간의 기운과 조화(풍수, 입지 해석)'라는 무형적 요소를 해석에 포함합니다. 이를 통해 투자 판단의 깊이를 더하고 기존 분석 모델의 한계를 보완합니다.
- 맞춤형 투자 전략 제시: 매물의 현재 상태를 상징하는 괘상에 따라 보유, 매도, 개발, 리스크 관리 등 단계별 맞춤형 전략을 도출합니다.
- 지천태(地天泰) 괘: 상하가 교류하는 '평화와 발전'의 상으로, 순조로운 거래와 가치 상승이 기대되는 최적의 투자 시기임을 시사합니다.
- 천지비(天地否) 괘: 상하가 불통하는 '막힘과 정체'의 상으로, 가격 하락이나 거래 지연 리스크를 경고하며 장기적 관점의 접근이나 리모델링 등의 대안을 제시합니다.

투자전략 연구 2. 최적 공간 배치 및 사용자 경험 설계 AI 컨설팅(효(爻)의 변화 활용)

전통 철학인 주역의 64괘 변화 원리를 현대적인 AI 및 VR 기술에 접목하여, 주거 및 상업 공간의 기능적·심리적 가치를 극대화하는 것을 목표로 합니다. 단순한 인테리어를 넘어 사용자의 운용 효율과 심리적 안정을 동시에 추구하는 차세대 프롭테크(Proptech) 모델을 제안합니다.

① 주역의 원리를 통한 공간의 '비움'과 '채움'의 미학

공간 설계 시, 주역의 산택손(山澤損)과 풍뢰익(風雷益)의 원리를 적용합니다. 이는 불필요한 요소를 과감히 덜어내어 절제를 실천하고(손, 損), 그 빈자리에 핵심적인 이익과 효율을 더하는(익, 益) 전략입니다. 입구, 거실, 침실 등 각 공간의 목적에 맞춰 '기의 흐름과 조화'를 고려한 레이아웃을 제안함으로써, 거주자에게 단순한 미적 만족을 넘어 심리적 안정과 번영을 돕는 최적의 리모델링 솔루션을 제공합니다.

② 지속 가능성을 고려한 유연한 설계와 리스크 관리

미완의 상태에서 완성을 향해 나아가는 화수미제(火水未濟) 괘의 원리를 설계에 도입합니다. 이는 초기 설계 단계에서 발생할 수 있는 잠재적 충돌이나 부정적 기운을 사전에 예측하여 관리하는 도구가 됩니다. 고정된 공간이 아닌, 다음 단계로의 발전을 수용할 수 있는 '개방형 공간'과 '유연한 기능'을 배치함으로써, 사용자의 변화하는 라이프스타일에 맞춰 지속적으로 성장 가능한 공간을 구현합니다.

③ 기술적 완성도: AI/VR 기반의 프롭테크 시스템

이러한 철학적 원리는 고도화된 기술을 통해 실현됩니다.

- 지능형 시뮬레이션: 주역의 괘 변화 로직을 AI/VR 인테리어 시뮬레이션에 결합하여 과학적인 공간 분석을 수행합니다.

• 사용자 맞춤형 추천: 사용자의 목적과 현재 심리 상태를 데이터화하여, 이에 반응하는 '최적의 괘 변화 기반 배치 추천 시스템'을 구축합니다.

4.4 요약 및 활용 가이드

1) 제4장 핵심 개념 요약

절(Section)	핵심 개념(Core Concept)	부동산학적 적용 (Application in Real Estate)
4.1 미신을 넘어	**풍수의 재정의**: 풍수는 미신이 아닌, 거시적 '입지론'이자 고대의 '환경 심리학'. 배산임수는 생존을 위한 과학적 지혜.	부동산 가치 평가 시, 건물의 물리적 조건뿐만 아니라 그 건물이 위치한 '터'의 근본적인 가치(입지, 지형, 주변 환경)를 분석하는 거시적 관점 도입.
4.2 과학적 검증	**증거 기반 디자인**: 풍수 원리는 현대 과학 연구를 통해 쾌적한 열 환경, 공기질 개선 등 거주자의 '웰빙'에 긍정적 영향을 미침이 증명됨.	'건강한 건물'의 설계 원리로 풍수를 활용. 웰빙 요소를 부동산의 새로운 가치 평가 기준으로 삼고, 생산성 향상 등 경제적 효과를 정량화.
4.3 조화와 갈등의 사례	**공간의 전략적 활용**: 풍수는 조화(경복궁)를 추구하는 철학이자, 경쟁(홍콩)에서 우위를 점하기 위한 전략적 무기로 활용됨.	도시 개발 및 건축 설계 시, 개별 건물의 디자인을 넘어 주변 건물 및 환경과의 '관계'와 '에너지 상호작용'을 고려하는 전략적 사고 필요.

2) 핵심 활용 가이드(Actionable Guide for Researchers & Practitioners)

본 장의 내용을 연구와 실무에 효과적으로 적용하기 위해 다음의 세 가지 지침을 따를 것을 제안한다.

(1) 땅의 언어를 먼저 읽어라(Read the Land Before the Floor Plan).

부동산을 평가하거나 부지를 선정할 때, 평면도나 건축 도면을 보기 전에 먼저 위성 지도와 지형도를 펼쳐라. 그 땅의 '사신사'는 어떻게 형성되어 있는가? 주산(현무)은 든든한가? 물(주작)의 흐름은 어떠한가? 주변의 도로나 건물이 위협적인 '살기'를 보내고 있지는 않은가? 이처럼 땅의 언어를 먼저 읽는 훈련은 당신에게 남들이 보지 못하는 부동산의 근원적인 가치와 리스크를 발견하게 해 줄 것이다.

(2) 고대의 지혜를 현대의 데이터로 번역하라(Translate Ancient Wisdom into Modern Metrics).

당신의 프로젝트에 풍수 원리를 적용했다면, 그것을 신비로운 이야기로만 남겨두지 마라. "자연 채광을 극대화하여 '생기'를 높였다"면, 실제 조도(Lux) 변화와 그로 인한 직원들의 비타민 D 농도 변화를 측정하라. "자연 환기를 통해 '기'의 흐름을 원활하게 했다"면, 실내 이산화탄소 농도 감소량과 그로 인한 업무 집중도 향상률을 데이터로 증명하라. 고대의 지혜를 현대의 데이터로 번역할 때, 당신의 주장은 강력한 설득력을 얻게 될 것이다.

(3) 공간의 대화를 분석하라(Analyze the 'Spatial Conversation').

도시의 건물들을 독립된 객체가 아닌, 서로 대화를 나누는 인격체로 바라보라. 당신의 건물은 주변 건물과 어떤 '대화'를 나누고 있는가? 홍콩의 사례처럼 서로를 공격하고 있는가? 아니면 서로의 장점을 살려 주며 조화를 이루고 있는가? 당신의 신축 건물이 들어섰을 때, 그 대화는 어떻게 바뀔 것인가? 이 '공간의 대화'를 분석하는 능력은 당신을 단순한 기술자를 넘어, 도시의 관계를 디자인하는 진정한 '마스터 빌더'로 만들어 줄 것이다.

제5장

공간이 뇌에 미치는 영향: 신경건축학과 생명애 디자인

공간과 인간의 상호작용
공간이 뇌를 형성하고, 뇌는 공간을 해석한다

1. 신경건축학

조망, 천장 높이, 곡선 등 공간 요소가 뇌에 미치는 영향을
과학적으로 증명. 풍수의 직관에 대한 근거 제공.

2. 생명애(Biophilia) 디자인

인간의 본능적인 자연 친화 욕구를 건축에 적용, 풍수의
'생기(生氣)' 원리를 현대 과학으로 재해석.

3. 경제적 가치: 웰빙의 ROI

건강한 건물은 생산성 향상과 자산 가치 상승('그린 프리미엄')으로 이어지며,
WELL 인증 등을 통해 정량화 가능.

'뇌 기반' 공간 디자인과 경제적 가치('Brain-Based' Spatial Design and Economic Value)

개념도 설명: 신경건축학과 생명애(Biophilia)를 결합하여 인간의 뇌와 상호작용하는 최적의 공간을 제안합니다. 이는 거주자의 웰빙을 넘어 생산성 향상과 자산 가치 상승이라는 경제적 ROI를 실현합니다.

5.1 신경건축학: 건물이 우리의 뇌를 형성하는 방법

우리는 모두 특정 공간이 우리의 감정과 생각에 미치는 강력한 영향을 경험한 적

이 있다. 높고 웅장한 천장의 성당이나 도서관에 들어서면 경외감과 함께 창의적인 영감이 샘솟는 듯하고, 반대로 창문 하나 없는 좁고 답답한 사무실에서는 금세 피로감과 무기력증을 느낀다. 우리는 이러한 경험을 그저 '분위기 탓'이라고 막연하게 설명하지만, 그 이면에는 공간의 물리적 특성이 우리의 뇌 신경망과 호르몬 분비에 직접적으로 영향을 미치는 정교한 과학적 메커니즘이 숨어 있다.

현대 건축과 인테리어 디자인은 오랫동안 미학적 아름다움과 기능적 효율성만을 최우선 가치로 추구해 왔다. 그 결과, 우리는 겉보기에는 세련되고 미니멀하지만, 정작 그 안에서 생활하는 인간의 정신 건강과 창의성은 고려되지 않은 공간에 둘러싸여 살게 되었다. 예를 들어, 오픈형 오피스는 협업을 증진시킨다는 명목 아래 도입되었지만, 실제로는 끊임없는 소음과 방해 요소로 인해 직원들의 스트레스 호르몬인 코르티솔 수치를 높이고 집중력을 저하시키는 경우가 많았다.

문제의 핵심은, 우리가 공간을 '정적인 배경'으로만 인식하고, 그것이 우리의 뇌와 끊임없이 상호작용하며 우리의 인지 능력과 감정 상태를 조각하는 '능동적인 행위자'임을 간과하고 있다는 점이다. 공간이 우리의 뇌를 어떻게 바꾸는지 과학적으로 이해하지 못한다면, 우리는 계속해서 인간의 잠재력을 억압하는 비효율적이고 비인간적인 공간을 양산하게 될 것이다.

이러한 도전에 대한 해답을 제시하는 최첨단 융합 학문이 바로 '신경건축학(Neuro architecture)'이다. 이는 신경과학과 건축학을 결합하여, 건축 환경이 인간의 뇌 기능, 감정, 행동에 어떤 영향을 미치는지 과학적으로 연구하는 분야다. 놀라운 사실은, 신경건축학의 최신 연구 결과들이 풍수지리가 수천 년간 직관적으로 이야기해 온 핵심 원리들의 과학적 근거를 속속들이 밝혀내고 있다는 점이다.

첫째, '조망과 피난처(Prospect and Refuge)' 이론은 안정감의 뇌과학적 원리를 설명한다. 진화심리학에 따르면, 인간의 뇌는 생존을 위해 넓은 시야(조망)를 확보하여 위험을 먼저 감지하고, 동시에 자신의 몸을 숨길 수 있는 안전한 공간(피난처)을 찾으려는 본능을 가지고 있다. 이 두 조건이 충족될 때, 뇌의 공포 중추인 편도체

(amygdala)는 안정되고 스트레스가 감소한다. 이는 풍수에서 가장 이상적인 자리로 꼽는 '안락의자' 형태의 배치, 즉 등을 단단한 벽에 기대고 출입문과 공간 전체를 조망할 수 있는 자리와 정확히 일치한다. CEO의 책상이나 안방의 침대를 이렇게 배치하는 것은 단순히 권위를 상징하는 것을 넘어, 뇌를 가장 편안하고 안정적인 상태로 만드는 과학적인 행위다.

둘째, '천장의 높이'는 우리의 사고 유형에 영향을 미친다. 미네소타 대학의 연구에 따르면, 천장이 높은 공간에 있는 사람들은 더 자유롭고 추상적인 사고를 하는 경향을 보인 반면, 천장이 낮은 공간에 있는 사람들은 더 구체적이고 세부적인 문제해결에 집중하는 경향을 보였다. 높은 천장은 시각적 개방감을 주어 창의적 사고를 관장하는 뇌 영역을 활성화시킨다. 이는 전통적으로 대웅전이나 중요한 공공 건물의 천장을 높게 만들어 공간의 격을 높이고, 반대로 침실이나 서재는 아늑한 높이로 만들어 안정감과 집중력을 높였던 풍수적 지혜와 일맥상통한다.

셋째, 우리의 뇌는 본능적으로 '곡선'을 선호한다. fMRI(기능적 자기공명영상)를 이용한 연구 결과, 우리의 뇌는 날카로운 모서리나 직선적인 형태를 볼 때보다 부드러운 곡선을 볼 때 편안함과 즐거움을 느끼는 보상 중추가 더 활성화되는 것으로 나타났다. 이는 진화적으로 날카로운 물체(포식자의 이빨, 무기 등)를 위험 신호로 인식하는 뇌의 본능 때문일 수 있다. 이는 건물의 날카로운 모서리가 집을 향하는 '벽도살(壁刀煞)'을 최악의 흉살로 여기고, 물길이나 도로가 부드러운 곡선으로 집을 감싸는 '환포(環抱)'를 최고의 길상으로 여기는 풍수의 원리에 대한 강력한 과학적 근거를 제공한다.

심안이 근분, 터가 뿌리, 활용이 열매

- **신경건축학의 정의:** 공간이 인간의 뇌 기능, 감정, 행동에 미치는 영향을 과학적

으로 연구하는 융합 학문으로, 풍수의 직관적 지혜에 대한 과학적 근거를 제공한다.

- **조망과 피난처:** 등을 보호받고 전방을 조망할 수 있는 공간은 인간의 뇌를 가장 안정시키는 원초적 조건이며, 이는 풍수의 '안락의자' 배치 원리와 일치한다.
- **형태와 뇌 반응:** 높은 천장은 창의적 사고를, 낮은 천장은 집중적 사고를 유도하며, 뇌는 날카로운 모서리보다 부드러운 곡선을 선호한다. 이는 풍수의 '살기(殺氣)' 개념과 과학적으로 연결된다.

투자전략 연구 1. 솔크 연구소(Salk Institute), 영감을 주는 건축의 정수

소아마비 백신을 개발한 조너스 소크 박사는 캘리포니아 라호야에 세계 최고의 생물학 연구소를 짓기로 결심하고, 20세기 최고의 건축가 중 한 명인 루이스 칸에게 설계를 의뢰했다. 1965년에 완공된 이 연구소는 오늘날까지도 전 세계 건축가와 과학자들에게 가장 큰 영감을 주는 공간 중 하나로 꼽히며, 신경건축학의 원리가 완벽하게 구현된 살아 있는 교과서다.

루이스 칸은 완벽한 대칭 구조의 두 연구동 사이에 중앙 정원을 만들고, 그 한가운데로 태평양을 향해 끝없이 흘러가는 좁은 수로를 디자인했다. 연구실의 창은 모두 이 중앙 정원과 바다를 향해 열려 있어, 연구원들에게 완벽한 '조망(Prospect)'을 제공한다. 동시에, 각 연구실은 두꺼운 콘크리트 벽으로 둘러싸여 외부의 방해로부터 보호받는 아늑한 '피난처(Refuge)'가 된다. 이 완벽한 조망과 피난처의 조화는 연구원들의 뇌를 심리적으로 가장 안정되고 창의적인 상태로 만들어 준다.

또한, 칸은 인공적인 재료를 최소화하고 콘크리트와 티크 목재의 거친 질감을 그대로 노출시켰다. 시간의 흐름에 따라 변하는 자연광이 이 재료들 위로 쏟아지며 만들어 내는 빛과 그림자의 향연은 연구원들의 뇌에 끊임없는 미적, 감각적 자극을 준다. 중앙 정원을 가로지르는 수로는 생명의 근원인 물을 상징하며, 끝없이 펼쳐진

태평양과 이어져 연구원들에게 무한한 가능성에 대한 명상적 영감을 불어넣는다. 이 공간은 단순히 기능적인 연구 시설이 아니라, 그곳에서 일하는 위대한 지성들의 뇌를 최적의 상태로 유지하고 위대한 발견을 잉태하도록 설계된 '살아 있는 명당'의 전형이다.

투자전략 연구 2. 거주 만족도 예측 및 맞춤형 매물 추천: '지천태(地天泰) 괘' 기반의 '평온한 거주 환경 지수'

① 고전 철학과 현대 과학의 만남: '지천태'와 신경건축학

단순한 집을 넘어 '삶의 평온'을 과학적으로 설계합니다. 주역의 64괘 중 지천태(地天泰)는 하늘의 기운이 아래로, 땅의 기운이 위로 흐르며 만물이 조화를 이루는 태평성대의 상징입니다.

우리는 이 고전적 지혜를 현대 신경건축학의 핵심 이론인 '전망(Prospect)과 피난처(Refuge)' 모델과 연결했습니다. 이는 탁 트인 개방감을 통해 미래를 조망하면서도, 외부의 위험으로부터 안락하게 보호받는 '안락의자'와 같은 심리적 안정감을 주거 공간에 구현하는 것을 의미합니다.

② AI 기반의 프롭테크 혁신: '태(泰)' 지수의 탄생

데이터는 이제 거주자의 심리적 만족도까지 예측합니다. AI 기반의 '평온한 거주 환경 지수'는 다음의 체계적인 과정을 통해 산출됩니다.

- 정밀 데이터 수집: 센서와 GIS(지리정보시스템) 데이터를 활용해 주택 내부의 동선과 가구 배치 가능성은 물론, 소음·채광·프라이버시 등 외부 환경 요소를 입체적으로 분석합니다.
- 지수화(Quantification): 하늘의 양(陽) 기운인 '개방성'과 땅의 음(陰) 기운인 '안정성'이 얼마나 완벽하게 조화를 이루는지 계량화하여, 각 매물의 가치를 '지천

태 지수'로 산출합니다.

③ 기대 효과: 스트레스 제로(Zero), 거주 만족의 극대화

이 서비스는 단순한 매물 추천을 넘어 고객의 삶의 질을 바꿉니다. 심리적 안정을 추구하는 고객에게 '지천태 지수'가 높은 매물을 최우선으로 제안함으로써, 거주자의 스트레스 지수는 낮추고 심리적 만족도는 극대화합니다. 결과적으로 이는 높은 계약 만족도와 장기 거주율로 이어져, 공급자와 수요자 모두가 윈윈(Win-Win)하는 지속 가능한 주거 생태계를 구축합니다.

투자전략 연구 3. 상업 공간 디자인 컨설팅: '풍뢰익(風雷益) 괘' 기반의 '창의 및 집중 공간 효율화 솔루션'

주역 64괘	풍뢰익(風雷益) ䷩
괘의 상징	위는 바람(巽, 巽)이고 아래는 우레(震, 震)입니다. 바람은 위로, 우레는 아래로 움직여 서로 **상생하고 이로움을 더하는** 상태를 상징합니다. '이익(利益)'과 '발전(發展)'의 의미가 있습니다.
신경건축학 연결	'형태와 뇌 반응' 중 **높은 천장(창의적 사고)과 낮은 천장(집중적 사고)의 역할 분리** 원리와 연결됩니다. 또한, 뇌가 선호하는 '부드러운 곡선'과 날카로운 형태를 피하는 원리도 포함됩니다.
프롭테크 적용 실무 예	**VR 기반 오피스/상업 공간 '업무 효율 최적화' 컨설팅 솔루션**
적용 내용	① **VR 시뮬레이션**: 오피스 레이아웃을 VR로 구현하고, 공간별 천장 높이, 동선(곡선/직선), 가구 형태를 입력. ② **'익' 지수 산출**: 회의실, 휴게실 등 '창의성'이 중요한 **공간에는 높은 천장 비율**과 **곡선 디자인**을 배치하여 '익' 지수(상승, 이로움)를 높입니다. 반면, 개인 업무 공간이나 집중실에는 **낮은 천장 비율**을 적용하여 '익' 지수를 **집중력 향상**으로 해석. ③ **서비스**: 건축 설계 전 **공간별 '익' 지수**와 예상되는 업무 성과 변화를 시뮬레이션 결과로 제공하여, 고객사(건물주/임차인)가 **공간 효율성과 임직원 만족도를 극대화**하는 디자인 결정을 내리도록 지원합니다.

5.2 생명애 디자인: 인간의 본능적인 자연 친화 욕구

우리는 최첨단 기술이 집약된 '스마트 홈'에 살고 있다. 버튼 하나로 조명과 온도를 조절하고, AI 스피커가 우리의 명령을 수행한다. 하지만 아이러니하게도, 현대인들은 그 어느 때보다 더 많은 '현대적인 질병'에 시달리고 있다. 알레르기, 아토피, 불면증, 그리고 만성적인 스트레스와 우울감. 우리는 기술적으로는 더 편리해졌지만, 과연 더 건강하고 행복해졌다고 말할 수 있을까?

문제의 핵심은, 우리가 '편리함'과 '건강함'을 혼동하고 있다는 점이다. 현대 건축은 에너지 효율을 높이기 위해 창문을 꼭꼭 닫고, 인공적인 냉난방 시스템과 공기 순환 장치에 의존한다. 우리는 자연광 대신 LED 조명 아래에서, 흙과 나무 대신 화학물질로 마감된 벽과 바닥에 둘러싸여 살아간다. 이는 우리를 자연의 생명력, 즉 풍수에서 말하는 '생기(生氣)'로부터 단절시키고, '새집증후군'과 같은 새로운 질병을 만들어 냈다.

이러한 문제에 대한 반성으로, 최근 건축과 부동산 시장에서는 '생명애 디자인(Biophilic Design)'이라는 새로운 트렌드가 급부상하고 있다. '생명애(Biophilia)'는 하버드 대학의 저명한 생물학자 에드워드 윌슨(Edward O. Wilson)이 주창한 개념으로, 인간이 본능적으로 자연과 연결되기를 갈망한다는 가설이다. 생명애 디자인은 이러한 인간의 본능을 건축에 적극적으로 적용하여, 잃어버린 자연과의 연결을 회복하려는 시도다.

생명애 디자인은 크게 세 가지 방식으로 구현된다. 첫째, '공간 속 자연(Nature in the Space)'은 실내 정원, 화분, 수족관, 벽천(water wall)처럼 살아 있는 자연을 공간 안으로 직접 끌어들이는 방식이다. 둘째, '자연에 대한 재현(Natural Analogues)'은 원목 가구나 대리석 바닥처럼 자연 소재를 사용하거나, 나뭇잎 패턴의 벽지, 벌집 모양의 타일처럼 자연의 형태와 패턴을 모방하는 방식이다. 셋째, '공간의 자연성(Nature of the Space)'은 제5.1절에서 다룬 '조망과 피난처'처럼, 인간이 자연 속에서 느끼는 공간적 경험(예: 탁 트인 초원과 아늑한 동굴)을 건축적으로 구현하는 것이다.

수많은 과학적 연구들은 생명애 디자인이 인간의 건강과 웰빙에 미치는 긍정적인 효과를 증명하고 있다. 사무실에 살아있는 식물을 두는 것만으로도 직원들의 스트레스가 감소하고 생산성이 향상된다는 연구 결과는 이미 널리 알려져 있다. 또한, 병실에서 창밖으로 자연 풍경을 볼 수 있는 환자들이 그렇지 않은 환자들보다 회복 속도가 빠르고 진통제 투여량이 적었다는 연구는 생명애 디자인이 의료 환경에 미치는 극적인 효과를 보여 준다.

놀라운 사실은, 이 최첨단 트렌드의 핵심 원리들이 수천 년 전의 풍수지리가 말해 온 것과 정확히 일치한다는 점이다. 풍수에서 공간의 '생기(生氣)'를 불어넣기 위해 살아 있는 식물을 배치하고, 재물운을 위해 물(水)을 활용하는 것은 생명애 디자인의 '공간 속 자연'과 정확히 같다. 또한, 음양오행의 조화를 공간에 구현하기 위해 나무(木), 흙(土), 돌(金)과 같은 자연 소재를 적절히 사용하는 것 역시 '자연에 대한 재현'과 그 원리를 공유한다. 즉, 생명애 디자인은 풍수의 지혜를 현대 과학의 언어로 재해석하고 실증적으로 구현하는 것이라고 볼 수 있다.

생기 품은 오행 조화, 미래의 터전이다.

- **생명애 가설:** 인간은 본능적으로 자연과 연결되기를 갈망하며, 자연과의 단절은 현대인의 스트레스와 질병의 중요한 원인이다.
- **생명애 디자인:** 이러한 본능을 충족시키기 위해 건축 공간에 직접적 혹은 간접적으로 자연 요소를 도입하는 설계 방법론이다.
- **풍수와의 연결:** 생명애 디자인은 공간에 '생기(生氣)'를 불어넣고 '오행'의 조화를 이루려는 풍수의 핵심 원리를 현대 과학으로 재해석하고 구현하는 것이다.

투자전략 연구 1. 아마존의 본사 '스피어스(The Spheres)', 도심 속 열대우림

시애틀 도심 한복판에 위치한 아마존의 본사 건물 '스피어스(The Spheres)'는 생명애 디자인이 어떻게 기업의 핵심 전략이 될 수 있는지를 보여 주는 상징적인 건축물이다. 세 개의 거대한 유리 돔으로 이루어진 이 건물 안에는 전 세계 50개국에서 온 4만 그루 이상의 식물이 자라는 실제 열대우림이 조성되어 있다. 이곳에는 전통적인 사무 공간이나 회의실이 없다. 대신, 직원들은 나무 위에 지어진 오두막집 같은 '트리하우스'에서 회의를 하거나, 폭포수 소리를 들으며 산책로를 따라 걸으며 아이디어를 구상한다.

아마존이 수조 원을 들여 이런 파격적인 공간을 만든 이유는 단순한 직원 복지를 넘어선다. 그들은 치열한 인재 유치 경쟁에서, 높은 연봉만으로는 더 이상 최고의 인재들을 끌어들일 수 없다는 사실을 깨달았다. 그들은 '자연과 함께 일하는 독특하고 영감을 주는 경험' 그 자체를 회사의 가장 중요한 자산이자 경쟁력으로 삼은 것이다. 수많은 연구 결과, 자연과 함께 일하는 환경이 직원의 스트레스를 줄이고, 창의력과 생산성을 획기적으로 높인다는 과학적 증거에 기반한 과감한 투자였다.

'스피어스'는 '좋은 기(氣)가 흐르는 곳에서 일의 능률이 오른다'는 풍수의 오랜 명제를 현대 자본주의의 심장부에서 가장 극적으로 입증한 사례다. 이는 미래의 오피스 공간이 더 이상 효율성과 생산성만을 위한 '공장'이 아니라, 그곳에서 일하는 인간의 신체적, 정신적 건강을 돌보고 창의적 잠재력을 극대화하는 '정원'이 되어야 함을 명확히 보여 준다.

투자전략 연구 2. '주역-풍수 괘상' 기반 맞춤형 공간 컨설팅 AI

- **핵심 개념**: 주역 64괘를 **부동산 입지 및 공간의 '기운/조화 상태'를 진단하는 코**드로 활용.
- **프롭테크 적용:**
  - **AI 개발**: 주역 64괘의 괘상(卦象)별 특성, 풍수의 길흉(吉凶) 기준, 그리고 **생명애**

디자인 요소(예: 자연광 유입, 식물 배치, 자연 소재 사용 등)의 긍정적 효과 데이터를 통합 학습시킨 AI 컨설턴트 개발.

- **적용 예시:**
  - 고객이 부동산 **위치 데이터**(주소, 향, 주변 환경) 및 **건축물 정보**(평면도, 층고, 마감재)를 앱에 입력.
  - AI는 이 데이터를 분석하여 해당 공간에 해당하는 **주역 괘**를 도출하고, 현재 공간의 '생기(生氣)' 상태와 잠재적 문제점(예: '수화기제(水火旣濟)' 괘처럼 조화가 완성된 상태이나 자칫 안주하기 쉬운 경우, 혹은 '화풍정(火風鼎)' 괘처럼 새로운 변화를 위한 틀을 갖추는 경우 등)을 진단.
  - 진단 결과에 따라, **개인의 니즈**와 **괘의 의미**에 최적화된 **생명에 디자인 솔루션**(예: 특정 괘에 부족한 '**목(木)' 기운** 보충을 위한 식물 종류 및 배치 제안, '**금(金)' 기운**의 조화를 위한 자연 채광 극대화 방안)을 **3D 시뮬레이션**과 함께 제공.

투자전략 연구 3 '변화의 시기' 예측 기반 부동산 투자/개발 리스크 관리 시스템

- **핵심 개념:** 주역 64괘의 **시간적 변화와 흐름**에 대한 통찰을 활용하여, 부동산 시장 및 프로젝트의 '적절한 때'를 예측하고 리스크를 관리.
- **프롭테크 적용:**
  - **데이터 통합:** 거시 경제 지표, 지역 개발 계획, 부동산 거래량 등 **정량적 시장 데이터**에 주역의 '시의성(時宜性)'을 반영하는 로직을 결합한 알고리즘 개발. 주역 괘의 '변화의 흐름'을 투자/개발 프로젝트의 라이프사이클(기획, 착공, 완공, 매각)에 매핑.
- **적용 예시:**
  - 부동산 **개발 프로젝트** 착수 전, 해당 시점과 프로젝트의 성격에 맞는 **주역 괘**를 산출.
  - 만약 결과가 '**지천태(地天泰)**'(순조롭고 평안한 시기)에 해당하면 공격적인 투자

를, **'천지비(天地否)'**(막히고 정체되는 시기)에 해당하면 **리스크 헤지 전략**(예: 유연한 계약 조건, 분할 개발)을 추천.

- 개발 건물에 **생명애 디자인** 적용 시, **'진퇴(進退)'의 괘**(예: '뇌지예(雷地豫)', 미리 대비하여 기회를 잡음)가 나오면 **미래 트렌드를 선도**할 수 있는 혁신적인 자연 요소를 적극 도입하도록 가이드 하여 시장 변화에 선제적으로 대응하게 함.

5.3 웰빙의 투자수익률(ROI): 건강한 건물의 가치 정량화

부동산 개발자나 투자자의 관점에서, 신경건축학이나 생명애 디자인은 종종 매력적이지만 비현실적인 이상으로 치부되기 쉽다. 옥상 정원을 만들고, 고급 친환경 자재를 사용하며, 예술적인 곡선 디자인을 적용하는 것은 모두 직접적인 비용 상승으로 이어지기 때문이다. 단기적인 수익률을 최우선으로 고려해야 하는 비즈니스 논리 앞에서, "이 투자가 과연 경제적으로 타당한가?"라는 질문은 피할 수 없다. '웰빙'이라는 가치는 어떻게 '투자수익률(ROI)'이라는 냉정한 숫자로 증명될 수 있을까?

이 질문에 답하기 위해, 우리는 부동산의 가치를 평가하는 전통적인 프레임워크를 확장해야 한다. 즉, '건강 수익률(Return on Health, ROH)'이라는 새로운 개념을 도입하고, 웰빙에 대한 투자가 단순한 비용이 아니라 장기적으로 더 높은 수익을 창출하는 현명한 투자 전략임을 입증해야 한다. 건강한 건물은 세 가지 측면에서 명확한 경제적 가치를 창출한다.

첫째, 기업 임차인의 생산성 향상이다. 상업용 부동산의 가치를 결정하는 가장 중요한 요소는 그곳에 입주한 기업의 성공이다. 기업의 지출 구조를 분석한 '3-30-300' 법칙에 따르면, 기업은 단위 면적당 연간 약 3달러를 공과금에, 30달러를 임대료에, 그리고 300달러를 직원 급여에 지출한다. 이는 직원들의 생산성이 임대료나 에너지 비용보다 10배에서 100배 더 중요한 자산임을 의미한다. 만약 자연 채광이 풍부하고 실내 공기질이 좋은 '건강한 건물'이 직원들의 인지 능력을 단 1%만 향상시키고 병가 일수를 줄일 수 있다면, 그로 인해 창출되는 경제적 가치는 임대료 상승분을 훨씬 뛰어넘는다.

둘째, 자산 가치의 '그린 프리미엄'이다. ESG(환경, 사회, 지배구조) 경영이 글로벌 투자 시장의 표준이 되면서, 기관 투자자들은 더 이상 단기적인 재무 성과만으로 투자 대상을 평가하지 않는다. 친환경 인증(LEED, BREEAM 등)을 받고 거주자의 건강을 고려한 '웰니스 부동산(Wellness Real Estate)'은 장기적으로 리스크가 낮고 안정적인 자산으로 인식되어, 일반 건물보다 높은 가격에 거래되는 '그린 프리미엄'이 형성되고 있다. 이는 웰빙에 대한 투자가 건물의 장기적인 자산 가치를 높이는 직접적인 요인이 됨을 보여 준다.

셋째, 주거용 부동산 시장에서의 수요 증가다. 코로나19 팬데믹을 거치면서, 사람들은 집에 머무는 시간이 길어짐에 따라 주거 환경의 질이 자신의 건강과 행복에 얼마나 중요한지를 절실히 깨닫게 되었다. 이로 인해 소비자들은 다소 비싸더라도 좋은 공기, 충분한 녹지, 그리고 건강한 자재로 지어진 집을 기꺼이 선택하려는 경향이 강해지고 있다. 이는 시장 수요 자체가 '웰빙'이라는 가치를 중심으로 재편되고 있음을 의미한다.

이것만은 꼭!(This is a must)

사람 중심 투자, 가치 정량화로 시장 지배

- **웰빙의 ROI**: '건강한 건물'에 대한 투자는 생산성 향상, 자산 가치 상승, 시장 수요 증가라는 명확한 경제적 수익으로 이어진다.
- **'3-30-300' 법칙**: 기업의 지출에서 인건비가 차지하는 비중이 압도적으로 높기 때문에, 직원 생산성을 높이는 건강한 사무 환경에 대한 투자는 가장 높은 ROI를 가진다.

• **가치의 정량화:** WELL 인증과 같은 시스템은 '웰빙'이라는 추상적 가치를 객관적으로 측정하고 데이터화함으로써, 이를 신뢰할 수 있는 투자 기준으로 만들어 '그린 프리미엄'을 형성한다.

투자전략 연구 1. '델로스(Delos)'와 WELL 인증, 웰빙을 정량화하다

'웰빙'이라는 추상적인 가치를 어떻게 객관적으로 측정하고 투자 가치를 증명할 수 있을까? 이 질문에 대한 답을 제시하며 새로운 시장을 창출한 기업이 바로 미국의 '델로스(Delos)'다. 델로스는 의사, 과학자, 건축가들과의 협업을 통해, 건물이 인간의 건강과 웰빙에 미치는 영향을 공기, 물, 빛, 영양, 운동, 편안함, 정신 등 7가지 카테고리로 나누어 평가하는 'WELL 빌딩 스탠다드(WELL Building Standard)'라는 세계 최초의 건물 인증 시스템을 만들었다.

WELL 인증은 단순히 친환경 자재를 사용하는 수준을 넘어, 건물의 설계와 운영이 거주자의 신체적, 정신적 건강을 적극적으로 증진시키는지를 과학적인 기준으로 평가한다. 예를 들어, '빛' 카테고리에서는 단순히 밝기를 넘어, 인간의 생체 리듬(circadian rhythm)에 맞는 조명 시스템을 갖추었는지를 평가한다. '정신' 카테고리에서는 생명애 디자인 원칙의 적용 여부와 스트레스 완화를 위한 공간 제공 여부를 평가한다.

처음에 많은 개발자들은 WELL 인증을 받기 위한 추가 비용에 대해 회의적이었다. 그러나 WELL 인증을 받은 건물들이 시장에서 더 높은 임대료와 매매가를 기록하고, 공실률은 현저히 낮다는 데이터가 축적되기 시작했다. 세계적인 상업용 부동산 서비스 기업 CBRE의 로스앤젤레스 본사는 WELL 인증을 받은 후, 직원들의 건강 만족도가 22% 증가했으며, 92%의 직원들이 새로운 사무실 덕분에 업무 효율이 높아졌다고 응답했다. 이처럼 WELL 인증은 '웰빙'이라는 무형의 가치를 투자자들이 신뢰할 수 있는 객관적인 '숫자'와 '데이터'로 번역함으로써, 건강한 건물이 곧 경제적으로도 가치 있는 자산임을 시장에 증명해 냈다. 이는 웰빙에 대한 투자가 비용이 아니라, 장기적으로 높은 수익률로 돌아오는 '인간 중심 자산'에 대한 현명한 투자임을 보여 주는 강력한 사례다.

투자전략 연구 2. 매물 잠재력 및 시장 변화 예측: '쾌(夬)'괘와 '택천쾌(澤天夬)'
쾌(夬)의 결단으로 완성하는 프롭테크 기반 '알파 에셋' 투자 전략

① 웰빙 데이터와 프롭테크의 만남: 새로운 가치의 기준

단순히 입지만을 따지는 과거의 방식을 넘어, 이제는 건물의 '건강함'이 곧 자산 가치가 되는 시대입니다. 본 전략은 공기 질, 빛, 물 등 거주자의 삶의 질을 결정하는 'WELL 인증' 기반의 웰빙 요소를 정밀 분석합니다. 이렇게 축적된 데이터를 고도화된 프롭테크 플랫폼에 입력함으로써, 눈에 보이지 않는 건물의 내재 가치를 수치로 명확히 드러냅니다.

② '택천쾌(澤天夬)'의 철학: 리스크는 제거하고 프리미엄을 뚫다

주역의 43번째 괘인 '택천쾌(澤天夬)'는 '결단하여 막힌 것을 뚫고 나아감'을 의미합니다. 우리는 이 철학을 투자 솔루션에 투영했습니다. 자산 가치를 저해하는 잠재적 리스크를 과감히 '결단(決斷)'하여 제거하고, 시장의 정체를 뚫어내는 그린 프리미엄(Green Premium)을 형성합니다. 이는 단순히 매물을 추천하는 것을 넘어, 자산의 운명을 바꾸는 전략적 접근입니다.

③ 시장의 평균을 압도하는 '알파 에셋(Alpha Asset)'의 탄생

결과는 압도적인 수익률로 증명됩니다. 본 시스템은 기존 시장 평균을 '결단하고 뛰어넘는' 상징성을 가진 선도적 자산, 즉 '알파 에셋'을 발굴합니다. 잠재적인 가격 상승 폭을 단순한 추측이 아닌 정량화된 데이터로 제시하여, 투자자가 확신을 가지

고 우선적으로 진입할 수 있도록 돕습니다.

④ 프리미엄 쾌속 진입을 위한 스마트 시스템

우리의 목표는 명확합니다. '쾌(夬)'의 원리를 적용한 매물 추천 시스템을 통해, 투자자가 불확실성의 늪에서 벗어나 프리미엄 시장으로 가장 빠르게 진입하도록 하는 것입니다. 데이터로 증명하고 철학으로 완성한 이 전략은 귀하의 포트폴리오에 전례 없는 가치 상승을 선사할 것입니다.

투자전략 연구 3. 공간 효율성 및 직원 생산성 최적화: '풍(豐)'괘와 '뇌화풍(雷火豐)'

오늘날의 기업 자산 관리에서 가장 중요한 화두는 단순한 공간 임대를 넘어, '공간이 어떻게 직원의 잠재력을 깨우고 생산성을 극대화하는가'에 있습니다. 본 전략은 주역 64괘 중 '풍요와 성대함'을 상징하는 풍(豐)괘(뇌화풍)의 원리를 현대적 공간 컨설팅에 도입했습니다.

① 3-30-300 법칙의 재해석: 건강한 건물이 만드는 ROI

기업 운영 비용의 핵심인 '3-30-300 법칙'(에너지 3, 임대료 30, 인건비 300)에 근거할 때, 가장 큰 부가가치는 결국 인건비(300)의 효율성에서 나옵니다. 웰빙 요소에 대한 투자가 단순히 비용 지출에 그치지 않고, 직원의 생산성을 높여 기업의 이익으로 돌아오는 '풍요로운 결과'를 만드는 것이 본 솔루션의 핵심입니다.

② AI와 데이터를 통한 스마트한 풍요(豐)의 구현

우리는 단순한 직관이 아닌 실시간 데이터를 기반으로 공간을 분석합니다.

지능형 데이터 수집: 센서 및 AI 분석을 통해 오피스 내 공기질, 조도, 온열 쾌적도 등 환경 데이터와 재실률, 이동 동선 등 공간 활용도를 정밀하게 추적합니다.

맞춤형 환경 개선: 분석된 데이터를 바탕으로 최적의 환경 조건을 '풍(豐)'의 기준

으로 설정합니다. 예를 들어, 특정 구역의 밝기가 기준에 미달할 경우 조도 개선을 제안하고, 이를 통해 예상되는 인지 능력 향상 수치(ROI)를 구체적으로 제시합니다.

③ 투자 최적화를 통한 비즈니스 성취

결국 이 솔루션의 지향점은 '번영하는 공간(Prosperity Space)'입니다. 공간 재배치와 환경 개선을 통해 임차 기업이 지불하는 가장 큰 비용인 인건비의 가치를 극대화하고, 임차인이 데이터에 기반한 의사결정을 내릴 수 있도록 지원합니다. 만물이 밝게 빛나고 풍성해지는 '뇌화풍'의 기운처럼, 최적화된 오피스 환경은 기업의 지속 가능한 성장을 견인하는 강력한 동력이 될 것입니다.

5.4 요약 및 활용 가이드

1) 제5장 핵심 개념 요약

절(Section)	핵심 개념(Core Concept)	부동산학적 적용 (Application in Real Estate)
5.1 신경건축학	**뇌를 위한 공간 설계**: 공간의 물리적 특성(조망과 피난처, 천장 높이, 곡선 등)이 뇌 기능과 감정에 직접적인 영향을 미침.	풍수의 원리를 뇌과학적 근거에 기반하여 설계에 적용. 사용자의 심리적 안정감과 창의성을 극대화하는 공간 레이아웃 및 형태 디자인.
5.2 생명애 디자인	**자연과의 본능적 연결**: 인간은 본능적으로 자연을 갈망하며, 건축에 자연 요소를 도입하는 것은 건강과 웰빙을 증진시킴.	실내외 녹지 공간, 자연 소재 마감재, 자연 채광 등을 적극 활용. 풍수의 '생기(生氣)'와 '오행' 원리를 현대적으로 구현.
5.3 웰빙의 ROI	**건강 수익률(ROH)**: 웰빙에 대한 투자는 비용이 아니라, 생산성 향상과 자산 가치 상승으로 이어지는 고수익 투자 전략.	'WELL 인증' 등 객관적인 지표를 통해 건물의 건강 가치를 정량화하고, 이를 통해 '그린 프리미엄'을 확보하여 부동산의 장기적 가치를 제고.

2) 핵심 활용 가이드(Actionable Guide for Researchers & Practitioners)

본 장의 내용을 연구와 실무에 효과적으로 적용하기 위해 다음의 세 가지 지침을 따를 것을 제안한다.

(1) '공간 경험 기획서'를 작성하라.

건축가나 디자이너라면, 설계 도면을 그리기 전에 먼저 그 공간을 사용할 사람들의 '경험 시나리오'를 구체적으로 작성하라. "사용자가 이 공간에 들어서는 순간부터, 머무르고, 떠나는 순간까지 어떤 감정을 느끼고 어떤 생각을 하기를 바라는가?" 이 질문에 답하는 과정에서 신경건축학과 생명애 디자인의 원리를 자연스럽게 적용할 수 있을 것이다. 공간의 목적이 '창의적 협업'이라면 높은 천장과 개방적인 구조를, '깊은 집중'이라면 아늑하고 보호받는 공간을 기획하라.

(2) '바이오필릭 스코어카드'를 만들어라.

부동산 투자자나 구매자라면, 관심 있는 매물을 평가할 때 자신만의 '바이오필릭 스코어카드'를 만들어 활용하라. 항목에는 '창밖으로 보이는 녹지의 양', '일조 시간', '주변 공원까지의 도보 거리', '실내 식물 배치 가능성', '사용된 마감재의 자연성' 등을 포함시킬 수 있다. 이 간단한 체크리스트는 당신이 정량적 데이터 너머에 있는 공간의 '건강 가치'를 체계적으로 평가하고, 더 현명한 결정을 내리도록 도울 것이다.

(3) '웰빙 가치 제안서'로 투자자를 설득하라.

부동산 개발자라면, 투자 제안서에 전통적인 재무 분석과 함께 별도의 '웰빙 가치 제안서' 섹션을 포함시켜라. 이 섹션에서는 프로젝트에 적용된 생명애 디자인과 웰니스 요소들이 어떻게 입주 기업의 생산성을 높이고(3-30-300 법칙 인용), 장기적으로 건물의 공실률을 낮추며, ESG 투자 트렌드에 부합하여 자산 가치에 '그린 프리미엄'을 더할 수 있는지를 구체적인 데이터와 연구 결과를 근거로 제시하라. 이는 당신의 프로젝트가 단기적인 수익을 넘어 지속 가능한 가치를 창출함을 보여 주는 강력한 차별점이 될 것이다.

제6장

도시의 운명: 거시 풍수와 미래 도시 계획

도시의 운명과 공간 구조
보이지 않는 에너지 흐름이 도시의 흥망을 결정한다

1. 과거: 국운풍수

산줄기(용맥)와 물길(수맥)이 국가의 운명을 좌우. (예: 청계천 복원)

2. 현재: AI 시대의 도시

새로운 용맥(인터넷/교통망)과 수맥(인재/자본)이 만나는 곳이 '디지털 명당'.

3. 미래: 디지털 풍수

AI, GIS, 디지털 트윈 기술로 풍수 원리를 시뮬레이션하여 더 조화로운 도시 설계에 기여.

디지털 문명(命脈)을 잇는 미래 도시 설계(Future City Design Connecting Digital Civilization(命脈)

개념도 설명: 과거의 전통 풍수와 현재의 AI 인프라를 결합하여, 디지털 트윈 기술로 도시의 조화로운 성장을 돕는 '디지털 풍수' 기반의 미래 도시 설계 전략을 제시합니다.

6.1 국운풍수: 도시의 에너지 청사진 읽기

인류의 역사는 도시의 역사다. 고대 로마, 당나라의 장안, 현대의 뉴욕과 런던에 이르기까지, 어떤 도시는 수백, 수천 년간 문명의 중심지로서 번영을 누리는 반면, 어떤 도시는 한때의 영광을 뒤로하고 역사의 뒤안길로 사라진다. 우리는 도시의 흥망성쇠를 주로 경제적, 정치적, 군사적 요인으로만 설명하려 한다. 물론 이러한 요소들은 매우 중요하다. 하지만 그것만으로는 설명되지 않는, 그 도시가 자리 잡은 '땅의 힘', 즉 지리적, 환경적 요인이 도시의 장기적인 운명에 미치는 거대한 영향력을 간과하고 있다.

예를 들어, 왜 대한민국은 600년이 넘도록 서울을 수도로 삼고 있을까? 왜 실리콘 밸리는 샌프란시스코만이라는 특정 지리적 공간을 중심으로 형성되었을까? 이는 단순히 우연의 결과가 아니다. 도시의 입지와 공간 구조는 그곳에 사는 사람들의 집단적인 기(氣)와 상호작용하며, 도시 전체의 잠재력과 운명을 결정하는 보이지 않는 '에너지 청사진' 역할을 한다.

문제의 핵심은, 현대의 도시 계획이 효율성과 기능성만을 최우선으로 추구한 나머지, 도시를 하나의 살아있는 유기체로 보고 그 장기적인 생명력을 고려하는 거시적인 안목을 잃어버렸다는 점이다. 우리는 도로를 넓히고 건물을 높이 쌓는 데만 집중한 나머지, 도시의 '혈관'을 막고 '숨통'을 조이는 우를 범하고 있다.

이러한 거시적인 관점을 제공하는 학문이 바로 '국운풍수(國運風水)'다. 국운풍수는 개별 주택이나 건물의 길흉을 따지는 미시적 풍수를 넘어, 한 나라의 수도나 중심 도시의 입지와 공간 구조가 국가 전체의 운명에 미치는 영향을 분석하는 풍수지리의 최상위 단계다. 이 거시적인 렌즈를 통해 도시를 바라볼 때, 우리는 비로소 개별 건물의 가치를 넘어 도시 전체의 미래 가치를 예측하는 새로운 통찰을 얻게 될 것이다.

국운풍수에서 가장 중요한 것은 수도의 입지다. 수도는 국가 전체의 기(氣)가 모이고 퍼져나가는 심장이자, 인체의 가장 중요한 경혈(經穴)과 같은 곳이다. 제4장에서 살펴보았듯, 조선의 수도 한양(서울)은 북악산을 주산으로 하고 한강을 품은 천혜의 명당 조건을 갖추고 있었기에 오랜 시간 번영을 누릴 수 있었다. 이는 단순히 지리적 중심지를 선택한 것이 아니라, 국가 전체에 가장 강력하고 안정적인 생기(生氣)를 공급할 수 있는 '에너지 발전소'를 설계한 것이었다.

도시의 부(富)는 물길과 길의 흐름을 따라 움직인다. 풍수에서 물(水)은 재물을 상징하는데, 도시를 관통하는 물길은 도시 전체의 재물운을 관장하는 '혈관'과 같다. 이 물길이 막히거나 오염되면 도시의 활력은 떨어지고 경제는 정체된다. 마찬가지로, 도시의 도로는 기(氣)가 흐르는 길이다. 넓고 시원하게 뚫린 도로는 강력한 기의 흐름을 만들어 내지만, 너무 급하고 직선적인 도로는 오히려 기를 흩어 버리는 흉상으로 본다.

현대의 도시 계획가들은 종종 이러한 전통적인 지혜를 미신으로 치부하고 무시한다. 하지만 도시를 살아있는 유기체로 보고 그 에너지의 흐름을 관리해야 한다는 국운풍수의 핵심 철학은, 오늘날 '지속 가능한 도시', '회복탄력성 있는 도시'를 만들려는 현대 도시 계획의 목표와 정확히 일치한다. 도시의 녹지축을 보존하고 바람길을 확보하며, 물길을 복원하여 생태계를 살리는 것은 모두 도시의 '기맥(氣脈)'을 살리는 현대적인 국운풍수의 실천이다.

물길 살려 기(氣) 모아 땅의 가치 높여라.

- **국운풍수의 정의:** 개별 건물을 넘어, 수도나 중심 도시의 입지와 공간 구조가 국가 전체의 운명에 미치는 영향을 분석하는 거시적 풍수지리학이다.
- **도시의 에너지 시스템:** 도시는 살아 있는 유기체이며, 수도는 국가의 심장(穴), 물길과 길은 기(氣)와 재물이 흐르는 혈관과 같다.
- **현대적 적용:** 도시의 녹지축과 물길을 보존하고 복원하는 것은 도시의 '기맥(氣脈)'을 살리는 현대적인 국운풍수의 실천이며, 이는 도시의 생태적, 경제적 가치를 높인다.

투자전략 연구 1. 청계천 복원, 서울의 막힌 혈관을 뚫다

서울의 중심부를 관통하는 청계천은 국운풍수의 관점에서 도시의 흥망성쇠를 상징적으로 보여 주는 매우 중요한 사례다. 조선시대 한양의 '내명당수(內明堂水)'로서 도시의 재물운과 생기를 관장했던 청계천은, 근대화 과정에서 오염된 하천으

로 전락했고, 마침내 1958년부터 콘크리트로 복개되어 역사 속으로 사라졌다. 그 위로는 청계고가도로가 건설되어 산업화 시대 서울의 성장을 상징하는 구조물이 되었다.

풍수적으로 볼 때, 이는 도시의 가장 중요한 '혈관'을 막고 그 위에 육중한 구조물을 올려놓아 기의 흐름을 억누른 것과 같다. 실제로 청계고가도로가 있었던 시기, 청계천 주변 지역은 서울의 다른 지역에 비해 발전이 정체되고 슬럼화되는 현상을 보였다. 도심의 활력은 강남으로 옮겨 갔고, 청계천 일대는 낡고 침체된 공간으로 남았다.

2003년, 당시 서울시장이었던 이명박의 주도로 청계고가도로를 철거하고 청계천을 복원하는 대규모 프로젝트가 시작되었다. 이 결정은 극심한 교통 체증을 유발할 것이라는 엄청난 반대에 부딪혔지만, '자동차 중심'에서 '인간과 자연 중심'으로 도시 패러다임을 전환하려는 강력한 의지 아래 추진되었다. 2년 3개월의 공사 끝에 2005년, 청계천은 다시 시민의 품으로 돌아왔다.

청계천 복원의 효과는 놀라웠다. 이는 단순히 낡은 고가도로를 철거하고 인공 하천을 만든 것을 넘어, 서울 도심의 '에너지 청사진'을 근본적으로 바꾸는 '도시 풍수 치료'였다. 첫째, 막혔던 물길이 다시 흐르면서 도시 전체에 생기(生氣)가 돌기 시작했다. 복원 이후 청계천 유역의 생물종은 639%나 증가했고, 주변 지역의 온도는 다른 도심 지역보다 3.3~5.9°C 낮아져 열섬 현상을 완화하는 효과를 가져왔다. 둘째, 재물운이 다시 모여들기 시작했다. 청계천 복원 이후, 주변 50미터 이내 부동산 가격은 다른 지역보다 2배 높은 30~50%의 상승률을 기록했으며, 침체되었던 상권이 되살아나고 유동인구가 폭발적으로 증가했다. 셋째, 끊어졌던 남북의 기맥이 연결되었다. 청계천은 오랫동안 서울의 강북과 강남을 단절시키는 장벽이었으나, 복원 이후 사람과 문화가 소통하는 연결 고리가 되었다. 이 사례는 국운풍수의 지혜가 어떻게 현대 도시를 되살리고 새로운 가치를 창출하는지를 보여 주는 강력한 증거다.

투자전략 연구 2. 매매 타이밍 예측 및 리스크 관리 시스템(天雷無妄 – 천뢰 무망 괘 적용 예)

- **핵심 목표:** 시장의 불확실성 속에서 합리적인 매매 타이밍을 포착하고 잠재적 위험을 최소화한다.
- **주역 괘 활용: 천뢰 무망(天雷無妄)**괘는 '망령 됨이 없는 순수함'을 의미하며, **자연스러운 흐름과 정도(正道)를 따라야 함**을 강조한다. 괘상(卦象)은 하늘(乾) 아래 우레(震)가 있어, 만물이 자연의 이치에 따라 움직이는 상황을 나타낸다.
- **프롭테크 적용:**
  - **데이터 분류:** 부동산 빅데이터(거래량, 가격 변동률, 금리, 정책 변화, 거시경제 지표 등)를 실시간 분석하여 '시장 상황 지표'를 도출하고, 이를 주역의 64괘 시스템에 따라 64가지 유형 중 하나로 분류한다.
  - **'무망(無妄)' 상황 진단:** 시장 상황이 '천뢰 무망' 괘로 분류될 경우, 시스템은 '현 상황은 특별한 변수 없이 시장의 기본적인 흐름에 따라 움직이고 있으므로, 인위적인 투기나 섣부른 예측보다는 장기적이고 본질적인 가치에 집중해야 할 때'라고 진단한다.
  - **실무 가이드:** 매수자에게는 '과도한 대출이나 무리한 투자를 지양하고, **실거주 목적이 뚜렷하며 기반 시설이 잘 갖춰진** 물건(자연스러운 가치)을 선택하라'고 조언한다. 매도자에게는 '단기적인 가격 등락에 일희일비하지 말고, 시장의 **합리적인 평균 가격(正道)** 수준에서 거래를 진행하라'고 추천하여, 불필요한 리스크를 방지한다.

투자전략 연구 3. 최적 개발 방향 및 입지 잠재력 분석(水地比 – 수지 비 괘 적용 예)

- **핵심 목표:** 신규 개발/재생 사업지 선정 시, 주변 환경과의 조화 및 협력 가능성을 분석하여 성공 확률을 높인다.
- **주역 괘 활용: 수지 비(水地比)**괘는 '친밀함, 비호함'을 의미하며, **친화력과 상호**

협력의 중요성을 강조한다. 괘상은 물(坎)이 땅(坤) 위에 흐르며 서로 어울리는 모습으로, 군집과 협력의 이로움을 나타낸다.

- **프롭테크 적용:**
  - **데이터 분석:** 대상 입지의 물리적 데이터(교통, 용적률, 노후도)뿐만 아니라, **소셜 데이터와 생활인구 이동 데이터**를 분석하여 인접 지역 및 도시 계획과의 '연결성' 및 '협력 지수'를 산출한다.
  - **'비(比)' 상황 진단:** 분석 결과가 '수지 비' 괘로 분류될 경우, 시스템은 '해당 입지는 주변 지역과의 연계성이 높고, 공동 발전을 위한 협력이 용이한 상태'라고 진단한다.
  - **실무 가이드:** 개발 방향으로 '상생형 개발(예: 지역 주민을 위한 공공시설 포함, 인접 상권과 연계한 복합 문화 공간 조성)'을 최적 안으로 추천한다. 특히 '지역 커뮤니티'와의 '친밀함(比)'을 높이는 **친환경/공유 오피스** 등의 개발 모델을 제시하여, 단순히 건물을 짓는 것을 넘어 지역 에너지를 활성화하는 방향을 제안한다. 이는 텍스트에서 언급된 '살아 있는 유기체'로서의 도시 관점과도 연결된다.

6.2 AI 시대의 도시: 새로운 '용맥', 데이터와 인재

국운풍수의 전통적인 프레임워크가 AI 시대에도 여전히 유효할까? 그렇다. 하지만 그 개념들은 현대의 기술과 사회 변화에 맞게 새롭게 '번역'되고 '확장'되어야 한다. 만약 우리가 여전히 산줄기와 물줄기의 모양에만 집착한다면, 우리는 AI 시대 도시의 진정한 가치를 결정하는 새로운 '보이지 않는 힘'을 놓치게 될 것이다.

AI 시대의 국운풍수는 전통적인 산과 물의 개념을 넘어 새로운 변수들을 고려해야 한다. 현대 도시의 새로운 '용맥(龍脈)', 즉 기(氣)가 흐르는 거대한 산줄기는 더 이상 물리적인 산맥이 아니다. 그것은 도시의 지식과 혁신을 실어 나르는 초고속 인터넷망과 광역 교통망이다. 데이터의 흐름이 원활하고, 전 세계의 다른 혁신 허브들과 빠르고 끊김 없이 연결되는 곳에 새로운 부와 기회가 모여들 것이다. 프롭테크 (PropTech)에 대한 벤처 캐피탈의 투자가 특정 기술 허브에 집중되는 현상은 이를 명확히 보여 준다.

과거에는 물(水)이 재물을 상징했다면, 미래에는 '인재(Talent)'가 곧 부(富)다. 도시를 감싸고도는 강물이 재물을 모으듯, 전 세계의 창의적인 인재들을 끌어들이고 그들이 자유롭게 교류하며 새로운 아이디어를 창출할 수 있는 '혁신 생태계'를 갖춘 도시가 미래의 패권을 쥘 것이다. 이 새로운 '물길'은 단순히 좋은 대학이 있다는 것을 넘어, 개방적인 문화, 다양한 라이프스타일에 대한 포용성, 그리고 실패를 용인하는 사회적 분위기까지 포함한다.

이러한 관점에서, 미래 도시의 가치는 물리적 인프라의 우수성뿐만 아니라, 이러한 무형의 '기(氣)', 즉 데이터, 자본, 인재의 흐름을 얼마나 잘 모으고, 순환시키며, 새로운 가치로 증폭시키느냐에 따라 결정될 것이다. 성공적인 미래 도시는 이 세 가지 새로운 '용맥'과 '수맥'이 조화롭게 교차하는 '디지털 명당'이 될 것이다.

인재와 데이터 흐름이 부를 짓는다.

- **새로운 용맥(龍脈):** AI 시대의 용맥은 산줄기가 아니라, 데이터가 흐르는 초고속 인터넷망과 인재가 이동하는 광역 교통망이다.
- **새로운 수맥(水脈):** 미래 도시의 부(富)는 물이 아닌 '인재'와 '자본'의 흐름에 의해 결정된다. 창의적인 인재를 끌어들이는 '혁신 생태계'가 가장 중요한 수맥이다.
- **디지털 명당:** 성공적인 미래 도시는 정책, 자본, 인재, 데이터라는 새로운 기(氣)의 흐름을 모으고 순환시키는 '디지털 명당'이 될 것이다.

투자전략 연구 1. 선전(Shenzhen), 허허벌판에서 탄생한 '디지털 명당'

불과 40년 전만 해도 작은 어촌 마을에 불과했던 중국의 선전(Shenzhen)이 어떻게 뉴욕, 런던, 도쿄와 어깨를 나란히 하는 글로벌 혁신 허브로 성장할 수 있었을까? 선전의 기적적인 성공은 AI 시대의 국운풍수가 어떻게 작동하는지를 보여 주는 가장 극적인 현대적 사례다.

첫째, 선전은 가장 강력한 '정책적 용맥' 위에 세워졌다. 1980년, 덩샤오핑의 개혁개방 정책에 따라 중국 최초의 경제특별구(SEZ)로 지정된 것은 선전의 운명을 결정한 첫 번째 사건이었다. 이는 국가의 모든 에너지(기)를 이곳에 집중시키겠다는 강력한 '의도'의 표명이었다. 중앙 정부는 선전에 파격적인 세제 혜택과 규제 완화를 제공하며, 전 세계의 자본과 기술이 흘러 들어올 수 있는 거대한 물길을 텄다.

둘째, 선전은 '지리적 수맥'을 완벽하게 활용했다. 세계 금융의 허브인 홍콩과 바로 인접해 있다는 지리적 이점은 초기 성장의 결정적인 동력이었다. 홍콩의 자본, 기술, 그리고 선진 경영 노하우가 선전으로 쏟아져 들어왔고, 선전은 이를 스펀지처럼 흡수하며 성장했다. 이는 마치 거대한 강 옆에 자리 잡아 풍부한 수자원을 공급받는 도시와 같았다.

셋째, 선전은 '인재의 바다'를 만들어 냈다. 선전은 "오면 바로 선전 사람(来了就是深圳人)"이라는 슬로건 아래, 중국에서 가장 먼저 호구(戶口) 제도를 완화하고 전국에서 몰려드는 젊은 이주민들을 적극적으로 포용했다. 이 젊고 역동적인 인재들은 선전의 혁신을 이끄는 가장 중요한 에너지원이 되었다. 화웨이, 텐센트, DJI와 같은 글로벌 테크 기업들이 이곳에서 탄생하고 성장할 수 있었던 배경에는 바로 이 거대한 '인재의 저수지'가 있었다.

넷째, 선전은 '디지털 용맥'을 선도적으로 구축했다. 선전은 세계에서 가장 먼저 도시 전체에 5G 네트워크를 구축했으며, AI, IoT, 빅데이터 기술을 도시 관리에 적극적으로 도입하여 세계 최고 수준의 '스마트 시티'로 발전했다. 딜로이트 보고서는 선전을 중국 최고의 스마트 시티로 평가했으며, 이는 도시 전체가 하나의 거대한 데이터 처리 및 혁신 플랫폼으로 작동하고 있음을 의미한다. 전통적인 풍수 관점에서 선전의 지형은 특별히 뛰어나지 않을 수 있다. 그러나 AI 시대의 새로운 국운풍수 관점에서 볼 때, 선전은 정책, 자본, 인재, 데이터라는 4대 용맥과 수맥이 완벽한 조화를 이룬 '디지털 시대의 천하 명당'이라고 할 수 있다.

투자전략 연구 2. 개발 사업 및 투자 타이밍 분석: 둔화와 성장의 '괘' 예측

- **핵심 원리:**
  - **주역 괘**: 지천태(地天泰) 천지비(天地否) 또는 **뇌풍항(雷風恒) 산택손(山澤損)** 등의 변화 괘(變爻/變卦)를 활용하여 부동산 시장의 거시적 흐름(국가 정책, 금리 등)의 **안정/쇠퇴/변동** 시점을 분석한다.
  - **디지털 명당 연계**: '정책'과 '자본'의 흐름 예측. 정책 변화(통일/비)나 자금 유입/유출(항/손)의 '기운'을 선행적으로 감지하여 투자 또는 매각 시점을 결정합니다.
- **프롭테크 적용**
  - **데이터 모델**: 정책 변수(규제 완화/강화), 거시 경제 지표(금리, 유동성), 글로벌 자본 흐름 데이터를 주역의 **변화 메커니즘**과 결합하여 '시장 변화 예고 지수'를 산출한다.
- **적용 예시**: 특정 지역 **개발 사업 초기**에 '**태(泰)**'괘가 나오면 정책과 자본 흐름이 '순조롭게 조화'됨을 예측하고, **적극적인 투자**를 진행한다.

  개발 중 '**비(否)**'괘나 '**손(損)**'괘가 변하면, **규제 강화 또는 자본 유출**로 인한 사업 '정체/손해'를 예측하고, **리스크 회피를 위한 사업 조정(규모 축소, 분양 시기 변경 등)** 또는 출구 전략(Exit Strategy)을 준비한다.

투자전략 연구 3. 상업/업무용 부동산 '혁신 생태계' 최적 입지 선정

- **핵심 원리**
  - **주역 괘**: 풍지관(風地觀) 화택규(火澤暌) 등 '관찰'과 '조화/불일치'의 괘를 활용하

여 '인재(氣)와 데이터(氣)'가 모이는 **혁신 거점**의 잠재력을 평가한다.

- **디지털 명당 연계:** '인재(氣)를 끌어들이는 '혁신 생태계(新수맥)'과 '데이터(氣)'가 빠르게 흐르는 '초고속 교통망(新용맥)'의 **조화(관)** 또는 **불화(규)** 정도를 분석한다.

- **프롭테크 적용: 데이터 모델**

- **인재 데이터:** 대학/연구소 인접성, 스타트업 밀집도, 20-40대 고학력 인구 유입/유출률, 문화/생활 편의시설 만족도(혁신 생태계 점수).

- **데이터 흐름:** 5G/광역망 인프라 구축 현황, 인접 IT 기업 데이터 트래픽, 공공 교통망 접근성(디지털 용맥 점수).

  이 두 점수를 주역의 **상호작용 원리**로 분석하여, '인재/데이터 흐름의 조화 지수'를 도출한다.

- **적용 예시:**

- **'관(觀)'**괘가 나오며 **조화 지수**가 높은 지역: 인재와 데이터 흐름이 이상적으로 만나 '혁신 거점'로 성장할 잠재력이 높다고 판단하여, **공유 오피스/데이터 센터** 등의 **프롭테크 기반 시설 투자**를 집중한다.

- **'규(暌)'**괘가 나오며 **조화 지수**가 낮은 지역: 인재는 모이나 인프라/데이터 흐름이 약하거나, 인프라는 좋으나 인재가 유입되지 않는 **'불균형'** 지역으로 진단하여, **인프라 확충 또는 개발 컨셉 변경** 등의 전략적 보완을 제시한다.

6.3 디지털 풍수: AI를 활용한 도시 기(氣) 모델링 및 시뮬레이션

지금까지 우리는 풍수가 가진 놀라운 통찰력과 그것이 현대 도시 계획에 던지는 함의를 살펴보았다. 하지만 여전히 많은 사람들에게 풍수는 '주관적'이고 '비과학적'이라는 한계를 가진다. 풍수 전문가의 진단은 그의 경험과 직관에 크게 의존하기 때문에, 전문가마다 의견이 다를 수 있고 그 결과를 객관적으로 검증하기가 어렵다. 또한,

전통적인 풍수 분석은 한 명의 전문가가 직접 현장을 방문하여 나침반(나경)을 놓고 일일이 측정해야 하는, 매우 시간과 비용이 많이 드는 과정이다. 수백, 수천 세대의 대규모 아파트 단지나 거대한 도시 계획 전체를 전통적인 방식으로 분석하는 것은 거의 불가능에 가깝다.

문제의 핵심은, 풍수의 '원리'는 시대를 초월하는 보편성을 가지지만, 그것을 분석하는 '도구'는 여전히 과거에 머물러 있다는 점이다. 만약 우리가 AI라는 가장 강력한 분석 도구를 사용하여 풍수의 원리들을 객관적인 데이터로 변환하고, 대규모 공간을 순식간에 분석할 수 있다면 어떨까요? 이는 풍수를 신비주의의 영역에서 해방시켜, 누구나 신뢰하고 활용할 수 있는 '디지털 공간 과학'으로 재탄생시키는 혁명이 될 것이다.

이러한 비전을 현실로 만드는 것이 바로 '디지털 풍수(Digital Feng Shui)'다. 이는 AI, 지리정보시스템(GIS), 그리고 빌딩 정보 모델링(BIM) 데이터를 결합하여 도시의 보이지 않는 기(氣)의 흐름을 모델링하고 시뮬레이션하는 새로운 접근 방식이다.

첫째, AI 컴퓨터 비전 기술은 도시의 형태(形)를 읽는 기계의 눈 역할을 한다. AI는 위성사진과 로드뷰 이미지를 대규모로 분석하여, 전통적인 풍수 전문가가 현장에서 발품을 팔며 찾아내던 형태적 특징들을 자동으로 감지하고 정량화할 수 있다. 예를 들어, 도시 전체의 건물 데이터를 분석하여 특정 건물이 주변 건물의 날카로운 모서리(벽도살)에 얼마나 노출되어 있는지, 혹은 도로가 급하게 꺾이거나 직선으로 찌르는 '충살(衝煞)'의 영향을 받는지를 자동으로 식별하고 위험도를 점수화할 수 있다. 이는 도시 계획가가 새로운 건물을 배치할 때 잠재적인 풍수적 위험을 사전에 회피하도록 돕는 강력한 도구가 된다.

둘째, BIM과 GIS의 통합은 도시의 '디지털 트윈(Digital Twin)'을 만들어 낸다. BIM(Building Information Modeling)이 개별 건물의 상세한 3D 정보를 담고 있다면, GIS(Geographic Information System)는 도시 전체의 지형, 도로망, 녹지 등 거시적인 공간 정보를 담고 있다. 이 둘을 통합하면, 우리는 현실 세계와 거의 동일한 가상의 도시 모델을 구축할 수 있다. 이 디지털 트윈 위에서 우리는 다양한 시뮬레이션을 수행할 수 있다.

셋째, 유체 역학 시뮬레이션(CFD)은 바람(風)의 길을 예측한다. 풍수의 이름에서 알 수 있듯, 바람의 흐름은 기(氣)의 흐름을 파악하는 데 매우 중요하다. 전산 유체 역학(CFD) 시뮬레이션 알고리즘을 도시의 디지털 트윈 모델에 적용하면, 새로운 고층 건물이 들어섰을 때 주변 지역의 바람길이 어떻게 바뀌고, 특정 지역에 바람이 너무 강하게 몰아치거나(풍살) 혹은 바람이 전혀 통하지 않아 기가 정체되는 현상이 발생하는지를 미리 예측할 수 있다. 이는 도시 계획가들이 더 쾌적하고 건강한 보행 환경을 설계하는 데 과학적인 근거를 제공한다.

과학적 이치 분석, 최적의 미래 선택

- **디지털 풍수의 정의:** AI, BIM, GIS 등 현대 기술을 활용하여 풍수 원리를 객관적이고 정량적으로 분석하고 시뮬레이션하는 새로운 접근 방식이다.
- **주관성의 극복:** AI 컴퓨터 비전은 도시의 형태적 길흉(형살)을 자동으로 감지하고, CFD 시뮬레이션은 바람길(풍살)을 과학적으로 예측하여 전통적 풍수의 주관성과 확장성의 한계를 극복한다.
- **미래 도시 계획의 도구:** '디지털 트윈' 도시 모델 위에서 수행되는 디지털 풍수 시뮬레이션은, 도시 계획가들이 새로운 개발이 도시 전체의 에너지 흐름에 미칠 영향을 사전에 테스트하고 더 조화로운 도시를 설계하도록 돕는다.

투자전략 연구 1. 서울시 '디지털 트윈 S-Map'과 풍수 시뮬레이션의 미래

서울시는 이미 도시 전체를 3D 가상공간에 그대로 복제한 '디지털 트윈 S-Map'을

구축하여 도시 계획, 교통, 환경 등 다양한 분야에 활용하고 있다. 이는 '디지털 풍수'를 구현할 수 있는 매우 강력한 기반 인프라다. 현재는 주로 일조권 분석이나 도시 경관 시뮬레이션에 사용되고 있지만, 여기에 풍수 분석 알고리즘을 결합하면 그 활용 가능성은 무궁무진하다.

가상의 시나리오를 상상해 보자. 서울시 도시계획위원회는 용산에 새로운 초고층 랜드마크 빌딩을 건설하는 계획을 심의하고 있다. 과거에는 조감도와 건축가의 설명에 의존해 주관적으로 판단해야 했지만, 이제는 '디지털 풍수 시뮬레이션'을 통해 객관적인 데이터를 기반으로 의사결정을 내린다.

- **1단계(형살 분석):** AI 컴퓨터 비전 모듈이 S-Map 위에서 제안된 건물의 형태와 주변 건물들의 관계를 분석한다. "경고: 제안된 건물의 날카로운 상층부 디자인이 북쪽의 남산 타워를 향해 '첨살(尖煞)'을 형성하며, 인근 주거 단지에 강력한 '벽도살(壁刀煞)'을 유발할 가능성이 85%로 예측됩니다."라는 리포트가 자동으로 생성된다.
- **2단계(바람길 분석):** CFD 시뮬레이션 모듈이 작동한다. "시뮬레이션 결과, 해당 건물이 들어설 경우 겨울철 북서풍이 빌딩 사이에서 급격히 가속되어 지상 보행로에 '빌딩풍'을 유발, 보행자 쾌적성을 40% 이상 저하시킬 것으로 예측됩니다. 이는 기(氣)가 흩어지는 '풍살(風煞)'에 해당합니다."
- **3단계(수맥 분석):** GIS 데이터와 연계된 지하수 흐름 분석 모듈이 결과를 보여준다. "해당 부지는 과거 한강으로 흘러들던 작은 지류가 있었던 곳으로, 지하수맥이 불안정합니다. 초고층 빌딩의 깊은 기초 공사는 이 수맥을 교란하여 장기적으로 지반 안정성에 영향을 미칠 수 있습니다."
- **4단계(대안 탐색):** 이러한 분석 결과를 바탕으로, 도시계획위원회는 건설사에 설계를 변경하도록 요구한다. 건축가는 생성형 디자인 AI에 "벽도살과 풍살을 최소화하면서, 남산의 조망을 해치지 않는 최적의 건물 형태와 배치를 제안하

라”는 프롬프트를 입력한다. AI는 수백 가지의 대안을 생성하고, 위원회는 그중에서 도시 전체의 기(氣) 흐름과 가장 조화로운 디자인을 최종적으로 선택한다. 이처럼 디지털 풍수는 과거의 직관을 현대의 데이터 과학으로 증명하고 확장하는, 도시 계획의 새로운 패러다임이 될 것이다.

투자전략 연구 2. 상권 분석 및 입지 선정: ‘천풍구(天風姤)’ 괘를 통한 잠재적 변화 예측
천풍구(天風姤) 괘를 통한 잠재적 변화 예측과 대응

① 변화의 서막: 새로운 기회와 숨겨진 리스크의 공존

현재의 상권은 ‘천풍구(天風姤)’의 형국입니다. 이는 예상치 못한 만남과 갑작스러운 변화가 시작됨을 의미합니다. 겉으로는 새로운 성장의 기회가 열리는 듯 보이지만, 그 이면에는 보이지 않는 잠재적 위험(음의 기운)이 아래에서부터 차오르는 시기입니다. 즉, 화려한 시작 뒤에 숨은 리스크를 선제적으로 읽어 내는 통찰이 무엇보다 중요합니다.

② 기술적 진단: AI와 빅데이터 기반의 정밀 분석

막연한 기대감이 아닌 프롭테크(Proptech) 기술을 활용한 객관적 지표로 승부해야 합니다. 신도시 상업 지구의 초기 입지를 선정할 때, AI 기반 상권 분석(GIS, 유동 인구, 소비 패턴 데이터)을 통해 현재의 흐름뿐만 아니라 미래의 개발 계획까지 입체적으로 분석해야 합니다. 데이터는 ‘우연한 만남’을 ‘필연적인 수익’으로 바꾸는 강력한 무기가 됩니다.

③ 실전 적용: 위기를 기회로 바꾸는 3단계 전략

첫째, 입지의 잠재력과 한계를 동시에 직시하십시오. 초기 상권의 높은 성장 가능성을 확인하되, 1년 내 경쟁 업체 급증이나 주변 교통망 변화로 인한 인구 이탈 가능

성을 데이터로 냉정하게 예측해야 합니다.

둘째, '경고'를 '대비'로 전환하십시오. 천풍구 괘가 주는 경고는 초기 수익성에 취해 리스크를 간과하지 말라는 것입니다. 변화에 대한 철저한 대비만이 지속 가능한 수익을 보장합니다.

셋째, 독점적 지위를 확보하십시오. 계약 시 단기 임대 조건을 우선 검토하여 유연성을 확보하거나, 타 브랜드가 대체할 수 없는 독점적 콘텐츠(Anchor Tenant)를 확보함으로써 외부 리스크에도 흔들리지 않는 강력한 투자 방어벽을 구축해야 합니다.

"갑작스러운 변화는 준비되지 않은 자에겐 위기이지만, 흐름을 읽는 투자자에겐 독점적 기회가 됩니다."

투자전략 연구 3. 부동산 가치 평가 및 리모델링 방향: '택산함(澤山咸)' 괘를 통한 조화 및 소통 증진

택산함(澤山咸)의 철학으로 본 부동산 가치 평가와 리모델링의 미래

부동산의 진정한 가치는 단순히 건물을 높이 올리는 것에 있지 않고, 주변 환경 및 공동체와의 유기적인 '소통과 조화'에 있습니다. 이는 주역의 31번째 괘인 '택산함(澤山咸)'이 상징하는 바와 일맥상통하며, 현대 건축 기술인 프롭테크(Proptech)를 통해 구체적인 실현이 가능해졌습니다.

① 기술과 철학의 융합: BIM과 디지털 트윈을 통한 '소통'의 가시화

과거의 리모델링이 단순한 구조 변경에 그쳤다면, 이제는 BIM(빌딩 정보 모델링)과 디지털 트윈(Digital Twin) 기술을 통해 건물의 구조적 안전성을 넘어 주변 도시 계획, 미관, 그리고 주민들의 여론 데이터까지 통합적으로 분석합니다. 이는 '택산함'의 핵심 가치인 상호작용과 감응을 디지털 데이터로 구현하여, 시뮬레이션 단계에서부터 최적의 조화점을 찾아내는 과정입니다.

② '조화 상실'의 리스크 극복: 독단적 개발에서 상생적 설계로

수익성만을 쫓아 추진하는 독단적인 고층 재건축은 용적률은 높일 수 있으나, 주변 단지와의 조망권 침해나 일조권 갈등을 유발합니다. 이는 결국 행정 절차 지연과 주민 갈등이라는 '조화 상실의 리스크'로 이어져 사업성을 저해합니다.

③ 지속 가능한 자산 가치 증대를 위한 전략적 전환

'택산함'의 원리에 따라 설계의 방향을 '상호 소통'으로 선회해야 합니다.

디자인의 유연성: 고층 일변도에서 벗어나 중층 테라스 하우스 등 주변 환경과 연결성을 높이는 디자인을 채택합니다.

커뮤니티의 확장: 주민 간 소통을 증진하는 커뮤니티 시설을 강화하여 단지의 활력을 높입니다.

결과적으로 이러한 조화 중심의 리모델링은 사업 진행 속도를 획기적으로 높일 뿐만 아니라, 지역 사회와 공존하는 랜드마크로서의 위상을 확보하여 장기적인 자산 가치 상승을 견인하는 가장 강력한 투자 전략이 될 것입니다.

6.4 요약 및 활용 가이드

1) 제6장 핵심 개념 요약

절(Section)	핵심 개념(Core Concept)	부동산학적 적용 (Application in Real Estate)
6.1 국운풍수	**도시의 에너지 청사진:** 도시는 살아 있는 유기체이며, 수도, 물길, 길의 배치가 도시 전체의 흥망성쇠에 영향을 미친다는 거시적 풍수 이론.	개별 부동산의 가치를 넘어, 도시 전체의 '기맥(氣脈)'과 에너지 흐름을 분석하여 장기적인 도시 성장 잠재력을 예측하고 투자 지역을 선정.

6.2 AI 시대의 도시	**새로운 용맥과 수맥**: AI 시대의 '용맥'은 데이터/교통망이며, '수맥'은 인재와 자본의 흐름. 이들이 모이는 곳이 '디지털 명당'이 됨.	투자 대상 도시를 평가할 때, 전통적인 지리적 요인과 함께 데이터 인프라, 혁신 생태계, 인재 유치 능력 등 새로운 성장 동력을 핵심 기준으로 분석.
6.3 디지털 풍수	**데이터 기반 풍수 분석**: AI, BIM, GIS 기술을 활용하여 풍수 원리를 객관적으로 모델링하고 시뮬레이션하는 새로운 공간 과학.	AI 컴퓨터 비전으로 외부 환경의 위험 요소를 분석하고, CFD로 바람길을 시뮬레이션하는 등, 개발 및 투자 리스크를 과학적으로 관리.

2) 핵심 활용 가이드(Actionable Guide for Researchers & Practitioners)

본 장의 내용을 연구와 실무에 효과적으로 적용하기 위해 다음의 세 가지 지침을 따를 것을 제안한다.

(1) '도시의 건강검진'을 실시하라.

당신이 투자하거나 개발하려는 도시를 하나의 '사람'으로 보고 건강검진을 실시하라. 혈액순환(교통망 및 데이터망)은 원활한가? 허파(녹지 공간)는 건강한가? 신장(수자원 및 폐기물 처리 시스템)은 제 기능을 하는가? 그리고 가장 중요한, 두뇌(혁신 생태계 및 인재풀)는 활기찬가? 이처럼 도시를 유기체적 관점에서 진단하는 것은 당신에게 숫자 너머의 장기적인 성장 잠재력과 리스크를 통찰하게 해 줄 것이다.

(2) 미래의 '용맥'과 '수맥'이 교차하는 곳에 투자하라.

부동산 투자의 성공은 미래의 에너지 흐름을 먼저 읽는 데 있다. 지금 정부가 계획하고 있는 새로운 광역교통망(GTX 등) 노선도와, 글로벌 기업들이 투자하고 있는 데이터센터 및 R&D 클러스터 입지도를 겹쳐 보라. 이 새로운 '용맥'과 '수맥'이 교차하는 지점이 바로 미래의 부가 집중될 '디지털 명당'의 후보지다. 남들보다 한발 앞서 그곳의 잠재력을 선점하라.

(3) '디지털 풍수'를 리스크 관리 도구로 활용하라.

대규모 부동산 개발 프로젝트를 기획할 때, 설계 단계에서 '디지털 풍수' 시뮬레이션을 필수적으로 도입하라. AI를 활용하여 제안된 설계안이 주변 지역에 미칠 바람길의 변화, 일조권 침해, 그리고 시각적 위압감(형살) 등을 사전에 분석하고 최적화하라. 이는 잠재적인 민원을 예방하고, 장기적으로 건물의 가치를 높이며, 더 나아가 도시 전체와의 조화를 이루는 지속 가능한 개발을 가능하게 하는 현명한 리스크 관리 전략이다.

제3부

거대한 재조정: AI, 일, 그리고 부동산 수요의 미래

제7장
일의 재구성: 초능력을 가진 전문가

제8장
기업의 해체와 프로토콜 경제의 부상

제9장
일터의 재정의: 포스트-오피스 시대의 도시

일의 재구성: 초능력을 가진 전문가

AI 시대의 일의 변화

1. 거대한 재조정	2. 휴먼 임페러티브	3. 초능력 전문가
일자리 대체(X)가 아닌 과업 자동화(O). 반복 과업에서 전략/공감/창의 과업으로 가치 이동.	신뢰, 공감, 협상, 비전 제시 등 기계가 할 수 없는 인간 고유의 가치에 대한 '프리미엄' 발생.	AI를 '지적 외골격 수트'처럼 활용하여 기존 역량을 증강, 10배의 생산성을 내는 전문가로 진화.

AI 시대의 일의 재정의와 인간 가치의 향상
(Redefining Work and Enhancing Human Value in the AI Era)

개념도 설명: AI는 일자리를 대체하는 것이 아니라 과업을 자동화하여 인간이 전략과 창의에 집중하게 돕습니다. 이를 통해 인간 고유의 가치를 높이고, AI를 '지적 외골격' 삼아 10배의 생산성을 내는 초능력 전문가로 진화하는 시대임을 보여 줍니다.

7.1 거대한 재조정: 일자리 대체에서 과업 자동화로

"인공지능(AI)이 내 일자리를 빼앗을 것이다." 이 공포 섞인 문장은 AI 시대를 살아가는 우리 모두의 마음속에 깊이 자리 잡은 불안의 근원이다. 언론은 연일 AI로 인해 사라질 직업 목록을 발표하고, 우리는 그 목록에서 자신의 직업 이름을 발견할까 두려워한다. 이러한 '일자리 소멸'에 대한 담론은 변화의 거대함을 실감하게 하지만, 동시에 문제의 본질을 흐리는 위험한 착시 현상일 수 있다. AI가 바꾸는 것은 '직업'이라는 거대한 덩어리가 아니라, 그 직업을 구성하는 수많은 '과업(Task)'들이기 때문이다.

예를 들어, '부동산 중개인'이라는 직업을 생각해 보자. 과거의 중개인은 매물을 찾고, 고객에게 전화를 돌리며, 서류 작업을 하고, 시장 동향을 정리하는 수많은 과업을 수행했다. 하지만 이제 이 과업들 중 상당수는 AI와 자동화 소프트웨어가 더 빠르고 정확하게 처리한다. 그렇다고 해서 중개인이라는 직업이 사라졌는가? 아니다. 오히려 유능한 중개인들은 단순 반복 업무에서 해방되어, AI가 분석한 데이터를 바탕으로 고객의 복잡한 니즈를 깊이 상담하고, 까다로운 협상 과정을 조율하며, 특정 매물이 가진 고유한 가치를 스토리텔링하는 '전략적 조언가'라는 더 높은 가치의 과업에 집중하게 되었다.

문제의 핵심은, AI가 노동 시장에 가져오는 변화가 단순한 '대체(Replacement)'가 아니라, 일의 구성 요소와 가치의 우선순위가 완전히 재편되는 '거대한 재조정(The Great Rebalancing)'이라는 점을 이해하지 못하는 데 있다. AI는 인간의 '손발'이 되어 주던 반복적이고 정형화된 과업들의 경제적 가치를 급격히 떨어뜨리는 동시에, 인간의 '머리(전략적 사고)'와 '가슴(공감과 소통)'이 필요한 비정형적 과업들의 가치를 폭발적으로 높이고 있다. 이 거대한 재조정의 흐름을 읽지 못하면, 우리는 이미 가라앉고 있는 배의 갑판을 닦는 데만 열중하다가 결국 함께 침몰하게 될 것이다.

모건 스탠리 리서치의 분석에 따르면, 부동산 산업 전체 업무의 약 37%가 AI에 의해 자동화될 수 있으며, 이는 주로 관리, 영업 지원, 행정 업무와 같은 반복적인 과업에 집중된다. 상업용 부동산 기업 JLL의 조사에서는 C레벨 경영진의 89%가 AI가 업계의 주요 난제를 해결하는 데 도움이 될 것이라고 믿는 것으로 나타났다. 이는 비관적인 '대체'의 관점이 아니라, AI를 통해 산업 전체의 생산성과 가치가 재조정될 것이라는 '기회'의 관점을 보여 준다.

이러한 재조정의 시대에 살아남고 번영하기 위해서는, 자신의 '직업'을 하나의 고정된 실체가 아니라, 다양한 과업들로 구성된 유연한 '포트폴리오'로 재정의해야 한다. 그리고 그 포트폴리오를 끊임없이 리밸런싱하는 현명한 '펀드매니저'가 되어야 한다. 지금 당장 당신이 일주일 동안 하는 모든 일을 과업 단위로 나열해 보고, 각 과업이 미래에 가치가 상승할 '성장 자산'인지, 아니면 가치가 하락할 '부실 자산'인지를 냉정하게 평가해야 한다.

비정형 가치에 재투자하고, 균형을 잡아라.

- **관점의 전환**: AI는 '직업'을 대체하는 것이 아니라, 직업을 구성하는 '과업'을 자동화하고 재구성한다. 이는 '일자리 소멸'이 아닌 '가치의 재조정'이다.
- **가치의 이동**: AI는 반복적이고 정형화된 과업(손과 발)의 가치를 하락시키고, 전략적 사고와 공감, 창의성이 요구되는 비정형적 과업(머리와 가슴)의 가치를 상승시킨다.
- **과업 포트폴리오**: 자신의 일을 과업 단위로 분석하고, 미래 가치가 하락할 과업의 비중은 줄이며, 가치가 상승할 인간 고유의 과업에 시간과 노력을 재투자하는 '포트폴리오 리밸런싱' 전략이 필요하다.

[사례 연구 7-1] AI 도입으로 변화된 부동산 중개법인 '골든 키 프로퍼티'

서울 강남에 위치한 중견 부동산 중개법인 '골든 키 프로퍼티'는 2023년, 생성형 AI 기반의 고객 관리 및 시장 분석 솔루션을 도입했다. 처음에는 많은 중개인들이 자신의 역할이 축소되거나 대체될 것이라는 불안감에 저항했다. 특히 경력이 많은 베테랑 중개인들은 "기계가 어떻게 사람의 마음을 읽고 집을 추천하냐"며 회의적인 반응을 보였다.

회사는 AI를 '대체'가 아닌 '증강'의 도구로 포지셔닝하고, 6개월간의 집중적인 교육과 워크플로우 재설계 프로젝트를 진행했다. AI는 잠재 고객의 문의에 24시간 응대하는 챗봇 역할을 맡았고, 고객의 검색 패턴과 예산, 선호 지역 데이터를 분석하여 맞춤형 매물 리스트를 자동으로 생성했다. 또한, 매일 아침 각 중개인에게 담당 지역의 최신 실거래가, 뉴스, 커뮤니티 동향을 요약한 '데일리 브리핑' 리포트를 제공했다.

변화는 서서히 나타났다. 과거 하루의 절반을 매물 검색과 잠재 고객 필터링에 사용했던 주니어 중개인들은 이제 AI가 선별해 준 '고관여 고객'과의 깊이 있는 상담에만 집중할 수 있게 되었다. 그들은 고객의 라이프스타일, 자녀의 교육 문제, 미래의 재무 계획까지 고려한 종합적인 컨설팅을 제공하기 시작했다.

가장 큰 변화는 베테랑 중개인들에게서 나타났다. 그들 중 한 명인 박 부장은 자신의 30년 경험과 AI의 데이터 분석 능력을 결합했다. AI가 "데이터상으로는 B 아파트가 A 아파트보다 투자 가치가 높다"고 분석하면, 박 부장은 "하지만 A 아파트는 바로 옆에 곧 대기업 R&D 센터가 들어설 예정이라, 임대 수요가 폭발할 숨겨진 잠재력이 있다"는 자신의 '암묵지(Tacit Knowledge)'를 더해 최종 판단을 내렸다. 그는 AI를 경쟁자가 아닌, 자신의 판단을 더욱 날카롭게 만들어 주는 '최강의 리서치 비서'로 활용하기 시작했다.

1년 후, '골든 키 프로퍼티'의 인당 계약 건수는 30% 증가했고, 고객 만족도는 사상 최고치를 기록했다. 중개인들의 직업은 사라지지 않았다. 대신, 그들은 단순 정보 전달자에서 고도의 전문성을 갖춘 '부동산 자산 컨설턴트'로 진화했다. 이 사례는 '거대한 재조정'이 어떻게 위기가 아닌, 개인과 조직 모두에게 새로운 성장의 기회가 될 수 있는지를 명확히 보여 준다.

투자전략 연구 1. 프로젝트 초기 단계: '몽괘(蒙, 산수몽)' 활용 – 잠재력 분석 및 교육/계몽 방향 설정

- **핵심 과업 재구성**
  - **AI의 역할(반복/정형 과업):** 대상 부동산 주변 지역의 **데이터 분석**(용도지역, 지

가 변동 추이, 인구 유입/유출, 개발 계획 미반영 잠재력 지표 등) 및 **보고서 자동 생성.**

　- **인간 전문가의 역할(비정형/전략 과업):** AI 분석 자료와 몽괘(蒙)의 통찰을 결합하여 부동산의 '잠재력'과 현재 필요한 **'계몽/교육(개발 방향 확립)'** 방향을 설정하는 **전략적 컨설팅.**

- **적용 예시:** 미개발 토지 또는 재개발 초기 단계 지역의 가치 평가 시, AI가 수많은 데이터를 분석하여 '미래 지가 상승 가능성'을 수치로 제시한다. 만약 현재 상황이 산수몽(山水蒙)의 괘상(산 아래 샘물이 솟아나지만 아직 길이 흐릿함, 잠재력은 있으나 방향이 불분명)으로 해석된다면;

　- **개발 방향성 제시:** 단순히 '투자 유망'을 넘어, "이 지역은 **교육, 문화 인프라** 확충을 통해 가치가 극대화될 수 있는 '몽(啓蒙, 계몽)'의 단계에 있다"고 해석.

　- **컨설팅 차별화:** AI의 '데이터 기반 가치'에 주역의 '흐름/방향성'을 더해, 투자자에게 **단기 매매가 아닌 장기적 비전과 사회 기여** 관점의 투자 전략을 제시하여 **고객의 심리적 만족도와 신뢰**를 높임.

투자전략 연구 2. 매매 협상 및 시기 결정: '혁괘(革, 택화혁)' 활용 – 변화의 적절한 타이밍 포착

- **핵심 과업 재구성**

　- **AI의 역할(반복/정형 과업):** 유사 거래 사례, 금리 변동, 시장 심리지수 등의 **실시간 변화율**을 모니터링하여 **매도/매수 적정 가격의 범위**를 지속적으로 업데이트.

　- **인간 전문가의 역할(비정형/전략 과업):** AI의 수치 변화와 혁괘(革)의 통찰을 결합하여 결단과 변화의 '임계점(Critical Point)'을 포착, 협상 성공률을 높이는 **전략적 조언.**

- **적용 예시:** 매매 계약 체결 직전, 시장 상황이 택화혁(澤火革)의 괘상(연못의 물이 불로 끓어 증발하여 본질적인 변화가 필요함, 변혁의 시기)으로 해석된다면:

- **시기 판단**: AI 데이터는 '보합세'를 가리키지만, 혁쾌의 기운을 통해 "지금이 구태를 벗고 새로운 가격을 형성해야 할 변혁의 결정적 순간이며, 머뭇거림은 기회 손실을 초래한다"라고 판단.
- **협상 전략**: 매수/매도인에게 단순한 가격 조정을 넘어, '시장 변화에 선제적으로 대응하는 전략적 결단'의 필요성을 '스토리텔링'하며 설득. AI의 **정량 데이터**에 주역의 **정성적 통찰**을 융합하여 고객의 **최종 의사결정**을 돕고, 중개인의 **전략적 조언자**로서의 가치를 극대화.

7.2 휴먼 임페러티브: 인간 가치가 존속하는 영역

자본주의 시장의 논리는 냉정하다. 동일한 결과물을 더 저렴하고 빠르게 생산할 수 있는 대안이 나타나면, 기존의 비싸고 느린 방식은 도태된다. AI는 수많은 지식 노동 과업의 영역에서 바로 그 '더 저렴하고 빠른 대안'으로 등장했다. AI는 지치지 않고, 24시간 일하며, 월급이나 복지를 요구하지도 않는다. 이러한 상황에서 우리는 근본적인 경제적 질문에 직면한다. "기계보다 비싼 인간은 어떻게 자신의 가치를 증명할 것인가?"

이 질문에 답하기 위해 인간이 AI와 '효율성' 게임으로 경쟁하려는 것은, 마치 인간 달리기 선수가 자동차와 100미터 경주를 하려는 것과 같이 무모한 일이다. 이 게임의 규칙하에서는 인간이 결코 이길 수 없다. 따라서 우리가 풀어야 할 문제는 '어떻게 AI보다 더 빨리 일할 것인가'가 아니라, "AI가 제공하는 효율성의 가치를 뛰어넘는, 오직 인간만이 제공할 수 있는 차별적인 가치는 무엇이며, 시장은 그 가치에 기꺼이 추가적인 비용을 지불할 것인가?"이다.

AI 시대에 인간의 경제적 가치는 효율성이 아닌, 오직 인간만이 줄 수 있는 희소한 경험과 관계에서 나온다. 시장은 이러한 희소한 가치에 기꺼이 추가적인 비용을 지불할 의향이 있으며, 우리는 이것을 '인간 프리미엄(Human Premium)'이라고 부를 수 있다. 이는 마치 공장에서 대량 생산된 가구보다 인간 장인이 수십 년의 경험을 담아 손으로 만든 가구에 훨씬 높은 가격이 매겨지는 것과 같은 원리다. AI 시대의 전문가는 바로 이 '인간 프리미엄'을 창출하는 영역에서 자신의 가치를 증명해야 한다.

시장이 '인간 프리미엄'을 기꺼이 지불하는 순간, 즉 '휴먼 임페러티브(The Human Imperative)'가 작동하는 영역은 크게 네 가지로 나누어 볼 수 있다.

첫째, 궁극적인 신뢰와 책임(Trust and Accountability)이 중요할 때다. 당신의 인생이 걸린 소송을 앞두고 있거나, 복잡한 수술을 받아야 하는 상황을 상상해 보라. AI 변호사나 AI 의사가 99%의 성공률을 보장하고 비용이 10분의 1이라고 해도, 당신은 아마 인간 전문가를 찾을 것이다. 왜냐하면 우리는 기계가 아닌, 나의 상황에 깊이 공감하고, 예측 불가능한 상황에 유연하게 대처하며, 결과에 대해 끝까지 책임을 져 줄 '사람'에게 나의 운명을 맡기고 싶어 하기 때문이다. CEO, 판사, 의사, 고위 정책 결정자 등 최종적인 윤리적, 상황적 판단과 무한 책임을 져야 하는 역할은 인간의 영역으로 남을 것이다.

둘째, 깊은 공감과 치유(Empathy and Healing)가 필요할 때다. 심리 상담, 코칭, 교육, 간호와 같은 '돌봄(Care)'의 영역은 인간 프리미엄이 가장 강력하게 작용하는 분야다. AI 챗봇이 아무리 정교하게 위로의 말을 건네도, 그것은 나의 고통을 진정으로 이해하는 것이 아니라 데이터에 기반한 '공감적 표현'의 시뮬레이션일 뿐이다. 따뜻한 눈빛으로 나의 이야기를 들어주고, 나의 아픔에 함께 공감해주는 인간 상담사의 존재는 그 자체로 강력한 치유의 힘을 갖는다. 기술이 발전할수록 역설적으로 사람들은 더 인간적인 연결과 따뜻한 공감을 갈망하게 될 것이다.

셋째, 복합적인 이해관계의 조율과 협상(Complex Negotiation)이 필요할 때다. 중요한 비즈니스 협상이나 외교적 담판의 자리를 생각해 보자. 이 자리에서는 단순히 데이터를 분석하고 논리적인 주장을 펼치는 것만으로는 충분하지 않다. 상대방의 표정, 말투, 몸짓과 같은 비언어적 신호를 읽고 그 이면에 숨은 의도를 파악하며, 문화적 맥락을 이해하고, 때로는 과감한 결단을 내리며, 궁극적으로는 '인간 대 인간'으로서의 신뢰를 바탕으로 모두가 윈윈(Win-win)하는 합의를 이끌어 내는 능력이 필요하다. 이러한 복합적인 사회적 상호작용은 AI가 흉내 낼 수 없는 고도의 예술이다.

넷째, 새로운 비전과 영감(Vision and Inspiration)을 제시할 때다. 조직을 이끄는 리더의 가장 중요한 역할은 직원들에게 미래에 대한 비전을 제시하고, 그들이 열정을 다해 일하도록 영감을 불어넣는 것이다. AI는 과거의 데이터를 기반으로 미래를 '예측'할 수는 있지만, 아무도 가 보지 않은 새로운 미래를 '상상'하고, 그 꿈을 향해 사람들의 마음을 하나로 모으는 '카리스마'를 가질 수는 없다. 불확실성 속에서 사람들을 안심시키고, 공동의 목표를 향한 열정을 이끌어 내는 인간 리더의 가치는 무엇으로도 대체될 수 없다.

신뢰 비전 공감으로 희소 가치를 창출하라.

- **인간 프리미엄**: AI와의 효율성 경쟁을 포기하고, 오직 인간만이 제공할 수 있는 희소한 가치(신뢰, 공감, 지혜, 영감)를 창출하는 데 집중해야 한다. 시장은 이 가치에 기꺼이 추가 비용을 지불할 것이다.
- **신뢰와 책임**: 최종적인 판단과 책임을 져야 하는 중대한 의사결정은 인간의 고유 영역이다.
- **공감과 관계**: 기술이 발전할수록 인간적인 연결과 감성적 교감에 대한 갈망은 더욱 커지며, 이는 '돌봄' 영역의 가치를 높인다.
- **비전과 리더십**: 복잡한 이해관계를 조율하고, 불확실성 속에서 새로운 비전을 제시하여 사람들의 마음을 움직이는 것은 AI가 대체할 수 없는 리더의 역할이다.

투자전략 연구 1. '인간 프리미엄'이 성사시킨 M&A 딜

2024년, 실리콘밸리의 거대 테크 기업 '퀀텀리프'는 독일의 유서 깊은 자동차 부품 회사 '슈타인만 오토' 인수를 추진했다. 퀀텀리프의 M&A 팀은 AI를 적극적으로 활용했다. AI는 슈타인만의 모든 재무 데이터, 특허 포트폴리오, 시장 점유율을 분석하여 최적의 인수가를 산출했고, 수천 건의 과거 M&A 계약서를 학습하여 가장 유리한 계약 조건 초안을 작성했다. 데이터상으로는 완벽한 딜이었다.

하지만 협상은 예상치 못한 난관에 부딪혔다. 슈타인만의 3대째 가업을 이어 오고 있는 고령의 회장은 퀀텀리프가 제시한 파격적인 인수가에도 불구하고 계약서에 서명하기를 주저했다. 그는 자신의 평생이 담긴 회사가 차가운 실리콘밸리 기업의 부속품으로 전락하여, 수십 년간 함께 일해온 직원들이 해고될 것을 두려워했다. 이는 재무제표에는 나타나지 않는, 인간적인 두려움과 자부심의 문제였다.

퀀텀리프의 AI는 이러한 교착 상태를 '비합리적인 협상 지연'으로 분석하고, 가격을 조금 더 높이거나 법적 압박을 가하는 전략을 제안했다. 하지만 협상을 이끌던 퀀텀리프의 부사장 제인(Jane)은 다른 접근을 시도했다. 그녀는 AI의 조언을 잠시 접어두고, 회장과 단둘이 만나 그의 창업 시절 이야기와 회사의 역사에 대해 몇 시간 동안 진심으로 귀를 기울였다(공감). 그녀는 회장이 가진 '장인정신'과 '직원들에 대한 책임감'을 깊이 이해하게 되었다.

이해를 바탕으로 제인은 새로운 제안을 했다. 인수 후에도 '슈타인만'이라는 브랜드를 유지하고, 독일 공장을 '유럽 R&D 허브'로 전환하여 고용을 보장하며, 회장을 '명예 회장'으로 추대하여 그의 철학이 회사에 계속 살아 숨 쉬게 하겠다는 것이었다 (복합적 조율, 비전 제시). 이 제안은 AI가 계산한 최적의 조건은 아니었지만, 회장의 마음을 움직였다. 그는 마침내 계약서에 서명했고, 두 회사의 결합은 단순한 인수를 넘어 양사의 강점을 결합하는 성공적인 파트너십으로 발전했다. 이 사례는 데이터와 효율성을 넘어서는 '인간 프리미엄'이 어떻게 AI가 풀지 못하는 문제를 해결하고 더 큰 가치를 창출하는지를 보여 준다.

투자전략 연구 2. '신뢰와 책임' 기반의 매수 결정 컨설팅: 풍지관(風地觀) 괘의 통찰

- **핵심 가치:** 신뢰와 책임(최종 판단, 중대 의사결정)
- **주역 괘: 풍지관(風地觀)** 괘(괘상: 바람이 땅 위를 부는 모양, 괘의 의미: 살피고 관찰하며 통찰을 얻음)
- **프롭테크 적용 예시: 고가 상업용 부동산 매수 결정 플랫폼**
  - **AI 기능:** 프롭테크는 주변 시세, 유동인구 데이터, 개발 호재 등 객관적 데이터(地)를 분석하여 최적의 가격과 시점을 제시한다. (효율성 영역)
  - **인간 프리미엄 접목:** 최종 매수 결정 단계에서, 풍지관 괘의 통찰을 활용한 **숙련된 컨설턴트**가 개입한다.
- **관(觀)의 해석:** 컨설턴트는 AI 데이터 너머의 **미래 비전(風)**, 즉 **지역 문화적 잠재력**이나 **정성적 투자자 심리**를 종합적으로 살핀다.
- **실무적 조언:** "데이터는 완벽하지만, 이 지역의 장기적 정서를 관찰했을 때 지금은 관망(觀)이 필요합니다" 혹은 "관(觀)의 자세로 투자자의 내면적 신념과 책임감을 강화하며 진입하십시오"와 같이 최종적으로 **인간이 져야 할 책임**과 **통찰력 기반의 판단**을 돕는다.

투자전략 연구 3. '공감과 치유'를 위한 임대차 분쟁 조정: 수화기제(水火旣濟) 괘의 중재

- **핵심 가치:** 공감과 치유(관계, 감성적 교감, 돌봄 영역)
- **주역 괘: 수화기제(水火旣濟)** 괘(괘상: 물 위에 불이 있는 모양, 괘의 의미: 이미 이루어짐, 성공 후 조화를 유지하는 중재)
- **프롭테크 적용 예시: 임대인-임차인 분쟁 해결 및 관계 회복 서비스**
  - **AI 기능:** 임대차 계약서, 법규, 과거 분쟁 사례 데이터 등을 분석하여 가장 **논리적이고 법률적인 해결책**을 신속하게 제시한다. (효율성 영역)
  - **인간 프리미엄 접목:** 분쟁 조정이 **감정의 골이 깊어지는 단계에 이르렀을 때, 공**

감 능력을 갖춘 중재자가 수화기제 괘의 원리를 활용하여 개입한다.

- **기제(旣濟)의 해석**: 중재자는 법적 해결책을 넘어 **이미 성공적으로 맺었던 계약 관계**의 의미를 상기시키고, 임대인과 임차인의 입장을 **균형 있게(水와 火의 조화)** 경청하여 **상호 공감**을 이끌어 낸다.
- **실무적 조언**: "법적으로는 A가 맞으나, 기제(旣濟)의 정신으로 **관계의 회복**에 초점을 맞추어 서로 한 발씩 양보하고 조화로운 마무리를 이룰 때 지속 가능한 신뢰가 형성됩니다"라고 조언하며, **기술이 줄 수 없는 따뜻한 인간적 연결과 감성적 치유**를 제공한다.

7.3 레거시 산업의 초능력을 가진 전문가

AI 혁신이 주로 디지털 네이티브 스타트업의 이야기처럼 들릴 수 있다. 수십 년의 역사를 가진 거대한 '레거시(Legacy)' 산업, 즉 제조업, 금융, 의료, 건설, 부동산과 같은 전통 산업에 종사하는 사람들에게는 이러한 변화가 자신들의 현실과는 거리가 먼 것처럼 느껴질 수 있다. 이들 산업은 복잡한 규제, 거대한 물리적 자산, 깊게 뿌리내린 조직 문화라는 강력한 관성을 가지고 있기 때문이다.

"거대한 아파트 단지를 건설하는 현장 소장을 어떻게 1인 기업처럼 일하게 할 수 있는가?", "수천억 원의 부동산 펀드를 운용하는 펀드매니저의 역할을 어떻게 AI가 대체할 수 있는가?" 이 질문들은 타당하다. 레거시 산업의 복잡성과 막중한 책임은 '1인 유니콘' 모델을 문자 그대로 적용하는 것을 어렵게 만든다.

문제는 이러한 현실적인 제약 때문에 레거시 산업의 구성원들이 AI가 가져올 워크플로우의 근본적인 혁신 가능성 자체를 외면하거나 과소평가하게 된다는 점이다. 그들은 AI를 단순히 기존 업무를 조금 더 편하게 해주는 '개선 도구' 정도로만 인식하고, 자신의 일하는 방식 자체를 근본적으로 재설계하는 '혁신 동력'으로 보지 못한다. 이로 인해 AI 시대에 가장 큰 생산성 향상의 기회를 놓치는 '혁신의 지체' 현상이 발생한다.

따라서 레거시 산업에서 AI 혁신의 본질은 전문가를 대체하는 것이 아니라, 그들을 AI로 무장시켜 '1인 군대'와 같은 역량을 가진 '초능력을 가진 전문가(Super-empowered Expert)'로 만드는 것이다. 이는 AI가 전문가의 지적, 분석적 능력을 극대화하는 '외골격 수트(Exoskeleton Suit)' 역할을 하는 것과 같다. 이 수트를 입은 전문가는 과거에는 불가능했던 수준의 속도와 정확성, 통찰력을 갖게 되며, 반복적인 저부가가치 업무에서 해방되어 가장 중요한 핵심 과업에만 집중하게 된다. 이를 통해 개인과 팀의 생산성을 10배 이상 끌어올리는 워크플로우 혁신이 가능하다.

부동산 산업의 구체적인 예시는 다음과 같다.

가치 평가(Valuation) 영역: '초능력을 가진 감정평가사'는 더 이상 수십 개의 비교사례를 찾기 위해 발품을 팔고 엑셀 시트를 만드는 데 시간을 낭비하지 않는다. AI 기반 자동화 가치 평가 모델(AVM)이 수백만 건의 실거래가 데이터, 위성 이미지, 온라인 리뷰, 심지어 뉴스 기사의 감성까지 분석하여 가장 적합한 비교사례와 잠정적인 가치 범위를 수초 만에 제안한다. 감정평가사는 AI의 분석 결과를 검토하고, 현장을 방문하여 AI가 파악할 수 없는 질적인 요소들(예: 건물의 미세한 균열, 이웃과의 관계, 동네의 실제 분위기)을 확인하며, 자신의 전문적 판단을 더해 최종 가치를 결정하고 그 논리를 서술하는 '최종 판단자'의 역할에 집중한다.

자산 관리(Property Management) 영역: '초능력을 가진 자산관리자'는 세입자의 사소한 민원 전화에 하루 종일 시달리지 않는다. AI 챗봇이 24시간 수도 누수, 주차 문제 등과 같은 1차적인 문의에 응대하고 자동으로 수리 기사를 배정한다. 건물 곳곳에 설치된 IoT 센서는 엘리베이터나 공조 시스템의 이상 징후를 사전에 감지하여 고장이 발생하기 전에 유지보수팀에 경고를 보낸다(예측 유지보수). AI는 수백 페이지의 임대차 계약서를 분석하여 다음 달 만료되는 계약, 주의해야 할 특약 사항

등을 자동으로 요약해 준다. 자산관리자는 이러한 자동화된 시스템 위에서, 핵심 임차인과의 관계를 관리하고, 건물의 장기적인 가치를 높일 리노베이션 계획을 수립하며, 주변 상권을 분석하여 공실을 채울 새로운 테넌트 믹스를 구상하는 등 고부가가치 전략 업무에 집중할 수 있다.

변화의 때를 알아 결정하는 고수가 되어라.

- **초능력을 가진 전문가**: 레거시 산업의 AI 혁신은 전문가를 대체하는 것이 아니라, AI를 '지적 외골격 수트'로 활용하여 개인의 역량을 극대화하고 10배의 생산성을 달성하는 '초능력을 가진 전문가' 모델을 지향한다.
- **업무의 재설계**: AI는 가치 평가, 자산 관리, 투자 분석, 건설 관리 등 부동산 산업의 모든 영역에서 반복적이고 데이터 집약적인 업무를 자동화한다.
- **인간의 새로운 역할**: 전문가는 자동화된 시스템 위에서 AI의 분석 결과를 검증하고, 질적인 요소를 판단하며, 복잡한 이해관계를 조율하고, 최종적인 전략적 의사결정을 내리는 고부가가치 역할에 집중하게 된다.

투자전략 연구 1. AI 외골격 수트를 입은 건설 현장 소장

대형 건설사 '미래건설'의 박 소장은 30년 경력의 베테랑 현장 소장이지만, 최근 잠실에 짓고 있는 50층 규모의 복합 상업 시설 프로젝트에서 한계를 느끼고 있었다. 수백 개의 협력업체, 수천 명의 인력, 그리고 매일같이 쏟아지는 설계 변경과 자재 수급 문제로 인해 공정 지연과 예산 초과가 반복되었다.

이에 회사는 박 소장의 팀에 AI 기반 '스마트 건설 관리 플랫폼'을 시범 도입했다. 이는 박 소장에게 'AI 외골격 수트'를 입혀 주는 것과 같았다. 매일 아침, 드론이 공

사 현장 전체를 자율 비행하며 촬영한 수천 장의 사진을 AI가 분석하여, 3D 설계 도면(BIM)과 실제 시공 현황을 비교하고 오차를 밀리미터 단위로 찾아냈다. "35층 철골 구조물 3번 기둥의 용접 상태가 설계 기준에 미달합니다."와 같은 구체적인 문제점이 박 소장의 태블릿에 자동으로 보고되었다.

현장 곳곳에 설치된 CCTV는 AI 컴퓨터 비전 기술을 통해 안전모를 착용하지 않은 인부를 실시간으로 감지하여 안전 관리팀에 경고를 보냈다. 자재 관리 시스템은 레미콘 타설량과 철근 재고를 실시간으로 파악하여, 부족한 자재를 자동으로 주문하고 최적의 운송 경로까지 계산해 주었다.

박 소장의 역할은 근본적으로 바뀌었다. 그는 더 이상 일일이 현장을 돌아다니며 문제를 '찾아내는' 데 시간을 쓰지 않았다. 대신, AI가 보고한 문제점들 중 가장 시급하고 중요한 것을 '판단'하고, 협력업체들과 해결 방안을 '협상'하며, 예상치 못한 돌발 변수(예: 갑작스러운 폭우)에 '대응'하는 지휘관의 역할에 집중했다. 그는 자신의 오랜 경험과 직관을 AI의 정확한 데이터와 결합하여, 과거에는 불가능했던 수준의 정밀한 현장 관리를 해낼 수 있었다. 그 결과, 이 프로젝트는 업계 최초로 공기 지연과 예산 초과 없이, 그리고 단 한 건의 중대 재해 없이 성공적으로 완공되었다. 박 소장은 AI에 대체된 것이 아니라, AI를 통해 '초능력'을 갖게 된 것이다.

투자전략 연구 2. 부동산 투자 분석 및 매입 전략: '지천태(地天泰)' 괘 적용

• **프롭테크 기반 분석:**
  - **AI 자동화 가치 평가(AVM):** 수백만 건의 실거래가, 이미지, 온라인 리뷰 등을 분석하여 대상 부동산의 **적정 가격 범위와 재무적 위험**을 신속하게 도출한다.
  - **리스크 분석:** 주변 상권 변화, 교통 호재 등을 분석하여 객관적인 투자 성공 확률(ROI 예측)을 제공한다.
• **주역 통찰 및 최종 의사결정:**
  - **적용 괘: 지천태(地天泰)** 위는 땅(坤)이고 아래는 하늘(乾)로, **천지가 사귀어 만물**

이 화육하고 편안하며 크게 형통하다는 뜻이다. (작은 것이 가고 큰 것이 오는 상)

- **적용 예시:** AI 분석 결과 **매입 적정 가격**으로 나왔으나, 매도인과의 협상 과정에서 미묘한 교착 상태(감정적 이견, 작은 변수)가 발생했을 때 이 괘를 얻었다고 가정한다.

- **재구성 사례:** 지천태 괘의 통찰은 '작은 어려움은 사라지고 큰 형통함이 온다'는 **협상 성공의 길조**를 나타낸다. 전문가는 AI의 **객관적 가치 분석**을 기반으로 하되, 괘의 통찰을 더하여 협상 과정에서의 **작은 양보**나 **전략적 인내**가 최종적으로 **원하는 거래를 성사**시키고 장기적 편안함을 가져올 것임을 확신한다. 최종적으로 매입을 확정하고 **장기 보유 전략**을 선택한다.

투자전략 연구 3. 자산 관리(임대차) 및 시설 혁신 전략: '화지진(火地晉)' 괘 적용

- **프롭테크 기반 분석:**

  - **IoT 센서 및 AI 예측 정비:** 건물에 설치된 IoT 센서로 엘리베이터, 공조 시스템 등의 사용 패턴과 이상 징후를 실시간 감지하여 **고장 발생 전 예측 보전 경고**를 보낸다(예: 냉난방 설비의 예상 수명 감소 및 교체 필요 경고).

  - **임차인 만족도 분석:** AI 챗봇 및 온라인 리뷰 분석을 통해 **임차인의 불만 사항과 정량화된 만족도 변화**를 실시간으로 파악한다.

- **주역 통찰 및 최종 의사결정:**

  - **적용 괘:** 화지진(火地晉) 위는 불(離)이고 아래는 땅(坤)으로, **태양이 땅 위로 솟아오르듯 앞으로 나아가 번성하고 발전한다**는 뜻이다(밝게 전진하는 상).

- **적용 예시:** AI가 **노후 시설 교체 필요성**을 경고하고 **임차인 만족도가 하락**할 가능성을 예측했을 때, 단순 수리를 넘어 대규모 시설 혁신(리노베이션)을 고려할 때 이 괘를 얻었다고 가정한다.

- **재구성 사례:** 화지진 괘의 통찰은 '지금은 **과감하게 앞으로 나아가야** 할 때'임을 암시한다. 전문가는 AI가 제공한 **객관적 유지보수 데이터와 임차인 만족도 데**

이터를 근거로, 단순 수리가 아닌 **에너지 효율 개선 및 스마트 시스템 도입**을 포함한 대규모 리노베이션을 결정한다. 이는 단기적인 비용 증가에도 불구하고 괘의 의미처럼 장기적으로 **건물의 가치를 극대화**하고 **임차 환경을 혁신**하여 건물 전체의 **밝은 번영**을 이끌어 낼 것임을 확신하는 전략적 투자 결정이다.

7.4 요약 및 활용 가이드

1) 제7장 핵심 개념 요약

절(Section)	핵심 개념(Core Concept)	부동산학적 적용 (Application in Real Estate)
7.1 거대한 재조정	**과업 자동화**: AI는 '직업'이 아닌 '과업'을 대체하며, 일의 가치를 반복 업무에서 전략적/창의적 업무로 재조정한다.	부동산 중개, 관리 등의 업무에서 단순/반복 과업(매물 검색, 서류 작업)은 AI에 위임하고, 고부가가치 과업(고객 컨설팅, 협상)에 집중.
7.2 휴먼 임페러티브	**인간 프리미엄**: AI가 할 수 없는, 인간 고유의 가치(신뢰, 공감, 복합적 조율, 비전)에 시장은 기꺼이 추가 비용을 지불한다.	복잡한 M&A, 대규모 개발 프로젝트 등에서 데이터 분석을 넘어선 인간적인 신뢰 관계 구축과 창의적인 문제 해결을 통해 딜을 성사시킴.
7.3 초능력을 가진 전문가	**지적 외골격 수트**: AI는 레거시 산업 전문가의 능력을 대체하는 것이 아니라 증강시켜, 10배의 생산성을 내는 '초능력 전문가'로 만든다.	감정평가, 자산관리, 건설 등에서 AI를 활용해 데이터 처리 및 분석을 자동화하고, 전문가는 최종 판단과 전략 수립에 집중.

2) 핵심 활용 가이드(Actionable Guide for Researchers & Practitioners)

본 장의 내용을 연구와 실무에 효과적으로 적용하기 위해 다음의 세 가지 지침을 따를 것을 제안한다.

(1) 자신의 '과업 포트폴리오'를 감사(Audit)하라.

이번 주, 당신이 수행한 모든 업무를 시간 단위로 기록하고, 각 과업을 '자동화 가능', 'AI로 증강 가능', '인간 고유'의 세 가지 범주로 분류해 보라. 만약 '자동화 가능' 과업에 50% 이상의 시간을 쓰고 있다면, 당신의 커리어는 심각한 위험에 처해 있다는 신호다. 당장 그 시간을 줄일 수 있는 AI 도구를 찾아 학습하고, '인간 고유' 과업의 비중을 높이기 위한 구체적인 계획을 수립하라.

(2) '인간 프리미엄'이 발휘되는 순간을 의식적으로 설계하라.

고객과의 미팅이나 중요한 협상에 임할 때, 단순히 준비된 데이터와 논리만으로 설득하려 하지 마라. 의도적으로 미팅 시간의 일부를 할애하여 상대방의 개인적인 이야기나 고민을 듣는 '공감의 시간'을 설계하라. 당신의 제안이 상대방의 비즈니스 목표뿐만 아니라, 그의 개인적인 가치관과 비전과도 어떻게 연결되는지를 보여 주는 '스토리'를 준비하라. 이러한 '인간 프리미엄'의 순간들이 결국 거래의 성패를 결정한다.

(3) 당신만의 'AI 외골격 수트'를 구축하라.

당신의 전문 분야에서 가장 반복적이고 시간이 많이 소요되는 업무가 무엇인지 정의하고, 그 문제를 해결해 줄 수 있는 AI 툴(ChatGPT, Midjourney, 각종 전문 분석 AI 등)을 최소 3개 이상 찾아 테스트하라. 처음에는 어색하고 시간이 더 걸리는 것처럼 느껴질 수 있다. 하지만 꾸준히 사용하여 당신의 워크플로우에 맞는 최적의 '수트'를 구축하면, 당신의 생산성은 비약적으로 향상될 것이다. AI를 두려워하지 말고, 당신을 더 강하게 만들어 줄 파트너로 길들여라.

제8장

기업의 해체와 프로토콜 경제의 부상

1. 원인: 거래 비용의 종말

디지털 플랫폼과 API 경제가 기업의 존재 이유(거래 비용 절감)를 소멸시킴.

2. 대안: 프로토콜 경제

중앙 관리자 없이, 합의된 규칙(프로토콜)에 따라 전문가들이 프로젝트 중심으로 협력하는 분산형 경제 모델.

3. 결과: '1인 유니콘'과 부동산 시장 재편

개인이 AI와 API를 지휘하여 거대 가치를 창출. 대형 오피스(↓), 유연 공간/데이터 센터(↑) 등 수요 변화.

디지털 경제와 부동산 시장의 변화(Digital Economy and Real Estate Market Changes)

개념도 설명: 디지털 플랫폼과 API 기반의 프로토콜 경제는 기존 기업의 경계를 허물고 '1인 유니콘' 시대를 엽니다. 이에 따라 대형 오피스 수요는 줄고, 데이터 센터와 유연 공간 중심의 부동산 시장 재편이 가속화됩니다.

8.1 거래 비용의 종말: AI와 API 경제

제7장의 논의를 관통하는 거대한 질문이 하나 있다. "AI로 무장한 개인이 대기업처럼 일할 수 있다면, 앞으로 '기업'이라는 조직은 왜 존재해야 하는가?" 이 질문은 단순히 미래학적인 호기심이 아니라, 지난 100년간 자본주의 경제를 지탱해 온 가장 기본적인 가정에 대한 근본적인 도전이다. 이 질문에 답하기 위해서는, 우리는 먼저 기업이 탄생한 이유를 경제학적으로 이해해야 한다.

1937년, 노벨 경제학상 수상자인 로널드 코스(Ronald Coase)는 그의 기념비적인 논문 「기업의 본질(The Nature of the Firm)」에서 바로 이 질문을 던졌다. 그는 시장 경제에서 왜 모든 경제 활동이 개별 계약을 통해 이루어지지 않고, '기업'이라는 위계적인 조직 안에서 이루어지는지를 탐구했다. 그의 해답은 바로 '거래 비용(Transaction Cost)'이라는 개념에 있었다. 거래 비용이란, 시장에서 재화나 서비스를 획득하는 과정에서 발생하는 모든 부대 비용을 의미한다.

예를 들어, 2000년대 초반에 당신이 온라인 쇼핑몰을 하나 만든다고 상상해 보자. 당신은 웹사이트를 만들어 줄 개발자, 상품 사진을 찍어 줄 사진가, 고객 문의에 응대할 상담원, 그리고 상품을 포장하고 배송할 직원을 시장에서 찾아야 한다. 이 과정에서 당신은 수많은 전문가들의 포트폴리오를 검색하고 비교해야 하며(검색 비용), 각자와 개별적으로 계약 조건을 협상해야 하고(협상 비용), 계약이 제대로 이행되는지 감독하고 품질을 관리해야 한다(감독 비용). 이 모든 거래 비용은 어마어마할 것이다. 따라서 이들을 한 곳에 모아 '직원'으로 고용하고, 위계질서 안에서 일을 지시하는 '기업'이라는 형태가 훨씬 효율적이라는 것이 코스의 통찰이었다.

지난 100년간 기업이 경제 활동의 중심 단위였던 이유는 바로 이 '거래 비용'을 줄여 주는 가장 효율적인 사회적 발명품이었기 때문이다. 기업이라는 울타리 안에서는 복잡한 계약 대신 상사의 지시로 일이 처리되고, 시장의 불확실성 대신 내부의 계획에 따라 자원이 배분된다. 이 효율성 덕분에 대량 생산과 거대 기업의 시대가 열릴 수 있었다.

하지만 AI와 디지털 플랫폼은 바로 이 전제를 뿌리부터 뒤흔들고 있다. 지난 20년간의 기술 발전은 코스가 지적했던 모든 종류의 거래 비용을 기하급수적으로 감소시키는 방향으로 진행되어 왔다. '업워크(Upwork)'나 '크몽'과 같은 글로벌 프리랜서 플랫폼은 전 세계의 전문가를 찾는 '검색 비용'을 거의 제로에 가깝게 만들었다. '슬랙(Slack)'이나 '아사나(Asana)'와 같은 협업 툴은 멀리 떨어진 사람들과 함께 일하는 '소통 및 감독 비용'을 획기적으로 줄여 주었다.

그리고 이제, 모든 기능이 표준화된 규격(API, Application Programming Interface)을 통해 마치 레고 블록처럼 쉽게 연결되고 거래될 수 있는 'API 경제'가

도래하면서, 거래 비용 혁명은 정점에 달하고 있다. API는 특정 소프트웨어의 기능을 외부에서 쉽게 호출하여 사용할 수 있도록 만든 '소프트웨어 간의 약속'이다. 예를 들어, 당신의 쇼핑몰에 결제 기능을 추가하고 싶을 때, 더 이상 복잡한 결제 시스템을 직접 개발할 필요가 없다. '스트라이프(Stripe)'나 '토스페이먼츠'가 제공하는 결제 API를 몇 줄의 코드로 연동하기만 하면 된다.

이러한 API 경제는 기업의 모든 기능을 외부의 전문 서비스로 대체할 수 있는 가능성을 열었다. 회계는 '더존'의 API로, 고객 관리는 '세일즈포스'의 API로, 커뮤니케이션은 '트윌리오'의 API로 처리할 수 있다. 여기에 더해, AI 에이전트는 특정 과업을 수행할 인간 전문가를 찾는 것보다 훨씬 저렴한 비용으로 직접 과업을 수행하게 해 준다. 코스가 제시했던 기업 존재의 이유, 즉 '내부 처리 비용이 외부 거래 비용보다 저렴하다'는 대전제가 마침내 깨지고 있는 것이다.

이는 우리가 알고 있던 기업 중심의 자본주의 모델 전체에 대한 근본적인 도전이며, 경제 활동의 단위가 '조직'에서 '개인'으로 이동하는 거대한 패러다임 전환의 서막이다.

만물의 근본은 연결과 변한다.

- **거래 비용 이론:** 기업은 시장에서 발생하는 거래 비용(검색, 협상, 감독 비용 등)을 내부화하여 효율성을 높이기 위해 존재해 왔다.
- **거래 비용의 종말:** 디지털 플랫폼, 협업 툴, 그리고 특히 API 경제는 이러한 거래 비용을 거의 제로에 가깝게 만들고 있다.
- **API 경제:** 모든 기능이 레고 블록처럼 표준화된 규격(API)을 통해 쉽게 연결되고 거래될 수 있게 되면서, 기업이 모든 기능을 내부에 둘 이유가 사라지고 있다. 이는 기업 존재의 경제학적 근거를 뒤흔드는 패러다임 전환이다.

투자전략 연구 1. 1인 개발자의 API 오케스트라, '포토AI(PhotoAI)'

2024년, 개발자 알렉스(Alex)는 혼자서 '포토AI'라는 AI 기반 이미지 편집 서비스를 론칭했다. 이 서비스는 사용자가 낡고 흐릿한 사진을 업로드하면, AI가 자동으로 사진을 고화질로 복원하고 색상을 보정해 주는 서비스다. 놀라운 점은, 알렉스가 이 모든 서비스를 운영하는 유일한 '직원'이라는 사실이다. 그는 거대한 기업처럼 보이는 서비스를 운영하기 위해, 전 세계에 흩어져 있는 수십 개의 API와 AI 서비스를 지휘하는 '오케스트라의 지휘자' 역할을 한다.

그의 워크플로우를 살펴보자. 사용자가 웹사이트에 접속하면, 웹사이트는 아마존 웹 서비스(AWS)의 서버 위에서 작동한다(인프라). 사용자가 사진을 업로드하면, 그 사진은 '업스케일(Upscale.media)'이라는 이미지 화질 개선 전문 AI 서비스의 API로 전송된다. 화질이 개선된 이미지는 다시 '팔레트(Palette.fm)'라는 흑백사진 컬러 복원 AI의 API로 보내진다. 최종 결과물은 사용자에게 이메일로 전송되는데, 이때 이메일 발송은 '센드그리드(SendGrid)'의 API를 통해 이루어진다. 사용자가 서비스 이용료를 결제하면, 이 과정은 '스트라이프(Stripe)'의 결제 API가 처리한다.

알렉스는 이 모든 과정을 직접 개발하거나 직원을 고용하지 않았다. 그는 각 분야에서 세계 최고의 서비스를 제공하는 회사들의 기능을 API를 통해 '빌려' 썼을 뿐이다. 그가 한 일은 이 흩어진 서비스들을 창의적으로 연결하여 새로운 가치를 만들어 내는 '오케스트레이션'이었다. 그에게 개발자, 디자이너, 마케터, 재무 담당자를 찾는 '거래 비용'은 거의 0에 가까웠다. 이 사례는 AI와 API 경제가 어떻게 한 명의 개인이 과거에는 수백 명 규모의 기업만이 할 수 있었던 일을 가능하게 하는지, 그리고 기업의 존재 이유에 대해 근본적인 질문을 던지는지를 명확히 보여 준다.

투자전략 연구 2. 매매 타이밍 예측 및 리스크 진단 서비스(천지비(天地否) vs 지천태(地天泰) 괘 활용)

AI와 주역의 결합: 데이터로 읽는 부동산 운명과 매매 타이밍

현대 부동산 시장은 정보의 과부하와 복잡한 거시경제 지표로 인해 최적의 매매 시점을 포착하기가 점점 어려워지고 있습니다. 본 서비스는 인류의 고전 지혜인 주역(周易)의 64괘 원리를 첨단 AI 알고리즘에 이식하여, 시장의 흐름을 한눈에 파악하고 즉각적인 투자 행동 지침을 제공하는 혁신적인 프롭테크 솔루션을 제시합니다.

① AI 기반의 실시간 시장 괘상(卦象) 매칭 기술

이 서비스의 핵심인 '거래 시점 예측 엔진'은 단순한 통계 수치를 넘어섭니다. 실시간으로 수집되는 거래량, 가격 변동률, 미분양 현황 등 방대한 매물 데이터와 복잡한 거시경제 지표를 AI 모델이 분석합니다. 이를 통해 현재 시장의 에너지를 주역의 64괘 중 가장 유사한 상태로 치환하여, 투자자가 직관적으로 시장 상황을 이해할 수 있도록 돕습니다.

② 시장의 흐름에 따른 전략적 투자 가이드라인

시스템은 크게 두 가지 상반된 시장 국면을 진단하고 그에 맞는 정교한 액션 플랜을 제안합니다.

- 천지비(天地否) 국면: 위기 속의 기회 포착

  하늘과 땅이 소통하지 못하고 막혀 있는 '정체기'입니다. 이때 AI는 성급한 매수보다는 보류를 권고하거나, 오히려 저평가된 급매 및 경매 물건에 집중할 것을 제안합니다. 특히, 정체된 기운이 화합의 기운(지천태)으로 변화하는 미세한 징후(괘효 변화)를 포착하여 최적의 매수 타이밍을 실시간으로 알립니다.

- 지천태(地天泰) 국면: 안정적 성장의 극대화

  하늘과 땅이 조화를 이루어 만물이 통하는 '번성기'입니다. 시장의 기운이 안정 궤도에 진입했음을 알리며, 투자자에게 적극적인 매매나 신규 개발 사업 추진을 조언합니다. 상승 기류를 타고 자산의 가치를 극대화할 수 있는 최적의 시기로 진단합니다.

③ 기대효과: 정보 탐색 비용의 획기적 절감

기존에는 투자자나 중개인이 방대한 데이터를 직접 해석하거나 고가의 전문가 컨설팅에 의존해야 했습니다. 하지만 본 서비스를 통해 사용자는 앱과 웹에서 현재 시장 에너지의 요약본과 명확한 행동 지침을 즉각적으로 제공받습니다. 이는 정보 탐색 및 해석에 드는 시간과 비용을 획기적으로 낮추며, 데이터에 기반한 빠르고 정확한 의사결정을 가능하게 합니다.

"데이터가 주역을 만나 투자의 길을 보여 줍니다."

복잡한 시장 지표를 읽는 번거로움은 AI에게 맡기고, 당신은 검증된 괘상을 통해 가장 완벽한 타이밍에 승부수를 던지십시오.

투자전략 연구 3. 최적의 임대 사업 공간 에너지 분석(산수몽(山水蒙) vs 화풍정(火風鼎) 괘 활용)

주역의 괘상 분석을 통한 최적의 임대 사업 공간 에너지 분석

오늘날의 부동산 투자와 임대 사업은 단순히 입지를 분석하는 수준을 넘어, 공간이 가진 고유한 '에너지'와 '잠재력'을 어떻게 해석하고 관리하느냐에 따라 성패가 갈립니다. 본 연구는 주역의 두 가지 핵심 괘인 산수몽(山水蒙)과 화풍정(火風鼎)을 활용하여, 인공지능(AI) 기반의 프롭테크 기술이 어떻게 거래 비용을 혁신적으로 줄이고 사업 가치를 끌어올리는지 그 해답을 제시합니다.

① 공간의 현재를 진단하고 미래를 처방하다

프롭테크의 '공간 괘상 기반 사업 컨설팅 API'는 특정 상권과 건물의 지리적 데이터(유동인구, 노후도 등)뿐만 아니라 풍수적 요소까지 AI로 정밀 분석합니다. 이를 통해 해당 공간이 현재 처한 상태를 진단하고, 가장 필요한 '주역적 처방'을 즉각적으로 도출해 냅니다. 이는 감독 및 품질 관리 과정에서 발생하는 불필요한 비용을 획기적으로 절감하는 토대가 됩니다.

② '산수몽(山水蒙)'의 지혜: 미성숙한 공간의 가치 재발견

분석 결과 산수몽 괘가 도출된다면, 이는 현재 해당 공간이 잠재력은 높으나 아직은 어둡고 미숙한 상태임을 의미합니다.

- 전략적 접근: 무리한 운영보다는 교육, 체험 시설로의 활용이나 체계적인 재개발·재정비를 통해 공간의 에너지를 깨워야 합니다.
- 혁신 효과: 과거에는 이를 위해 다수의 건축가, 인테리어 전문가, 풍수지리가와 개별적으로 협상해야 했으나, 이제는 단 한 번의 API 호출로 전문가 수준의 의사결정을 대체하여 협상 비용을 극소화합니다.

③ '화풍정(火風鼎)'의 결단: 새로운 변화와 프리미엄의 탄생

반면, 화풍정 괘가 도출되는 공간은 솥을 고쳐 앉히듯 새로운 것을 이루기 위해 변화하고 정비해야 하는 최적의 타이밍을 맞이한 곳입니다.

- 전략적 접근: 프리미엄 공유 오피스나 특화된 리테일 등 기존의 틀을 깨는 변혁적인 컨셉의 임대 사업을 추진하기에 가장 좋은 시기입니다.
- 혁신 효과: 주역의 통찰을 바탕으로 사업의 방향성과 리스크를 초기 단계에 정확히 예측함으로써, 불확실성으로 인해 발생하는 시행착오 비용(거래 비용의 일종)을 최소화하고 성공 가능성을 극대화합니다.

API 경제가 거래 비용을 제로에 가깝게 만들면서 기업의 존재 이유를 허물고 있다고 말한다. 이를 주역 프롭테크에 적용하면, 복잡하고 전문적인 영역인 '주역 통찰'을 API를 통해 **블록처럼 표준화**하고 **쉽게 연결**할 수 있게 된다. 과거에는 주역 전문가를 고용하거나(내부 비용), 비싼 컨설팅 계약을 맺어야(외부 거래 비용) 얻을 수 있던 통찰이 **저렴하고 즉각적인 서비스**로 제공되어, 부동산 현장의 의사결정 속도와 정확도를 혁신적으로 높인다.

8.2 기업에서 프로토콜로: 새로운 경제 모델

로널드 코스가 제시했던 기업 존재의 이유, 즉 거래 비용의 장벽이 무너진 세상에서 경제 활동의 중심은 어디로 이동하게 될까? 거대하고 경직된 위계질서를 가진 '기업(Corporation)'의 시대가 저물고 있다면, 그 대안은 무엇일까? 해답은 유연하고, 분산되어 있으며, 자율적인 참여자들의 협력으로 움직이는 '프로토콜(Protocol)' 기반 경제 모델에서 찾을 수 있다.

'프로토콜'이란, 특정 목표를 달성하기 위해 중앙의 관리자나 지시 없이도, 자율적인 참여자(인간 또는 AI)들이 따르기로 상호 합의한 '규칙과 표준의 집합'을 의미한다. 이는 중앙 관제탑 없이도 수많은 비행기가 충돌하지 않고 질서정연하게 움직이는 항공 관제 시스템이나, 중앙 서버 없이도 수많은 컴퓨터가 정보를 교환하는 인터넷의 기본 프로토콜(TCP/IP)과 유사한 개념이다. 즉, '누가 시켜서'가 아니라 '약속된 규칙에 따라' 시스템이 자율적으로 작동하는 방식이다.

이러한 프로토콜 경제의 가장 대표적인 현실 사례는 바로 헐리우드의 영화 제작 방식이다. 영화 한 편을 만들기 위해 감독, 시나리오 작가, 배우, 촬영 감독, 특수효과 팀 등 각 분야의 최고 전문가들이 특정 '프로젝트'를 위해 모인다. 그들은 '영화 제작'이라는 공통의 프로토콜(시나리오, 콘티, 촬영 스케줄 등)에 따라 긴밀하게 협업하지만, 서로 고용-피고용 관계가 아닌 독립적인 파트너다. 그리고 영화가 완성되면

팀은 즉시 해체되고, 각자는 또 다른 새로운 프로젝트를 찾아 나선다. AI와 API 경제는 바로 이 헐리우드 모델이 경제 전반으로 확산되는 것을 가능하게 한다.

미래의 경제 활동은 '기업'이라는 고정된 컨테이너 안에서 이루어지는 것이 아니라, 특정 '프로젝트'를 중심으로 유연하게 구성되고 해체되는 '프로토콜' 위에서 이루어질 것이다. 당신의 소속은 더 이상 '삼성전자 직원'이나 '구글 직원'이 아니라, 당신이 현재 참여하고 있는 'A 프로젝트의 개발자'이자 'B 프로젝트의 컨설턴트'가 된다. 이는 프롭테크의 뿌리 중 하나인 '공유 경제(Shared Economy)' 모델이 경제 전체로 확장되는 것을 의미한다.

이러한 프로토콜 경제가 작동하기 위해서는 '신뢰'의 문제가 해결되어야 한다. 서로를 잘 모르는 익명의 참여자들이 어떻게 믿고 협업할 수 있을까? 여기서 블록체인과 스마트 컨트랙트 기술이 중요한 역할을 할 수 있다. 스마트 컨트랙트는 프로토콜의 규칙(예: "A 과업이 완료되면, B에게 100코인을 자동으로 지급한다")을 코드 형태로 블록체인에 기록하여, 제3의 보증 기관 없이도 계약이 자동으로 이행되도록 보장한다. 이는 '신뢰가 필요 없는 신뢰(Trustless Trust)'를 구축하여, 글로벌 규모의 분산 협업을 가능하게 하는 기술적 기반이 된다.

프로토콜 경제로의 전환은 개인의 일하는 방식과 정체성에 근본적인 변화를 요구한다. 과거에는 좋은 대학을 나와 좋은 기업에 입사하는 것이 성공의 방정식이었다. 하지만 미래에는 특정 기업의 직함에 의존하는 대신, 자신만의 독보적인 전문성과 시장에서의 '평판(Reputation)'이라는 브랜드를 구축해야 한다. 당신이 어떤 프로젝트에 참여했고, 어떤 기여를 했으며, 동료들로부터 어떤 평가를 받았는지가 당신의 가치를 증명하는 가장 중요한 자산이 될 것이다.

이는 개인에게 엄청난 자율성과 기회를 제공하는 동시에, 과거 기업이 제공해 주던 안정성과 소속감을 앗아 가는 양날의 검이다. 이 유연하고 분산된 경제 생태계에서 살아남기 위해서는, 끊임없이 새로운 기술을 학습하고, 다양한 배경의 사람들과 효과적으로 협업하며, 스스로 자신의 커리어를 경영하는 '1인 기업가'로서의 마인드

셋이 필수적이다.

평판이 곧 자산, 믿음으로 현장을 선도하라.

- **프로토콜 경제의 정의:** 중앙 관리자 없이, 자율적인 참여자들이 합의된 규칙(프로토콜)에 따라 협력하는 분산형 경제 모델이다.
- **기업에서 프로젝트로:** 경제 활동의 중심 단위가 고정된 '기업'에서 유연한 '프로젝트'로 이동하며, 개인의 소속 또한 기업이 아닌 프로젝트가 된다.
- **신뢰와 평판:** 프로토콜 경제에서는 블록체인과 같은 기술이 신뢰를 보증하고, 개인의 '평판'이 가장 중요한 자산이 된다. 이는 급진적인 자율성과 동시에 급진적인 책임을 요구한다.

투자전략 연구 1. 리눅스(Linux)와 깃허브(GitHub), 프로토콜 경제의 원형

오늘날 우리가 사용하는 수많은 기술의 기반이 되는 운영체제 '리눅스(Linux)'는 프로토콜 경제가 어떻게 작동하는지를 보여 주는 가장 성공적인 사례다. 리눅스는 '리눅스 주식회사'라는 중앙화된 기업에 의해 만들어지지 않았다. 대신, 전 세계에 흩어져 있는 수만 명의 자발적인 개발자들이 '오픈소스'라는 프로토콜 아래 협력하여 만들어 낸 결과물이다.

이 거대한 협업이 가능한 이유는 무엇일까? 첫째, 그들에게는 '오픈소스 라이선스'라는 명확한 규칙(프로토콜)이 있다. 누구나 코드를 자유롭게 사용하고 수정할 수 있지만, 그 결과를 다시 커뮤니티에 공유해야 한다는 약속이다. 둘째, 그들에게는 '깃(Git)'과 '깃허브(GitHub)'라는 강력한 분산 협업 도구가 있다. 깃허브 위에서 개발자들은 누가 어떤 코드를 작성했고, 어떤 기여를 했는지 투명하게 기록하고 서로의

작업을 평가한다. 여기서 쌓이는 개인의 '기여도'와 '평판'은 그 개발자의 실력을 증명하는 가장 강력한 이력서가 된다.

리눅스 커뮤니티에는 구글, 삼성, IBM과 같은 거대 기업에 소속된 개발자들도 참여하지만, 그들은 '회사 대표'가 아닌 '개인 기여자'로서 동등하게 활동한다. 이처럼 리눅스 생태계는 기업의 경계를 넘어, 오직 '기여'와 '평판'이라는 프로토콜에 따라 움직이는 거대한 분산형 자율 조직(DAO, Decentralized Autonomous Organization)의 원형이라고 할 수 있다.

이 모델을 부동산 개발에 적용해 보자. 미래의 대규모 복합 단지 개발 프로젝트는 'A 건설'이라는 단일 회사가 주도하는 대신, '지속 가능한 스마트시티 개발 프로토콜' 위에서 진행될 수 있다. 전 세계의 건축가, 도시 계획가, AI 에너지 효율 전문가, 블록체인 기반 등기 시스템 개발자들이 이 프로토콜에 따라 각자의 전문성을 기여하고, 그 기여도에 따라 스마트 컨트랙트를 통해 자동으로 수익을 배분받는 방식이다. 이는 부동산 개발의 패러다임을 소수 대기업의 독점에서 다수의 전문가가 참여하는 개방형 혁신으로 전환시킬 잠재력을 가지고 있다.

투자전략 연구 2. 분산형 부동산 프로젝트 협력 시스템(주역: 지천태, 풍산점)
주역의 상생 원리로 구현하는 차세대 DAO형 부동산 개발 플랫폼

전통 철학인 주역의 지혜를 현대의 블록체인 기술에 접목하여, 보다 투명하고 안정적인 부동산 개발의 새로운 패러다임을 제시합니다.

① 핵심 가치: 상하 소통과 협력을 통한 상생의 구조

본 프로젝트는 주역의 지천태(地天泰) 괘가 가진 '하늘과 땅이 소통하여 만물이 평안하다'는 원리를 핵심 가치로 삼습니다. 이는 부동산 개발 과정에서 참여자 간의 원활한 소통과 긴밀한 협력을 통해 프로젝트의 안정적인 성공을 도모함을 의미합니다.

② 기술적 구현: 평판 기반 스마트 컨트랙트와 DAO

단순한 협력을 넘어, 블록체인 기반의 'DAO(탈중앙화 자율조직)형 부동산 개발 플랫폼'을 구축합니다.

- 투명한 기록: 건축가, AI 분석가, 자금 투자자 등 모든 참여자의 '평판 점수'와 '기여도(Contribution)'를 블록체인상에 투명하게 기록합니다.
- 자동화된 보상: 기록된 데이터를 바탕으로 스마트 컨트랙트(프로토콜)에 의해 역할과 수익 배분이 자동으로 이루어져 신뢰도를 극대화합니다.

③ 실천 전략: 점진적 발전과 단계적 검증

주역의 풍산점(風山漸) 괘의 가르침에 따라, 서두르지 않는 '점진적인 발전과 안정'을 추구합니다. 개발의 각 단계별로 철저한 검증 과정을 거쳐 신뢰를 쌓아 나감으로써, 기술적 혁신과 철학적 안정이 조화를 이루는 프롭테크의 실무 예시를 완성합니다.

결과적으로, 이 모델은 주역의 '소통(태)'과 '단계적 성장(점)'이라는 고전적 가치를 블록체인의 '투명성'과 결합하여, 이해관계자 모두가 상생할 수 있는 혁신적인 부동산 개발 생태계를 지향합니다.

투자전략 연구 3. 시장 변화 예측 및 리스크 관리 시스템(주역: 수뢰둔, 택화혁)

주역의 통찰로 완성하는 AI 기반 스마트 리스크 관리 시스템

현대의 부동산 시장은 복잡한 변수들로 가득 차 있습니다. 본 시스템은 고전 주역(周易)의 두 가지 핵심 괘인 수뢰둔(水雷屯)과 택화혁(澤火革)의 원리를 AI 및 빅데이터 기술과 결합하여, 단순한 데이터 분석을 넘어 시장의 '흐름'과 '변곡점'을 꿰뚫는 혁신적인 투자 가이드를 제시합니다.

① 위기 속의 기회를 포착하는 '인사이트의 핵심'

본 전략의 핵심 가치는 '초기 혼돈의 극복'과 '근본적 변화의 수용'에 있습니다. AI 기반의 빅데이터 분석을 통해 시장이 보내는 위험 신호를 사전에 감지하고, 단순한 방어적 태도를 넘어 혁신이 필요한 최적의 시점을 정확히 도출해 내는 것이 목표입니다.

② 수뢰둔(水雷屯): 철저한 대비로 리스크를 차단하다

만물이 처음 태어날 때의 고난과 산고를 의미하는 '수뢰둔'의 지혜를 시스템에 이식했습니다.

- 조기 경보 시스템: AI가 금리, 정책 변동, 인구 이동 등 방대한 시장 데이터를 실시간으로 분석하여 부동산 시장이 '둔(屯, 곤란)'의 상태에 진입하기 전, 선제적인 위험 경고를 보냅니다.
- 신중한 의사결정: 시장의 불확실성이 높은 시기에는 무모한 확장보다는 리스크를 최소화하는 신중한 접근 방식을 제안하여 투자자의 자산을 보호합니다.

③ 택화혁(澤火革): 낡은 틀을 깨고 혁신으로 도약하다

묵은 것을 고쳐 새롭게 바꾼다는 '택화혁'의 원리는 시장의 대전환기를 기회로 만듭니다.

- 변곡점 예측: 기존의 낡은 개발 방식이 한계에 다다른 시점을 포착하고, 과감한 변화가 필요한 '혁(革, 혁신)'의 타이밍을 예측합니다.
- 미래 기술의 도입: 모듈러 건축, 탄소 중립 설계와 같은 최첨단 기술을 반영한 새로운 '프롭테크 프로토콜'로의 전환을 제안함으로써, 시장의 패러다임 변화를 주도합니다.

결과적으로 결국 성공적인 투자는 흐름을 읽는 눈에 달려 있습니다. 투자자는 주역의 가르침에 따라 어려울 때는 신중하게 내실을 기하고, 변화의 시기에는 AI가 제시하는 정교한 데이터를 바탕으로 과감하게 혁신적인 의사결정을 내릴 수 있습니다. 이것이 바로 기술이 지혜를 만나 완성되는 차세대 부동산 투자 전략의 본질입니다.

8.3 '1인 유니콘'과 부동산에 미치는 영향

기업이 해체되고 경제 활동의 중심이 개인과 프로젝트로 이동하는 프로토콜 경제의 최종적인 귀결은 무엇일까? 그것은 과거에는 상상조차 할 수 없었던 '1인 유니콘(One-Person Unicorn)', 즉 창업자 혼자서 기업 가치 1조 원 이상을 만들어 내는 회사의 등장이다. 이는 더 이상 공상과학 소설 속 이야기가 아니다. AI와 API 경제는 한 명의 개인이 전 세계의 AI 에이전트와 프리랜서 전문가들을 API를 통해 실시간으로 고용하여, 마치 수천 명의 직원을 둔 거대 기업처럼 일할 수 있는 기술적 기반을 이미 마련했기 때문이다.

'1인 유니콘'의 창업자는 모든 것을 직접 만드는 '장인'이 아니라, 흩어져 있는 최고의 자원들을 엮어 새로운 가치를 창출하는 '오케스트레이터'다. 그의 핵심 역량은 코딩 실력이나 마케팅 능력이 아니라, 어떤 문제를 풀어야 하는지에 대한 깊은 통찰력과 그 문제를 해결하기 위한 최적의 자원 조합을 찾아내는 '시스템 설계 능력'이다. 그는 자신의 비전을 실현하기 위해 AI 인프라(AWS), AI 모델(OpenAI), 결제 시스템(Stripe), 글로벌 인재(Upwork)를 레고 블록처럼 조립하여 거대한 가치를 창출한다.

이러한 '1인 유니콘'의 등장은 단순히 기술 산업의 흥미로운 현상을 넘어, 우리 사회의 물리적 기반인 부동산 시장, 특히 상업용 부동산 시장에 근본적이고 파괴적인 변화를 가져온다. 만약 미래 경제를 이끌어 갈 가장 혁신적인 기업들이 더 이상 수만 명의 직원을 필요로 하지 않는다면, 그들을 수용하기 위해 지어졌던 거대한 마천루들의 운명은 어떻게 될 것인가?

이 질문에 대한 답은 명확하다. 수만 명의 직원을 한곳에 모으는 것을 전제로 설계된 거대한 단일 기업의 사옥(Corporate Headquarters)에 대한 수요는 급격히 감소할 것이다. 뉴욕의 맨해튼, 서울의 강남 테헤란로를 상징했던 화려한 오피스 타워들은 20세기 산업 시대의 유물이 될 위험에 처해 있다. 이는 상업용 부동산의 종말을 의미하는 것이 아니라, 그 형태와 기능, 그리고 가치 평가 방식의 근본적인 '재편'을 의미한다.

그렇다면 어떤 새로운 형태의 부동산에 대한 수요가 폭발적으로 증가할 것인가?

첫째, 고도로 기술화된 주거 겸용 작업 공간(Live-Work Space)이다. '1인 유니콘'과 소규모 프로젝트 팀에게 집은 더 이상 휴식의 공간만이 아니다. 그곳은 아이디어가 탄생하고, 글로벌 팀과 협업하며, 가치가 창출되는 '헤드쿼터' 그 자체다. 따라서 초고속 인터넷, 방음 시설, 화상회의 시스템, 그리고 창의적 영감을 주는 디자인을 갖춘 고품질의 홈 오피스 공간에 대한 수요가 급증할 것이다.

둘째, 유연하고 분산된 협업 공간(Flexible & Distributed Hub)이다. 비록 대부분의 업무는 원격으로 이루어지지만, 인간은 여전히 얼굴을 맞대고 교류하며 창의적인 아이디어를 교환해야 할 필요가 있다. 하지만 그 공간은 더 이상 도심의 거대한 본사가 아니다. 대신, 필요할 때마다 시간 단위로 예약해서 사용할 수 있는 소규모의 분산된 오피스, 즉 '코워킹 스페이스'나 '거점 오피스'가 그 역할을 대체할 것이다. 부동산의 가치는 '소유'에서 '접근성'과 '유연성'으로 이동한다.

셋째, 데이터 센터와 물류 허브다. 물리적인 직원의 밀도는 감소하지만, 디지털 경제를 뒷받침하는 데이터의 밀도는 폭발적으로 증가한다. AI와 클라우드 서비스를 구동하기 위한 데이터 센터는 '21세기의 공장'이며, 온라인 거래의 최종 단계를 책임지는 첨단 물류 허브는 '21세기의 항구'다. 이들 산업용 부동산에 대한 수요는 계속해서 증가할 것이다.

결론적으로, '1인 유니콘'의 등장은 상업용 부동산의 가치 평가 기준을 '규모의 경제'에서 '네트워크의 경제'로 전환시킨다. 더 이상 얼마나 큰 건물을 소유하고 있는 지가 아니라, 그 공간이 얼마나 유연하게 다양한 인재와 자본, 데이터의 흐름을 연결하고 지원할 수 있는지가 가치의 핵심이 될 것이다.

이것만은 꼭!(This is a must)

변즉통[變卽通], 공간은 사람의 욕망을 따른다.

- **1인 유니콘의 등장**: AI와 API 경제는 한 명의 개인이 거대 기업처럼 일하며 1조 원 이상의 가치를 창출하는 '1인 유니콘'의 등장을 가능하게 한다.
- **대형 오피스 수요의 감소**: 경제 활동의 주체가 거대 기업에서 개인/소규모 팀으로 이동함에 따라, 중앙 집중식 대형 오피스 빌딩에 대한 수요는 구조적으로 감소할 것이다.
- **새로운 부동산 수요**: 대신, 고도로 기술화된 주거 겸용 작업 공간, 유연한 협업 공간(코워킹 스페이스), 그리고 데이터 센터와 같은 새로운 형태의 부동산에 대한 수요가 폭발적으로 증가할 것이다.

투자전략 연구 1. '마인크래프트(Minecraft)' 신화와 부동산의 교훈

2009년, 스웨덴의 무명 개발자 마르쿠스 페르손(Markus "Notch" Persson)은 혼자서 '마인크래프트'라는 게임을 개발하여 공개했다. 레고 블록처럼 생긴 단순한 그래픽의 이 게임은 전 세계적인 신드롬을 일으켰고, 2014년 그의 회사 '모장(Mojang)'은 마이크로소프트에 25억 달러(약 3조 원)라는 천문학적인 금액에 인수되었다.

여기서 주목해야 할 점은, 모장이 인수될 당시 직원이 불과 40여 명에 불과했다는 사실이다. 그들은 수억 명의 사용자를 가진 글로벌 플랫폼을 운영하면서도, 스톡홀름의 평범한 사무실 하나만을 사용했다. 그들에게는 실리콘밸리의 거대한 캠퍼스

나 맨해튼의 마천루가 필요 없었다. 그들의 진정한 자산은 물리적인 건물이 아니라, 전 세계 수백만 명의 팬들이 자발적으로 콘텐츠를 만들고 공유하는 '커뮤니티'라는 무형의 네트워크였기 때문이다.

마인크래프트의 신화는 '1인 유니콘' 현상이 부동산 시장에 던지는 교훈을 명확하게 보여 준다. 미래의 가장 가치 있는 기업들은 더 이상 거대한 물리적 공간에 인재를 가두어 두는 방식으로 성장하지 않는다. 그들은 전 세계에 흩어져 있는 인재와 고객들을 디지털 플랫폼으로 연결하고, 그 네트워크 자체를 자산으로 삼는다.

만약 당신이 부동산 투자자라면, 이제 질문을 바꾸어야 한다. "이 건물에 어떤 우량 기업을 임차인으로 유치할 수 있을까?"가 아니라, "이 공간을 어떻게 하면 마인크래프트의 커뮤니티처럼, 수많은 '1인 유니콘'들이 모여들고, 협업하며, 새로운 가치를 창출하는 '플랫폼'으로 만들 수 있을까?" 이 질문에 대한 답을 찾는 자가 미래 상업용 부동산 시장의 승자가 될 것이다.

투자전략 연구 2. 코워킹 스페이스 입지 분석 및 공간 재구성(主卦: 地風升, 지풍승)
데이터 기반 코워킹 스페이스 최적화: '지풍승(地風升)'의 원리와 성장의 결합

① 현황 및 문제의식: 공간 임대를 넘어 가치 창출로
최근 1인 유니콘 기업과 소규모 프로젝트 팀이 급증함에 따라 유연한 협업 공간(Co-working Space)에 대한 수요가 폭발적으로 늘고 있습니다. 하지만 이제는 단순히 '자리'를 빌려주는 물리적 공간 제공만으로는 경쟁력을 가질 수 없습니다. 지속 가능한 성장을 위해서는 공간 내 커뮤니티의 결합력과 네트워크 가치를 극대화하는 고도의 전략이 필수적입니다.

② 핵심 전략: '지풍승(地風升)' 괘의 현대적 해석
본 전략은 땅속의 기운이 위로 솟아올라 큰 나무로 성장하는 형상인 '지풍승(地風

升)'의 원리를 입지 분석 및 공간 재구성에 도입합니다.

- 입지 선정의 철학: 땅(地) 아래의 잠재적 자원이 바람(風)을 타고 위로 올라가 결실을 맺듯, 데이터 분석을 통해 발전 가능성이 높은 지역을 선점하고 투자합니다.
- 성장의 단계성: 주역의 '승(升)' 괘가 가진 단계별 상승(초효~상효)의 논리를 활용하여, 스타트업과 투자자, 전문가가 시기적절하게 매칭되는 점진적 성장 알고리즘을 구축합니다.

③ 실무적 적용 및 데이터 시스템 구축

단순한 직관이 아닌 AI와 빅데이터를 활용하여 코워킹 스페이스의 효율을 극대화합니다.

- 지역 밀도 분석: AI를 활용해 특정 지역 내 AI, API 경제 등 '1인 유니콘' 분야 종사자의 밀집도를 분석하여 최적의 입지를 도출합니다.
- 시너지 매칭 알고리즘: 커뮤니티 플랫폼 내에서 멤버 간의 협업 가능성을 데이터로 산출합니다. 초기 단계 스타트업이 필요한 전문가나 투자자를 단계별로 연결하여 네트워크의 가치를 체계적으로 상승시킵니다.

④ 기대 효과: 공간의 가치와 수익의 선순환

이 전략의 궁극적인 목적은 '성장 잠재력이 높은 멤버'를 유치하고, 그들이 서로를 끌어올려 주는 '자생적 커뮤니티 구조'를 설계하는 것입니다.

이러한 선순환 구조가 정착되면 코워킹 스페이스의 브랜드 가치가 상승하며, 이는 자연스럽게 사용료 수익 증대와 입주율 최적화로 이어집니다. 결국 '지풍승'의 원리는 단순한 공간 사업을 고부가가치 데이터·커뮤니티 비즈니스로 진화시키는 핵심 동력이 될 것입니다.

투자전략 연구 3. 구형 오피스 빌딩의 가치 재창조 및 용도 전환(主卦: 澤山咸, 택산함)
택산함(澤山咸) 원리를 통한 구형 오피스 빌딩의 가치 재창조 및 용도 전환

① 시대적 변화와 새로운 가치 패러다임

과거 오피스 빌딩의 가치가 단순한 공간의 '소유'에 머물렀다면, 이제는 '접근성'과 '유연성'이 그 가치를 결정하는 시대로 전환되었습니다. 대규모 집중형 오피스에 대한 수요가 감소함에 따라, 물리적 자산으로서의 빌딩은 이제 고정된 틀을 벗어나 시장 변화에 즉각적으로 반응하는 네트워크 중심의 유연한 복합 플랫폼으로 탈바꿈해야 합니다.

② '택산함(澤山咸)'의 철학적 응용: 소통과 감응

주역의 31번째 괘인 택산함(澤山咸)은 '연못(澤)'이 '산(山)' 위에 있어 서로 통하고 영향을 주고받으며 새로운 가치를 창출함을 상징합니다.

외부 환경(연못)의 요구에 내부 자산(산)이 민감하게 반응(感)하는 이 원리는, 빌딩이 단순히 멈춰 있는 건물이 아니라 시장의 수요와 사용자의 니즈에 실시간으로 교감하며 변화해야 함을 시사합니다.

③ 미래형 복합 공간(Live-Work-Data Hub)으로의 전환전략

단일 용도의 노후화된 오피스를 AI 기반 수요 감응형 복합 공간으로 재구성하여 자산 가치를 극대화합니다.

- 하이브리드 용도 전환: 주거(Live), 업무(Work), 물류/데이터(Data)의 세 가지

핵심 요소를 결합하여 기존 오피스를 데이터 센터나 물류 허브 등 새로운 시장 수요에 맞춰 유연하게 변모시킵니다.

- 지능형 가변 시스템(Ham-Reconfiguration System): 사물지능(AIoT)을 통해 사용자 데이터를 실시간으로 분석합니다. 이를 통해 낮에는 업무 공간을 확대하고, 밤에는 주거 및 데이터 센터 기능을 강화하는 등 공간의 면적을 가변적으로 조절하여 운영 효율을 극대화합니다.

④ 반응하는 자산이 살아남는다

결국 미래 부동산 투자의 핵심은 외부 변화를 빠르게 수용하고 그에 맞춰 스스로를 재구성하는 '감응(感應)의 역량'에 있습니다. 택산함의 원리를 적용한 공간 운용 전략은 구형 빌딩에 새로운 생명력을 불어넣고, 물리적 한계를 뛰어넘어 지속 가능한 자산 가치를 창출하는 최적의 시나리오가 될 것입니다.

8.4 요약 및 활용 가이드

1) 제8장 핵심 개념 요약

절(Section)	핵심 개념(Core Concept)	부동산학적 적용 (Application in Real Estate)
8.1 거래 비용의 종말	**API 경제:** AI와 API 기술이 기업의 존재 이유였던 '거래 비용'을 소멸시키고 있다.	부동산 개발 및 관리의 각 기능(설계, 시공, 마케팅, 회계 등)을 외부 전문 API 서비스로 대체 가능해지면서, 소규모 개발사의 시장 진입 장벽이 낮아짐.
8.2 기업에서 프로토콜로	**프로토콜 경제:** 경제 활동의 중심이 위계적인 '기업'에서, 자율적 참여자들의 규칙 기반 협력체인 '프로토콜'로 이동한다.	대규모 개발 프로젝트가 단일 시행사가 아닌, 블록체인 기반 프로토콜 위에서 다수의 전문가가 참여하는 분산형 프로젝트로 진행될 가능성.

8.3 '1인 유니콘'과 부동산	**수요의 재편**: '1인 유니콘'의 등장은 대형 오피스 수요를 감소시키고, 유연한 협업 공간과 고품질 주거 겸용 공간, 데이터 센터 수요를 증가시킨다.	전통적인 오피스 자산의 가치 하락 리스크에 대비하고, 코워킹, 코리빙, 데이터 센터 등 새로운 수요에 맞는 자산으로 포트폴리오를 전환해야 함.

2) 핵심 활용 가이드(Actionable Guide for Researchers & Practitioners)

본 장의 내용을 연구와 실무에 효과적으로 적용하기 위해 다음의 세 가지 지침을 따를 것을 제안한다.

(1) 당신의 '부동산 가치 사슬'을 해체하고 재조립하라.

당신이 부동산 개발자, 자산관리자, 혹은 중개인이라면, 당신의 업무 프로세스 전체를 나열해 보라. 그리고 각 단계를 "반드시 내부에서 해야 하는가?"라고 질문하라. 설계, 마케팅, 법률 검토, 고객 관리 등 외부의 더 효율적인 API나 AI 서비스로 대체할 수 있는 부분이 없는가? 당신의 핵심 역량에만 집중하고 나머지는 과감하게 아웃소싱함으로써, 당신은 더 적은 비용으로 더 민첩하고 경쟁력 있는 조직을 만들 수 있다.

(2) '평판'을 당신의 가장 중요한 자산으로 관리하라.

프로토콜 경제에서 당신의 가치는 당신의 직함이 아니라 당신의 평판에서 나온다. 지금부터 당신이 참여하는 모든 프로젝트에서 최고의 결과물을 내고, 동료들과의 약속을 철저히 지키며, 당신의 지식과 경험을 적극적으로 공유하라. 링크드인, 블로그, 전문 커뮤니티 등에서 당신의 전문성을 보여 주는 '디지털 흔적'을 의식적으로 남겨라. 이 평판 자산이 미래에 당신을 최고의 프로젝트로 이끌어 줄 것이다.

(3) '공간'이 아닌 '서비스'에 투자하라.

부동산 투자자라면, 단순히 좋은 입지의 건물을 매입하는 것을 넘어, 그 공간을

'플랫폼'으로 만들 수 있는 '서비스'에 투자하는 관점을 가져라. 예를 들어, 낡은 상가 건물을 매입했다면, 단순히 리모델링하여 임대하는 것을 넘어, 그곳을 지역의 '1인 기업가'들을 위한 네트워킹 허브로 만들 수는 없을까? 입주사들에게 공동 회계, 법률 서비스를 API 형태로 저렴하게 제공하고, 네트워킹 이벤트를 주최하는 등 '소프트웨어'적 가치를 더할 때, 당신의 부동산은 단순한 임대 수익을 넘어선 새로운 가치를 창출할 것이다.

제9장

일터의 재정의: 포스트-오피스 시대의 도시

일터와 도시의 재편

1. 하이브리드 혁명	2. 15분 도시	3. 적응형 재사용
사무실의 목적이 생산을 위한 '공장'에서 문화와 혁신을 위한 '허브'로 변화. 가치 기준은 점유에서 '경험'으로	직주분리가 깨지면서 도시가 분산화. 부동산 가치 기준이 도심 접근성에서 '동네의 완성도'로 이동.	수요가 감소한 낡은 오피스 빌딩을 주거, 수직 농장, 데이터 센터 등으로 용도 변경하여 새로운 가치 창출.

미래 도시의 변화와 새로운 가치 창출(Future Cities and New Value Creation)

개념도 설명: 하이브리드 업무 환경과 15분 도시로의 전환, 유휴 공간의 창의적 재사용을 통해 도시 구조를 재편하고, 단순 점유를 넘어선 경험 중심의 새로운 미래 가치를 창출하는 모델입니다.

9.1 하이브리드 혁명: '문화적 허브'로서의 사무실

2020년, 코로나19 팬데믹은 인류 역사상 가장 거대한 '원격 근무 실험'을 강제했다. 수십억 명의 지식 노동자들이 하루아침에 사무실이 아닌 자신의 집, 혹은 원하는 장소에서 일하기 시작했다. 처음에는 일시적인 비상 조치로 여겨졌던 이 변화는, 이제 돌이킬 수 없는 거대한 흐름이 되었다. 클라우드 컴퓨팅, 협업 툴, 그리고 이제 AI와 같은 기술의 발전이 더 이상 물리적인 공간에 얽매이지 않고도 높은, 혹은 그 이상의 생산성을 유지하는 것을 가능하게 만들었기 때문이다.

수많은 연구와 조사가 이러한 변화를 뒷받침한다. Microsoft의 연구에 따르면 대다수의 정보 노동자들은 완전한 사무실 복귀나 완전한 원격 근무보다는 이 둘을 결합한 하이브리드 모델을 선호하는 것으로 나타났다. 스탠퍼드 대학의 연구에서는 하이브리드 근무가 직원의 만족도를 높이고 퇴사율을 33%나 낮추면서도, 생산성이나 승진에는 부정적인 영향을 미치지 않는다는 '윈-윈-윈'의 결과를 보여 주었다. 이제 "일 = 사무실 출근"이라는 20세기 산업 시대의 공식은 명백히 깨졌다.

이러한 변화는 기업의 리더들과 부동산 소유주들에게 근본적인 질문을 던진다. "만약 직원들이 집중적인 개인 업무를 집에서 더 효율적으로 할 수 있다면, 우리는 왜 비싼 임대료를 내며 거대한 사무 공간을 유지해야 하는가? 사무실은 이제 무엇을 위해 존재해야 하는가?" 이 질문에 대한 답을 찾지 못하는 기업은 불필요한 비용을 낭비하게 될 것이고, 이 질문에 대한 답을 찾지 못하는 오피스 빌딩은 '좌초 자산(Stranded Asset)'으로 전락할 위험에 처해 있다.

문제의 핵심은, 우리가 '사무실'의 목적과 기능을 낡은 관성으로 바라보고 있다는 점이다. 과거의 사무실은 생산을 위한 '공장'이었다. 직원들은 정해진 시간에 출근하여 컨베이어 벨트 위의 노동자처럼 각자의 책상에서 할당된 업무를 처리했다. 하지만 지식 노동의 본질이 바뀌고, 협업과 창의성이 가장 중요한 가치가 된 지금, 사무실은 더 이상 개인 업무를 위한 공간이어서는 안 된다.

새로운 패러다임에서 본사(HQ)의 역할은 근본적으로 변모해야 한다. 본사는 더 이상 매일 출근하여 개인 업무를 하는 '기본값(Default)'이 아니라, 조직의 비전을 공유하고, 팀원들과 깊은 유대감을 형성하며, 우연한 마주침 속에서 창의적인 아이디어를 발상하는 특별한 목적을 위한 '목적지(Destination)'가 되어야 한다. 즉, 사무실은 '문화적 허브(Cultural Hub)'이자 '혁신의 성소(Sanctuary for Innovation)'로서 그 존재 이유를 다시 찾아야 한다. Microsoft의 연구에 따르면, 직원들의 73%는 단순히 회사의 기대를 충족시키기 위해서가 아니라, 사무실에 가야 할 '더 나은 이유'가 필요하다고 응답했다. 그리고 그 가장 강력한 이유는 바로 동료들과의 사회적 연결

(Socializing)과 팀 유대감 재건이었다.

경험 가치 뿌리, 협업 열매 가지

- **하이브리드 혁명**: 기술의 발전으로 원격 근무가 보편화되면서, '일=사무실'이라는 공식이 깨지고 하이브리드 근무가 새로운 표준으로 자리 잡았다.
- **사무실의 새로운 목적**: 사무실은 더 이상 개인의 집중 업무를 위한 공간이 아니다. 그 새로운 목적은 조직의 문화를 형성하고, 팀의 사회적 유대를 강화하며, 창의적 협업을 촉진하는 '문화적 허브'가 되는 것이다.
- **목적지로서의 오피스**: 미래의 사무실은 직원들이 '와야만 하는' 곳이 아니라, 특별한 경험과 상호작용을 위해 '오고 싶어 하는' 매력적인 목적지로 재설계되어야 한다. 부동산의 가치는 '점유'가 아닌 '경험'에서 창출된다.

투자전략 연구 1. 마이크로소프트와 구글, 사무실의 '목적'을 재설계하다

글로벌 테크 산업을 이끄는 두 거인, 마이크로소프트와 구글은 포스트-팬데믹 시대의 사무실의 역할을 재정의하기 위해 각기 다른, 그러나 본질적으로는 같은 방향을 향하는 실험을 진행하고 있다. 이들의 사례는 미래 사무실이 나아가야 할 방향에 대한 중요한 시사점을 제공한다.

마이크로소프트는 '의도성(Intentionality)'을 강조하며, 사무실 출근이 의미 있는 '중요한 순간(Moments That Matter)'에 집중되어야 한다고 주장한다. 그들이 내부 데이터를 통해 발견한 '중요한 순간'은 크게 세 가지다. 첫째, 새로운 팀원이 합류하여 조직 문화를 배우고 동료들과 관계를 맺는 '온보딩' 과정. 둘째, 새로운 프로젝트를 시작하며 아이디어를 브레인스토밍하고 공동의 목표를 설정하는 '킥오프' 단계.

셋째, 팀의 유대감을 강화하고 비공식적인 신뢰를 쌓는 '팀 빌딩' 활동이다. 실제로 그들의 연구에 따르면, 대면으로 프로젝트를 시작할 때 가상으로 할 때보다 14% 더 많은 아이디어가 생성되었다. 이는 사무실이 '언제나' 와야 하는 곳이 아니라, '이러한 목적을 위해' 와야 하는 곳으로 재정의되었음을 의미한다.

반면, 구글은 사무실의 '공간 자체'를 혁신하는 데 더 집중하고 있다. 그들은 전통적인 책상 배열에서 벗어나, 팀의 필요에 따라 가구 배치를 쉽게 바꿀 수 있는 레고 블록 같은 '팀 포드(Team Pods)'를 실험하고 있다. 또한, 원격 근무자와 현장 근무자 간의 위화감을 없애기 위해 원형 테이블에 대형 스크린을 결합한 '캠프파이어(Campfire)'라는 새로운 형태의 회의실을 개발했다. 심지어 실리콘밸리 본사의 주차장을 개조하여 야외에서 일할 수 있는 '캠프 찰스턴'을 만드는 등, 사무실을 더 이상 딱딱한 업무 공간이 아닌, 유연하고 즐거운 경험의 공간으로 바꾸려는 시도를 하고 있다.

이 두 기업의 접근 방식은 표면적으로는 달라 보이지만, 본질적으로는 같다. 즉, 사무실의 가치는 더 이상 '점유(Occupancy)'에서 나오는 것이 아니라, 그곳에서 이루어지는 '상호작용(Interaction)'과 '경험(Experience)'에서 나온다는 것이다. JLL의 2025년 디자인 트렌드 보고서 역시, 사무실 디자인의 초점이 출석률과 같은 지표에서 혁신, 인재 유치와 같은 결과 중심으로 이동하고 있으며, 사회적 연결과 커뮤니티를 육성하는 공간의 역할이 그 어느 때보다 중요해질 것이라고 예측한다. 미래의 성공적인 오피스 빌딩은 단순히 책상을 제공하는 공간이 아니라, 최고의 인재들이 모여들고 싶어 하는 '매력적인 목적지'가 되어야만 살아남을 수 있다.

투자전략 연구 2. 하이브리드 업무 공간 최적화(택풍대과 澤風大過 ䷛)

하이브리드 시대, 공간의 '대과(大過)'를 넘어 혁신으로

① 문제의 본질: 무너진 균형, '택풍대과'의 위기

현재의 사무 공간은 '택풍대과(기둥이 휘어지는 형국)'의 위기에 직면해 있습니다. 네 개의 양효가 중앙에 과하게 몰려 있는 괘의 형상처럼, 기존 사무실은 오직 '개인 집중 업무'에만 지나치게 치우쳐 설계되어 있습니다. 이로 인해 현대 비즈니스의 핵심인 '협업과 소셜라이징'이라는 기초(시작과 끝)가 부실해지는 불균형이 발생하고 있습니다.

② 해결 전략: 프롭테크(Proptech)를 통한 공간의 재정의

이러한 불균형을 해소하기 위해 단순한 점유율 측정에서 벗어나, AI 기반의 정밀한 공간 분석이 필요합니다.

- 데이터 중심 분석: 직원의 상호작용 지수와 협업 빈도를 측정하여 공간의 실질적인 활용도를 파악합니다.
- 공간의 재배치: 과도한 개인 업무 공간은 재택근무나 예약제 공유 오피스로 분산시키고, 사무실 내에는 팀 프로젝트와 소통을 위한 '문화 허브(라운지, 팀 팟 등)' 기능을 강화하여 공간의 균형(過猶不及)을 되찾아야 합니다.

③ 기대 효과: 좌초자산에서 '경험의 목적지'로의 전환

이러한 최적화 전략은 단순히 비용을 절감하는 것이 아니라, 가치가 하락하는 사무실의 좌초자산(Stranded Asset) 위험을 방어하는 핵심 투자 전략입니다. 부동산 가치를 물리적 면적 중심에서 '경험 기반의 목적지'로 전환함으로써, 기업의 투자 효율성을 증대시키고 조직의 생산성을 극대화하는 결과를 낳을 것입니다.

투자전략 연구 3. 미래형 오피스 개발 및 투자 결정(천화동인 天火同人 ☰)

미래형 오피스 개발의 핵심: '천화동인'의 가치와 프롭테크의 결합

① 시대적 통찰: '공동체'가 곧 프리미엄이 되는 시대

미래의 오피스는 단순히 물리적인 업무 공간을 대여하는 곳이 아닙니다. 주역의 천화동인(天火同人) 괘가 상징하듯, '하늘(乾) 아래 불(離)이 타오르는 형상', 즉 공적인 가치를 중심으로 사람들이 모여 화합하는 상태가 개발의 핵심 가치가 되어야 합니다. 성공적인 오피스 투자를 위해서는 건물의 외형보다 그 안에서 형성될 '커뮤니티와 비전의 공유'를 최우선 가치로 삼는 통찰이 필수적입니다.

② 전략적 실행: 데이터와 설계로 구현하는 '상호작용'

단순한 면적 위주의 임대 모델에서 벗어나, 입주사 간의 연결성을 극대화하는 프롭테크 기반의 실천 전략을 제안합니다.

- 데이터 기반 시장 예측: 단순 면적이 아닌 '커뮤니티 조성 능력'과 '경험 가치'를 정량화해야 합니다. 입주사의 만족도와 소셜 이벤트 참여율 등을 예측하는 프롭테크 지표를 통해 투자의 타당성을 분석합니다.
- 상호작용을 촉진하는 공간 설계: 빌딩 내 커뮤니티 전용 공간과 루프탑 캠프파이어 구역 등 입주민들이 자연스럽게 섞일 수 있는 시설을 의무화합니다. 여기에 입주사 간 연결을 돕는 전용 앱(App)을 도입하여 디지털과 아날로그가 결합된 초연결 오피스를 구축합니다.

③ 기대 효과: 지속 가능한 성장을 향한 '매력적인 목적지'

이러한 '천화동인' 전략의 종착지는 단순히 건물을 채우는 것이 아니라, 최고의 인재와 혁신 기업들이 스스로 찾아오게 만드는 '매력적인 목적지(Attractive Destination)'로서의 위상을 확보하는 것입니다. 이는 결과적으로 우량 임차인의 이탈을 막고 장기적인 임대 안정성을 증대시켜, 자산 가치의 극대화라는 선순환 구조를 완성할 것입니다.

9.2 15분 도시: 도시 생활의 분산화

수십 년간, 현대 도시의 구조는 하나의 거대한 원심력과 구심력에 의해 지배되어 왔다. 낮에는 수백만 명의 사람들이 위성 도시와 교외 지역에서 도심의 중앙업무지구(CBD)로 출근하고(구심력), 저녁이 되면 다시 썰물처럼 흩어져 각자의 집으로 돌아가는(원심력) 패턴의 반복. 이 거대한 통근의 흐름은 20세기 산업 시대가 만들어 낸 '직주분리(職住分離)', 즉 일터와 삶터의 공간적 분리라는 도시 모델의 필연적인 결과였다.

하지만 제9.1절에서 논의했듯, 하이브리드 근무의 확산은 이 거대한 흐름의 전제 자체를 무너뜨리고 있다. 사람들이 더 이상 매일 도심으로 출퇴근할 필요가 없어진다면, 도시의 공간 구조는 어떻게 재편될 것인가? 이는 단순히 교통량 감소의 문제를 넘어, 지난 100년간 우리가 당연하게 여겨 온 도시의 근본적인 형태와 기능이 해체되고 재구성되는 거대한 지각 변동을 의미한다.

이러한 변화의 방향을 제시하는 가장 영향력 있는 비전이 바로 파리 소르본 대학의 카를로스 모레노(Carlos Moreno) 교수가 주창한 '15분 도시(15-Minute City)' 개념이다. 이 모델의 핵심은, 도시를 거대한 단일 중심(Monocentric) 구조에서 벗어나, 시민들이 자신의 집에서 도보나 자전거로 15분 거리 안에서 일, 쇼핑, 교육, 의료, 문화, 여가 등 6가지 필수적인 사회 기능을 모두 해결할 수 있는 다수의 자족적인 근린 생활권(Polycentric) 네트워크로 전환시키는 것이다.

이는 도시를 '자동차의 스케일'에서 '인간의 스케일'로 되돌리려는 시도다. 15분 도시는 단순히 편리함을 넘어, 기후 변화에 대응하고(탄소 배출 감소), 지역 경제를 활성화하며(로컬 비즈니스), 사회적 고립을 해소하고 공동체를 복원하는(사회적 상호작용 증진) 다차원적인 목표를 가진다.

이러한 도시 구조의 분산화는 부동산 시장에 지대한 영향을 미친다. 첫째, 부동산의 가치 평가 기준이 바뀐다. 과거에는 '강남 접근성'과 같은 도심 접근성이 부동산 가치를 결정하는 가장 중요한 단일 잣대였다. 하지만 15분 도시 모델에서는 '우리 동네의 완성도'가 더 중요한 기준이 된다. 즉, 우리 동네에 좋은 공원, 매력적인 상점, 양질의 학교, 그리고 다양한 커뮤니티 시설이 얼마나 잘 갖추어져 있는지가 부동산의 가치를 결정하게 될 것이다.

둘째, 그동안 저평가되었던 교외 및 지방 도시의 가치가 재평가될 것이다. 원격 근무가 가능한 지식 노동자들은 더 이상 비싼 도심에 살 이유가 없다. 그들은 더 쾌적한 자연환경과 넓은 주거 공간을 찾아 교외나 지방으로 이동하면서도, 잘 갖춰진 '15분 생활권' 안에서 도시적인 삶의 질을 누리고 싶어 할 것이다. 이는 도시의 무분별한 팽창을 막고, 국토의 균형 발전에 기여할 수 있는 새로운 기회가 될 수 있다.

이것만은 꼭!(This is a must)

삶의 질 가치, 다학을 잡아라.

- **15분 도시 개념:** 하이브리드 근무 시대의 새로운 도시 모델로, 주민들이 15분 거리 내에서 6대 필수 기능(주거, 업무, 상업, 의료, 교육, 여가)을 해결할 수 있는 자족적 근린 생활권 네트워크를 지향한다.
- **가치 기준의 변화:** 부동산의 가치는 '도심 접근성'에서 '지역 내 편의성 및 삶의 질'로 이동한다. 잘 갖춰진 동네 인프라가 집값을 결정하는 핵심 요인이 된다.
- **도시 구조의 재편:** 거대한 도심 중심의 단핵(Monocentric) 구조에서 다수의 지역 거점을 중심으로 하는 다핵(Polycentric) 구조로 도시가 재편되며, 이는 교외 및 지방 도시의 가치를 재평가하는 계기가 된다.

투자전략 연구 1. 파리, 자동차의 도시에서 보행자의 도시로

'15분 도시' 개념을 세계적인 도시 계획 의제로 만든 도시는 바로 프랑스 파리다.

안 이달고(Anne Hidalgo) 시장의 강력한 리더십 아래, 파리는 지난 10여 년간 자동차 중심의 도시 구조를 인간 중심의 '근접성(Proximity)' 경제로 전환하기 위한 과감하고 일관된 정책들을 추진해 왔다.

가장 상징적인 변화는 센 강변 도로의 폐쇄였다. 과거 하루 4만 대 이상의 차량이 달리던 도심 고속도로였던 센 강 우안 도로는 2016년, 전면 차량 통행이 금지되고 거대한 선형 공원으로 탈바꿈했다. 이 결정은 극심한 반대에 부딪혔지만, 파리의 대기오염을 줄이고 시민들에게 공공 공간을 되돌려주겠다는 확고한 비전의 상징이었다. 그 결과 파리의 자동차 교통량은 2011년 이후 45% 감소했고, 질소산화물 오염은 40% 줄었다.

동시에 파리는 자전거 인프라에 막대한 투자를 단행했다. 2021-2026 계획에 따라 2억 5천만 유로를 투자하여, 도시 전역에 1,000km가 넘는 안전한 자전거 도로망을 구축했다. 또한, 도시 곳곳의 주차 공간을 없애고 그 자리에 공원, 놀이터, 노천카페를 만드는 '거리의 재발견' 프로젝트를 진행했다. 학교 운동장을 주말에는 지역 주민들을 위한 공원으로 개방하는 등, 기존 공공시설의 활용도를 높여 '다기능 공간'으로 전환하는 정책도 추진했다.

물론 이러한 급진적인 변화에는 그림자도 존재한다. 15분 도시 정책으로 인해 특정 지역의 삶의 질이 향상되면서 부동산 가격이 급등하고, 이로 인해 기존의 저소득층 주민들이 쫓겨나는 '젠트리피케이션' 현상이 심화될 수 있다는 비판이다. 이에 파리시는 사회주택 공급을 늘리고, 지역 상점의 임대료를 낮추는 등 부작용을 최소화하기 위한 정책을 병행하고 있다. 파리의 실험은 15분 도시가 단순히 아름다운 유토피아가 아니라, 복잡한 사회적, 경제적 과제를 동반하는 현실적인 도시 혁명임을 보여 준다.

투자전략 연구 2. '가치 재평가' AI 엔진: 지천태(地天泰) 괘 활용

데이터로 완성하는 도시의 미래: '태평(泰平) 지수' AI 가치 평가 엔진

① 패러다임의 전환: 교통 중심에서 '삶의 질' 중심으로

과거의 부동산 가치가 단순히 도심(CBD)으로 얼마나 빨리 이동하느냐는 '교통 접근성'에만 매몰되어 있었다면, 당사의 AI 엔진은 주거의 본질인 '지역 내 편의성 및 삶의 질'로 그 기준을 완전히 전환합니다. 이제 부동산의 가치는 외부로 나가는 길이 아니라, 내가 머무는 15분 거리 안에서 얼마나 풍요로운 삶을 누릴 수 있느냐에 따라 재편될 것입니다.

② 정밀한 데이터 분석: 15분 생활권의 양적 · 질적 완결성

당사의 AI 가치 평가 엔진은 특정 주거지를 기점으로 도보 15분 이내에 위치한 교육, 의료, 상업, 공원, 커뮤니티 시설 등 자족적 기능을 수행하는 인프라를 추적합니다. 단순히 시설의 유무를 파악하는 것을 넘어, 빅데이터를 기반으로 각 시설의 양적 · 질적 수준을 입체적으로 분석하여 해당 지역의 자생력을 정밀하게 진단합니다.

③ 동양 철학의 현대적 해석: '지천태(地天泰)'와 '태평 지수'

우리는 주역의 '지천태(地天泰)' 괘가 가진 상생의 원리를 기술에 접목했습니다. 땅(坤)이 하늘(乾) 위에 있어 음양이 교류하고 만물이 통하는 태평함의 형상처럼, '하늘의 뜻(가치)'이 '땅(지역 인프라)'에 완벽히 구현된 상태를 '태평 지수'로 수치화 했습니다. 이는 지역 인프라의 완성이 곧 부동산 가치의 안정적인 상승과 직결됨을 의미하는 독보적인 평가지표입니다.

④ 미래 가치의 선점: 시뮬레이션 기반의 재평가 보고서

당사는 단순한 현재가 측정을 넘어, '15분 도시 전환 정책 시뮬레이션'을 통해 미

래의 가치 변화를 예측합니다. 분석된 데이터를 바탕으로 해당 지역 부동산의 미래 가치를 새롭게 정의하는 '가치 재평가 보고서'를 제공함으로써, 투자자와 거주자 모두에게 가장 과학적이고 통찰력 있는 의사결정 가이드를 제시합니다.

투자전략 연구 3. '변화 예측' 입지 컨설팅: 화풍정(火風鼎) 괘 활용

화풍정(火風鼎) 괘를 활용한 도시 변화 예측 및 입지 컨설팅

① 도시 패러다임의 혁신적 전환: '단일 중심'에서 '다핵 중심'으로

과거의 도시는 하나의 거대 중심지를 기반으로 하는 단일 중심(Monocentric) 모델이었습니다. 하지만 현재 우리는 낡은 것을 새롭게 변화시켜 인재를 양성하고 문명을 발전시킨다는 '화풍정(火風鼎, 솥)'의 의미처럼 거대한 변화의 기로에 서 있습니다. 이제 도시는 분산된 거점들이 유기적으로 연결되는 다핵 중심(Polycentric) 모델로 재편되며 새로운 가치를 창출하고 있습니다.

② 데이터 기반의 정밀한 변화 예측: 15분 도시와 자족 생활권

본 전략은 '15분 도시' 전환 정책에 따라 새롭게 형성되는 지역별 거점을 예측합니다. 빅데이터 기반 시뮬레이션을 통해 교통 인프라의 변화, 자전거 도로 및 근린 공공 시설 확충 계획 등 도시 계획 데이터를 정밀 분석합니다. 이를 통해 마치 솥(鼎) 안의 음식이 끓어오르듯, 어떤 구역이 새로운 자족 생활권의 중심으로 급부상할지 선제적으로 포착합니다.

③ 미래 가치의 재발견: 원격 근무와 외곽 지역의 가치 상승

특히 주목해야 할 지점은 원격 근무가 가능한 노동자들의 교외 이주 패턴입니다. 이러한 주거 트렌드 변화는 기존 도심 외곽 지역에 새로운 활력을 불어넣고 있습니다. 학교나 커뮤니티 시설이 재편성되는 지역을 중심으로 기존 도심 외곽 주거지의

‘재평가’ 가능성을 분석함으로써, 투자자들에게 미래 가치 상승 잠재력이 높은 최적의 입지 컨설팅을 제공합니다.

9.3 콘크리트 거인의 용도 변경: 오피스 빌딩에서 수직 농장으로

제7장과 제8장에서 논의한 ‘일의 재구성’과 ‘기업의 해체’는 제9.1절과 9.2절에서 살펴본 ‘일터의 재정의’와 ‘도시의 분산화’로 이어진다. 이 강력한 인과 사슬의 최종적인 귀결은 바로 전 세계 대도시의 심장부를 지탱해 온 상업용 부동산 시장, 특히 오피스 빌딩의 실존적 위기다.

데이터는 이 위기의 심각성을 명확히 보여 준다. 맥킨지 연구에 따르면, 팬데믹 이후 주요 9개 글로벌 도시의 오피스 공실률은 평균 8%에서 14%로 급등했으며, 2030년까지 오피스 수요는 2019년 대비 평균 13% 감소할 것으로 예측된다. 특히 원격 근무 전환이 가장 급격했던 샌프란시스코의 경우, 오피스 공실률은 2019년 대비 10%p 이상 치솟았고, 2030년 수요는 20%까지 감소할 것으로 전망된다. 맨해튼의 오피스 공실률 역시 22%를 넘어서는 등, 과거 세계 경제의 중심이었던 마천루들은 이제 ‘콘크리트 거인’의 무덤이 될 위기에 처해 있다.

이러한 현상은 단순히 일시적인 경기 침체 때문이 아니라, 일하는 방식의 근본적인 변화로 인한 구조적인 수요 감소이기에 더욱 심각하다. 이 위기는 상업용 부동산 대출 부실로 이어져 다음 금융 위기의 뇌관이 될 수 있다는 경고까지 나오고 있다.

하지만 모든 위기는 동시에 새로운 기회를 잉태한다. 텅 비어 가는 도심의 낡은 오피스 빌딩들은 20세기 산업 시대의 유물로 방치될 수도 있지만, 반대로 21세기의 새로운 도시적 필요를 담아내는 혁신적인 공간으로 재탄생할 수도 있다. 이 오래된 건물에 새로운 생명력을 불어넣는 과정이 바로 ‘적응형 재사용(Adaptive Reuse)’이다. 건물을 완전히 허물고 새로 짓는 것보다 기존 구조를 재활용하는 것은 탄소 배출을 줄이는 지속 가능한 방법일 뿐만 아니라, 도시의 역사와 기억을 보존하는 문화적인 행위이기도 하다.

그렇다면 낡은 오피스 빌딩은 어떤 새로운 용도로 재탄생할 수 있을까? 주거 공간으로의 전환이 가장 먼저 떠오르지만, 깊고 창문이 적은 오피스 건물의 구조적 특성상 모든 건물이 주거용으로 적합한 것은 아니다. 우리는 더 창의적인 상상력을 발휘해야 한다. 예를 들어, 도시 농장(Vertical Farm), 웰니스 센터, 데이터 센터, 문화 예술 공간, 물류 허브 등 혁신적인 용도 변경은 도시 경관을 바꾸고 새로운 투자 기회를 만들어 낼 것이다.

이것만은 꼭!(This is a must)

뿌리의 변화로 새로운 가치를 창조하라.

- **오피스 시장의 구조적 위기:** 하이브리드 근무의 확산으로 인해 글로벌 주요 도시의 오피스 공실률이 급등하고 있으며, 이는 일시적 현상이 아닌 구조적 변화다.
- **적응형 재사용(Adaptive Reuse):** 텅 비어 가는 낡은 오피스 빌딩을 허무는 대신, 주거, 도시 농장, 데이터 센터 등 새로운 시대의 요구에 맞는 용도로 변경하는 것이 지속 가능한 해결책이다.
- **창의적 자본의 시대:** 미래 부동산 투자의 핵심 경쟁력은 신축 개발이 아니라, 기존 자산의 잠재력을 발견하고 새로운 가치를 부여하는 창의적인 '용도 변경' 능력에서 나올 것이다.

투자전략 연구 1. 서버 팜에서 수직 농장으로: '빈스토크(Beanstalk)'의 혁신

미국 버지니아주 헌든(Herndon)에 위치한 한 낡고 버려진 데이터 센터는 적응형 재사용의 혁신적인 가능성을 보여 주는 흥미로운 사례다. 데이터 센터, 즉 '서버 팜

(Server Farm)'은 수많은 서버를 보관하기 위해 창문이 없고, 강력한 냉방 및 전력 시스템을 갖추고 있으며, 천장고가 높은 특징을 가진다. 이러한 특성은 주거용으로는 부적합하지만, 다른 용도에는 완벽한 조건이 될 수 있다.

농업 기술 스타트업인 '빈스토크(Beanstalk)'는 바로 이 점에 주목했다. 그들은 이 버려진 데이터 센터를 최첨단 '수직 농장(Vertical Farm)'으로 개조했다. 수직 농장은 통제된 실내 환경에서 LED 조명과 수경재배 기술을 이용해 농작물을 다층으로 재배하는 방식이다. 창문이 없는 데이터 센터의 구조는 외부 환경의 영향을 완벽히 차단하고 빛과 온도, 습도를 정밀하게 제어해야 하는 수직 농장에 이상적인 환경을 제공했다. 기존의 강력한 전력 및 냉방 인프라는 그대로 활용하여 비용을 절감할 수 있었다.

그 결과, 이 '서버 팜'은 샐러드 채소와 허브를 생산하는 진짜 '농장(Farm)'으로 재탄생했다. 이 수직 농장은 전통적인 노지 재배에 비해 100배 이상의 생산성을 보이며, 살충제를 전혀 사용하지 않고, 물 사용량은 95% 이상 절감한다. 무엇보다 도심 한복판에서 신선한 농산물을 생산하여, 장거리 운송 과정에서 발생하는 탄소 배출과 영양소 손실을 없애고 지역 사회에 건강한 먹거리를 공급한다. 독일 부퍼탈의 낡은 백화점을 수직 농장으로 전환하는 건축학적 연구 사례 역시 이러한 가능성을 뒷받침한다.

이 사례는 낡은 오피스 빌딩의 용도 변경이 단순히 공실을 채우는 소극적인 해결책을 넘어, 도시의 식량 안보, 지속 가능성, 그리고 커뮤니티 활성화에 기여하는 적극적인 '도시 재생' 전략이 될 수 있음을 보여 준다. 미래의 성공적인 부동산 투자는 더 이상 최고의 입지에 가장 높은 건물을 짓는 것이 아니라, 낡은 자산 속에 숨겨진 잠재력을 발견하고, 그 안에 새로운 시대의 생명력을 불어넣는 창의적인 상상력에 달려 있을 것이다.

투자전략 연구 2. 오피스 빌딩 '적응형 재사용' 타이밍 분석: 산천대축(山天大畜)

- **주역 괘: 산천대축(山天大畜)**
  - **괘의(卦意):** 멈춰서(山) 큰 힘을 축적하고(大畜) 때를 기다린다(天). 외적으로는 멈춤이나, 내부적으로는 성장을 위한 준비를 의미한다.
- **프롭테크 적용 시나리오: '공실' 오피스 빌딩의 용도 변경 및 투자 시점 분석**
  - **현실 분석:** 오피스 빌딩의 **공실률 급등**(이미지 내용)은 당장의 수익 창출이 어렵고, 시장이 침체(山)된 상황을 반영한다. 그러나 이는 곧 '적응형 재사용'이라는 새로운 투자 기회를 준비할(大畜) 시점이다.
- **프롭테크 활용:**
  - **A.I. 기반 공실률/시장 침체 심도 분석**: 특정 지역의 오피스 공실 데이터를 **딥러닝**으로 분석하여 '침체기 지속성'을 예측하고, '적응형 재사용'이 투자 매력을 얻을 최적의 전환점(Turning Point)을 식별한다.
  - **BIM/디지털 트윈 기반 시뮬레이션**: 버려진 오피스 건물을 **수직 농장, 헬스 센터, 주거** 등 다양한 용도로 변경했을 때의 **설계 변경 비용, 에너지 효율(LED, 냉난방), 예상 수익률**을 가상으로 시뮬레이션하고, 가장 높은 '축적 가치'를 가진 용도를 결정한다.

대축 괘는 현 상황을 무조건적인 하락이 아닌, '내부적 혁신을 위한 준비 기간'로 해석하게 하여 섣부른 매각 대신, 프롭테크 분석을 통해 **최적의 '적응형 재사용' 타이밍과 용도를 축적**하는 전략을 제시한다.

투자전략 연구 3. 수직 농장(Vertical Farm)의 지역사회 연계 전략: 수풍정(水風井)

- **주역 괘: 수풍정(水風井)**
  - **괘의(卦意):** 샘(水)은 마르지 않고(井), 바람(風)처럼 끊임없이 퍼져나간다. 변하지 않는 본질(우물)이 세상에 지속적인 혜택을 제공함을 의미한다.

- 프롭테크 적용 시나리오: 도시 재생 시설('수직 농장')의 지속 가능한 운영 및 커뮤니티 활성화
  - **현실 분석:** 오피스 변환 **수직 농장**은 신선한 농산물을 공급(이미지 내용)하고 지역 사회에 기여하여 **지속 가능성**을 높여야 한다. '우물'처럼 변치 않고 사람들에게 이익을 제공해야만 가치를 유지한다.
- 프롭테크 활용:
  - **IoT/블록체인 기반 투명한 공급망 구축:** 농장에서 생산된 농산물의 **생산 이력(탄소 배출량 감소, 물 사용량 절감), 유통 경로, 신선도** 등의 데이터를 **블록체인**에 기록하여 지역 주민들에게 투명성(우물의 맑음)을 제공하고 신뢰를 구축한다.
  - **A.I. 기반 커뮤니티 수요 예측 및 맞춤형 서비스:** 지역 주민들의 **선호 농산물, 방문 시간대, 커뮤니티 프로그램 참여 의사** 등을 분석하여 수직 농장 내 **스마트팜 체험, 교육, 직거래 장터** 등 **'바람처럼 퍼지는'** 다양한 이벤트를 기획하고, 이를 통해 **지속적인 지역 연계**를 강화한다.

정 괘는 수직 농장이라는 **새로운 형태의 부동산 자산**이 '마르지 않는 우물'처럼 **지역 사회에 필수적인 가치를 지속적으로 공급**하고, 프롭테크를 통해 그 **투명성과 효율성을 극대화**하여 장기적인 부동산 가치(영속성)를 확보하는 전략을 도출한다.

9.4 요약 및 활용 가이드

1) 제9장 핵심 개념 요약

절(Section)	핵심 개념(Core Concept)	부동산학적 적용 (Application in Real Estate)
9.1 하이브리드 혁명	**사무실의 목적 재정의:** 사무실은 더 이상 개인 업무 공간이 아닌, 조직 문화와 혁신을 위한 '문화적 허브'로 변모	오피스 빌딩의 가치는 임대 면적이 아닌, 얼마나 매력적인 '경험'과 '커뮤니티'를 제공하는지에 따라 결정됨. 유연한 공간 설계와 서비스가 중요.

9.2 15분 도시	**도시 구조의 분산화**: 도심 집중형(Monocentric) 도시에서, 자족적 근린 생활권 중심의 다핵형(Polycentric) 도시로 전환.	부동산 가치 평가의 핵심 기준이 '도심 접근성'에서 '지역 내 편의성(Local Amenity)'으로 이동. 교외 및 지방 도시의 가치 재평가 필요.
9.3 콘크리트 거인의 용도 변경	**적응형 재사용(Adaptive Reuse)**: 공실률이 급증하는 낡은 오피스 빌딩을 주거, 도시 농장, 데이터 센터 등 새로운 용도로 전환.	신축 개발 중심의 투자에서 벗어나, 기존 건물의 용도 변경을 통한 가치 창출(Value-add) 전략의 중요성 증대. 창의적 기획력이 핵심 경쟁력.

2) 핵심 활용 가이드(Actionable Guide for Researchers & Practitioners)

본 장의 내용을 연구와 실무에 효과적으로 적용하기 위해 다음의 세 가지 지침을 따를 것을 제안한다.

(1) 사무실의 '목적'을 재정의하고 공간을 재설계하라.

당신이 기업의 부동산 담당자라면, 단순히 사무실 면적을 줄이는 데만 집중하지 마라. 대신, "우리에게 사무실은 왜 필요한가?"라는 근본적인 질문을 던져라. 그리고 그 목적(예: 신입사원 온보딩, 팀 협업, 고객 접대)에 맞게 공간을 재설계하라. 전체 공간의 30%는 집중 업무 공간, 50%는 다양한 형태의 협업 공간, 20%는 비공식적 소통과 휴식을 위한 라운지로 구성하는 등, 공간의 '포트폴리오'를 목적에 맞게 다각화하라.

(2) '동네 지수(Neighborhood Index)'를 만들어 투자에 활용하라.

부동산 투자자라면, 전통적인 입지 분석을 넘어 자신만의 '동네 지수'를 만들어라. 이 지수에는 '15분 내 도보 접근 가능한 공원/카페/병원의 수', '자전거 도로의 연결성', '지역 커뮤니티의 활성화 정도' 등 삶의 질과 관련된 정성적 지표들을 포함시켜라. 지금은 저평가되어 있지만 '동네 지수'가 높은 지역이 바로 미래의 가치 상승 잠재력이 큰 '숨은 보석'이다.

(3) '용도 변경 전문가'가 되어라.

부동산 개발자나 건축가라면, 지금부터 '적응형 재사용' 전문가가 되기 위한 역량을 키워라. 낡은 오피스, 백화점, 공장 건물의 구조적 특성을 분석하고, 그에 맞는 최적의 새로운 용도를 찾아내는 훈련을 하라. 주거, 상업, 문화, 농업, 데이터 인프라 등 서로 다른 용도에 필요한 법규, 설비, 공간 요구사항을 학습하라. 미래에는 새로운 땅을 찾는 능력보다, 낡은 건물에서 새로운 가능성을 보는 눈이 더 귀한 자산이 될 것이다.

| 제4부 |

프롭테크: 미래 부동산의 청사진

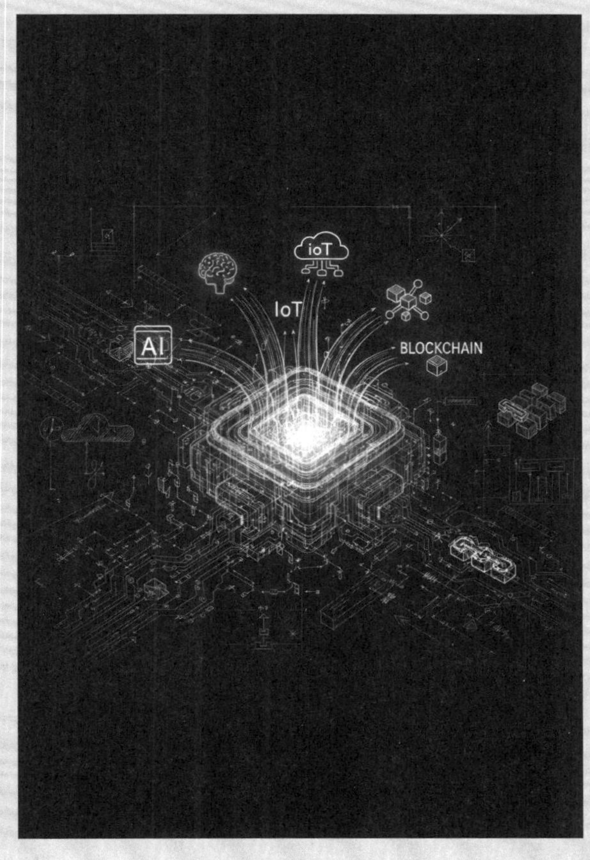

제10장

프롭테크: 데이터에서 서비스로서의 지혜(WaaS)까지

제11장

다중 모드 융합 엔진: 기술 아키텍처

제12장

초개인화 부동산: 에너지와 공간의 매칭

프롭테크: 데이터에서 서비스로서의 지혜(WaaS)까지

1. 문제: 프롭테크 2.0의 한계

데이터는 넘쳐나지만 개인의 맥락에 맞는 '지혜'는 부족한 '데이터-지혜 격차' 발생.

2. 해결책: 프롬테크(Prom-Tech) 패러다임

인간의 질문(Prompt) + 최첨단 기술(Technology) = 통합적 지혜(Wisdom)

3. 비즈니스 모델: WaaS (Wisdom-as-a-Service)

AI 플랫폼을 통해 고도의 전략적 통찰을 구독 형태로 제공하여 '지혜의 민주화' 실현.

프롬테크 기반의 지혜 서비스 모델 구축 전략

(Strategy for Building a PromTech-Based Wisdom Service Model)

개념도 설명: 이종 데이터를 '주역 64괘' 공통 언어로 변환하는 4계층 AI 아키텍처를 통해, 정량·공간·개인·정성적 정보를 통합하여 서사적 해석이 담긴 최종 지혜 서비스를 도출하는 전략입니다.

10.1 프롭테크 2.0의 한계: 데이터-지혜 격차

AI 시대, 우리는 정보의 홍수 속을 살고 있다. 부동산 시장에 대한 데이터는 실시간으로 쏟아지고, AI는 과거의 패턴을 분석하여 미래 가격을 예측한다. 자동 가치 평가 모델(AVM), 온라인 중개 플랫폼, 스마트 빌딩 기술로 대표되는 현재의 프롭테크(PropTech)는 의심할 여지 없이 부동산 시장에 전례 없는 투명성과 효율성을 가져왔다. 과거에는 소수의 전문가만이 접근할 수 있었던 시장 데이터와 분석 도구를 이제는 누구나 스마트폰 앱을 통해 손쉽게 활용할 수 있게 되었다.

이러한 기술적 진보는 부동산 거래 과정을 더 빠르고, 더 저렴하며, 더 합리적으로 만들었다. 우리는 이제 클릭 몇 번으로 특정 아파트의 과거 실거래가, 주변 학군 정보, 그리고 AI가 예측하는 미래 가치 상승률까지 확인할 수 있다. 이는 부동산 시장의 정보 비대칭성을 해소하고 소비자의 주권을 강화하는 데 크게 기여한 혁신이다. 하지만 이 눈부신 발전의 이면에는 우리가 간과하고 있는 치명적인 한계가 존재한다.

문제의 핵심은, 우리가 데이터와 정보(Information)를 지식(Knowledge)과 지혜(Wisdom)와 혼동하고 있다는 점이다. 데이터는 "지난달 이 지역의 아파트 가격이 2% 하락했다"는 사실을 알려 주지만, "그래서 지금 내가 집을 파는 것이 과연 나의 가족과 나의 인생 전체의 맥락에서 현명한 선택인가?"라는 더 깊은 질문에는 답해 주지 못한다. 현재의 프롭테크는 '무엇(What)'과 '얼마나(How much)'에 대한 놀라운 답을 주지만, '왜(Why)'와 '무엇을 위해(What for)'라는 근본적인 질문에는 침묵한다.

이러한 '데이터의 함정'은 우리를 더 나은 의사결정으로 이끄는 것이 아니라, 오히려 '분석 마비(Analysis Paralysis)' 상태에 빠뜨리거나 단기적인 지표에만 매몰된 근시안적인 선택을 하게 만든다. AI가 제공하는 정량적 분석은 매우 유용하지만, 그 안에는 인간적인 맥락, 개인의 가치관, 그리고 상황의 전체적인 '의미'가 빠져 있다. 우리는 차가운 숫자 너머에 있는 따뜻한 지혜에 목말라 있다. 우리는 이 간극을 '데이터-지혜 격차(Data-Wisdom Gap)'라고 정의한다.

이 격차는 부동산을 단순한 투자 자산이 아닌, 삶의 터전으로 여기는 개인에게 더욱 심각하게 다가온다. AI가 추천하는 '최고의 투자 수익률'을 가진 집이, 정작 나의 가족에게는 '최악의 삶의 질'을 제공하는 공간이 될 수 있기 때문이다. 기술은 우리에게 수많은 선택지를 제시하지만, 어떤 선택이 진정으로 '좋은 선택'인지 판단하는 기준은 제시하지 못한다.

이것만은 꼭!(This is a must)

숫자보다 때를 읽고, 삶의 지혜로 결정하라.

- **프롭테크 2.0의 성과와 한계:** 현재의 프롭테크는 빅데이터와 AI를 통해 시장의 투명성과 효율성을 높였지만, 정량적 분석에만 머물러 있다.
- **데이터-지혜 격차:** 정보는 넘쳐나지만, 그 정보를 개인의 삶과 맥락에 맞게 해석하여 올바른 결정을 내리도록 돕는 '지혜'는 부족하다.
- **숫자의 함정:** 데이터 기반의 최적화된 추천은 '평균적인' 사용자에게는 유용할 수 있으나, 개인의 고유한 가치관과 삶의 질을 고려하지 못하여 최악의 선택으로 이어질 수 있다.

투자전략 연구 1. 데이터가 추천한 '완벽한 집'의 비극

2022년, IT 대기업에 근무하는 김 부장 부부는 초등학교 입학을 앞둔 아들을 위해 이사를 결심했다. 그들은 대한민국 최고의 프롭테크 앱을 활용하여 새로운 집을 찾기 시작했다. 앱의 AI 추천 시스템은 그들의 예산, 직장과의 거리, 그리고 '강남 8학군'이라는 명확한 목표에 따라 몇 개의 아파트 단지를 추천했다. 그중에서도 대치동의 '스카이팰리스' 아파트는 모든 데이터 지표상 완벽에 가까웠다.

AI 분석 리포트에 따르면, '스카이펠리스'는 지난 5년간 연평균 12%의 높은 가격 상승률을 기록했으며, 향후 3년간의 예상 수익률도 두 자릿수를 유지할 것으로 예측되었다. 단지 바로 앞에는 최고의 명문 초등학교가 있었고, 주변에는 유명 학원가가 밀집해 있었다. 김 부장의 직장이 있는 판교까지의 출퇴근 시간도 1시간 이내로 합리적이었다. 모든 데이터가 '이곳이 정답'이라고 외치고 있었다. 부부는 약간의 무리를 해서 대출을 받아 그 집을 계약했고, 마침내 꿈에 그리던 '완벽한 집'에 입주했다.

하지만 입주 1년 후, 가족에게는 불행의 그림자가 드리워졌다. 내성적이고 예술적 기질이 강했던 아들은 극심한 학업 경쟁 분위기에 적응하지 못하고 심리적인 어려움을 겪기 시작했다. 창의적인 기획 업무를 하는 김 부장은 획일적이고 답답한 아파트 구조 속에서 영감을 잃고 무기력함을 느꼈다. 이웃과의 교류는 거의 없었고, 단지 전체는 오직 '성적'과 '집값'이라는 두 가지 목표만을 향해 달려가는 거대한 입시 기계처럼 느껴졌다.

데이터상으로는 완벽했던 그 집은, 그들의 가족에게는 감옥이 되어 버렸다. 프롭테크 2.0의 AI는 '학군'이라는 데이터를 분석했지만, 그 학군이 가진 '문화'와 '에너지'를 읽지는 못했다. '가격 상승률'이라는 숫자를 제시했지만, 그 숫자를 얻기 위해 가족이 희생해야 할 '삶의 질'은 계산하지 못했다. 이 사례는 데이터-지혜 격차가 어떻게 개인의 삶을 파괴할 수 있는지를 보여 주는 비극적인 예시다. 우리에게는 숫자 너머의 의미를 읽어 주는 새로운 나침반이 절실하다.

투자전략 연구 2. '가족의 삶의 질'을 고려한 매매 타이밍 및 거주지 선택: 지산겸(地山謙)괘 활용

- **현장 문제 인식**: AI가 추천하는 **최고의 투자 수익률**을 가진 아파트가 실제 거주 가족 구성원의 **심리적 안정**이나 **삶의 목적**과 충돌하여 불행을 초래하는 '데이터의 함정' 문제. (이미지 속 '완벽한 집의 비극' 사례)
- **주역 통찰: 지산겸(地山謙)**

- **상징**: 땅(坤) 아래 산(艮)이 있는 형상. '겸손(謙)'은 군자가 스스로 낮춰 타인의 마음을 얻는 것을 의미하며, 땅속에 산이 숨어 있듯 **내면의 덕**을 쌓아 밖으로 드러내지 않는 상태.

- **부동산 적용(투자/거주 목적 통찰):**
  - **지산겸(地山謙)의 시기**: 가격 급등을 쫓기보다 **숨겨진 가치**와 **장기적인 안정성**을 중시해야 할 때.(정량적 데이터의 '최고 수익률'에 대한 경계)
  - **'겸손한' 선택**: 눈에 띄는 화려한 학군/상권 대신, 가족 구성원의 **개성과 평화로운 삶**을 조화롭게 지원하는 '낮은 자세의 입지'를 선택하라는 통찰. **내부의 평안**이 외부의 이익보다 우선함을 시사.

- **프롭테크 요약 적용:**

  AI 추천 '최고 수익률' 단지에 **지산겸(地山謙)** 괘가 나온 경우, "당장의 금전적 이익보다 **가족 구성원 개개인의 심리적, 관계적 안정**을 **최우선**으로 고려하여 매매 결정을 **잠시 유보**하거나, 주변 환경과 가족 적합성을 **겸손하게(깊이 있게)** 재검토할 것"을 조언.

투자전략 연구 3. 신도시 개발의 '잠재된 난관' 예측 및 리스크 관리: 수뢰둔(水雷屯) 괘 활용

- **현장 문제 인식**

  대규모 신도시 개발 초기 단계에서, 정부 정책과 인프라 계획은 긍정적이나, 실제로 지역 커뮤니티 형성, 교통 문제 해결, 상권 활성화 등 **초기 정착 과정**에서 예상치 못한 지연이나 난관이 발생하는 리스크.

- **주역 통찰: 수뢰둔(水雷屯) 괘**
  - **상징**: 물(坎) 아래 우레(震)가 있는 형상. 우레는 움직임을, 물은 험난함을 상징하여 '초기 혼란, 만물이 처음 생겨나는 어려움'을 의미. 싹이 땅을 뚫고 나오려 하지만 아직 힘이 미약한 상태.

- **부동산 적용(개발/분양 타이밍 통찰)**:
  - **수뢰둔(水雷屯)의 시기**: 초기 투자 또는 **개발 착수** 단계. 잠재력은 크지만 **시련과 난관**이 필연적으로 따름.
  - **난관 극복의 지혜**: 섣부른 추진보다 **주변 환경과 이해관계자들의 상황을 신중하게 정찰**하고, 신뢰할 만한 파트너(혹은 개발 주체)와 함께 **점진적으로** 나아가야 함을 조언. '서두르면 실패한다.'
- **프롭테크 요약 적용**:
  AI가 '미래 가치'를 높게 평가한 신도시 분양/투자 결정에 **수뢰둔(水雷屯) 괘**가 나온 경우, "높은 잠재력에도 불구하고 **초기 인프라, 교통, 커뮤니티 형성 등에서 심각한 지연이나 난관**이 예상되니, **자금 확보 및 장기적 관점의 위험 관리 계획**을 철저히 수립하고 **서두르지 말 것**"을 경고.

10.2 프롭테크의 재정의: 프롬프트와 기술의 통합

데이터-지혜 격차라는 근본적인 문제를 해결하기 위해, 우리는 프롭테크(PropTech)에 대한 관점 자체를 전환해야 한다. 프롭테크를 단순히 부동산(Property)과 기술(Technology)의 결합으로만 보는 것을 넘어, 인간의 현명한 질문을 통해 기술의 잠재력을 이끌어 내는 새로운 차원으로 진화시켜야 한다. 이 새로운 패러다임이 바로 본서에서 제안하는 '프롬테크(Prom-Tech)'다.

여기서 '프롬테크'는 기존의 PropTech를 계승하면서도, 그 의미를 확장한다. 즉, 인간의 깊이 있는 질문과 의도(**Prom**pt)가 최첨단 **Tech**nology(기술)와 만나, 단순한 정보나 지식을 넘어 통합적인 '지혜(Wisdom)'를 창조하는 새로운 방법론이자 미래 부동산의 비전이다. 이는 고대의 주역 알고리즘을 현대의 AI 데이터 융합 기술과 결합하여, 부동산이라는 복잡계를 분석하고 최적의 의사결정을 지원하는 차세대 프레임워크다.

프롭테크의 철학은 '답'이 아니라 '질문'에서 시작한다. 챗GPT의 성능이 사용자의 '프롬프트' 수준에 따라 극적으로 달라지듯, AI 시대의 경쟁력은 얼마나 좋은 답을 찾는가가 아니라, 얼마나 좋은 질문을 던지는가에 달려 있다. 프롭테크는 바로 이 '좋은 질문'을 통해 기술의 잠재력을 최대한으로 이끌어 내고, 그것을 인간의 번영을 위해 활용하려는 시도다.

프롭테크 패러다임은 세 가지 핵심 원리 위에 구축된다.

첫째, '통합적 데이터(Holistic Data)'다. 프롭테크는 기존 프롭테크가 다루는 정량적 시장 데이터(가격, 거래량 등)의 한계를 넘어선다. 여기에 제2부에서 탐구한 풍수를 통해 분석된 '공간의 질적 데이터', 개인의 고유한 기질을 분석하는 구성기학 기반의 '개인의 에너지 데이터', 그리고 제1부에서 다룬 주역을 통해 분석된 '상황의 원형적 데이터'를 모두 통합한다. 이는 부동산을 단순한 상품이 아니라, 사람과 공간, 그리고 시간이 상호작용하는 살아 있는 유기체로 바라보는 관점의 전환이다.

둘째, '지혜로서의 결과(Wisdom as an Output)'다. 프롭테크 시스템의 최종 결과물은 "집값이 5% 오를 것입니다"와 같은 단편적인 예측이 아니다. 대신, "현재 시장은 제42괘 익괘(益卦)의 상태입니다. 이는 윗사람이 아랫사람에게 베풀어 이로움을 더하는 시기이므로, 정부의 부동산 규제 완화 정책이 시장에 긍정적인 영향을 미칠 가능성이 큽니다. 따라서 지금은 공격적으로 투자할 좋은 기회입니다."와 같이, 상황의 본질에 대한 깊이 있는 '서사적 통찰'과 '전략적 지침'을 제공한다. 이는 AI의 '블랙박스' 문제를 해결하고, 사용자에게 '설명 가능한 지혜'를 전달한다.

셋째, '인간 중심의 상호작용(Human-in-the-Loop)'이다. 프롭테크 패러다임에서 AI는 결코 최종 의사결정자가 아니다. AI는 복잡한 데이터를 처리하고 인간이 보지 못하는 패턴을 찾아내는 강력한 '조언자'이자 '지적 파트너' 역할을 할 뿐이다. 최종적으로 질문을 던지고(Prompt), AI의 조언을 해석하며, 자신의 가치관과 직관에 따라 결정을 내리는 주체는 언제나 '인간'이다. 이는 기술에 인간이 종속되는 디스토피

아적 미래가 아닌, 인간이 기술을 지배하고 활용하여 자신의 지혜를 증강시키는 미래를 지향한다.

조화로운 집, 기술로 삶의 의미를 찾다.

- **프롭테크의 정의**: 인간의 깊이 있는 질문과 의도(Prompt)가 최첨단 기술(Technology)과 만나, 단순한 정보가 아닌 통합적인 '지혜(Wisdom)'를 창조하는 새로운 패러다임이다.
- **3대 핵심 원리**: ①정량적/질적 데이터를 모두 아우르는 '통합적 데이터', ②숫자가 아닌 서사적 통찰을 제공하는 '지혜로서의 결과', ③AI를 조언자로 활용하는 '인간 중심의 상호작용'을 기반으로 한다.
- **가치의 전환**: 프롭테크는 부동산의 가치를 '가격'에서 '조화'로, 의사결정의 기준을 '최적화'에서 '의미'로 전환시킨다.

투자전략 연구 1. 김 부장 가족, 프롭테크로 '조화로운 집'을 찾다

사례 10-1에서 데이터 기반 추천으로 고통받았던 김 부장 가족은 1년 후, 새로운 '프롭테크' 플랫폼을 통해 다시 집을 찾기로 결심했다. 이번에는 접근 방식이 완전히 달랐다.

플랫폼은 그들에게 예산과 평수를 먼저 묻지 않았다. 대신, "당신 가족이 꿈꾸는 이상적인 주말의 모습은 어떤가요?", "자녀가 어떤 환경에서 성장하기를 바라나요?", "각 가족 구성원의 생년월일과 성격의 장단점은 무엇인가요?"와 같은 개방형 질문, 즉 '프롬프트'를 입력하도록 했다. 김 부장은 "창의적인 영감을 얻을 수 있는 조용한 환경", "아이가 자연과 함께하며 스트레스 없이 성장하는 삶"이라고 입력했다.

프롬테크 엔진은 이 프롬프트를 분석했다. NLP(자연어 처리) 기술로 '창의력', '자연', '스트레스 해소'라는 핵심 가치를 추출했다. 구성기학 알고리즘은 김 부장(본명성 **삼벽목성**)과 아들(본명성 **일백수성**)의 에너지 프로필을 분석하여, '목(木)'과 '수(水)'의 기운이 조화로운 공간이 필요하다고 진단했다.

AI는 이 '에너지 프로필'과 '가치 프롬프트'를 바탕으로 수만 개의 매물을 분석했다. 그리고 놀랍게도 강남 8학군이 아닌, 경기도 양평의 한적한 타운하우스를 최우선으로 추천했다. AI의 분석 리포트는 다음과 같은 '서사'를 들려주었다. "이 공간은 뒤로는 낮은 산(토)이 안정적으로 받쳐 주고, 앞으로는 작은 개울(수)이 흐르는 '배산임수'의 조건을 갖추고 있습니다. 이는 김 부장님의 창의적 에너지(목)를 길러 주는 '수생목(水生木)'의 상생 관계를 형성합니다. 주역으로 본 이 지역의 상태는 제46 괘 승괘(升卦, 점진적 성장)로, 단기적인 시세 차익보다는 장기적으로 꾸준하고 안정적인 가치 상승이 기대됩니다. 데이터상 예상 수익률은 대치동보다 낮지만, 당신 가족의 '삶의 질'과 '조화 점수'는 95점으로 월등히 높습니다."

이 서사적 통찰 앞에서 김 부장 가족은 망설임 없이 결정을 내릴 수 있었다. 그들은 양평으로 이사했고, 아들은 자연 속에서 다시 웃음을 되찾았으며, 김 부장은 새로운 환경에서 최고의 아이디어를 쏟아 내는 기획자로 재도약했다. 프롬테크는 그들에게 단순히 '집'을 찾아 준 것이 아니라, 그들의 삶이 가장 아름답게 펼쳐질 수 있는 '무대'를 찾아 준 것이다.

투자전략 연구 2. '조화로운 집' 찾기 위한 맞춤형 매물 추천(사례 10-2 기반 재구성)

단순히 예산과 평수를 넘어, 고객 가족의 생년월일, 성격, 꿈꾸는 이상적인 주말 환경 등의 깊은 질문(Prompt)을 입력받는다.

• 주역/AI 활용:

AI는 이 **프롬프트를 NLP(자연어 처리)** 기술로 분석하여, 고객의 심리적, 환경적 니즈를 '창의력', '스트레스 해소', '자연친화'와 같은 핵심 가치로 추출한다. 동시에 가족 구성원(예: 김 부장, 아들)의 사주명리나 기질을 분석하여 에너지 프로필(예: 목(木), 수(水)의 기운)을 도출하고, 이를 바탕으로 주역의 **64괘** 중 가족의 조화와 장기적 가치 상승에 유리한 괘상(卦象)을 매칭한다. (예: '수생목(水生木)' 상생 관계의 상태를 형성하는 지산겸(地山謙) 또는 뇌지예(雷地豫) 등 **특정 길괘**에 부합하는 환경)

AI는 주역적 가치와 현대 데이터를 통합 분석하여, 풍수적/심리적 안정과 조화가 극대화되는 매물(예: 양평 타운하우스)을 추천하고, 단순히 '최적화'된 가격이 아닌 가족의 '삶의 질과 조화 점수'이 높은 **'의미'** 있는 공간을 제시한다.

투자전략 연구 3. 부동산 투자 시점 및 가치 변화 예측

부동산 투자를 고민하는 투자자가 시장 상황, 정책 변화, 특정 지역의 잠재적 가치 등에 대한 깊이 있는 질문(Prompt)을 입력한다.

- **주역/AI 활용:**
- AI는 정량적 데이터(가격, 거래량)와 정성적 데이터(정책 동향, 금리 등 상황의 원형적 데이터)를 **통합 분석**한다.
- 특정 지역 또는 시장 상황에 **주역 64괘**를 대입하여, 현재 시장의 흐름과 미래 잠재적 변화의 **괘상**을 도출한다. (예: 현재 시장을 '42 괘 **풍(豊)'**의 상태로 진단하며, 이는 기회와 이로움을 베푸는 시기임을 시사)
- 주역의 '서사적 통찰'과 전략적 지침을 통해 **AI의 '블랙박스' 문제**를 해결하고, 데이터가 예측하지 못하는 **잠재적 패턴**을 찾아낸다.

단순한 가격 예측(예: "집값이 5% 오른다")을 넘어, "지금은 공격적으로 투자할 좋은 기회"라는 설명 가능한 지혜(Wisdom)을 제공하며, 투자 결정에 대한 '인간 중심의 상호작용'을 위한 강력한 **조언자** 역할을 수행한다.

10.3 WaaS 비즈니스 모델: 전략적 통찰의 민주화

프롭테크라는 새로운 패러다임은 단순히 기술적 혁신에 그치지 않고, '지혜'가 거래되는 방식을 근본적으로 바꾸는 새로운 비즈니스 모델을 가능하게 한다. 그것이 바로 '서비스로서의 지혜(Wisdom-as-a-Service, WaaS)'다. 이는 과거 소수의 엘리트 전문가 집단(최고의 건축가, 시장 분석가, 풍수 전문가 등)에게 독점되었던 고가의 전략적 자문을, AI 기반 플랫폼을 통해 누구나 저렴한 비용으로 구독하여 사용할 수 있도록 만드는 혁명적인 모델이다.

WaaS는 우리가 이미 익숙한 SaaS(서비스로서의 소프트웨어), IaaS(서비스로서의 인프라)에 이은 차세대 서비스 모델이 될 것이다. 과거에는 기업들이 값비싼 소프트웨어 패키지를 직접 구매하고 서버를 구축해야 했지만, 이제는 월간 구독료만 내면 최고의 소프트웨어와 인프라를 빌려 쓸 수 있게 되었다. WaaS는 바로 이 모델을 '지혜'의 영역으로 확장한 것이다. 즉, 최고의 전문가를 고용하는 대신, 그의 지혜가 담긴 'AI 두뇌'를 구독하는 시대가 열리는 것이다.

이러한 '지혜의 민주화'는 부동산 산업의 생태계를 근본적으로 바꿀 잠재력을 가지고 있다. 거대 자본을 가진 대형 개발사와 정보력이 부족한 중소 개발사, 그리고 평범한 개인 사이의 극심한 정보 비대칭과 기회의 불평등을 해소하고, 더 공정하고 효율적인 시장을 만들 수 있기 때문이다.

프롭테크 기반의 WaaS 플랫폼은 크게 세 가지 형태의 비즈니스 모델을 가질 수 있다.

첫째, 전문가 그룹을 위한 구독 기반 모델(Subscription Model)이다. 부동산 개발사, 투자 회사, 건축 설계 사무소 등은 월간 또는 연간 구독료를 지불하고 플랫폼의 모든 기능에 무제한으로 접근할 수 있다. 이들은 실시간 시장 분석 대시보드를 통해 특정 지역의 시장이 64괘 중 어떤 '상태'에 있는지 모니터링하고, 보유 자산 포트폴리오를 업로드하여 각 자산의 풍수적, 시장적 강점과 약점을 진단받으며, "금리가 1% 인상될 경우"와 같은 가상 시나리오에 따른 리스크 시뮬레이션을 수행할 수 있다.

둘째, 개인 사용자를 위한 사용량 기반 모델(Pay-per-Use Model)이다. 집을 구매하려는 개인이나 소규모 투자자는 구독료 없이, 자신이 사용한 만큼만 비용을 지불한다. 예를 들어, 관심 있는 아파트의 주소나 평면도를 업로드하고 건당 비용을 결제하면, 해당 공간에 대한 상세한 '프롭테크 분석 리포트'를 즉시 받아 볼 수 있다. 혹은 AI 생성형 디자인 기능을 사용하여 자신의 집에 맞는 최적의 인테리어 레이아웃을 생성하고, 생성 횟수나 복잡성에 따라 비용을 지불하는 방식도 가능하다.

셋째, 다른 기업들을 위한 API 연동 모델(API Integration Model)이다. 이는 프롭테크의 핵심 분석 엔진을 API 형태로 다른 프롭테크 플랫폼이나 금융 기관, 건축 소프트웨어에 제공하고, API 호출 건수당 수수료를 받는 B2B 모델이다. 예를 들어, 은행은 주택담보대출 심사 시스템에 프롭테크 API를 연동하여, 담보물의 미래 가치와 리스크를 더 정교하게 평가하고 부실 대출의 위험을 줄일 수 있다.

변화 읽고 때를 얻어 욕심 이기면 좋은 위치 선점

- **WaaS의 정의:** '서비스로서의 지혜(Wisdom-as-a-Service)'는 AI 플랫폼을 통해 고도의 전략적 통찰을 구독 형태로 제공하는 새로운 비즈니스 모델이다.
- **지혜의 민주화:** WaaS는 과거 소수 엘리트에게 독점되었던 지혜를 누구나 저렴하고 쉽게 접근할 수 있도록 만들어, 시장의 정보 비대칭과 기회 불평등을 해소한다.
- **다양한 비즈니스 모델:** 전문가를 위한 구독 모델, 개인을 위한 사용량 기반 모

델, 기업을 위한 API 연동 모델 등 다양한 형태로 사업화가 가능하다.

투자전략 연구 1. WaaS로 거대 기업과 경쟁하는 소규모 개발사

경기도 외곽에서 활동하는 소규모 부동산 개발사 '어울림 건설'은 항상 대형 건설사와의 경쟁에서 어려움을 겪었다. 그들은 자본력과 브랜드 인지도뿐만 아니라, 시장을 분석하고 최적의 개발 컨셉을 기획하는 '전략적 역량'에서 절대적인 열세에 있었다.

2025년, '어울림 건설'의 젊은 대표는 프롭테크 기반의 WaaS 플랫폼을 월 100만 원에 구독하기 시작했다. 그는 새로 매입한 소규모 부지의 주소와 지적도, 그리고 "자연 친화적인 3040세대 맞벌이 부부를 위한 커뮤니티"라는 개발 비전을 프롬프트로 입력했다.

과거라면 수천만 원을 들여 컨설팅 회사에 의뢰해야 했을 이 작업에 대해, WaaS 플랫폼은 단 몇 분 만에 놀라운 통찰을 담은 리포트를 생성했다. "해당 부지는 주역으로 볼 때 제2괘 곤괘(坤卦)의 '포용하고 기르는' 에너지가 강한 땅입니다. 따라서 고층 아파트보다는, 입주민들이 함께 텃밭을 가꿀 수 있는 '공동체 정원'을 중심으로 한 저층 타운하우스 단지가 땅의 기운과 조화를 이룹니다. AI 수요 분석 결과, 인근 지역에 어린이집이 부족하므로 단지 내에 '공동 육아 시설'을 설치하면 강력한 마케팅 포인트가 될 것입니다."

'어울림 건설'은 이 '지혜'를 바탕으로 프로젝트를 추진했다. 그들은 세대수를 약간 줄이는 대신, WaaS 플랫폼이 제안한 공동체 시설과 스토리를 중심으로 단지를 설계하고 마케팅했다. 그 결과, '어울림 건설'의 타운하우스는 인근에 들어선 대형 건설사의 획일적인 아파트 단지보다 훨씬 높은 청약 경쟁률을 기록하며 성공적으로 분양을 마쳤다. WaaS는 소규모 기업에게 거대 기업과 경쟁할 수 있는 '전략적 두뇌'를 빌려줌으로써, 시장의 다윗이 골리앗을 이길 수 있는 새로운 규칙을 만든 것이다.

투자전략 연구 2. 개발 콘셉트 및 방향성 진단: 괘(卦) 기반 리포트

주역 괘(卦) 기반 리포트를 통한 개발 컨셉 및 방향성 진단

① 데이터와 철학의 융합: 개발 초기 전략의 혁신

단순한 물리적 입지 분석을 넘어, 부동산의 현재 '상태'와 미래 '가치'를 주역의 깊은 통찰력(괘)과 연결하여 입체적인 분석 리포트를 제공합니다.

- 인사이트의 도출: AI 기반 프롭테크 플랫폼이 입지, 시장 데이터, 자산 포트폴리오를 정밀하게 분석하면, 이를 주역의 괘와 연동하여 해당 부지가 가진 본연의 기운과 잠재력을 해석합니다.
- 전략적 시뮬레이션: 데이터가 가리키는 숫자와 괘가 제시하는 방향성을 결합하여, 개발 방향 설정 및 리스크 관리를 위한 고도화된 '전략적 통찰'을 제시합니다.

② 구체적 적용 사례: '풍(豊)' 괘를 통한 가치 극대화

예를 들어, 분석 결과가 풍요와 번성을 상징하는 '풍(豊) 괘'로 도출될 경우, 다음과 같은 구체적인 전략이 실행됩니다.

- 진단: 현재 시장 환경에서 최대 규모와 최상의 완성도를 추구해야 할 적기임을 파악합니다. 특히 하이엔드 커뮤니티 시설에 집중하여 상품성을 극대화해야 한다는 명확한 진단을 내립니다.
- 실행: 개발사는 이 리포트를 바탕으로 프로젝트의 메인 컨셉을 '풍요로운 공동체'로 정의합니다. 이를 시각적으로 구현하기 위한 건축 및 조경 디자인을 설계하고, 분양 마케팅 단계에서 소비자에게 전달될 매력적인 브랜드 스토리를 구체화합니다.

주역 괘(卦) 기반의 데이터 맞춤형 주거 상품 기획 전략

① 데이터와 인문학의 결합을 통한 '특화 시설' 도출

단순한 주거 공간을 넘어, 특정 타겟 세대와 개발 지역이 가진 잠재적 수요를 AI와 빅데이터(세대별 선호도, 지역 인구통계)로 정밀하게 분석합니다. 이를 통해 도출된 데이터 값에 주역의 괘가 지닌 '덕목'과 '의미'를 매칭함으로써, 해당 지역에 가장 높은 가치를 제공할 수 있는 독보적인 '특화 시설 포트폴리오'를 완성합니다. 단순히 시설을 나열하는 것이 아니라, 사업비 대비 수익성을 시뮬레이션하여 데이터 기반의 최적화된 기획을 실현합니다.

② '겸(謙)의 가치': 화려함보다 실속 있는 삶의 질 중심

주역의 '겸(謙) 괘(겸손함, 실속, 내실)'가 도출될 경우, 외적인 화려함에 치중하기보다는 실용적이고 내실 있는 공간 구성에 집중합니다.

핵심 전략: 3040 세대의 라이프스타일에 최적화된 '공동 육아 시설'이나 '자연 친화적 커뮤니티' 등 실질적인 삶의 만족도를 높일 수 있는 시설을 우선 배치합니다.

③ 기대 효과

단지 내 대규모 고급 시설 대신 실거주자의 니즈를 관통하는 특화 시설을 구축함으로써, 마케팅의 핵심 스토리텔링으로 활용하고 상품의 시장 경쟁력을 극대화합니다.

10.4 제10장 요약 및 활용 가이드

1) 제10장 핵심 개념 요약

절(Section)	핵심 개념(Core Concept)	부동산학적 적용 (Application in Real Estate)
10.1 프롭테크 2.0의 한계	**데이터-지혜 격차**: 정량적 데이터는 풍부하지만, 이를 개인의 삶과 맥락에 맞게 해석하는 '지혜'는 부족하다.	데이터상 최고의 투자처가 개인의 삶의 질 측면에서는 최악의 선택이 될 수 있는 문제를 인식하고, 정량적 분석의 한계를 명확히 이해.
10.2 프롭테크의 재정의	**프롬프트와 기술의 통합**: 인간의 깊이 있는 질문(Prompt)과 AI 기술(Tech)을 결합하여 통합적 지혜(Wisdom)를 창출하는 새로운 패러다임.	부동산을 통합적 데이터(정량+질적)로 분석하고, 그 결과를 서사적 통찰과 전략적 지침으로 제공받으며, 인간이 최종 의사결정의 주체가 됨.
10.3 WaaS 비즈니스 모델	**서비스로서의 지혜**: AI 플랫폼을 통해 고도의 전략적 통찰을 구독 형태로 제공하여 '지혜'를 민주화하는 새로운 비즈니스 모델.	소규모 개발사나 개인 투자자도 저렴한 비용으로 대기업 수준의 시장 분석 및 전략 컨설팅 서비스를 활용하여 더 현명한 의사결정을 내림.

2) 핵심 활용 가이드(Actionable Guide for Researchers & Practitioners)

본 장의 내용을 연구와 실무에 효과적으로 적용하기 위해 다음의 세 가지 지침을 따를 것을 제안한다.

(1) '답'을 찾기 전에 '질문'을 설계하라.

부동산 문제를 마주했을 때, 바로 데이터를 분석하거나 해결책을 찾으려 하지 마라. 대신, 한 걸음 물러서서 "이 문제의 진짜 본질은 무엇인가?", "내가 이 결정을 통해 궁극적으로 얻고 싶은 가치는 무엇인가?"와 같은 근본적인 '프롬프트'를 먼저 설계하라. 잘 정의된 질문은 이미 절반의 답을 품고 있다. 이 질문 설계 능력이 AI 시대의 핵심 경쟁력이다.

(2) 당신의 의사결정 과정에 '서사적 층위'를 추가하라.

투자 분석 보고서나 개발 기획안을 작성할 때, 숫자와 차트만으로 채우지 마라. 당신의 분석 결과를 주역의 64괘나 오행의 순환과 같은 '원형적 서사'와 연결하여 설명해 보라. "데이터에 따르면 수익률이 높다"를 넘어, "이 프로젝트는 '준괘(屯卦)'의 상태로 시작의 어려움이 예상되지만, 그 혼돈 속에 위대한 가능성을 품고 있다"고 설명할 때, 당신의 주장은 단순한 분석을 넘어선 깊이 있는 '통찰'로 격상될 것이다.

(3) '지혜'를 어떻게 서비스화할 수 있을지 상상하라.

당신이 가진 고유한 전문 지식이나 경험(당신만의 '지혜')을 생각해 보라. 만약 그 지혜를 AI와 결합하여 자동화된 'WaaS'로 만들 수 있다면 어떤 모습일까? 당신의 노하우를 일련의 규칙과 로직으로 변환하고, 그것을 통해 수많은 사람들의 문제를 해결해 주는 서비스를 기획해 보라. 이는 당신의 가치를 10배, 100배로 확장할 수 있는 새로운 사업 기회가 될 수 있다.

제11장

다중 모드 융합 엔진: 기술 아키텍처

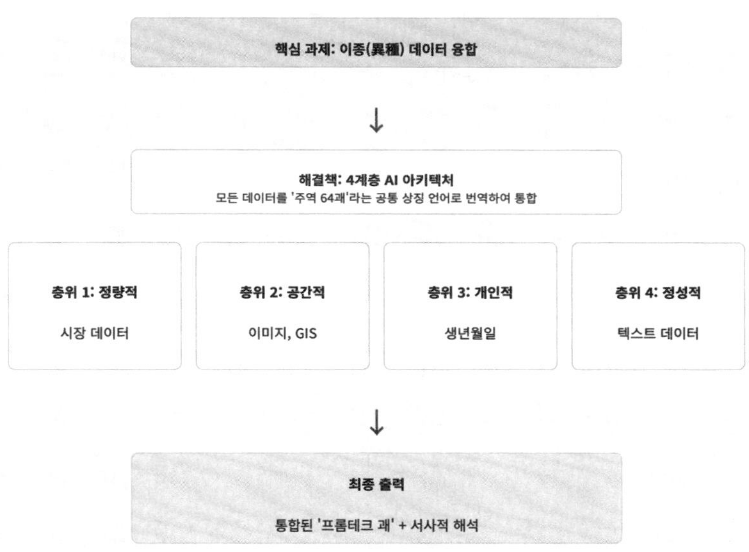

이종(異種) 데이터 통합 및 활용 아키텍처
(Heterogeneous Data Integration and Utilization Architecture)

개념도 설명: 이종 데이터를 '주역 64괘' 기반의 4계층 AI 아키텍처로 통합하여, 정량·공간·개인·정성적 정보를 융합한 최적의 '프롭테크 괘'와 서사적 해석을 도출하는 데이터 통합 및 활용 시스템 구성도입니다.

11.1 핵심 과제: 이종 데이터의 융합

제10장에서 제시한 프롭테크의 비전은 매력적이지만, 현실적인 엔지니어와 데이터 과학자의 관점에서는 거대한 기술적 난제에 부딪힌다. "어떻게 하면 근본적으로 다른 종류의 데이터들을 하나의 시스템 안에서 의미 있게 결합할 수 있는가?" 이 질문은 프롭테크 프레임워크의 성패를 좌우하는 가장 핵심적인 기술적 과제다. 이는 마치 물과 기름을 섞거나, 서로 다른 언어를 사용하는 사람들이 통역 없이 대화하려는 것과 같은 근본적인 어려움을 내포하고 있다.

우리가 다루어야 할 데이터의 이질성을 생각해 보자. 아파트의 평당 가격이나 금리 변화율은 명확한 '숫자' 데이터다. 위성사진 속 산의 모양이나 아파트 내부 인테리어 사진은 '이미지' 데이터다. 사용자의 생년월일은 '시간' 데이터이며, 부동산 온라인 커뮤니티의 리뷰나 뉴스 기사는 비정형적인 '텍스트' 데이터다. 이처럼 서로 다른 형식, 차원, 그리고 의미 구조를 가진 데이터들을 '이종(異種) 데이터(Heterogeneous Data)'라고 부른다.

현재 대부분의 AI 모델은 주로 한 가지 종류의 데이터, 즉 유니모달(Uni-modal) 데이터를 처리하는 데 특화되어 있다. 거대 언어 모델(LLM)은 텍스트를, 컴퓨터 비전 모델은 이미지를 처리하는 데 탁월한 성능을 보인다. 물론 최근 여러 종류의 데이터를 함께 처리하는 '다중 모드(Multi-modal)' AI 기술이 AI 연구의 최전선에서 빠르게 발전하고 있다. 실제로 부동산 가치 평가 분야에서도 다중 모드 접근법이 단일 모드에 비해 월등한 성능을 보인다는 연구 결과가 축적되고 있다.

하지만 프롭테크이 요구하는 융합의 수준은 그보다 한 차원 더 높다. 우리는 단순히 숫자, 이미지, 텍스트를 결합하는 것을 넘어, 여기에 풍수와 같은 고도로 추상적인 '공간의 질적 데이터'와 구성기학과 같은 '개인의 상징적 데이터'까지 통합해야 한다. 이는 현대 AI 공학이 아직 본격적으로 도전해 보지 않은 미지의 영역이다.

문제의 핵심은, 이 이질적인 데이터들을 하나의 공통된 '언어'로 번역하고, 각 데이터의 중요도에 따라 맥락에 맞게 가중치를 부여하며, 최종적으로 하나의 통합된 통찰을 도출해 내는 정교한 '융합 엔진(Fusion Engine)'의 아키텍처를 어떻게 설계할 것인가에 있다. 만약 우리가 단순히 모든 데이터를 하나의 거대한 데이터베이스에 쏟아붓고 기계적으로 평균을 내는 방식을 택한다면, 그 결과는 의미 없는 '소음'에 불과할 것이다. 각 데이터가 가진 고유의 의미와 맥락을 유지하면서도, 서로 다른 데이터가 공명하며 만들어 내는 더 높은 차원의 '패턴'을 포착해야 한다.

이 기술적 과제를 해결하지 못하면, 프롭테큰은 그저 흥미로운 철학적 아이디어에 머무를 뿐, 현실에서 작동하는 신뢰할 수 있는 시스템이 될 수 없다. 따라서 본 장에서는 이 '물과 기름을 섞는' 문제에 대한 구체적인 기술적 해법, 즉 프롭테큰 융합 엔진의 아키텍처를 상세히 제시하고자 한다.

이것만은 꼭!(This is a must)

像(상)을 통찰, 이치를 융합, 현실을 관통하라.

- **핵심 기술 과제:** 프롭테큰의 가장 큰 기술적 난제는 숫자, 이미지, 텍스트, 그리고 상징적 데이터와 같은 근본적으로 다른 종류의 '이종 데이터'를 하나의 시스템 안에서 의미 있게 융합하는 것이다.
- **다중 모드 학습의 한계:** 현재의 다중 모드 AI 기술은 주로 정량화 가능한 데이터들의 결합에 초점을 맞추고 있으며, 풍수나 주역과 같은 추상적이고 철학적인 데이터를 통합하는 데는 아직 명확한 방법론이 없다.
- **공통 언어의 필요성:** 이질적인 데이터들을 기계적으로 합산하는 것은 의미 없는 결과를 낳을 뿐이다. 각 데이터의 고유한 의미를 유지하면서도 서로 다른 차원의 정보를 연결할 수 있는 '공통의 상징 언어'와 정교한 '융합 아키텍처'가 필요하다.

투자전략 연구 1. 부동산 AVM 개발팀의 다중 모드 도전기

2023년, 한 프롭테크 스타트업의 데이터 과학팀은 자신들의 자동 가치 평가 모델 (AVM)의 정확도를 높이기 위한 프로젝트에 착수했다. 기존 모델은 아파트의 면적, 층수, 건축 연도, 그리고 과거 실거래가와 같은 정량적 데이터만을 사용했다. 이 모델은 약 90%의 정확도를 보였지만, '한강뷰'가 있는 아파트나 '최근 올수리'된 아파트처럼 정량화하기 어려운 질적 가치를 반영하지 못하는 한계가 있었다.

팀은 먼저 '이미지 데이터'를 통합하기로 결정했다. 그들은 수만 건의 아파트 내부 사진을 수집하고, 컴퓨터 비전 모델을 학습시켜 '인테리어 품질 점수'를 자동으로 산출하도록 했다. 그 결과 모델의 정확도는 92%로 소폭 상승했다. 다음으로, 그들은 부동산 리뷰와 뉴스 기사 같은 '텍스트 데이터'를 추가했다. NLP 모델을 이용해 텍스트의 감성 점수를 추출하고, '학군', '교통'과 같은 키워드의 출현 빈도를 분석하여 모델에 반영했다. 정확도는 93%까지 올라갔다.

하지만 팀은 곧 한계에 부딪혔다. 이미지에서 추출한 '인테리어 점수'와 텍스트에서 추출한 '평판 점수', 그리고 기존의 '가격 데이터'를 어떻게 '최적의 비율'로 결합해야 하는지에 대한 명확한 기준이 없었다. 각 데이터의 가중치를 조절할 때마다 모델의 성능이 들쭉날쭉했다. 그들은 "이 데이터들은 서로 다른 언어로 말하고 있다. 우리에게는 이들을 하나로 묶어 줄 '공통의 문법'이 필요하다"는 결론에 도달했다. 이 사례는 다중 모드 데이터 융합이 단순히 더 많은 데이터를 추가하는 문제가 아니라, 근본적으로 다른 데이터 스트림을 의미론적으로 연결하는 '아키텍처 설계'의 문제임을 보여 준다.

투자전략 연구 2. 잠재적 가치 변화 예측 모델: '변화 시점/방향' 통합 분석
데이터 사이언스와 주역의 결합: 부동산 잠재가치 예측 모델

① 분석 모델의 핵심 목표

본 모델은 단순한 과거 데이터 기반의 가격 추종 방식에서 벗어나, 특정 부동산의 잠재적 가치가 변곡점을 맞는 시점과 그 변화의 성격(호재 또는 악재)을 사전에 정밀하게 포착하는 것을 목표로 합니다. 이를 통해 투자자는 최적의 매수·매도 타이밍을 선제적으로 확보함으로써 수익률을 극대화할 수 있습니다.

② 온-오프 데이터의 입체적 융합(Convergence Data)

단순 수치를 넘어 시장의 심리까지 읽어내기 위해 세 가지 차원의 데이터를 통합 분석합니다.

- 정량적 지표: 가격 변동률, 거래량, 공시지가, 인구 유입률 등 객관적 통계 지표를 기초로 합니다.
- 정성적 지표: 지역 커뮤니티의 여론, 긍정/부정 감성 점수, 뉴스 키워드 등 텍스트 데이터를 분석하여 시장의 흐름과 대중의 심리를 반영합니다.
- 융합 엔진(주역 64괘 패턴): 수집된 방대한 데이터를 주역의 64괘 중 하나로 치환하여, 현재 부동산 시장 상황이 어떤 국면에 처해 있는지를 고도의 상징 체계로 도출합니다.

③ 실전 적용 및 전략 도출(Case Study)

만약 현재의 데이터가 '화산려(火山旅)' 괘로 도출된다면, 이는 현재 해당 지역이 '나그네의 고달픔'처럼 정처 없이 떠도는 일시적 불안정 상태에 놓여 있음을 의미합니다.

이때 본 모델은 단순히 현상을 진단하는 데 그치지 않고, 괘의 변화 패턴(초효/상효)을 추적하여 '곧 안정을 찾을 국면'인지, 아니면 '더 큰 대규모 변화(이동)가 일어날 전조'인지를 예측합니다.

④ 실무적 활용 가치

단기적인 시세 차익에 일희일비하기보다, 괘가 보여 주는 흐름의 끝을 읽습니다. 예를 들어 "향후 1년간은 나그네의 기운으로 불안정할 수 있으나, 이후 '중부(中孚)' 괘가 상징하는 '진실한 믿음'의 단계로 전환될 가능성이 크다"는 예측이 나온다면, 단기 매수보다는 장기적 관점의 가치 투자를 제안하는 등 구체적이고 입체적인 의사결정 가이드를 제공합니다.

투자전략 연구 3. 매물/입지 환경 '조화도' 진단 서비스: '입지 운(運)' 통합 지수화

데이터와 인문학의 융합: '입지 운(運)' 진단 서비스

단순히 시세와 평당가로만 부동산을 판단하던 시대는 지났습니다. 본 서비스는 건축물의 물리적 정보와 주변 환경 사이의 '조화(Harmony)'를 정량적·정성적 데이터로 분석하여, 거주 만족도와 입지적 길흉을 직관적인 지수로 제공하는 통합 지수화 서비스입니다.

① 데이터로 읽는 입지의 생명력

우리는 보이지 않는 입지의 가치를 시각화하기 위해 두 가지 차원의 데이터를 융합합니다.

- 정밀한 수치 분석: 일조량, 통풍, 층수, 동 간 거리, 소음 데시벨 등 거주 품질을 결정짓는 정량적 데이터를 기반으로 합니다.
- 감성적 가치 포착: 단지 내 조경 이미지 분석(Green Ratio)과 인근 시설에 대한 실제 거주자 리뷰 등 정성적 데이터를 더해 입지의 입체적인 면모를 파악합니다.

② 주역 64괘를 통한 미래 가치 예측

수집된 하이브리드 데이터는 '융합 엔진'을 통해 주역 64괘 패턴으로 변환됩니다. 이는 매물 내부와 외부 환경의 상호작용을 동양 철학의 깊이 있는 통찰로 해석하는 과정입니다.

- 예시: 택화혁(澤火革) 괘의 적용

  만약 층수는 우수하나 일조량이 부족하고 주변에 혐오시설이 있다면, 이는 '혁신과 개혁'을 의미하는 택화혁 괘로 도출됩니다. 이는 현재 상태로는 불완전하며, 리모델링이나 재건축 같은 근본적인 변화가 필요함을 시사하는 강력한 투자 신호가 됩니다.

③ 단순한 정보 제공을 넘어선 '액션 가이드'

이 서비스의 핵심은 고객에게 "살기 좋다" 혹은 "나쁘다"라는 단편적 판단을 넘어, 구체적인 해결책(Action)을 제시하는 데 있습니다.

"이 매물은 현재 '혁(革)'의 기운이 강하므로, 거주 만족도를 극대화하기 위해선 내부 리모델링이나 단지 환경 개선 같은 '혁신적 조치'가 동반되어야 한다"는 전문적인 조언을 제공합니다. 이를 통해 고객은 가격이라는 프레임을 넘어, 미래 가치를 창출하기 위해 지금 당장 필요한 액션이 무엇인지 명확히 인지하고 의사결정을 내릴 수 있게 됩니다.

11.2 해결책: 공통의 상징 언어로서의 괘(卦)

물과 기름처럼 섞이지 않는 이종 데이터들을 어떻게 하나의 의미 있는 통찰로 융합할 수 있을까? 프롭테크 융합 엔진의 핵심 아이디어는 급진적이면서도 동시에 가장 오래된 지혜에서 그 해답을 찾는다. 바로, 모든 종류의 이질적인 데이터를 주역의 64괘(卦)라는 '공통의 상징 언어(Common Symbolic Language)'로 번역하여 통합하는 것이다.

이는 마치 서로 다른 언어(영어, 중국어, 프로그래밍 언어)로 된 문서를 기계 번역기를 통해 하나의 중간 언어(예: 라틴어)로 번역한 뒤, 그 번역된 문서를 바탕으로 전체적인 의미를 파악하는 것과 유사하다. 여기서 주역의 64괘는 단순한 64개의 기호가 아니라, 제1장에서 살펴보았듯 인간사와 자연 현상이 겪을 수 있는 64가지의 원형적 '상태(State)'를 정의하는 정교한 '상태-공간 지도' 역할을 한다. 즉, 우리는 모든 데이터를 '상태'라는 차원으로 변환하여 비교하고 결합하는 것이다.

프롭테크 융합 엔진은 크게 4개의 독립적인 데이터 처리 층위(Layer)와, 이들을 통합하는 하나의 최종 융합/결정 층위(Fusion/Decision Layer)로 구성된다. 4개의 데이터 층위는 각각 정량적, 공간적, 개인적, 정성적 데이터를 담당한다. 각 층위는 자신에게 할당된 종류의 데이터를 입력받아, 내부의 AI 모델과 알고리즘을 통해 분석하고, 그 분석 결과를 64괘 중 가장 부합하는 '상태'로 확률적으로 도출해 낸다.

예를 들어, 정량적 층위는 시장 데이터를 분석하여 "현재 시장은 강력한 상승 에너지를 보이는 뇌천대장(雷天大壯) 괘의 상태에 가깝다"는 중간 결과물을 내놓는다. 동시에 공간적 층위는 위성사진과 평면도를 분석하여 "이 공간은 안정적이지만 변화의 위험을 내포한 중수감(重水坎) 괘의 특성을 가진다"는 또 다른 중간 결과물을 생성한다.

이처럼 각 층위는 서로 다른 언어(숫자, 이미지 등)로 된 정보를 '괘'라는 공통의 언어로 번역하는 '전문 번역가' 역할을 한다. 이 아키텍처의 가장 큰 장점은 '모듈성(Modularity)'에 있다. 각 층위는 독립적으로 작동하므로, 특정 층위의 AI 모델을 개선하거나 새로운 데이터 층위(예: 소음 데이터 층위)를 추가하는 것이 매우 용이하다. 이는 전체 시스템의 유연성과 확장성을 극대화한다.

이러한 접근 방식은 제1.2절에서 다룬 라이프니츠의 역사적 발견에 그 철학적, 기술적 정당성을 두고 있다. 라이프니츠가 주역의 효(爻)를 0과 1로 치환하여 이진법과의 수학적 등가성을 증명했듯, 우리는 64괘를 64개의 '상태 값(state value)'으로, 각 효의 변화를 '비트(bit)의 전환'으로 치환하여 컴퓨터가 이해하고 처리할 수 있는 데이터 구조로 변환할 수 있다. 이는 주역의 지혜를 신비주의의 영역에서 공학의 영역으로 가져오는 결정적인 다리 역할을 한다.

따라서 프롭테크 엔진의 아키텍처는 단순히 철학적 아이디어를 나열한 것이 아니라, 현재 학계에서 활발히 연구되고 있는 최신 AI 기술들을 기반으로 설계된 구체적인 기술적 청사진이다. 이는 고대의 지혜가 어떻게 현대 데이터 과학의 가장 어려운 난제 중 하나인 '이종 데이터 융합' 문제에 대한 혁신적인 해결책을 제공할 수 있는지를 보여 주는 강력한 사례다.

데이터 괘상 통찰, 현장 의사결정

- **핵심 아이디어:** 모든 종류의 이질적인 데이터를 주역의 64괘라는 '공통의 상징 언어'로 번역하여 통합한다.
- **4계층 아키텍처:** 엔진은 정량적, 공간적, 개인적, 정성적 데이터를 각각 처리하는 4개의 독립적인 층위로 구성되며, 각 층위는 입력된 데이터를 분석하여 해당 '상태'와 가장 유사한 '괘'를 출력한다.
- **기술적 타당성:** 이 아키텍처는 라이프니츠가 발견한 주역과 이진법의 수학적 등가성에 기반하며, 각 층위는 현재 학계에서 연구되는 최신 AI 기술을 활용하여 구현 가능한 구체적인 청사진이다.

투자전략 연구 1. 유엔(UN)의 지속가능발전목표(SDGs)와 공통 언어

프롬테크의 '공통 상징 언어' 접근법과 유사한 사례를 국제 사회의 노력에서도 찾아볼 수 있다. 2015년 유엔(UN)은 전 세계가 2030년까지 공동으로 달성해야 할 17개의 지속가능발전목표(SDGs)를 채택했다. 이 목표에는 '빈곤 퇴치', '기아 종식', '양질의 교육', '기후 행동' 등 매우 다양하고 이질적인 영역들이 포함되어 있다.

과거에는 경제 발전, 환경 보호, 사회적 포용이라는 가치들이 서로 다른 부서와 전문가들에 의해 단절적으로 다루어졌다. 경제학자는 GDP 성장률을, 환경 과학자는 탄소 배출량을, 사회학자는 불평등 지수를 각자의 언어로 이야기했다. 이로 인해 정책들 간의 상충 효과를 파악하거나 시너지를 만들어 내기 어려웠다.

SDGs는 바로 이 문제에 대한 해결책이었다. 17개의 목표와 169개의 세부 목표는 전 세계 모든 국가와 기업, 시민 사회가 함께 공유하고 소통할 수 있는 '공통의 언어' 역할을 했다. 이제 기업들은 자신들의 ESG 경영 활동이 SDGs의 몇 번 목표에 기여하는지를 보고서에 명시하고, 각국 정부는 국가 정책이 SDGs 달성에 얼마나 기여했는지를 평가받는다.

이처럼 SDGs라는 공통의 프레임워크는 서로 다른 영역의 노력들을 하나의 거대한 목표 아래 정렬시키고, 그 성과를 비교하고 측정할 수 있게 만들었다. 프롬테크 엔진에서 '64괘'가 수행하는 역할은 바로 이 SDGs와 같다. 64괘는 숫자, 이미지, 텍스트, 상징이라는 서로 다른 차원의 가치들을 '지속 가능한 번영'이라는 하나의 목표 아래 통합하고 평가하는 공통의 언어이자 프레임워크인 것이다.

투자전략 연구 2. 부동산 개발 사업 타당성 분석 및 리스크 예측

부동산 개발 사업 초기 단계에서 **정량적 데이터**(시장 수요, 금융 비용), **공간적 데이터**(부지 특성, 입지 환경), **정성적 데이터**(지역 사회 분위기, 정책 변화 전망), **개인적 데이터**(시행사 평판, 주도 인력의 전문성) 등 이질적인 4가지 유형의 데이터를 엔진에 입력한다.

- **64괘 역할:** 엔진은 각 데이터 유형을 분석하여 그 결과를 '상태(State)'로 도출하고, 이 4가지 '상태'를 통합하여 최종적으로 현재 개발 사업의 상황을 대표하는 **하나의 64괘**로 변환한다.
  - **예시:** 시장 상황은 강력한 상승(乾卦), 규제 리스크는 막혀 있는 상태(否卦) 등으로 변환된 후, 최종적으로는 **'屯(둔)' 괘**(시작의 어려움, 성장 잠재력)가 도출될 수 있다.
- **적용 예시:**

  개발자는 屯괘의 의미와 해설을 바탕으로 '현재는 초기 진입의 어려움이 있으나, 인재와 자원을 모아 신중하게 추진하면 성공 가능하다'와 같은 구체적인 사업 방향 및 리스크 관리 전략을 도출한다.

투자전략 연구 3. 주택 매매 시점 및 가격 변동성 예측

개별 부동산 매물을 대상으로 **정량적 데이터**(실거래가, 금리), **공간적 데이터**(주변 교통 호재, 환경 오염도), **정성적 데이터**(인터넷 검색량, 뉴스 심리 지수), **개인적 데이터**(매도자 급매 여부, 매수자 선호도 변화)를 수집 및 분석한다.

- **64괘 역할:** 이 데이터들을 통해 해당 매물이 처한 현재 시장 및 환경적 '상태'를 64괘 중 하나로 매핑한다.
  - **예시:** 가격은 하락세이나(剝卦), 입지 환경은 잠재력이 높고(頤卦), 매수 심리는 조심스러운 상태(艮卦) 등이 통합되어 최종적으로는 **'漸(점)'괘**(점진적인 발전, 꾸준히 나아가야 할 때)가 도출된다.
- **적용 예시**

  개인과 고객은 '漸' 괘를 통해 '급격한 시세차익은 어렵지만, 장기적인 관점에서 천천히 가치를 인정받을 지역이므로 매수 후 장기 보유 전략이 적절하다'는 결론을 얻고 매매 결정에 활용한다.

11.3 4개의 데이터 층위와 해당 AI 모델

프롭테크 융합 엔진의 심장부는 각각의 이종 데이터를 '괘'라는 공통 언어로 번역하는 4개의 데이터 층위다. 각 층위는 특정 종류의 데이터를 처리하기 위해 특화된 최신 AI 모델과 알고리즘으로 무장하고 있다. 이 절에서는 각 층위의 구체적인 기술적 구성과 작동 방식을 학술적 연구 근거와 함께 상세히 설명한다.

1) 정량적 층위(Quantitative Layer) : 시장의 맥박을 읽다
- **입력 데이터:** 부동산 가격, 거래량, 금리, GDP, 실업률, 인구 이동, 투자자 심리 지수 등 거시 및 미시 경제 시계열 데이터.
- **핵심 AI/ML 기술:** 이 층위의 목표는 데이터의 '추세'와 '변동성'을 분석하여 시장의 현재 '계절'을 진단하는 것이다. 이를 위해 시계열 분석에 특화된 **SARIMA(Seasonal Autoregressive Integrated Moving Average)** 모델이나, 복잡한 비선형 관계를 잘 포착하는 고효율 그래디언트 부스팅 결정 트리 알고리즘인 **LightGBM** 등이 활용된다. AI는 각 지표의 추세(상승/하락/정체)를 분석하고, 이를 양(—, 상승/확장), 음(--, 하락/수축), 변하지 않는 효(정체)로 이진화(Binarization)한다. 이렇게 생성된 6개의 효를 조합하여 현재 시장 상황을 나타내는 '시장 괘'를 도출한다.
- **출력:** 시장 괘(Market Hexagram)
- **관련 연구:** *Journal of Artificial Intelligence & Cloud Computing*에 게재된 연구는 SARIMA 모델을 활용하여 임대 가격의 미래 추세를 예측하는 사례를 보여주며, LightGBM과 같은 모델은 부동산 가치 평가 경진대회에서 꾸준히 최상위권의 성능을 입증하고 있다.

2) 공간적 층위(Spatial Layer) : 땅의 언어를 해석하다

- **입력 데이터:** 위성사진, 스트리트뷰 이미지, BIM(Building Information Modeling) 데이터, GIS 데이터, 평면도 이미지.
- **핵심 AI/ML 기술:** 이 층위는 공간의 형태와 관계를 분석하여 그곳이 가진 고유의 '에너지'를 평가한다. 이미지의 복잡한 패턴을 학습하는 데 탁월한 성능을 보이는 최첨단 컴퓨터 비전 기술인 '자기 지도 비전 트랜스포머(Self-Supervised Vision Transformers)'가 핵심적인 역할을 한다. AI는 위성사진을 통해 배산임수와 같은 거시적 지형을 분석하고, 스트리트뷰 이미지를 통해 벽도살과 같은 미시적 위험 요소를 감지한다. BIM과 GIS 데이터의 통합은 건물의 3D 모델과 도시의 지리적 맥락을 결합하여, 일조량, 조망권, 바람길 등을 정밀하게 시뮬레이션하는 기반을 제공한다. 이러한 분석 결과들은 풍수 원리에 따라 점수화되고, 최종적으로 '공간 괘'로 변환된다.
- **출력:** 공간 괘(Spatial Hexagram)
- **관련 연구:** arXiv에 발표된 연구("Real Estate Property Valuation using Self-Supervised Vision Transformers")는 위성 및 스트리트뷰 이미지를 활용하여 부동산 가치를 정확하게 예측하는 모델을 제시하며, 컴퓨터 비전이 공간의 질적 가치를 정량화할 수 있는 잠재력을 보여 준다. 또한, 도시 계획 분야에서는 BIM과 GIS를 통합하여 스마트 시티를 설계하려는 연구가 활발히 진행 중이다.

3) 개인적 층위(Personal Layer) : 사람과 공간의 조화를 찾다

- **입력 데이터:** 사용자의 생년월일, 가족 구성원 정보, 그리고 "저는 창의적인 일을 하는 프리랜서입니다"와 같은 라이프스타일 프롬프트.
- **핵심 AI/ML 기술:** 이 층위는 개인의 고유한 에너지 특성과 공간의 에너지가 얼마나 조화를 이루는지를 분석한다. 핵심 알고리즘은 구성기학(九星氣學)에 기반한 맞춤형 규칙 기반 시스템(Custom Rule-based System)이다. 시스템은 사

용자의 생년월일을 바탕으로 본명성(예: 일백수성, 구자화성 등)과 오행 속성을
계산한다. 그리고 이 속성이 특정 공간의 방향(예: 동향, 남향)이나 공간적 특성
(예: 주변에 물이 많음)과 오행의 상생(相生) 관계인지 상극(相剋) 관계인지를
판단하여 '조화 점수'를 산출한다. 이 점수는 '개인 괘'로 변환되어 개인과 공간
의 궁합을 나타낸다.

- **출력:** 개인 괘(Personal Hexagram)
- **관련 연구:** 이 부분은 현대 AI 연구보다는 전통적인 동양 철학의 논리 체계를 알
  고리즘화하는 것에 가깝다. 하지만 '규칙 기반 시스템'은 AI의 고전적인 한 분야
  로, 특정 도메인의 전문가 지식을 코드화하여 의사결정을 자동화하는 데 널리
  사용된다.

4) 정성적 층위(Qualitative Layer): 집단 지성의 목소리를 듣다

- **입력 데이터:** 부동산 리뷰, 지역 커뮤니티 게시글, 관련 뉴스 기사, 정부 정책 발
  표문 등 비정형 텍스트 데이터.
- **핵심 AI/ML 기술:** 이 층위는 텍스트에 담긴 사람들의 '감성(Sentiment)'과 '평판'
  을 분석한다. 이를 위해 **거대 언어 모델(LLM)과 자연어 처리(NLP) 기술**이 핵심
  적인 역할을 한다. LLM은 텍스트의 미묘한 맥락과 감성(긍정/부정/중립)을 이
  해하고, '소음', '학군', '커뮤니티'와 같은 핵심 주제를 추출한다. 특히 LLM을 활
  용하여 AI의 예측에 대한 설명 가능한 근거를 생성하는 **XAI(Explainable AI)** 연
  구는 프롭테크의 '지혜로서의 결과'를 구현하는 데 필수적이다.
- **출력:** 평판 괘(Reputation Hexagram)
- **관련 연구:** arXiv에 발표된 최신 연구("LLM-Generated EXplainable PRopErty
  valuation SyStem…")는 LLM을 활용하여 부동산 가치 평가의 예측 근거를 자연
  어 텍스트로 설명해 주는 시스템을 제안하며, 정성적 데이터와 XAI의 중요성을
  강조한다.

이 4개의 층위에서 각각 도출된 괘들은 최종 '융합/결정 층위'에서 사용자의 질문 의도에 따라 가중치가 부여되어 통합되고, 최종적으로 하나의 '프롭테큰 괘'와 그에 대한 서사적 해석으로 사용자에게 제공된다.

땅의 근본, 사람의 욕망이 가격이다.

- **정량적 층위**: 시계열 분석 및 머신러닝 모델(SARIMA, LightGBM)을 사용하여 시장 데이터의 추세를 분석하고 '시장 괘'를 생성한다.
- **공간적 층위**: 컴퓨터 비전(Vision Transformers)과 BIM/GIS 통합 기술을 사용하여 공간의 형태와 관계를 분석하고 '공간 괘'를 생성한다.
- **개인적 층위**: 구성기학 기반의 규칙 기반 시스템을 사용하여 사용자의 에너지 프로필과 공간의 조화를 분석하고 '개인 괘'를 생성한다.
- **정성적 층위**: LLM과 NLP 기술을 사용하여 텍스트 데이터의 감성과 평판을 분석하고 '평판 괘'를 생성하며, 이는 설명 가능한 AI(XAI)의 기반이 된다.

투자전략 연구 1. 매물 잠재력 및 위험성 예측: '택산함(澤山咸)' 괘 활용

데이터와 인문학의 결합: '택산함' 기반 부동산 매물 가치 분석

단순한 숫자 위주의 분석을 넘어, 주역의 '택산함(澤山咸)' 원리를 프롭테크(Proptech)에 접목한 이 분석 모델은 매물의 잠재력과 리스크를 입체적으로 예측합니다. '택산함'은 마음과 마음이 통해 감응하고 새로운 시작을 알리는 긍정적인 기운을 의미하며, 이를 부동산 시장에 대입하면 다음과 같은 세 가지 핵심 레이어를 통해 투자 가치를 도출합니다.

① 다각적 데이터의 융합(프롭테크 계층 통합)

성공적인 투자를 위해 시장의 흐름을 보여 주는 정량적 데이터(시장 추세)와 입지 및 개발 가능성을 점치는 공간적 데이터(개발 잠재력), 그리고 실제 거주민과 사용자들의 심리적 만족도를 나타내는 정성적 데이터(커뮤니티 감성)를 하나로 통합합니다. 이는 매물을 단순히 건물이 아닌, 살아 움직이는 유기체로 파악하는 혁신적인 접근법입니다.

② '택산함' 괘 도출의 의미: 강력한 시장 감응

AI 분석 결과, 신축 예정 주거 단지의 시장 성장세가 뚜렷하고 교통 및 도시 계획이 뒷받침되며, 특히 온라인상에서 입주 기대감과 긍정적 여론이 높게 형성될 때 '택산함'의 결과가 도출됩니다. 이는 해당 매물이 대중의 심리와 강력하게 공명하고 있으며, 시장에 출시되었을 때 폭발적인 반응을 끌어낼 준비가 되었음을 시사합니다.

③ 실무적 투자 제언: 적극적 선점과 면밀한 관찰

'택산함' 기운이 강한 매물은 수요층의 심리적 결합도가 높고 주변 환경 변화에 따른 가치 상승 에너지가 매우 강력합니다. 따라서 적극적인 매입과 투자를 추천합니다. 다만, 괘가 가진 고유의 특성인 '이동성'에 주목하여, 변화하는 시장 상황을 실시간으로 면밀히 관찰하며 유연하게 대응하는 전략이 병행되어야 합니다.

투자전략 연구 2. 부동산 투자 시점 및 안정성 진단: '풍산점(風山漸)' 괘 활용

데이터와 통찰의 만남: '풍산점' 괘를 통한 부동산 투자 진단

오늘날의 부동산 투자는 단순히 감에 의존하는 시대를 지나, 데이터와 철학적 통찰이 결합된 정교한 분석을 필요로 합니다. 본 분석은 주역의 53번째 괘인 '풍산점(風山漸)'의 원리를 현대적 프롭테크 데이터에 접목하여 가장 안정적인 자산 증식의 길을

제시합니다.

① 풍산점(風山漸): 서두르지 않는 꾸준한 발전의 가치

풍산점은 '나무가 산 위에서 서서히 자라나는 형상'을 의미합니다. 이는 부동산 투자에 있어 단기적인 시세 차익에 일희일비하기보다, 점진적인 발전과 안정적인 성과를 지향해야 함을 시사합니다. 즉, 조급함을 버리고 정석대로 나아갈 때 비로소 견고한 자산을 구축할 수 있다는 철학이 담겨 있습니다.

② 프롭테크 기반의 3차원 통합 분석

우리는 '풍산점'의 가치를 검증하기 위해 세 가지 핵심 계층을 통합적으로 분석합니다.

- 정량적 지표: 금리 변동성과 시장 수급 등 객관적 수치를 통해 시장의 흐름을 읽습니다.
- 개인적 적합성: 사용자의 라이프스타일과 생년월일 기반의 궁합을 분석하여 '나에게 맞는 매물'을 찾습니다.
- 공간적 안정성: 주변 환경의 노후도와 재난 위험도 등 환경적 요인을 통해 자산의 물리적 안전성을 확보합니다.

③ 실전 적용: 수익형 부동산의 새로운 기준

예를 들어, 장기 임대 수익용 상가 매물을 분석할 때 AI가 산출한 안정적인 임대료 추이(정량), 사용자의 생활 패턴과의 조화(개인), 그리고 낮은 재난 위험도(공간)가 확인된다면 이는 곧 '풍산점'의 상태라 판단할 수 있습니다. 이러한 조건이 충족된 매물은 시간이 흐를수록 그 가치가 더욱 빛을 발하게 됩니다.

④ 핵심 제언: "점진적 자산 증식을 위한 장기적 관점"

현재의 시장 환경에서 가장 유리한 전략은 성급한 매매 차익을 노리는 투기가 아 닌, 꾸준히 자산이 불어날 수 있는 장기 보유입니다.

"무리한 대출을 통한 도박성 투자보다는, 철저히 계획된 시점에 진입하여 점진적 (漸)으로 자산을 키워 가십시오. 높은 안정성을 바탕으로 한 기다림이 결국 가장 큰 수익으로 돌아올 것입니다."

11.4 요약 및 활용 가이드

1) 제11장 핵심 개념 요약

절(Section)	핵심 개념(Core Concept)	부동산학적 적용 (Application in Real Estate)
11.1 핵심 과제	**이종 데이터 융합**: 숫자, 이미지, 텍스트, 상징 등 근본적으로 다른 종류의 데이터를 의미 있게 결합하는 기술적 난제.	부동산 가치에 영향을 미치는 다양한 정량적/정성적 요인들을 하나의 통합된 분석 프레임워크로 결합하여, 기존 AVM의 한계를 극복.
11.2 해결책	**공통 상징 언어로서의 괘(卦)**: 모든 이종 데이터를 주역의 64괘라는 '상태'를 나타내는 공통 언어로 번역하여 통합.	시장 상황, 공간의 질, 개인과의 조화, 평판 등 서로 다른 차원의 분석 결과를 '괘'라는 표준화된 단위로 변환하여 종합적인 판단을 내림.
11.3 4개의 데이터 층위	**다층적 AI 아키텍처**: 정량, 공간, 개인, 정성 데이터를 각각 처리하는 4개의 전문화된 AI 층위를 통해 다차원적 분석을 수행.	최신 AI 기술(LightGBM, Vision Transformers, LLM 등)을 각 데이터 유형에 맞게 적용하여 분석의 정확성과 깊이를 극대화.

2) 핵심 활용 가이드(Actionable Guide for Researchers & Practitioners)

본 장의 내용을 연구와 실무에 효과적으로 적용하기 위해 다음의 세 가지 지침을 따를 것을 제안한다.

(1) 당신의 '데이터 포트폴리오'를 다각화하라.

부동산을 분석할 때, 가격과 거래량 같은 '정량적 데이터'에만 의존하는 습관에서 벗어나라. 의식적으로 다른 층위의 데이터를 수집하고 분석하는 훈련을 하라. 관심 있는 지역의 '공간적 데이터'(로드뷰를 통한 가로 경관, 위성사진을 통한 녹지 비율), '정성적 데이터'(지역 맘카페의 여론, 최신 뉴스 기사)를 함께 교차 검증하라. 이 다각화된 데이터 포트폴리오는 당신에게 남들이 보지 못하는 리스크와 기회를 발견하게 해 줄 것이다.

(2) '번역가'의 관점을 채택하라.

당신이 데이터 과학자나 AI 엔지니어라면, 단순히 모델의 예측 정확도를 높이는 데만 집중하지 마라. 당신의 역할을 '데이터를 지혜로 번역하는 번역가'로 재정의 하라. "어떻게 하면 이 복잡한 분석 결과를 비전문가인 최종 의사결정자가 쉽게 이해하고 신뢰할 수 있는 '이야기'로 전달할 수 있을까?" 이 질문에 답하는 과정에서 XAI(설명 가능한 AI)와 서사적 통찰의 중요성을 깨닫게 될 것이다.

(3) '모듈식 사고'로 문제를 분해하고 해결하라.

복잡한 부동산 문제에 직면했을 때, 문제를 하나의 거대한 덩어리로 보지 말고 프롭테크의 4개 층위처럼 '모듈'로 분해하여 접근하라. "이 문제의 시장(정량적) 측면은 무엇인가?", "공간적 측면은?", "이해관계자(개인적) 측면은?", "여론(정성적) 측면은?" 과 같이 문제를 분해하면, 각 측면에 맞는 최적의 해결책을 더 쉽게 찾을 수 있다. 이는 복잡한 문제에 대한 체계적이고 구조적인 접근 능력을 길러 줄 것이다.

제12장

초개인화 부동산: 에너지와 공간의 매칭

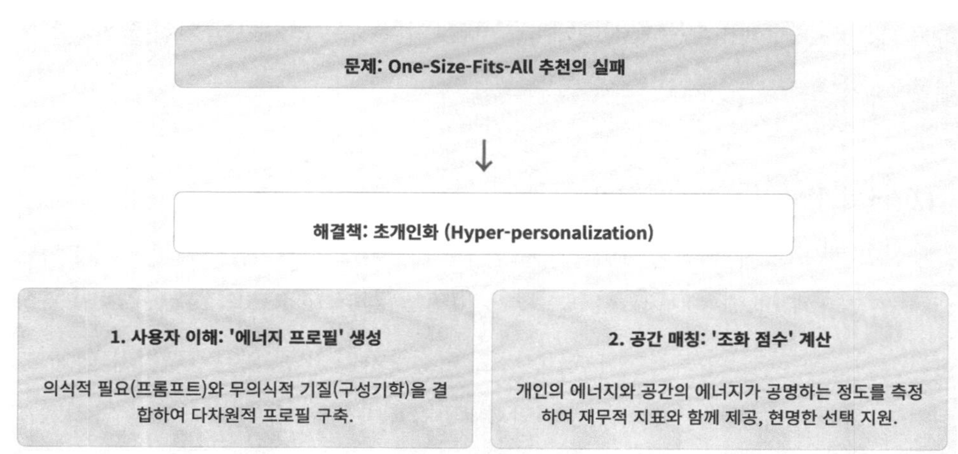

초개인화를 통한 'One-Size-Fits-All' 문제 해결 전략

('One-Size-Fit-All' Problem-Solving Strategy through Hyper-Personalization)

개념도 설명: 일률적인 추천의 한계를 넘어, 사용자의 다차원적 '에너지 프로필'과 공간의 공명 정도를 수치화한 '조화 점수'를 통해 최적의 맞춤형 선택을 지원하는 초개인화 해결 전략입니다.

12.1 원-사이즈-핏츠-올 추천의 실패

현재의 부동산 플랫폼은 놀라울 정도로 발전했다. AI는 수백만 개의 매물 데이터를 분석하여 당신의 예산, 원하는 평수, 직장과의 거리 등 정량적인 조건에 가장 부합하는 집을 단 몇 초 만에 찾아 준다. 이러한 데이터 기반 추천 시스템은 정보의 탐색 비용을 획기적으로 낮추고, 과거에는 상상할 수 없었던 수준의 효율성을 제공한다. 우리는 더 이상 발품을 팔지 않고도 수많은 선택지를 비교하고 검토할 수 있게 되었다.

하지만 이 눈부신 효율성의 이면에는 치명적인 맹점이 존재한다. 바로 '당신'이라는 가장 중요한 변수가 빠져 있다는 것이다. 현재의 플랫폼은 모든 사용자를 평균적인 데이터의 집합으로 취급할 뿐, 당신이라는 개인의 고유한 기질, 성향, 그리고 진정한 라이프스타일을 이해하지 못한다. AI는 당신이 입력한 '필터 값'의 합계를 보고 있을 뿐, 당신의 '삶'을 보고 있지 않다.

문제의 핵심은, 현재의 프롭테크(PropTech)가 '평균을 위한 최적화'에만 머물러 있다는 점이다. 이는 마치 모든 사람에게 동일한 사이즈의 옷을 추천하는 것과 같다. 데이터상으로는 가장 인기가 많고 잘 팔리는 사이즈일지 몰라도, 정작 나에게는 전혀 맞지 않는 옷일 가능성이 높다. 데이터상으로 완벽한 집이 나에게는 최악의 집이 될 수 있는 이유가 바로 여기에 있다.

예를 들어, AI가 데이터상으로 완벽한 '강남의 역세권 신축 오피스텔'을 당신에게 추천했다고 가정해 보자. 높은 투자 수익률, 완벽한 교통, 최첨단 편의시설. 모든 숫자가 '최고의 선택'이라고 말한다. 하지만 만약 당신이 조용한 환경에서 창의적인 영감을 얻는 작가라면 어떨까? 그곳의 끊임없는 소음과 분주함은 당신의 창의력을 갉아먹는 독이 될 것이다. 만약 당신이 이웃과 교류하며 공동체적 유대감을 중요하게 생각하는 사람이라면? 그곳의 익명성과 단절감은 당신을 깊은 고립감에 빠뜨릴 수 있다.

이처럼 '원-사이즈-핏츠-올(One-size-fits-all)' 추천 시스템의 실패는 단순히 불편함을 넘어, 개인의 삶의 질을 심각하게 저하시키고 잘못된 투자 결정을 유도하는 근본적인 문제를 안고 있다. 이는 제10장에서 지적한 '데이터-지혜 격차'가 개인의 삶에서 구체적으로 발현되는 현장이다. 우리는 나에게 맞는 옷을 찾아 주는 '퍼스널 쇼퍼'처럼, 나의 고유한 에너지 코드와 조화를 이루는 '운명의 집'을 찾아 주는 새로운 차원의 개인 맞춤형 플랫폼을 필요로 한다.

평균보다 자기 본질 깨달아 기질 맞는 곳에 투자

- **평균을 위한 최적화**: 현재의 부동산 추천 플랫폼은 사용자의 정량적 조건에 맞는 '평균적으로 좋은 집'을 추천할 뿐, 개인의 고유한 기질과 라이프스타일을 이해하지 못한다.
- **데이터의 맹점**: 데이터상 완벽한 집이 개인에게는 최악의 선택이 될 수 있다. 이는 AI가 '가격'과 '스펙'은 분석하지만, 그 공간이 가진 '에너지'와 '문화'는 읽지 못하기 때문이다.
- **초개인화의 필요성**: '원-사이즈-핏츠-올' 추천의 한계를 극복하기 위해서는, 사용자의 고유한 특성을 깊이 이해하고 그에 맞는 공간을 연결해주는 '초개인화(Hyper-personalization)' 패러다임으로의 전환이 필수적이다.

투자전략 연구 1. 디지털 노마드의 비극: 데이터가 놓친 것

프리랜서 UX 디자이너로 성공적인 커리어를 쌓고 있는 하나 씨는 전형적인 '디지털 노마드'다. 그녀는 노트북만 있으면 어디서든 일할 수 있었기에, 다음 거주지를 선택할 때 최고의 프롭테크 앱을 활용하기로 했다. 그녀는 '높은 임대 수익률', '편리한 교통', '최신 편의시설'을 중요한 필터 조건으로 설정했다.

앱의 AI 알고리즘은 그녀의 조건에 완벽하게 부합하는 서울의 한 신도시, 최첨단 지식산업센터 내에 위치한 신축 오피스텔을 최우선으로 추천했다. AI 분석 리포트는 인근 테크 기업들의 임차 수요가 풍부하여 공실 위험이 낮고, KTX 역과 가까워 전국 어디로든 이동이 편리하며, 건물 내에 피트니스 센터와 스마트워크 라운지까지 갖추

고 있다는 점을 강조했다. 모든 데이터가 합리적인 선택임을 가리키고 있었다.

하지만 입주 6개월 후, 하나 씨는 극심한 번아웃과 창의적 고갈을 겪게 되었다. 낮에는 창밖으로 보이는 삭막한 빌딩 숲에 답답함을 느꼈고, 밤에는 주변 도로의 소음 때문에 숙면을 취하기 어려웠다. 스마트워크 라운지는 늘 사람들로 붐벼 집중하기 어려웠고, 비슷한 직종의 사람들만 모여 있는 환경에서는 새로운 영감을 얻기 힘들었다. 그녀는 자신이 마치 잘 설계된 '닭장' 안에 갇혀 있는 기분을 느꼈다.

프롭테크 앱의 AI는 'KTX 역 접근성'을 높은 점수로 평가했지만, 그녀에게 정말 필요했던 '조용한 산책로 접근성'은 측정하지 못했다. AI는 '지식산업센터 밀집 지역'을 긍정적인 데이터로 보았지만, 그녀의 창의력을 자극할 '다양한 문화와 예술이 공존하는 지역'이라는 질적 가치는 분석하지 못했다. 이 사례는 현재의 부동산 추천 시스템이 어떻게 사용자의 표면적인 '조건'은 만족시킬지 몰라도, 그 사람의 근원적인 '필요'와 '가치'는 놓치고 마는지를 명확히 보여 준다.

투자전략 연구 2. '공간의 잠재적 조화' 분석: 주역–입지 매칭 시스템

- **문제점 인식(이미지 내용 기반):**
  AI는 '가격'과 '스펙'은 분석하지만, 그 공간이 가진 '에너지'와 '문화'을 읽지 못하여, 데이터상 완벽한 집이 개인에게 **최악의 선택**이 될 수 있다.
- **주역 64괘 적용 아이디어: '상생(相生)의 공간' 예측 모델**
  - **주요 괘(卦) 활용:** 주거 공간의 핵심 에너지 및 변화 흐름을 나타내는 괘를 활용한다.

  예) **산천대축(山天大畜):** '머물러 크게 쌓는다'는 의미로, 장기적인 안정과 재물의 축적에 유리한 입지/건물로 해석.(자영업, 학문, 은둔형 라이프스타일에 적합한 주거지 추천)

  예) **수풍정(水風井):** '정(井)처럼 마르지 않고 끊임없이 공급되는 이로움'을 상징, 커뮤니티의 활력, 문화적 교류, 대중교통의 편리성 등 **지속적인 활동 에너지**가 필

요한 공간으로 해석. (창의적 영감, 공동체 중시, 디지털 노마드형 라이프스타일에
적합한 오피스텔/주상복합 추천)

- **적용 예시:**
  - 사용자의 '근원적 필요와 가치'를 심층 설문(예: 창의성 중시, 안정성 중시, 공동체 중시 등)하여 핵심 주역 괘를 도출한다.
  - 특정 부동산 매물/입지의 **지형, 주변 환경(도로, 상권, 공원), 건물의 구조, 과거 이력** 등을 주역적 관점으로 해석하여 매칭되는 괘를 도출한다.
  - 사용자의 '기질 괘'과 공간의 **'입지 괘'** 간의 **상생/상극 관계**를 분석하여, 데이터상 완벽하더라도 '잠재적 불협화음'이 예상되는 매물을 필터링하고 '에너지적 조화'를 이루는 공간을 **초개인화 추천 점수**에 반영한다.

투자전략 연구 3. '개인의 라이프스타일 반영' 분석: 기질-주거 환경 매칭

- **문제점 인식(이미지 내용 기반):** AI가 'KTX 접근성'을 높게 평가했지만, 정작 사용자에게 필요한 '조용한 산책로 접근성'은 측정하지 못하여, 사용자가 시끄러운 환경에서 영감을 얻기 힘들고 '설계된 감옥'에 갇힌 기분을 느낀다.
- **주역 64괘 적용 아이디어: '삶의 흐름' 반영 모델**
  - **주요 괘(卦) 활용:** 사용자의 심리적 상태 및 라이프스타일의 **변화 추구** 또는 **'안정 추구'** 성향을 나타내는 괘를 활용한다.
  - 예) **뇌산소과(雷山小過):** '작은 일에 지나침이 있다'는 의미로, 섬세하고 예민하며 **외부 자극에 민감한** 라이프스타일(조용함, 집중력, 자연 친화적 공간 선호)로 해석.
  - 예) **화택규(火澤睽):** '서로 등지고 어긋난다'는 의미로, 익명성과 독립성을 중요시하며 **잦은 교류나 공동체 활동을 회피**하는 라이프스타일(독립적 생활 공간, 사생활 보호 중시)로 해석.

- 적용 예시:
  - 사용자의 **일과 휴식 패턴, 선호하는 소리 환경, 인간관계 방식** 등의 **정성적 데이터**를 주역의 괘로 치환하여 '개인 기질 괘'를 확정한다.
  - 프롭테크 앱이 제시하는 매물(아파트, 오피스텔 등)의 **실제 소음 데이터, 커뮤니티 활성화 정도, 동 간 거리, 충별 특성** 등을 분석하여 해당 공간이 사용자에게 제공하는 **심리적 환경**을 '공간 환경 괘'로 도출한다.
  - **뇌산소과** 기질의 사용자에게는 **번잡한 중심가의 KTX 역세권이 아닌, 조용하고 주변에 산책로가 있는**(공간적으로 '산'이나 '연못'의 기운이 강한) 매물을 우선 추천한다. 이는 데이터상의 '최적의 투자수익률'이나 '최첨단 편의시설'보다 '개인의 삶의 질'을 우선하는 '운명의 집'을 찾아 주는 방식이 된다.

12.2 '에너지 프로필' 생성

'원-사이즈-핏츠-올' 추천의 실패를 극복하기 위한 프롭테큰의 해답은 바로 '초개인화(Hyper-personalization)'다. 이는 단순히 필터 조건을 더 세분화하는 수준을 넘어, 사용자의 다차원적인 특성을 깊이 이해하여 고유한 '디지털 페르소나'를 구축하는 것을 의미한다. 프롭테큰 플랫폼은 이 페르소나를 '에너지 프로필(Energy Profile)'이라고 명명한다. 이는 한 사람 또는 한 가족이 가진 고유한 기질, 성향, 가치관, 그리고 이상적인 삶의 방식을 담은 다차원적인 청사진이다.

이 에너지 프로필은 어떻게 생성될까? 프롭테큰 플랫폼은 제11장에서 설계한 '다중 모드 데이터 융합 엔진'을 통해, 크게 두 가지 종류의 입력을 받아 사용자의 에너지 코드를 해독한다.

첫 번째 입력은 사용자가 직접 자신의 언어로 들려주는 '이야기', 즉 '라이프스타일 프롬프트(Lifestyle Prompt)'다. 플랫폼은 사용자에게 예산이나 평수를 먼저 묻지 않는다. 대신, "당신 가족이 꿈꾸는 이상적인 주말의 모습은 어떤가요?", "당신이 공간을 통해 얻고 싶은 가장 중요한 가치는 무엇인가요?(예: 안정감, 창의적 영감, 활기찬 교류)", "자녀가 어떤 환경에서 성장하기를 바라나요?"와 같은 개방형 질문을 던진다. 사용자가 "저는 집에서 주로 창의적인 작업을 하는 프리랜서 디자이너입니다. 조용하고 영감을 주는 공간을 원해요"라고 입력하면, 엔진의 정성적 층위(Qualitative Layer)에 있는 NLP(자연어 처리) 모델이 이 텍스트를 분석하여 '창의력(木)', '조용함(水)', '영감'과 같은 핵심 가치와 필요 에너지를 추출한다.

두 번째 입력은 사용자의 동의하에 제공되는 '상징적 데이터', 즉 '생년월일'이다. 엔진의 개인적 층위(Personal Layer)는 이 데이터를 바탕으로 구성기학(九星氣學) 알고리즘을 구동한다. 구성기학은 사람이 태어난 해의 기운을 아홉 개의 별(본명성)과 오행(五行)으로 분류하여, 그 사람의 타고난 기질과 성향을 분석하는 동양의 전통적인 인간 분석학이다. 예를 들어, 본명성이 '일백수성(一白水星)'인 사람은 물(水)의 기운을 타고나 깊이 사색하고 지혜를 추구하는 성향이 강하며, '구자화성(九紫火星)'인 사람은 불(火)의 기운처럼 열정적이고 화려하며 명예를 중시하는 경향이 있다. 이 분석은 사용자가 스스로 인지하지 못할 수 있는 무의식적인 성향과 잠재력을 파악하는 데 중요한 단서를 제공한다.

프롭테크 엔진의 진정한 혁신은 이 두 가지 이질적인 정보를 '융합'하는 데 있다. 라이프스타일 프롬프트가 사용자의 '의식적인 필요'와 '현재의 가치관'을 대변한다면, 구성기학 분석은 그 사람의 '타고난 기질'과 '무의식적인 경향성'을 보여 준다. 이 둘을 결합할 때, 비로소 한 사람에 대한 입체적이고 총체적인 이해, 즉 '에너지 프로필'이 완성된다.

나의 기질 분석하여 운의 흐름이 맞는 곳에 투자하라.

- **에너지 프로필의 정의:** 사용자의 고유한 기질, 성향, 가치관, 라이프스타일을 담은 다차원적인 '디지털 페르소나'다.
- **다중 모드 입력:** 사용자의 의식적인 필요를 담은 '라이프스타일 프롬프트'와, 타고난 기질을 분석하는 '구성기학' 기반의 상징적 데이터를 결합하여 생성된다.
- **총체적 이해:** 에너지 프로필은 개인과 가족의 복잡한 필요와 에너지의 역학 관계를 깊이 있게 해석함으로써, 단순한 조건 매칭을 넘어선 진정한 '초개인화'의 기반을 마련한다.

투자전략 연구 1. 박 씨 가족의 '에너지 프로필' 생성 과정

4인 가족인 박 씨네는 새로운 집을 찾기 위해 프롭테크 플랫폼에 접속했다. 그들의 입력 데이터와 그에 따른 AI의 분석 과정은 다음과 같다.

- **입력 데이터:**
  - **가족 구성원:** 아빠(45세, 대기업 부장), 엄마(42세, 프리랜서 번역가), 딸(16세, 고등학생), 아들(12세, 초등학생)
  - **라이프스타일 프롬프트:** "남편은 출퇴근이 편리했으면 좋겠어요. 저는 집에서 일할 조용한 서재가 꼭 필요하고, 창밖으로 녹지가 보이면 좋겠어요. 아이들은 각자 공부에 집중할 방이 필요하고, 주말에는 가족이 함께 시간을 보낼 수 있는 공원이나 산책로가 가까우면 좋겠어요."
  - **생년월일 데이터:** 각 가족 구성원의 생년월일 제공.
- **프롭테크 엔진의 처리 과정:**

○ **정성적 층위(NLP 분석):** 프롬프트에서 '출퇴근 편의성', '조용한 서재', '녹지 조망', '집중', '가족 활동', '공원' 등의 핵심 키워드와 가치를 추출한다.

○ **개인적 층위(구성기학 분석):**

■ 아빠(본명성 **팔백토성(土)**): 안정과 신뢰를 중시하는 현실적인 성향.

■ 엄마(본명성 **사록목성(木)**): 창의적이고 부드러우며, 성장과 발전을 추구하는 성향.

■ 딸(본명성 **칠적금성(金)**): 예리하고 분석적이며, 집중력이 강한 성향.

■ 아들(본명성 **이흑토성(土)**): 차분하고 꾸준하며, 안정적인 환경에서 잠재력을 발휘하는 성향.

○ **에너지 프로필 생성(융합):** AI는 이 모든 정보를 종합하여 다음과 같은 '가족 에너지 프로필'을 생성한다. "박 씨 가족은 안정적인 '토(土)'의 기운(아빠, 아들)과 창의적인 '목(木)'의 기운(엄마)이 조화를 이루는 것이 핵심입니다. '목극토(木剋土)'의 상극 관계가 발생할 수 있으므로, 이 둘을 중재해 줄 '수(水)'의 에너지(지혜, 소통)가 필요합니다. 또한, 자녀들의 학업 집중(金)을 돕는 환경이 중요합니다. 따라서, 교통이 편리하면서도(아빠의 요구), 집 가까이에 숲이나 공원(木, 土)이 있고, 도서관이나 조용한 커뮤니티 시설(水, 金)이 잘 갖추어진 곳이 이상적입니다. 특히 엄마의 작업실은 '수생목(水生木)'의 원리에 따라 북향이나 동향에 배치하여 창의력을 극대화하는 것이 좋습니다."

이처럼 '에너지 프로필'은 단순한 데이터의 나열이 아니라, 한 가족의 복합적인 필요와 에너지의 역학 관계를 깊이 있게 해석한 '종합 진단서'이자 '공간 처방전'이다.

투자전략 연구 2. 주역 64괘와 AI 기술의 융합: 미래형 부동산 솔루션

현대 부동산 시장의 데이터와 고대 동양 철학의 정수인 '주역'이 만났습니다. 우리는 단순히 매물을 추천하는 단계를 넘어, 개인의 에너지 흐름과 공간의 상호작용을 데이터화하여 최적의 의사결정을 지원합니다.

① 매물 추천 및 투자 흐름의 정밀 예측

우리는 사용자의 현재 상황과 미래 목표(투자, 이사, 사업 확장 등)를 프롬프트로 입력받아 AI 딥러닝을 통해 분석합니다.

- 핵심 기술: '지천태(안정적 발전)'나 '풍화가인(가족 화합)'과 같은 핵심 괘를 도출하여, 사용자의 운세 흐름에 가장 적합한 매물의 '길흉'을 조언합니다.
- 실제 적용: 위험 회피형 투자자에게는 '지산겸(신중함)' 괘를 매칭하여 안정적이면서도 성장 잠재력이 높은 지역을 추천하며, 시장의 변혁기에는 '택화혁(변화)' 괘를 통해 재개발·재건축 매물의 최적 투자 시점을 제안합니다.

② 공간 디자인 및 배치 최적화(역학 시뮬레이션)

거주자의 타고난 기질인 '에너지 프로필'과 주택 내부 방위 및 공간 간의 상호작용을 과학적으로 분석합니다.

- 핵심 기술: 주역의 상생·상극 원리를 기반으로 한 '공간 역학 시뮬레이션'을 실시합니다. 가구 배치, 색상, 자재에 따른 가족 구성원의 에너지 조화 지수를 산출하여 최상의 디자인 컨설팅을 제공합니다.
- 실제 적용: 자녀의 학습 집중력을 높이기 위해 '산수몽(교육)' 괘에 맞는 방위를 학습 공간으로 지정하고, 부부 관계 개선을 위해 갈등의 상징인 '화택규(불화)'를 피할 수 있는 침실 인테리어와 가구 배치를 제안합니다.

12.3 '조화 점수' : '적합성'을 위한 새로운 측정 기준

사용자의 고유한 '에너지 프로필'이 생성되었다면, 다음 단계는 이 추상적인 프로필을 수만, 수백만 개의 물리적인 '공간'과 어떻게 연결할 것인가의 문제다. 제11장에서 우리는 프롭테크 엔진의 공간적 층위가 위성사진, 평면도, GIS 데이터 등을 분석하여 각 매물의 고유한 '공간 괘'와 에너지 특성을 도출한다고 설명했다. 이제 남은 과제는 '사람의 에너지'와 '공간의 에너지'를 비교하여 그 '적합성'을 측정하는 것이다.

프롭테크 플랫폼은 이 적합성을 측정하기 위해 '조화 점수(Harmony Score)'라는 새로운 기준을 도입한다. 이는 단순히 사용자가 입력한 조건을 얼마나 만족시키는지를 평가하는 '일치율'이 아니라, 개인의 고유한 에너지 코드와 공간의 에너지가 얼마나 긍정적으로 '공명(Resonance)'하는지를 측정하는 새로운 개념의 지표다.

'조화 점수'는 0점에서 100점까지의 점수로 표현되며, 프롭테크 엔진의 최종 융합/결정 층위에서 복합적인 알고리즘을 통해 계산된다. 그 계산 과정은 크게 세 단계로 이루어진다.

첫째, 괘(卦)의 매칭이다. 시스템은 사용자의 '개인 괘'(에너지 프로필에서 도출)와 매물의 '공간 괘'를 비교 분석한다. 두 괘의 구조적 유사성, 그리고 주역의 원리에 따른 상호 관계(예: 서로 보완적인 관계인지, 충돌하는 관계인지)를 평가하여 기본 점수를 산출한다.

둘째, 오행(五行)의 상생상극 분석이다. 이는 조화 점수 계산의 핵심적인 부분이다. 시스템은 사용자의 본명성이 가진 오행 속성과, 공간이 가진 오행 속성(방향, 주변 환경, 마감재 등) 사이의 관계를 분석한다. 예를 들어, '목(木)'의 기운을 가진 사용자에게 '수(水)'의 기운이 강한 강변의 집을 추천하면, '수생목(水生木)'이라는 상생 관계가 성립하므로 조화 점수에 가산점이 부여된다. 반대로, '금(金)'의 기운이 강한 날카로운 디자인의 건물이나 서향집을 추천하면, '금극목(金剋木)'이라는 상극 관계가 되므로 감산점이 적용된다.

셋째, 프롬프트 가중치 적용이다. 시스템은 사용자가 입력한 라이프스타일 프롬 프트에서 추출된 핵심 가치들을 바탕으로 각 요소에 가중치를 부여한다. 만약 사용 자가 '조용함'을 가장 중요한 가치로 입력했다면, 정성적 층위에서 분석된 해당 매물 의 '소음 관련 리뷰' 데이터가 조화 점수에 큰 영향을 미치게 된다. 아무리 다른 조건 이 좋아도, 소음 문제가 있는 곳은 높은 점수를 받을 수 없다.

이렇게 계산된 '조화 점수'는 사용자에게 단순한 순위 목록이 아닌, 입체적인 의사 결정 정보를 제공한다. 플랫폼은 "A 아파트: 조화 점수 92점(가족 에너지와 완벽한 조화), 예상 수익률 75점"과 "B 아파트: 조화 점수 78점(자녀와의 조화는 다소 부족), 예상 수익률 95점"과 같이 각 선택지의 장단점을 명확히 보여 준다. 이를 통해 사용 자는 데이터의 합리성을 넘어, 자신의 삶에서 무엇이 더 중요한 가치인지 스스로 판 단하고 '현명한 선택'을 내릴 수 있게 된다.

본질 통찰, 시장 순응, 가치 매칭, 현명 결단

- **조화 점수의 정의**: 개인의 '에너지 프로필'과 공간의 '에너지 특성'이 얼마나 긍 정적으로 공명하는지를 측정하는 새로운 적합성 지표다.
- **계산 메커니즘**: '괘의 매칭', '오행의 상생상극 분석', 그리고 사용자의 '프롬프트 가중치'라는 세 가지 핵심 요소를 종합하여 계산된다.
- **입체적 의사결정 지원**: 사용자에게 단일한 정답이 아닌, 각 선택지의 장단점 (예: 조화 점수 vs. 수익률)을 명확히 제시함으로써, 가치관에 기반한 현명한 선 택을 돕는다. 또한, 판매자에게는 가장 적합한 고객을 찾아 주는 강력한 타겟 마케팅 도구가 된다.

투자전략 연구 1. '조화 점수'를 활용한 역(逆)마케팅

제10장의 사례 연구에서 WaaS 플랫폼의 조언을 받아 성공적으로 타운하우스를 분양한 '어울림 건설'은 다음 프로젝트에서 한 단계 더 나아간 마케팅 전략을 시도했다. 그들은 단순히 불특정 다수에게 광고를 노출하는 대신, 프롭테큰 플랫폼과 협력하여 자신들의 단지와 가장 높은 '조화 점수'를 가진 잠재 고객을 직접 찾아 나섰다.

먼저, '어울림 건설'은 자신들이 건설한 '포레스트 리버' 단지의 상세한 공간 데이터를 프롭테큰 플랫폼에 제공했다. 여기에는 단지의 '공간 괘', 각 세대별 방향과 구조에 따른 '오행 속성', 그리고 '자연 친화', '커뮤니티'라는 핵심 개발 컨셉이 포함되었다.

프롭테큰 플랫폼의 매칭 엔진은 이 공간 데이터와 플랫폼에 등록된 수십만 명의 사용자 '에너지 프로필'을 비교하여, '포레스트 리버' 단지와 85점 이상의 높은 '조화 점수'를 보이는 잠재 고객 그룹을 선별했다. 이 그룹은 주로 '목(木)'이나 '토(土)'의 본명성을 가졌으며, 라이프스타일 프롬프트에서 '자연', '가족', '웰빙'을 중요한 가치로 언급한 사용자들이었다.

'어울림 건설'은 이 고도로 타겟팅된 그룹에게만 다음과 같은 초개인화된 마케팅 메시지를 발송했다. "안녕하세요, OOO님. 프롭테큰 분석 결과, 당신의 가족 에너지 프로필과 92%의 조화를 이루는 새로운 보금자리, '포레스트 리버'를 발견했습니다. 이곳의 '수생목' 에너지는 OOO님의 창의적인 활동에 큰 영감을 줄 것이며, 안정적인 '토'의 기운은 자녀들이 편안하게 성장할 수 있는 최적의 환경을 제공합니다."

이러한 '역(逆)마케팅' 전략의 결과는 놀라웠다. 광고 효율은 기존 방식 대비 5배 이상 높았으며, 모델하우스를 방문한 고객들의 계약 전환율은 거의 80%에 달했다. 그들은 이미 자신과 '궁합'이 맞는 집이라는 사실을 알고 방문했기 때문이다. 이 사례는 '조화 점수'가 단순히 구매자를 위한 추천 도구를 넘어, 판매자가 가장 적합한 고객을 찾는 강력한 마케팅 및 세일즈 도구가 될 수 있음을 보여 준다. 프롭테큰은 집을 찾아 주는 플랫폼을 넘어, 더 나은 삶의 무대를 찾아 주는 인생의 파트너가 되는 것을 목표로 한다.

투자전략 연구 2. 잠재 고객 맞춤형 매물 추천 및 타겟 마케팅: '택산함(澤山咸)' 괘 활용

주역 괘 분석을 통한 초개인화 부동산 매칭 솔루션

현대 프롭테크 산업은 단순한 매물 정보를 넘어, 고객의 삶과 공간의 '에너지 조화'를 데이터로 증명하는 시대로 진입하고 있습니다. 그 핵심 메커니즘은 전통 철학인 주역의 '택산함(澤山咸)' 괘를 현대적으로 재해석하여 매칭 시스템에 이식하는 것입니다.

① '택산함' 원리를 통한 심리적·기능적 공명

택산함(澤山咸)은 연못(兌)과 산(艮)이 만나 서로 깊이 감응하고 소통함을 의미합니다. 이를 부동산 마케팅에 적용하면, 단순한 '거래'를 넘어 구매자와 매물이 심리적·기능적으로 완벽하게 일치하는 '감응(感應)'의 상태를 뜻합니다. 이는 고객의 잠재적 니즈와 공간이 가진 고유의 특성이 가장 조화롭게 만나는 지점을 과학적으로 포착하는 기술입니다.

② 에너지 프로필 분석을 통한 '조화 점수' 산출

시스템은 고객의 라이프스타일, 가치관, 오행(五行) 특성을 분석한 '개인 에너지 프로필'과 매물의 방위, 구조, 주변 환경이 지닌 '공간 에너지'를 정밀하게 분석합니다. 이를 통해 산출된 '조화 점수'는 고객에게 단순한 추천을 넘어 해당 공간이 왜 본인에게 최적의 보금자리인지를 데이터로 입증하는 강력한 근거가 됩니다.

③ 마케팅 실전 적용: 감성을 터치하는 타겟팅

예를 들어, '가족 공동체'와 '자녀 교육'을 최우선 가치로 두는 고객에게는 택산함의 원리를 빌려 다음과 같이 접근합니다.

첫째, 산(山)의 안정성과 못(澤)의 풍요로움을 갖춘 매물을 우선 타겟팅합니다.

둘째, "고객님의 가족 에너지와 92%의 완벽한 조화를 이루는 보금자리"라는 초개인화된 메시지를 전달합니다.

셋째, 고객은 자신의 가치관이 공간에 투영되었음을 직관적으로 체감하게 되며, 이는 곧 부동산 계약 성공률의 극대화로 이어집니다.

정리하자면, 기술은 고전의 지혜와 첨단 IT 기술을 결합하여, 고객에게 "나보다 나를 더 잘 아는 공간"을 제안함으로써 프롭테크 시장의 새로운 마케팅 패러다임을 제시합니다.

투자전략 연구 3. 부동산 개발 단계에서의 최적 입지/방향 설정: '천풍구(天風姤)' 괘 활용

천풍구(天風姤) 괘를 활용한 부동산 개발 입지 및 방향 최적화 전략

① 천풍구(天風姤) 괘의 현대적 해석과 부동산 가치

'천풍구' 괘는 강건한 하늘(상괘) 아래 바람(하괘)이 스며드는 형상으로, 본질적으로 '새로운 만남'과 '혁신적 시작'을 상징합니다. 부동산 개발 관점에서 이는 단순한 건축을 넘어, 강력한 양기(하늘)와 유연한 흐름(바람)이 조화를 이루어 잠재된 수요를 강력하게 끌어들이는 입지적 에너지를 의미합니다. 즉, 프로젝트의 성공적인 안착을 돕는 '추진력'과 '영향력'의 원천으로 해석됩니다.

② 프롭테크 시스템을 통한 공간 에너지 분석

이 고전적 원리는 현대의 빅데이터 기술과 결합하여 실질적인 의사결정 도구로 진화합니다. 개발 예정지의 지리적 특성, 교통망 확장 계획, 미래 잠재 수요 등의 방대한 데이터를 주역의 괘 분석틀에 대입함으로써, 해당 부지가 가진 고유의 '공간 에너지 특성'을 도출합니다. 이를 통해 프로젝트의 성공을 극대화할 수 있는 최적의

동·서·남·북 주방향과 중심축을 과학적으로 산출합니다.

③ 실전 적용 사례: 대규모 복합 단지의 가치 극대화

실제 대규모 복합 단지 기획 시, 시스템은 '천풍구' 괘를 분석하여 '강건한 주체(하늘)가 바람처럼 빠르게 확산되는 만남의 장소'라는 핵심 컨셉을 제시합니다.

- 입지 최적화: 신규 교통망(바람)과 주요 인프라(하늘)가 교차하는 지점을 '영향력 극대화 방위'로 선정합니다.
- 설계 전략: 예를 들어, 주 동선을 북동향으로 배치하여 젊은 세대의 유입(새로운 만남)을 유도하고 공간의 활력을 극대화합니다.

④ 데이터 기반의 조화로운 의사결정

이러한 분석 모델은 사업 초기 단계에서 산출되는 '조화 점수(Harmony Score)'를 통해 공간이 가진 잠재적 가치를 수치화합니다. 결국, 전통적 인문학의 통찰과 현대적 데이터 분석의 융합은 부동산 개발의 불확실성을 최소화하고, 입지적 강점을 극대화하는 차세대 의사결정 지원 도구로서 강력한 힘을 발휘합니다.

12.4 요약 및 활용 가이드

1) 제12장 핵심 개념 요약

절(Section)	핵심 개념(Core Concept)	부동산학적 적용 (Application in Real Estate)
12.1 원-사이즈-핏츠-올의 실패	**평균을 위한 최적화의 한계**: 현재의 프롭테크는 사용자를 평균 데이터로 취급하여, 개인의 고유한 필요와 맞지 않는 추천을 하는 경우가 많다.	데이터상 완벽한 집이 실제 거주자에게는 불행을 가져올 수 있음을 인지하고, 정량적 지표 너머의 질적 가치를 고려해야 함의 필요성 제기.

| 12.2 '에너지 프로필' 생성 | **초개인화된 디지털 페르소나**: 사용자의 의식적 필요(프롬프트)와 무의식적 기질(구성기학)을 결합하여 다차원적인 '에너지 프로필'을 생성. | 고객의 단순한 요구조건을 넘어, 그들의 근원적인 가치관과 라이프스타일, 성향까지 파악하여 최적의 공간을 제안하는 차세대 고객 분석 기법. |
| 12.3 '조화 점수' | **새로운 적합성 측정 기준**: 개인의 '에너지 프로필'과 공간의 '에너지 특성'이 얼마나 공명하는지를 '조화 점수'라는 지표로 정량화. | 부동산의 가치를 '가격'이 아닌 '적합성'과 '조화'의 관점에서 재평가. 구매자와 판매자 모두에게 최적의 매칭을 제공하는 새로운 기준 제시. |

2) 핵심 활용 가이드(Actionable Guide for Researchers & Practitioners)

본 장의 내용을 연구와 실무에 효과적으로 적용하기 위해 다음의 세 가지 지침을 따를 것을 제안한다.

(1) 당신만의 '에너지 프로필'을 작성하라.

프롭테크 플랫폼이 없더라도, 당신은 자신만의 '에너지 프로필'을 수동으로 작성해 볼 수 있다. 조용한 종이 위에 다음 질문에 답해 보라. "내가 가장 편안하고 행복하게 느끼는 공간은 어떤 특징을 가졌는가?", "나의 일과 삶에서 가장 중요한 가치는 무엇인가?", "나는 어떤 환경에서 가장 생산적이고 창의적인가?" 이 질문에 대한 답이 바로 당신의 공간을 찾는 가장 중요한 '프롬프트'가 될 것이다.

(2) 공간을 '조화 점수'의 렌즈로 느껴보라.

앞으로 집이나 사무실을 보러 갈 때, 단순히 구조나 인테리어만 보지 마라. 잠시 눈을 감고 그 공간의 '에너지'를 느껴 보라. 그 공간이 당신을 편안하게 하는가, 아니면 불안하게 하는가? 활력을 주는가, 아니면 기운을 빼앗는가? 당신의 '에너지 프로필'과 이 공간의 '조화 점수'는 몇 점일지 스스로 매겨 보라. 이 훈련은 당신의 공간을 보는 눈을 한 차원 높여 줄 것이다.

(3) 고객에게 '스펙'이 아닌 '라이프스타일'을 질문하라.

당신이 부동산 중개인이나 컨설턴트라면, 고객과의 첫 미팅에서 질문의 순서를 바꾸어라. "예산은 얼마이신가요?"라고 묻기 전에, "꿈꾸시는 이상적인 하루는 어떤 모습인가요?"라고 질문하라. 고객의 '삶'에 대한 이야기를 먼저 듣고 그들의 '에너지 프로필'을 이해하려 노력할 때, 당신은 단순한 중개인을 넘어 고객의 인생 파트너가 될 수 있다. 이는 가장 강력한 신뢰를 구축하고, 궁극적으로 최고의 비즈니스 성과로 이어질 것이다.

미래를 위한 청사진: 새로운 시대를 위한 제언

제13장
개발자와 투자자의 새로운 임무: 삶의 플랫폼 큐레이션

제14장
건축가의 재탄생: '공간의 연금술사'

제15장
미래는 예측이 아닌 선택이다

개발자와 투자자의 새로운 임무: 삶의 플랫폼 큐레이션

부동산 개발 패러다임의 전환		
1. 역할 변화 자산 건설자 → '삶의 플랫폼 큐레이터'. 건물(하드웨어)이 아닌 라이프스타일(소프트웨어) 판매.	**2. 가치 평가 변화** 재무적 가치 → '통합적 가치' (재무, 건강, 에너지, 사회적 가치 포함).	**3. 설계 방식 변화** 인간 직관 → '생성형 디자인'. 통합적 가치를 목표로 AI와 공동 창작.

부동산 개발의 패러다임 전환과 미래 지향적 가치 창출
(Paradigm Shift in Real Estate Development and Future-Oriented Value Creation)

개념도 설명: 부동산 개발이 단순 건축을 넘어 삶의 플랫폼을 제공하는 방향으로 전환됨에 따라, 통합적 가치 평가와 AI 기반 생성형 디자인을 통해 미래 지향적인 가치를 창출하는 새로운 개발 패러다임을 보여 줍니다.

13.1 자산 건설자에서 플랫폼 큐레이터로

부동산 개발과 투자는 본질적으로 미래에 대한 베팅이다. 개발자와 투자자는 수천억 원의 자본을 투입하여, 5년, 10년, 심지어 50년 후에도 사람들이 기꺼이 돈을 지불하고 살고 싶어 할 공간을 예측하고 만들어 내야 하는 막중한 책임을 지고 있다. 과거, 경제가 고속 성장하고 인구가 꾸준히 증가하던 시대의 성공 공식은 비교적 단순했다. 좋은 입지를 선점하고, 최대한 많은 용적률을 확보하여, 시장에서 선호하는 평면도의 아파트를 대량으로 공급하면 되었다. 수요가 공급을 초과하는 시장에서 '짓기만 하면 팔리는' 시대였다.

하지만 AI, 기후 변화, 인구 구조의 급변, 그리고 새로운 라이프스타일의 등장은 미래의 불확실성을 그 어느 때보다 증폭시키고 있다. 제3부에서 논의했듯, 일과 삶의 경계가 허물어지고, 사람들은 더 이상 획일적인 공간에 자신의 삶을 맞추려 하지 않는다. 그들은 자신의 가치관과 라이프스타일을 담아낼 수 있는 고도로 개인화되고 유연한 공간을 갈망한다. 이러한 상황에서 과거의 성공 공식은 더 이상 안전한 전략이 아니다. 지금 우리가 짓고 있는 수많은 신도시와 오피스 빌딩들이, 20년 후에는 변화된 세상의 요구를 담지 못해 텅 비어 버리는 '미래의 유령 도시'가 될 위험은 없는가?

문제의 핵심은, 대부분의 개발자와 투자자들이 여전히 부동산을 '하드웨어'의 관점에서만 바라보고 있다는 점이다. 그들은 건물의 물리적 스펙, 즉 평수, 마감재, 주차 대수에만 집중할 뿐, 그 안에서 펼쳐질 사람들의 '삶'이라는 '소프트웨어'를 설계하는 데는 소홀하다. 이는 마치 최고의 CPU와 메모리를 탑재했지만 정작 사용자가 원하는 앱은 하나도 설치되지 않은 스마트폰을 파는 것과 같다. 하드웨어 스펙 경쟁만으로는 더 이상 차별화된 가치를 제공할 수 없는 시대가 온 것이다.

따라서 AI 시대의 성공적인 개발자와 투자자는 더 이상 단순히 건물을 짓는 '건설업자(Builder)'가 아니라, 사람들의 더 나은 삶을 기획하고 제안하는 '삶의 플랫폼 큐레이터(Life Platform Curator)'가 되어야 한다. 이는 관점의 근본적인 전환을 요구한다. '건물'을 파는 것이 아니라, 그 건물을 기반으로 한 '라이프스타일'과 '커뮤니티'를 파는 것이다. 당신이 개발하는 공간은 단순한 주거 상품이 아니라, 입주민들이 서로 연결되고, 함께 성장하며, 더 나은 삶을 경험하게 하는 하나의 '플랫폼'이 되어야 한다.

플랫폼 큐레이터로서의 개발자는 다음과 같은 새로운 역할을 수행해야 한다. 첫째, 명확한 '컨셉'과 '타겟 고객'을 정의하는 큐레이터다. 불특정 다수를 위한 획일적인 공간이 아니라, '반려동물과 함께하는 1인 가구', '창의적인 작업을 하는 프리랜서 커뮤니티' 등 특정 라이프스타일을 가진 사람들을 위한 맞춤형 공간과 서비스를 기획해야 한다. 둘째, 하드웨어와 소프트웨어를 통합하는 설계자다. 물리적인 공간 설계와 함께, 그 공간의 가치를 극대화할 수 있는 커뮤니티 프로그램, 스마트홈 서비스, 입주민 전용 앱과 같은 디지털/서비스 레이어를 처음부터 함께 설계해야 한다. 셋째, 완공 후에도 지속적으로 가치를 관리하고 성장시키는 운영자다. 분양이 끝나면 모든 것이 끝나는 것이 아니라, 입주민들의 피드백을 바탕으로 커뮤니티를 활성화하고 새로운 서비스를 도입하며 플랫폼의 가치를 계속해서 높여 나가야 한다.

명확한 컨셉으로 뿌리내리고 가치를 지속 성장시켜라.

- **관점의 전환**: 미래의 불확실성에 대응하기 위해, 개발자와 투자자는 단순히 건물을 짓는 '건설업자'에서 사람들의 삶을 기획하는 '삶의 플랫폼 큐레이터'로 진화해야 한다.
- **플랫폼으로서의 부동산**: 미래의 부동산은 단순한 하드웨어(건물)가 아니라, 그 안에서 라이프스타일과 커뮤니티라는 소프트웨어(서비스)가 구동되는 '플랫폼'이다.
- **큐레이터의 역할**: 플랫폼 큐레이터는 명확한 컨셉으로 특정 고객을 타겟팅하고, 하드웨어와 소프트웨어를 통합 설계하며, 완공 후에도 지속적으로 플랫폼의 가치를 운영하고 성장시키는 역할을 수행한다.

투자전략 연구 1. '센트럴팰리스'와 '빌리지 커넥트'의 엇갈린 운명

2024년, 수도권 신도시에 비슷한 시기에 두 개의 주거 단지가 분양되었다. 하나는

국내 10대 건설사인 '한성건설'이 지은 대단지 아파트 '센트럴팰리스'였고, 다른 하나는 신생 개발사 '넥스트리빙'이 기획한 소규모 타운하우스 '빌리지 커넥트'였다.

'센트럴팰리스'는 전통적인 '건설업자'의 관점에서 기획되었다. 최고의 입지, 4베이 판상형 구조, 고급 마감재, 그리고 대규모 커뮤니티 시설(피트니스, 골프연습장) 등 하드웨어 스펙을 강조하는 마케팅에 집중했다. 하지만 높은 분양가와 획일적인 상품 구성으로 인해 초기 분양률은 50%에 미치지 못하며 고전했다.

반면, '빌리지 커넥트'는 '삶의 플랫폼 큐레이터'의 관점에서 접근했다. '넥스트리빙'은 먼저 명확한 타겟 고객을 '반려동물을 키우는 3040 전문직 부부 및 1인 가구'로 정의했다. 그리고 이들을 위한 라이프스타일 플랫폼을 기획했다. 모든 세대에는 반려동물을 위한 특화 설계(미끄럼 방지 바닥, 펫 도어 등)가 적용되었고, 단지 중앙에는 입주민들이 반려동물과 함께 어울릴 수 있는 넓은 잔디 광장과 펫 카페를 조성했다. 또한, 입주민 전용 앱을 통해 반려동물 돌봄, 산책, 미용 서비스를 예약할 수 있게 하고, 주말마다 반려동물 훈련 전문가를 초빙하여 커뮤니티 프로그램을 운영했다.

'빌리지 커넥트'의 분양가는 '센트럴팰리스'보다 높았고 입지도 상대적으로 불리했지만, "반려동물과 함께하는 이상적인 삶"이라는 명확하고 매력적인 가치 제안에 타겟 고객들이 열광했다. 그들은 단순히 집을 사는 것이 아니라, 같은 가치관을 공유하는 이웃과 함께하는 '커뮤니티'에 가입하는 것이라고 느꼈다. 그 결과, '빌리지 커넥트'는 이례적으로 단기간에 100% 분양을 완료했을 뿐만 아니라, 입주 후에도 높은 커뮤니티 만족도를 바탕으로 지역의 새로운 랜드마크로 자리 잡았다. 이 사례는 미래 부동산 개발의 성공이 하드웨어 스펙 경쟁이 아닌, 매력적인 '삶의 플랫폼'을 큐레이션하는 능력에 달려 있음을 명확히 보여 준다.

투자전략 연구 2. 커뮤니티 활성화 및 맞춤 서비스 설계

화택규(火澤睽)의 통찰: 이질성을 넘어 AI로 연결되는 스마트 커뮤니티

현재 우리 주거 공간은 입주민 간 라이프스타일의 극명한 차이와 소통 부재로 인해, 훌륭한 커뮤니티 시설조차 외면받는 '단절의 시대'를 맞이하고 있습니다. 이는 서로 등을 돌리고 있는 형국인 주역의 '화택규(火澤睽)' 괘와 닮아 있습니다. 하지만 이 괘의 진정한 가르침은 '서로 다름(이질성) 속에서도 새로운 조화와 합력을 모색하는 데' 있습니다.

① 우리는 이 철학적 통찰을 AI 기반의 프롭테크(Proptech) 기술로 풀어내고자 합니다.

첫째, 데이터로 입주민의 '삶의 결'을 읽습니다.

단순한 인적 사항을 넘어 반려동물, 재택근무, 육아 등 개별적인 라이프스타일 데이터를 정밀하게 수집하고 분석합니다. 이는 보이지 않던 입주민들의 숨은 니즈를 파악하는 기초가 됩니다.

둘째, AI 매칭을 통해 '우연한 만남'을 '의도된 연결'로 전환합니다.

데이터 분석을 통해 서로 달랐던 이웃들을 '공통의 관심사'라는 고리로 묶어 줍니다. AI가 자동으로 매칭하는 소규모 동호회나 공유 워크숍은 소통이 단절된 아파트 단지에 새로운 활력을 불어넣는 촉매제가 될 것입니다.

셋째, 공간의 한계를 넘어 유연하게 변화하는 '살아 있는 커뮤니티'를 구축합니다.

플랫폼의 피드백을 즉각 반영하여, 방치되던 유휴 공간을 '팝업 스토어'나 '공유 공방'으로 가변적으로 운영합니다. 이를 통해 이질적인 사람들이 자연스럽게 접촉할 수 있는 기회를 설계하고, 공간의 가치를 극대화합니다.

결과적으로, 겉돌던 개별 라이프스타일(규, 睽)을 혁신적인 서비스로 묶어 조화(和)를 이룰 때, 주거 플랫폼의 가치는 극대화됩니다. 우리는 기술을 통해 이웃 간의 담장을 낮추고, 만족도 높은 '미래형 지능적 커뮤니티'의 모델을 완성할 것입니다.

주역의 통찰과 프롭테크의 결합: 지속 가능한 부동산 가치 창출

현대 부동산 시장은 기후 변화, 기술 혁신(AI), 인구 구조의 급격한 변화라는 거대한 불확실성에 직면해 있습니다. 단순히 건물을 짓고 관리하는 과거의 방식으로는 '20년 후 비어 버리는 오피스 빌딩'과 같은 리스크를 피할 수 없습니다. 이에 우리는 주역(周易)의 '풍지관(風地觀)' 정신을 현대적 기술과 결합하여 새로운 투자 및 설계 패러다임을 제시합니다.

① '풍지관(風地觀)'의 통찰로 미래를 관찰하다

먼저, 변화의 바람을 읽는 깊은 관찰과 통찰이 선행되어야 합니다. 주역의 풍지관 괘가 시사하듯, 현재와 미래의 시대적 흐름을 면밀히 분석함으로써 변화에 수동적으로 끌려가는 것이 아니라 선제적이고 유연하게 대응할 수 있는 투자 전략의 기초를 수립해야 합니다.

② 프롭테크(Proptech)를 통한 혁신적 시뮬레이션과 설계

이러한 통찰은 첨단 기술을 통해 현실화됩니다.

- 미래 수요 예측: AI와 빅데이터 기반의 메타버스 시뮬레이션을 통해 5년, 10년 후의 인구 구조와 자율주행, 로봇 배달 등 기술 변화에 따른 공간 수요를 가상 도시 모델에서 미리 검증합니다.
- 유연한 모듈형 설계: 시뮬레이션 결과를 바탕으로 가변형 벽체와 모듈형 설비를 도입합니다. 이는 주거, 오피스, 근린생활시설 간의 용도 전환을 자유롭게 하여 건물의 생애주기를 극대화합니다.
- 투자 안전성 확보: 데이터 기반의 통찰력을 바탕으로 미래 수요가 집중될 지역과 유연한 구조를 가진 건물을 선별함으로써 자본 투자의 리스크를 최소화하고

안전성을 확보합니다.

③ 기대 효과: 하드웨어를 넘어 가치 플랫폼으로

이 전략의 궁극적인 지향점은 부동산을 단순한 '물리적 하드웨어'에 가두지 않는 것입니다. 시대의 변화를 선도적으로 관찰하고 기술로 뒷받침할 때, 부동산은 가치가 지속적으로 성장하고 스스로 진화하는 '플랫폼'으로서 기능하게 될 것입니다.

13.2 통합적 가치 제안

'삶의 플랫폼 큐레이터'라는 새로운 역할로 전환하기 위해, 개발자와 투자자는 먼저 '가치'를 측정하는 낡은 자를 버려야 한다. 현대 사회에서 부동산의 가치를 평가하는 기준은 지극히 명확하고 단순하다. 바로 '돈'이다. 우리는 평당 가격, 시세 차익, 임대 수익률(ROI)과 같은 정량적이고 재무적인 지표를 통해 부동산의 가치를 판단한다. 이러한 접근 방식은 자본주의 시장에서 자산의 효율성을 측정하는 데 매우 유용하며, 지난 세기 동안 부동산 시장을 움직이는 핵심적인 동력이었다.

하지만 이러한 일차원적인 가치 평가 모델은 AI 시대의 복잡성 앞에서 심각한 한계를 드러내고 있다. 우리는 그 집이 우리의 건강에 어떤 영향을 미치는지, 우리의 창의력을 높여 주는지, 혹은 우리를 공동체와 연결시켜 주는지와 같은 무형의 가치들을 측정할 언어나 도구를 가지고 있지 않다. 그 결과, 우리는 재무적으로는 '성공적인' 투자일지 모르지만, 인간적으로는 우리를 병들게 하고 고립시키는 공간을 양산해 왔다. '수익률은 높지만 햇빛이 들지 않는 집', '교통은 편리하지만 이웃과 단절된 아파트'가 바로 그 비극적인 결과물이다.

문제의 핵심은, 우리가 부동산을 살아 있는 '공간'이 아닌, 사고파는 '상품'으로만 취급해 왔다는 점이다. 하지만 공간은 우리의 삶을 담는 그릇이며, 그 그릇의 질은 우리의 행복과 건강, 생산성에 직접적인 영향을 미친다. AI가 인간의 노동 가치를 재정의하고 있는 지금, 우리는 부동산의 가치 또한 재정의해야 하는 역사적 과제 앞에 서 있다. 수익률 너머에 있는 공간의 진정한 가치를 어떻게 측정하고 평가할 수 있을까?

프롬테크 패러다임은 부동산의 가치를 재무적 가치를 넘어, 그 공간이 인간과 환경에 미치는 모든 영향을 포괄하는 '통합적 가치(Integrated Value)'로 재정의할 것을 제안한다. 이는 더 이상 추상적인 개념이 아니라, 현대 과학과 기술을 통해 충분히 측정하고 정량화할 수 있는 새로운 자산 평가 모델이다. 이 모델은 다음 네 가지 요소를 포함한다.

1. 재무적 가치(Financial Value): 전통적인 시세 차익 및 임대 수익률. 이는 여전히 가장 기본적인 가치 평가의 축이다.

2. 건강 수익률(Return on Health, ROH): 제5장에서 논의했듯, 공간이 거주자의 신체적, 정신적 건강에 미치는 영향을 경제적 가치로 환산한 것이다. 실내 공기질, 자연 채광량, 소음 수준, 녹지 접근성 등의 지표로 측정할 수 있다. 예를 들어, 공기질이 좋은 집은 거주자의 호흡기 질환 발생률을 낮춰 의료비를 절감시키고, 자연 채광이 풍부한 사무실은 직원의 생산성을 높이고 병가 일수를 줄여 기업의 이익에 직접적으로 기여한다.

3. 에너지 가치(Energetic Value): 단순히 공간의 크기나 구조를 넘어, 그 공간이 가진 고유한 기(氣)의 질, 즉 풍수적 가치를 평가하는 것이다. 프롬테크 엔진을 통해 분석된 '공간 괘(卦)', 배산임수 점수, 흉살(凶煞)의 유무 및 강도 등으로 측정할 수 있다. 좋은 기운이 모이는 '명당'은 거주자의 심리적 안정감과 창의력을 높여 장기적인 성공의 기반이 된다. 이는 정량화하기 어렵지만, '인간 프리미엄'

의 원천이 되는 핵심적인 무형 자산이다.

4. 사회적 가치(Social Value): 그 공간이 개인을 넘어, 공동체와 사회에 얼마나 긍정적인 기여를 하는지를 평가한다. 보행 편의성, 커뮤니티 공간의 유무 및 활성화 정도, '15분 도시' 개념과의 부합도, 지역 경제 기여도 등으로 측정할 수 있다. 사회적 연결성이 높은 공간은 거주자의 고립감을 줄여 정신 건강에 기여하고, 도시 전체의 회복탄력성을 높인다.

이러한 통합적 가치 모델은 기관 투자자들이 점점 더 중요하게 여기는 ESG(환경, 사회, 지배구조) 요소와도 직접적으로 연결된다. 장기적인 관점에서, 통합적 가치가 높은 자산이 결국 재무적 가치 또한 높게 형성될 것이라는 것이 프롭테크의 핵심적인 가설이다.

본(本)은 통합, 득(得)은 장구(長久), 뿌리가 오래 간다.

- **가치 평가의 재정의:** 부동산의 가치를 '돈'이라는 단일 차원을 넘어, 인간과 환경에 미치는 모든 영향을 포괄하는 '통합적 가치'로 재정의해야 한다.
- **통합적 가치의 4요소:** ① 재무적 가치, ② 건강 수익률(ROH), ③ 에너지 가치(풍수), ④ 사회적 가치(커뮤니티)를 종합적으로 평가하는 새로운 모델이 필요하다.
- **장기적 관점:** 통합적 가치가 높은 자산은 ESG 투자 트렌드에 부합하며, 장기적으로 더 높은 재무적 가치를 창출하는 경향이 있다. 이는 지속 가능한 투자의 핵심이다.

투자전략 연구 1. '퓨처에셋 REIT'의 통합적 가치 기반 투자 결정

2025년, 글로벌 부동산 투자신탁(REIT)인 '퓨처에셋'은 서울 도심의 두 오피스 빌딩, '타워 A'와 '파크 B'를 두고 인수 검토에 들어갔다.

- **전통적 분석:** '타워 A'는 강남역 초역세권에 위치한 20년 된 건물로, 현재 공실 없이 임대 수익률 5%를 기록하고 있었다. '파크 B'는 성수동에 위치한 5년 된 신축 건물로, 서울숲과 인접해 있지만 현재 임대 수익률은 4.5%로 상대적으로 낮았다. 전통적인 재무 분석 모델에 따르면, '타워 A'가 더 안정적이고 우수한 투자처로 평가되었다.

- **프롭테크 통합 가치 분석:** '퓨처에셋'의 투자 분석팀은 프롭테크 WaaS 플랫폼을 활용하여 두 건물의 '통합적 가치'를 분석했다.

  ○ **'타워 A':** 재무적 가치는 높았으나, 낡은 공조 시스템으로 실내 공기질이 나쁘고 자연 채광이 부족하여 '건강 수익률(ROH)'이 마이너스로 평가되었다. 또한, 주변이 고층 빌딩으로 둘러싸여 있어 풍수적으로 '압살(壓煞)'의 기운이 강해 '에너지 가치'가 낮았다. 입주사 직원들의 만족도 조사에서도 번아웃과 스트레스 비율이 높게 나타났다.

  ○ **'파크 B':** 임대료는 약간 낮았지만, WELL 인증을 받은 최첨단 공조 시스템과 서울숲을 향한 전면 유리창 설계로 ROH가 매우 높게 평가되었다. 옥상 정원과 1층의 개방형 커뮤니티 공간은 '사회적 가치'를 높였고, 서울숲의 생기(生氣)를 받아들이는 '에너지 가치' 또한 탁월했다. 입주사들은 주로 창의성과 인재 유치를 중시하는 IT 및 디자인 기업들이었다.

- **최종 결정 및 결과:** 투자위원회는 격론 끝에, 단기 수익률이 낮더라도 장기적인 '통합적 가치'가 월등히 높은 '파크 B'를 인수하기로 결정했다. 이 결정은 1년 후 빛을 발했다. 글로벌 AI 기업 '넥서스 AI'가 아시아태평양 본사 입지를 찾던 중, 직원들의 웰빙과 창의성을 최우선으로 고려하여 '파크 B'를 선택하고, 시장가보

다 높은 가격에 10년 장기 임대 계약을 체결한 것이다. 이 소식이 알려지면서 '파크 B'의 자산 가치는 급등했고, '퓨처에셋'은 통합적 가치 투자의 성공 사례를 시장에 증명해 보였다.

투자전략 연구 2. 괘상 기반의 잠재적 '에너지 가치' 및 '사회 가치' 분석 모델

- **적용사례: 지수련(地水僊) 괘를 활용한 커뮤니티 공간 투자 평가**
- **주역 괘의 재해석:** 지수련(地水僊)은 땅 위에 물이 모이는 상으로, '모임', '친화', '융합'의 의미를 내포합니다. 이를 부동산에 적용하면 **커뮤니티 활성화지역 사회 연계성**의 잠재력을 나타낸다고 해석할 수 있다.
- **프롭테크 적용:**
  - **통합 가치 요소: 사회 가치**와 에너지 가치(기운, 명당)에 초점을 맞춘다.
  - **데이터 연동:** 인근 거주민/입주민의 **소셜 미디어 활동량, 커뮤니티 공간 이용률, 지역 문화 시설 연계 데이터** 등을 AI로 분석하여 '커뮤니티 활성화 지수'를 도출한다.
  - **투자 결정 활용:** 특정 개발 예정 부지나 건물이 지수련 괘에 해당할 경우, 주변 환경 및 건축 설계(개방형 커뮤니티 공간, 녹지 조성 등) 데이터를 분석하여 잠재적 **사회 가치**를 높게 평가하고, 이를 재무적 가치(장기 임대 안정성, 입주민 만족도에 따른 이직률 감소(생산성 증대)로 환산하여 **장기적 투자 가치**를 산정한다.

투자전략 연구 3. 괘변을 통한 부동산 개발 및 리모델링 '시기' 및 '방향' 예측

- **적용사례: 화천대유(火天大有) 괘의 변화를 활용한 리모델링 투자 시점 결정**
- **주역 괘의 재해석:** 화천대유(火天大有)는 하늘 위에 불(태양)이 떠 있는 상으로, '크게 소유함', '번영', '성공적인 결실'을 의미한다. 이는 현재는 가치가 낮으나 잠재적 성공 가능성이 높은 자산을 나타낼 수 있다.
- **프롭테크 적용:**
  - **통합 가치 요소: 건강 수익률(ROH)** 및 재무적 가치(미래 임대 수익률)에 초점을

맞춘다.

- **데이터 연동**: 노후 건물에 대한 **환경 데이터(일조량, 공기 질, 소음)**, 인근 **시장 수요 변화(미래 개발 계획)**, 잠재적 건강 개선 리모델링 비용 등을 종합 분석한다.

• **투자 결정 활용:**

- **초기 상태(괘)**: 노후된 건물이 **화천대유** 괘에 해당할 경우, **잠재적 성공 가능성**은 높으나 현재 **ROH는 낮음**을 인지한다.

- **괘변(변하는 시점)**: 주변 시장 환경 변화(예: 새로운 교통망 개통, 대기업 입주)가 감지되어 괘의 효(爻)가 변동하는 시점을 **최적의 리모델링 투자 시점**으로 AI가 예측한다.

• **리모델링 방향**: ROH를 극대화할 수 있도록 **자연 채광 극대화, 실내 공기 질 관리 시스템** 등 통합 가치 기반의 리모델링 방향을 제시하여 '큰 결실(대유)'을 얻을 수 있는 전략적 의사결정을 지원한다.

13.3 생성형 디자인: AI와의 공동 창작

'삶의 플랫폼 큐레이터'가 되어 '통합적 가치'를 추구하기로 결심했다 해도, 개발자와 투자자는 여전히 현실적인 문제에 부딪힌다. "어떻게 하면 이 모든 복잡하고 상충하는 가치들을 하나의 물리적인 공간 안에 조화롭게 구현할 수 있는가?" 좋은 건축은 수많은 변수들 사이에서 최적의 균형점을 찾아내는 고도로 복잡한 '최적화 문제'이기 때문이다.

예를 들어, '모든 세대에서 남향 채광을 극대화'하려는 목표와 '모든 세대에서 강조망을 확보'하려는 목표는 종종 서로 충돌한다. 여기에 '단지 내 바람길을 확보'하라는 풍수적 목표와 '최대 용적률을 확보'하라는 재무적 목표까지 더해지면, 문제는 기하급수적으로 복잡해진다. 이러한 복잡성을 해결하는 것은 지금까지 소수의 천재적인 건축가의 직관과 경험에 의존해 왔지만, 이 방식은 느리고 비쌀 뿐만 아니라, 인간의 두뇌가 동시에 고려할 수 있는 변수의 양에는 명백한 한계가 있다.

문제의 핵심은, 우리가 여전히 20세기의 방식으로 21세기의 복잡한 건축 문제를 풀려고 한다는 점이다. 만약 AI가 인간의 창의적인 비전을 이해하고, 수백만 가지의 디자인 가능성을 단 몇 분 만에 탐색하여, 이 모든 상충하는 목표들을 만족시키는 최적의 설계안을 스스로 생성할 수 있다면 어떨까요? 이는 건축의 패러다임을 '인간의 직관'에서 '인간과 기계의 협업'으로 전환시키는 혁명이 될 것이다.

이 혁명의 중심에는 '생성형 디자인(Generative Design)' 기술이 있다. 생성형 디자인은 건축가가 직접 모든 선을 그리는 대신, AI에게 '목표(Goals)'와 '제약 조건(Constraints)'을 프롬프트로 입력하면, AI가 그 조건을 만족하는 수천, 수만 가지의 설계 대안을 스스로 탐색하고 생성하여 최적의 안을 제안하는 기술이다. 프롬테크른은 바로 이 생성형 디자인에 제13.2절에서 정의한 '통합적 가치'를 '프롬프트'로 입력하는 새로운 방법론을 제안한다.

개발자와 건축가는 더 이상 빈 종이 앞에서 고뇌하는 대신, AI와 다음과 같은 '전략적 대화'를 나눌 수 있다.

- **프롬프트 입력:**
  - ○ **Goals(목표):** ①재무적 가치: 분양 면적 최대화, 공사비 최소화. ②건강 수익률: 모든 세대의 평균 일조 시간 4시간 이상 확보, 단지 내 미세먼지 농도 최저화. ③에너지 가치: 주산(主山)의 기맥을 막지 않는 배치, 모든 세대가 벽도살(壁刀煞)의 영향을 받지 않도록 할 것. ④사회적 가치: 입주민 간의 우연한 마주침 횟수 최대화, 단지 내 커뮤니티 공간 면적 10% 이상 확보.
  - ○ **Constraints(제약 조건):** 부지 경계선, 최대 용적률 및 건폐율, 관련 건축 법규, 총 예산.
- **AI의 생성 및 평가:** 이 프롬프트들을 입력받은 생성형 AI는, 마치 수만 번의 체

스를 두며 최적의 수를 찾는 알파고처럼, 주어진 대지 안에서 가능한 모든 건물 배치, 형태, 평면도 조합을 시뮬레이션한다. 그리고 각 대안이 설정된 4가지 통합 가치 목표를 얼마나 잘 만족시키는지를 평가하여 점수화한다.

- **인간의 선택 및 발전:** AI는 최종적으로 각 목표에서 높은 점수를 받은 몇 가지 최적의 설계안들을 시각화하여 건축가에게 제안한다. 예를 들어, '재무적 가치는 가장 높지만 사회적 가치는 낮은 안', '사회적 가치는 가장 높지만 재무적 가치가 약간 낮은 안' 등을 함께 보여 주며 트레이드오프 관계를 명확히 제시한다. 인간 건축가는 이 대안들 속에서 자신의 철학과 비전에 가장 부합하는 안을 선택하고, 그것을 더욱 발전시켜 최종 설계를 완성한다.

뜻은 굳게, AI로 초적 실행, 큰 투자 결실

- **생성형 디자인의 정의:** 건축가가 목표(Goals)와 제약 조건(Constraints)을 프롬프트로 입력하면, AI가 수천 가지의 최적화된 설계 대안을 탐색하여 제안하는 기술이다.
- **통합적 가치 기반 프롬프트:** 프롭테크은 생성형 디자인에 재무, 건강, 에너지, 사회적 가치 등 '통합적 가치'를 목표 함수로 입력하여, 단순히 기능적인 공간을 넘어 조화롭고 지속 가능한 공간을 설계한다.
- **인간과 AI의 협업:** 생성형 디자인은 건축가를 대체하는 것이 아니라, 인간이 상상하지 못했던 새로운 가능성을 제시하고 복잡한 트레이드오프 관계 속에서 최적의 결정을 내리도록 돕는 강력한 '창의적 파트너' 역할을 한다.

투자전략 연구 1. 오토데스크(Autodesk)의 토론토 오피스, AI와 인간의 협업

세계적인 디자인 소프트웨어 기업인 오토데스크는 캐나다 토론토에 새로운 오피스를 설계할 때 자신들의 생성형 디자인 기술을 직접 적용하여, 미래의 설계 방식이 어떠해야 하는지를 스스로 증명했다. 이는 AI와의 공동 창작이 어떻게 더 나은 공간을 만드는지를 보여 주는 대표적인 사례다.

프로젝트팀의 목표는 단순히 더 많은 책상을 배치하는 것이 아니었다. 그들은 '통합적 가치'에 기반한 복합적인 목표를 설정했다. 첫째, 직원들 간의 자연스러운 소통과 우연한 마주침을 극대화하여 '협업'과 '혁신'을 촉진할 것(사회적 가치). 둘째, 모든 좌석에 자연 채광을 골고루 분배하고 외부 조망을 확보하여 직원들의 '웰빙'을 증진시킬 것(건강 수익률). 셋째, 팀 간의 소음 간섭을 최소화하여 '집중 업무' 환경을 보장할 것. 넷째, 개인의 선호도에 따라 다양한 업무 공간(개인석, 협업석, 라운지 등)을 선택할 수 있는 '자율성'을 부여할 것.

인간 디자이너들은 이 복잡한 목표들을 생성형 디자인 AI '프로젝트 디스커버리(Project Discovery)'에 프롬프트로 입력했다. AI는 이 목표들을 바탕으로 60,000평방피트 규모의 3개 층 공간에 대해 10,000가지가 넘는 서로 다른 오피스 레이아웃을 생성하고 평가했다. 그 결과물들은 인간이 전통적인 방식으로 설계했다면 결코 상상하지 못했을, 벌집이나 산호초처럼 유기적이고 비정형적인 형태를 띠고 있었다.

최종적으로 선택된 디자인은 사무실을 여러 개의 '동네(neighborhoods)'로 나누고, 각 동네를 연결하는 중앙의 '광장'과 '골목길'을 만들어 직원들의 이동과 마주침을 자연스럽게 유도했다. 데이터 분석 결과, 이 디자인은 기존 오피스에 비해 직원들의 '협업 만족도'를 15% 향상시키고, '자연 채광 만족도'를 25% 높이는 것으로 나타났다. 이 사례는 생성형 디자인이 인간의 창의성을 대체하는 것이 아니라, 인간이 설정한 '가치'와 '비전'을 실현하기 위한 최적의 경로를 찾아주는 가장 강력한 파트너가 될 수 있음을 보여 준다.

투자전략 연구 2. 통합적 가치 최적화를 위한 부지 개발 컨설팅

대규모 복합단지 개발 시, **재무적 가치(수익률), 사회적 가치(커뮤니티 활성화), 환경적 가치(친환경성)** 등 상충하는 목표들 사이에서 최적의 디자인과 배치 계획을 수립해야 한다.

- **주역 프롭테크 적용:**
  - **프롬프트(Goals & Constraints):** 개발 목표와 제약 조건을 주역의 기본 원리(음양, 오행, 시간 변화 등)와 연계하여 64괘 중 적합한 '핵심 괘(Key Hexagram)'를 추출한다. 예를 들어, **'지천태(地天泰)' 괘**는 '통합적이고 평화로운 발전'을 의미하므로, 재무와 사회 가치가 조화된 통합적 설계를 목표로 설정하는 데 사용될 수 있다.
  - **AI 시뮬레이션:** AI는 추출된 핵심 괘의 의미(조화, 진퇴, 리스크 등)를 디자인 변수(건물 배치, 용적률, 녹지 비율 등)에 반영하여 수십만 가지의 설계 대안을 생성하고 평가한다.
  - **실무 결과:** '지천태'의 의미에 따라 재무적 수익률은 다소 낮더라도, 커뮤니티 공간 비율 및 친환경 건축 요소를 극대화하여 장기적인 자산 가치 상승(지속 가능성) 및 지역 주민 만족도(사회적 가치)가 가장 높은 설계안을 최종 후보로 제시한다.

투자전략 연구 3. 부동산 투자 리스크 및 시장 변화 예측

특정 지역의 아파트 투자 시, 단순히 현재의 시세나 경제 지표를 넘어 '미래 시장 변화의 잠재적 흐름'과 '투자 타이밍'에 대한 통찰이 필요하다.

- **주역 프롭테크 적용:**
  - **데이터 분석:** 해당 지역의 과거 거래량, 가격 변동, 정책 변화, 인구 이동 등 **실시간 시장 데이터**를 주역의 **'효사(爻辭)'** 변화 원리(시간의 흐름에 따른 변화)와 연

동하여 분석한다.

- **리스크 예측:** 분석을 통해 현재 시장 상황을 **'산화비(山火賁)' 괘**로 진단할 수 있습니다. 이는 '겉만 화려하고 내실이 약함'을 의미할 수 있으며, **단기적 과열 리스크**를 경고한다.

- **실무 결과:** AI는 '산화비'가 곧 **'화산려(火山旅)' 괘**(떠도는 나그네, 불안정)로 변할 가능성을 제시하며, **단기 급등 후 침체 가능성**을 경고하고 매수 시점을 늦추거나 보수적인 투자 전략을 권고한다. 주역의 변화 논리를 통해 단순히 숫자로만 파악하기 어려운 시장의 '기운'과 '잠재적 위험'을 정성적으로 예측하여 실무 의사결정에 활용하는 것이다.

13.4 요약 및 활용 가이드

1) 제13장 핵심 개념 요약

절(Section)	핵심 개념(Core Concept)	부동산학적 적용 (Application in Real Estate)
13.1 플랫폼 큐레이터	**개발자의 역할 전환:** 건물을 짓는 '건설업자'에서, 그 안의 삶과 커뮤니티를 기획하는 '삶의 플랫폼 큐레이터'로의 전환.	획일적인 아파트 공급을 넘어, 특정 라이프스타일을 타겟팅하고 그에 맞는 공간과 서비스를 통합적으로 제공하는 커뮤니티 플랫폼 개발.
13.2 통합적 가치 제안	**가치 평가의 재정의:** 부동산의 가치를 재무적 가치, 건강 수익률(ROH), 에너지 가치, 사회적 가치를 포괄하는 '통합적 가치'로 재정의.	투자 결정 시, 단기 수익률뿐만 아니라 ESG와 연계된 통합적 가치를 평가하여 장기적이고 지속 가능한 자산 가치를 확보
13.3 생성형 디자인	**AI와의 공동 창작:** '통합적 가치'를 목표(Goals)로 설정하고 AI 생성형 디자인을 활용하여 복잡한 최적화 문제를 해결하고 혁신적인 공간을 설계.	개발 기획 및 설계 단계에서 AI를 활용하여, 상충하는 다양한 가치(수익성, 쾌적성, 커뮤니티 등)를 동시에 최적화하는 혁신적인 대안 탐색.

2) 핵심 활용 가이드(Actionable Guide for Researchers & Practitioners)

본 장의 내용을 연구와 실무에 효과적으로 적용하기 위해 다음의 세 가지 지침을 따를 것을 제안한다.

(1) '라이프스타일 기획서'부터 작성하라.

새로운 부동산 프로젝트를 시작할 때, 건축 개요나 사업 수지 분석표보다 먼저 '라이프스타일 기획서'를 작성하라. "이곳에 살게 될 사람은 누구인가? 그들은 무엇을 꿈꾸고, 어떤 문제를 겪고 있는가? 우리의 공간과 서비스는 어떻게 그들의 삶을 더 낫게 만들 수 있는가?" 이 질문에 대한 답이 당신의 프로젝트를 단순한 건물에서 매력적인 '플랫폼'으로 바꾸는 첫걸음이다.

(2) 모든 투자 검토 보고서에 '통합 가치 스코어카드'를 포함시켜라.

투자자라면, 모든 잠재적 투자 자산에 대해 재무적 가치뿐만 아니라 건강 수익률, 에너지 가치, 사회적 가치를 각각 10점 만점으로 평가하는 '통합 가치 스코어카드'를 만들어라. 각 항목의 세부 평가 기준을 당신의 투자 철학에 맞게 정의하고, 총점이 일정 수준 이하인 자산은 과감히 배제하라. 이 간단한 도구는 당신이 단기적 유혹에 빠지지 않고 장기적으로 지속 가능한 포트폴리오를 구축하도록 도울 것이다.

(3) '질문하는 디자이너'가 되어라.

개발자나 건축가라면, AI에게 '명령'하는 대신 '질문'하는 법을 연습하라. 생성형 디자인의 힘은 당신의 질문 수준에 따라 결정된다. "어떻게 하면 용적률을 10% 더 높일 수 있을까?"와 같은 단편적인 질문을 넘어, "어떻게 하면 용적률 손실을 최소화하면서 모든 세대의 아이들이 안전하게 뛰어놀 수 있는 마당을 만들 수 있을까?"와 같이 더 복합적이고 가치 지향적인 질문을 던져라. 좋은 질문을 던지는 능력이 미래 설계자의 핵심 역량이다.

제14장

건축가의 재탄생: '공간의 연금술사'

<table>
<tr>
<td>

1. 위기: '기술자의 함정'

AI가 기술적 과업을 자동화함에 따라 단순 실행에 머무르는 건축가는 대체될 위험.

</td>
<td>

2. 새로운 역할: '오케스트레이터' & '스토리텔러'

다양한 전문가와 AI를 지휘하고, 공간의 보이지 않는 가치를 이야기로 전달.

</td>
<td>

3. 새로운 도구 상자 '공간의 연금술사'

①고대의 지혜(철학) + ②프롬프트(질문) + ③AI(탐색)를 활용해 평범한 공간을 살아있는 공간으로 변모.

</td>
</tr>
</table>

AI 시대, 건축가의 새로운 역할과 역량 변화

(New Roles and Competency Changes for Architects in the AI Era)

개념도 설명: AI의 기술 자동화 위기를 넘어, 다양한 전문가와 AI를 지휘하는 '오케스트레이터'이자 인문적 가치를 더하는 '스토리텔러'로서, 고대의 지혜와 첨단 기술을 융합해 공간에 생명력을 불어넣는 건축가의 진화상.

14.1 기술자의 함정에서 벗어나기

현대 사회에서 건축가와 디자이너는 종종 '아름다운 그림'을 그리는 사람, 혹은 복잡한 법규와 예산에 맞춰 기능적인 공간을 구현하는 '기술자'로 인식된다. 르네상스 시대의 건축가들이 철학자이자 과학자, 예술가로서 도시의 영혼을 설계했던 '마스터 빌더(Master Builder)'의 위상은 사라지고, 효율성과 상업성이 지배하는 거대한 건설 산업의 일부로 파편화되었다. 이러한 역할의 축소는 건축가와 디자이너 스스로를 창의적 고갈과 정체성의 위기로 내몰고 있다.

AI가 인간보다 더 효율적으로 도면을 그리고, 더 아름다운 3D 렌더링 이미지를 생성하는 시대에, "인간 건축가의 고유한 가치는 무엇인가?"라는 근본적인 질문에 답해야 하는 실존적 위기에 직면한 것이다. 클라이언트의 요구사항을 수동적으로 반영하고, 유행하는 디자인 스타일을 복제하는 '기술자'의 역할에만 머무른다면, 결국 더 빠르고 저렴한 AI에게 대체될 수밖에 없다. 이것이 바로 '기술자의 함정'이다.

문제의 핵심은, 우리가 건축의 본질을 잊고 있다는 점이다. 건축은 단순히 셸터(shelter)를 짓는 기술이 아니다. 그것은 인간의 삶을 담는 그릇을 빚고, 공동체의 정신을 형태에 부여하며, 시대를 초월하는 가치를 다음 세대에 전달하는 신성한 행위다. 건축가가 이 위기를 극복하고 AI 시대의 진정한 리더로 거듭나기 위해서는, 기술의 하수인이 되기를 거부하고, 기술을 지배하여 공간의 보이지 않는 차원까지 설계하는 '새로운 마스터 빌더'로 재탄생해야 한다.

'기술자의 함정'은 건축가가 자신의 가치를 '얼마나 잘 그리는가'에서 찾을 때 발생한다. 하지만 AI 시대에 그 가치는 급격히 하락하고 있다. 생성형 AI는 단 몇 분 만에 수백 가지의 디자인 시안을 만들어 내고, 복잡한 구조 계산과 법규 검토까지 자동으로 수행한다. 이러한 상황에서 인간 건축가가 AI와 속도와 효율성으로 경쟁하려는 것은 무의미하다.

따라서 함정에서 벗어나는 유일한 길은 가치의 기준을 바꾸는 것이다. 즉, '무엇을 만드는가(What)'에서 '왜 만드는가(Why)'로, '어떻게 구현하는가(How)'에서 '어떤 경험을 창조하는가(Which Experience)'로 질문의 차원을 높여야 한다. AI는 클라이언트가 "30평대 4베이 아파트 평면도를 그려 줘"라고 명령하면 완벽하게 수행할 수 있다. 하지만 "우리 가족이 서로 소통하면서도 각자의 프라이버시를 존중받을 수 있는 집은 어떤 모습일까?"라는 근본적인 질문을 던지고, 그 질문에 대한 최적의 공간적 해답을 찾는 것은 인간의 영역이다.

새로운 마스터 빌더는 기술을 사용하여 답을 찾는 사람이 아니라, 기술이 답을 찾도록 현명한 질문을 던지는 사람이다. 그는 건축주가 미처 생각하지 못했던 잠재된 욕망을 발견하고, 그 땅이 가진 고유한 에너지(氣)를 읽어 내며, 그곳에 살게 될 사람들의 삶이 어떻게 더 풍요로워질 수 있을지에 대한 비전을 제시한다. 이는 기술자가 아닌, 전략가이자 철학자, 그리고 심리학자로서의 역할이다.

비전의 때를 읽어 가치 전환으로 통하라.

- **기술자의 함정:** AI가 도면 작성, 렌더링 등 기술적 과업을 더 효율적으로 수행하게 되면서, 단순히 기술적 실행에만 머무르는 건축가는 대체될 위기에 처한다.
- **가치 기준의 전환:** 함정에서 벗어나기 위해서는 가치의 기준을 '얼마나 잘 그리는가'에서 '왜 만드는가'로, 즉 실행에서 전략과 비전으로 전환해야 한다.
- **새로운 마스터 빌더:** 미래의 건축가는 기술을 지배하여 공간의 보이지 않는 차원(경험, 웰빙, 문화)까지 설계하는 '새로운 마스터 빌더'로 재탄생해야 한다.

투자전략 연구 1. R&D 센터 설계 공모전: 기술자와 마스터 빌더의 대결

2025년, 글로벌 AI 반도체 기업 '뉴로모픽스'는 판교에 새로운 R&D 센터 건립을 위한 설계 공모전을 개최했다. 그들의 요구사항(RFP)은 명확했다. "최고의 인재들이 최고의 성과를 낼 수 있는, 혁신적이고 지속 가능한 연구 공간."

여기에 국내 최고의 두 건축사무소, 'A 아키텍츠'와 'B 디자인 그룹'이 참여했다.

'A 아키텍츠'는 전형적인 '기술자'의 접근 방식을 택했다. 그들은 최신 AI 설계 툴을 활용하여 RFP의 모든 요구사항을 완벽하게 충족시키는 눈부신 디자인을 신속하게 제출했다. 조감도는 최신 유행하는 비정형 디자인으로 화려했고, 에너지 효율 시뮬레이션 데이터는 완벽했으며, 제안된 공사비는 경쟁사보다 10%나 저렴했다. 그들의 프레젠테이션은 효율성과 기술력, 그리고 비용 절감이라는 가치에 집중했다.

반면, 'B 디자인 그룹'은 '새로운 마스터 빌더'의 접근 방식을 보여주었다. 그들은 프레젠테이션을 디자인 설명이 아닌, '뉴로모픽스'의 CEO에게 던지는 질문으로 시작했다. "귀사의 핵심 가치는 '연결을 통한 혁신'이라고 들었습니다. 하지만 현재 귀사의 연구원들은 각자의 칸막이 안에서 고립되어 일하고 있습니다. 어떻게 하면 공간이 그들의 '자발적인 연결'을 촉진할 수 있을까요?"

'B 디자인 그룹'은 제5장에서 다룬 신경건축학의 '조망과 피난처' 이론과 생명애 디자인 원리를 바탕으로 한 설계안을 제시했다. 그들의 디자인은 화려하지 않았지만, 모든 공간이 연구원들의 뇌를 최적의 상태로 만들기 위해 정교하게 계획되어 있었다. 개인 연구실은 깊은 집중을 위한 '피난처'로, 연구실 사이의 복도는 의도적으로 넓고 구불구불하게 만들어 우연한 마주침과 소통을 유도하는 '광장'으로 설계했다. 건물 중앙에는 거대한 실내 정원을 두어 자연과의 연결을 통해 스트레스를 해소하고 창의력을 높이도록 했다.

최종 심사에서 '뉴로모픽스'의 CEO는 'B 디자인 그룹'의 손을 들어주었다. 그는 이렇게 말했다. "'A 아키텍츠'는 우리에게 아름다운 '건물'을 제안했지만, 'B 디자인 그룹'은 우리에게 '혁신이 샘솟는 문화'를 제안했습니다. 우리는 건물이 아니라 미래에 투자하기로 결정했습니다." 이 사례는 AI 시대에 건축가의 진정한 가치가 기술적 숙련도가 아닌, 문제의 본질을 꿰뚫는 통찰력과 인간 중심의 공간 철학에 있음을 명확히 보여 준다.

투자전략 연구 2. 매매 타이밍 예측 및 리스크 관리 시스템

- **적용 괘:**
  - **지천태(地天泰, Hexagram 11, Peace):** 상황이 평화롭고 순조로워 거래가 용이하며 좋은 결과를 낼 수 있는 '매수/매도 적기'를 나타낸다. (성장 국면)
  - **천지비(天地否, Hexagram 12, Standstill):** 막히고 정체된 상황으로, 거래가 어렵거나 불리하여 '리스크 관리'가 필요한 시기를 나타낸다. (침체 국면)

- **프롭테크 활용:**

  AI 시장 예측 모델의 결과(예: 금리 변동, 유동성, 정책 변화, 거래량 등)를 주역 64
  괘의 '상황'과 '변화'의 의미에 대입하여 해석한다.

주역 괘	부동산 상황 해석	실무 적용(프롭테크 기능)
지천태	시장이 상승기에 접어들었거나 안정적인 성장 국면. 거래 활발.	**'적극적 거래 추천'** 알림. AI가 분석한 잠재 매물(Low Price/High Value)을 우선 노출. 매도자에게는 최고가 달성을 위한 타이밍 추천.
천지비	시장 침체기 또는 불확실성 증대. 거래 부진, 하락 위험 증가.	**'보수적 관망 추천'** 알림. 리스크가 높은 지역/종목에 대한 경고 표시. 매수자에게는 '충분한 조정기 후 진입' 전략을 위한 대기 기간 제시.

- **기대 효과:** 단순히 데이터 수치만 보는 것이 아니라, 주역의 거시적 통찰을 통해
  시장 흐름의 본질(평화/정체)을 이해하고 **인간 중심의 장기적인 투자 전략**을
  수립하도록 돕는다.

투자전략 연구 3. 부동산 개발 프로젝트의 잠재적 갈등 및 협력 진단

- **적용 괘:**

  - **천풍구(天風姤, Hexagram 44, Coming to Meet):** 예상치 못한 만남이나 우연한
    사건으로 새로운 상황이 발생할 가능성. '협력과 기회'의 상징.

  - **천수송(天水訟, Hexagram 6, Conflict):** 갈등과 소송의 가능성이 높음. '분쟁의 리
    스크' 상징.

- **프롭테크 활용:**

  프롭테크 기반 프로젝트 관리 시스템(PMS) 내의 이해관계자 분석 모듈에 주역의
  통찰을 적용합니다. 이는 프로젝트 초기 단계의 협상 전략 및 리스크 진단에 활용
  될 수 있다.

주역 괘	개발 프로젝트 상황 해석	실무 적용(프롭테크 기능)
천풍구	이해관계자(시공사, 시행사, 지자체, 주민) 간의 예상치 못한 긍정적 협력 기회가 생길 수 있음.	'파트너십 발굴 추천' 알림. 이해관계자별 잠재적 니즈 분석 후, 상생(Win-Win) 가능한 협력 방안(예: 공공 기여 확대)을 선제적으로 제안.
천수송	이해관계자 간의 갈등 심화, 법적 분쟁 가능성 내포. 사업 지연 위험.	'분쟁 예방 시스템' 활성화. 과거 유사 프로젝트의 법적 분쟁 데이터 학습을 통해 현 상황의 갈등 요인을 정밀 진단하고, 선제적 '조정/협상 로드맵'을 제시.

- **기대 효과:** 빅데이터와 AI로 도출된 객관적인 정보에 주역의 '인문학적 통찰'을 결합하여, 단순히 **문제 해결을 넘어 갈등의 본질을 파악하고 관계 중심의 지속 가능한 개발**을 추구한다.

14.2 오케스트레이터와 스토리텔러로서의 건축가

'기술자의 함정'에서 벗어난 새로운 마스터 빌더는 구체적으로 어떤 역할을 수행해야 하는가? AI 시대의 건축가는 더 이상 혼자서 모든 것을 창조하는 고독한 천재가 아니다. 그는 복잡하게 얽힌 수많은 전문가와 기술, 그리고 이해관계자들을 조율하여 하나의 조화로운 결과물을 만들어 내는 '오케스트레이터(Orchestrator)'이자, 그 결과물이 가진 보이지 않는 가치를 설득력 있는 이야기로 전달하는 '스토리텔러(Storyteller)'가 되어야 한다.

먼저, 오케스트레이터로서의 건축가를 살펴보자. 과거의 건축가는 오케스트라의 제1바이올린 연주자처럼, 가장 중요한 멜로디를 직접 연주하는 사람이었다. 하지만 이제 그의 역할은 모든 악기의 소리를 듣고 전체의 하모니를 만들어 내는 '지휘자'로 바뀐다. 이 새로운 오케스트라의 단원들은 매우 다양하다. 여기에는 인간 전문가(구조 기술자, 설비 엔지니어, 조경 전문가, 사회학자, 심리학자)뿐만 아니라, 비인간 행위자(생성형 디자인 AI, 에너지 시뮬레이션 소프트웨어, BIM 데이터)까지 포함된다.

오케스트레이터로서 건축가의 핵심 역량은 '그리는 능력'이 아니라 '듣는 능력'과 '연결하는 능력'이다. 그는 클라이언트의 숨겨진 욕망을 듣고, 그 땅이 가진 고유의 목소리를 들으며, 다양한 전문가들의 상충하는 의견을 조율한다. 그리고 이 모든 것을 제13장에서 다룬 생성형 디자인 AI에게 던질 '최적의 프롬프트'라는 악보로 변환한다. AI가 수천 개의 변주곡을 연주하면, 그는 그중에서 프로젝트의 영혼을 가장 잘 표현하는 단 하나의 곡을 선택하고, 인간적인 감성으로 섬세하게 다듬어 최종 악장을 완성한다.

다음으로, 스토리텔러로서의 건축가의 역할이다. 아무리 훌륭한 음악이라도 그 가치를 이해해 줄 청중이 없다면 의미가 없다. 마찬가지로, 아무리 깊은 철학을 담은 건축이라도 클라이언트와 사회가 그 가치를 이해하고 공감하지 못하면 실현될 수 없다. 스토리텔러로서의 건축가는 자신이 설계한 공간이 단순한 형태와 기능의 집합이 아니라, 그곳에 사는 사람들의 삶을 어떻게 변화시킬 수 있는지에 대한 강력하고 매력적인 '이야기'를 전달하는 사람이다.

이 역할은 건축가의 질문 방식에서부터 시작된다. "몇 평의 거실을 원하십니까?"라고 묻는 대신, "이 거실에서 당신의 가족이 어떤 '감정'을 느끼기를 원하십니까?"라고 질문하는 것이다. "이 사무실에 몇 개의 회의실이 필요합니까?"라고 묻는 대신, "이 사무실에서 어떤 종류의 '혁신'이 일어나기를 바라십니까?"라고 묻는 것이다. 즉, 형태와 기능을 넘어 '경험'과 '의미'를 설계하고, 그 의미를 설득력 있는 언어로 전달하는 것이 새로운 핵심 역량이 된다.

이것만은 꼭!(This is a must)

가치 발굴, 변화 조율, 실행 결실

- **오케스트레이터**: AI 시대의 건축가는 다양한 인간 전문가와 AI 기술이라는 오

케스트라를 지휘하여, 복잡하고 상충하는 요구사항들을 조화로운 하나의 결과
물로 만들어 내는 '지휘자' 역할을 수행한다.

- **스토리텔러:** 건축가는 공간의 형태와 기능을 넘어, 그 공간이 가진 보이지 않는
가치(경험, 의미, 문화)를 설득력 있는 이야기로 전달하여 클라이언트와 사회의
공감을 이끌어 내는 '스토리텔러'가 되어야 한다.
- **질문의 전환:** 성공적인 오케스트레이션과 스토리텔링은 "몇 평, 몇 개"와 같은
기능적 질문에서 "어떤 감정, 어떤 경험"과 같은 목적 중심의 질문으로 전환하
는 것에서 시작된다.

투자전략 연구 1. '도시의 거실'이 된 도서관

한 중소도시는 인구 감소와 고령화로 활력을 잃어 가고 있었다. 시 정부는 도시에
새로운 활력을 불어넣기 위해 낡은 시립 도서관을 재건축하기로 결정했다. 설계 공
모전의 과제는 "미래 세대를 위한 새로운 개념의 도서관"이었다.

대부분의 설계안은 더 많은 장서와 최첨단 디지털 장비를 갖춘, 기능적으로 우수
한 도서관을 제안했다. 하지만 당선된 건축가 이지혜 소장의 제안은 달랐다. 그녀의
프레젠테이션은 도면이 아닌, 한 편의 이야기로 시작했다. "도서관은 더 이상 책을
빌리는 곳이 아닙니다. 이 도시는 지금 서로 단절된 세대와 사람들이 다시 만나고
연결될 수 있는 따뜻한 '거실'이 필요합니다. 우리는 책의 창고가 아니라, '도시의 거
실'을 설계하고자 합니다."

그녀는 '오케스트레이터'로서 설계 과정에 건축가뿐만 아니라, 지역의 노인, 청년,
주부, 그리고 아이들까지 참여시키는 '시민 디자인 워크숍'을 열었다. 이 워크숍을
통해 그녀는 시민들이 진정으로 원하는 것이 무엇인지(조용한 독서 공간, 아이들이
마음껏 떠들 수 있는 공간, 청년들의 창업 스터디 공간, 노인들의 커뮤니티 공간)를
파악했다. 그리고 이 상충하는 요구들을 '공존'시키는 것을 생성형 디자인 AI의 핵심

목표 프롬프트로 설정했다.

AI는 각기 다른 성격의 공간들이 서로 방해하지 않으면서도 자연스럽게 연결될 수 있는 수백 가지의 동선과 공간 배치 안을 제안했다. 최종적으로 선택된 안은 건물 중앙에 거대한 계단식 광장을 두고, 그 주변으로 각기 다른 성격의 공간들이 나선형으로 연결되는 독특한 구조였다.

이지혜 소장은 '스토리텔러'로서 이 디자인을 심사위원들에게 이렇게 설명했다. "이 중앙 광장은 우리 도시의 심장입니다. 이곳에서 아이들은 책을 읽다 뒹굴고, 청년들은 자유롭게 토론하며, 노인들은 창밖의 풍경을 보며 담소를 나눕니다. 이 공간은 세대를 가로지르는 '이야기'가 만들어지는 무대입니다." 그녀는 단순히 건물을 설명한 것이 아니라, 그 공간을 통해 도시가 어떻게 다시 활력을 찾을 수 있는지에 대한 희망의 서사를 들려주었다. 그녀의 제안은 만장일치로 채택되었고, 새로 지어진 도서관은 실제로 도시의 사랑받는 '거실'이 되어 지역 공동체 부활의 중심지가 되었다.

투자전략 연구 2. 매물 잠재력 분석 및 스토리텔링 '미래 가치 스토리텔러'

- **적용 원리:** 주역 64괘의 **시간의 변화와 발전**에 대한 상징적 의미(예: **屯(둔)괘**- 시작의 어려움과 잠재력, **益(익)괘**- 발전과 이익)를 부동산 매물에 대입하여 해석한다.

- **프롭테크 활용:**
  - **AI 기반 데이터 분석:** 매물의 **입지, 시장 동향, 개발 호재 데이터**를 분석하여 '잠재적 발전 단계'을 프롭테크 시스템이 산출한다.
  - **스토리텔링 콘텐츠 자동 생성:** 시스템이 산출한 잠재적 단계와 주역 괘의 의미를 결합하여, 투자자/구매자에게 설득력 있는 '미래 성장 스토리'을 제공한다.

  예시) 특정 지역의 신축 예정 부지(혹은 재개발 초기 단계) 매물에 대해 '屯(둔)괘 (어려운 시작 속 큰 잠재력)'를 부여하고, 데이터 기반 분석을 통해 "현재는 시작 단계이나, 향후 5년 내 大壯(대장)괘(크게 웅장해짐)로 나아갈 잠재 가치가 있다"

은 스토리텔링을 자동 생성하여 투자 유치에 활용. 이는 단순한 수치 정보 제공을 넘어 **매물에 '이야기(가치)'를 부여**하는 방식이다.

투자전략 연구 3. 공간 사용자의 경험 예측 및 맞춤형 공간 제안 '사용자 경험 오케스트레이터'

- **적용 원리:** 주역 64괘 중 **공간의 상태나 관계**를 상징하는 의미(예: **家(가)괘**- 가정의 화목, **同人(동인)괘**- 사람들과의 화합)를 건축 공간의 목적과 사용자 상호작용에 대입하여 해석한다.
- **프롭테크 활용:**
  - **스마트 센서 및 빅데이터 수집:** 상업/주거 공간의 기존 **사용자 활동 패턴, 선호도, 에너지 사용 데이터**를 수집하여 분석한다.
  - **AI 기반 맞춤 공간 솔루션:** 분석된 데이터를 바탕으로 **주역의 조화로운 상징**에 가장 부합하는 **공간 배치 및 기능**을 AI가 제안한다.

  예시) 공유 오피스 디자인 시, 사용자들이 '和合(화합)과 소통'을 중요시하는 데이터가 도출되면, '同人(동인)괘'의 의미를 부여하고, '휴식과 협업의 조화'을 이루는 **라운지 디자인, 회의실 배치, 빛의 활용** 등을 최적화하여 사용자 경험을 '오케스트레이션'합니다. 이는 사용자 만족도를 높여 임대율 및 재계약률 향상에 기여한다.

14.3 새로운 도구 상자: 프롬프트, AI, 그리고 고대의 지혜

'공간의 연금술사'로 재탄생한 미래 건축가의 손에는 어떤 도구들이 들려 있을까? 과거 건축가의 도구 상자에 T자와 삼각자, 그리고 CAD 프로그램이 들어 있었다면, 미래 건축가의 새로운 도구 상자에는 전혀 다른 종류의 도구들이 담겨야 한다. 그것은 바로 '고대의 지혜', '프롬프트', 그리고 'AI'라는 세 가지 핵심 도구다. 이 세 가지 도구를 유기적으로 결합하고 활용하는 능력이 미래 건축가의 경쟁력을 결정할 것이다.

첫 번째 도구는 '고대의 지혜'다. 이는 주역, 풍수, 그리고 제5장에서 다룬 신경건축학과 같은, 인간과 공간의 조화에 대한 깊이 있는 통찰을 담고 있는 지식 체계다. 이것은 연금술의 '철학자의 돌'과 같다. 이 지혜는 건축가에게 "왜 이 공간을 이렇게 설계해야 하는가?"라는 근본적인 철학과 원칙을 제공한다. AI가 수만 가지의 '가능한' 답을 생성할 때, 어떤 것이 '좋은' 답인지 판단하는 기준이 바로 이 지혜에서 나온다. 이 도구가 없다면 건축가는 AI가 쏟아 내는 현란한 결과물들 앞에서 방향을 잃고, 기술의 노예로 전락하게 될 것이다.

두 번째 도구는 '프롬프트(Prompt)'다. 이는 고대의 지혜를 AI가 이해할 수 있는 구체적인 '명령어'와 '규칙'으로 번역하는 기술이다. 이것은 연금술의 '마법 주문'과 같다. 건축가는 더 이상 손으로 직접 형태를 그리는 대신, 언어를 통해 형태를 창조한다. 이 새로운 언어, 즉 프롬프트 엔지니어링은 미래 건축가의 가장 중요한 기술적 역량이 될 것이다. "남향으로 배치해 줘"와 같은 단순한 명령을 넘어, 고도의 지혜를 담은 프롬프트를 작성하는 능력이 필요하다.

예를 들어, AI 생성형 디자인 툴에 다음과 같이 입력하는 것이다. "본명성이 일백수성(水)인 작가를 위한 스튜디오 공간을 설계하라. 목표는 깊은 사색을 돕는 '고요함(水)'과 창의적 영감을 주는 '성장(木)'의 에너지가 공존하는 것이다. 제약 조건으로 '수생목(水生木)'의 원리를 적용하여, 공간의 주된 방향은 북쪽이나 동쪽으로 하고, 물과 나무 소재를 적극적으로 사용하며, 시선이 막힘없이 외부의 자연으로 연결되도록 하라." 이처럼 추상적인 철학을 구체적인 설계 제약 조건으로 번역하는 능력이 바로 프롬프트 엔지니어링의 핵심이다.

세 번째 도구는 '인공지능(AI)', 특히 생성형 디자인 툴이다. 이것은 연금술의 '마법 용광로'와 같다. 건축가가 던진 프롬프트라는 재료를 받아, 수만 번의 시뮬레이션과 최적화 과정을 통해 인간이 상상하지 못했던 새로운 형태의 결과물을 빚어낸다. AI는 건축가의 창의적인 파트너이자, 가장 강력한 연산 능력을 가진 조수다. 건축가는 AI가 생성한 수많은 가능성 속에서 자신의 철학적 기준으로 최상의 해답을 '발견'하고, 그것을 자신의 감성으로 '발전'시키는 큐레이터의 역할을 수행한다.

이 세 가지 도구는 분리된 것이 아니라, '지혜 → 프롬프트 → AI → 결과물 → 인간의 해석 → 다시 지혜'라는 하나의 유기적인 순환 고리를 형성한다. 이 순환을 능숙하게 다루는 자가 바로 인간과 자연, 기술을 융합하여 평범한 공간을 '살아 있는 공간'으로 변모시키는 '공간의 연금술사(Spatial Alchemist)'다.

이것만은 꼭!(This is a must)

변화의 때, 사람 향해 바르게 투자하라.

- **미래 건축가의 3대 도구:** 미래 건축가의 새로운 도구 상자에는 ① 인간 중심의 원칙을 제공하는 '고대의 지혜', ② 지혜를 기술의 언어로 번역하는 '프롬프트', ③ 가능성을 탐색하는 'AI'가 포함된다.
- **프롬프트 엔지니어링의 중요성:** 추상적인 철학과 가치를 AI가 이해할 수 있는 구체적인 목표와 제약 조건으로 번역하는 능력이 미래 건축가의 핵심적인 기술 역량이 될 것이다.
- **공간의 연금술사:** 이 세 가지 도구를 유기적으로 활용하여, 평범한 물리적 공간을 인간의 삶을 풍요롭게 하는 '살아 있는 공간'으로 변모시키는 것이 바로 '공간의 연금술사'의 역할이다.

투자전략 연구 1. AI와 함께 설계한 '조화로운 집'

한 건축가는 은퇴 후 전원생활을 꿈꾸는 노부부로부터 주택 설계를 의뢰받았다. 남편은 활동적이고 사람들과 어울리는 것을 좋아했으며, 아내는 조용히 정원을 가꾸며 사색하는 것을 즐겼다. 이처럼 서로 다른 성향을 가진 두 사람이 한 공간 안에서 각자의 행복을 누리면서도 조화롭게 공존하는 집을 만드는 것이 이 프로젝트의 가장 큰 과제였다.

건축가는 먼저 '고대의 지혜'를 활용했다. 그는 부부의 생년월일을 바탕으로 구성 기학 분석을 통해 남편이 '양(陽)'의 기운이 강하고, 아내가 '음(陰)'의 기운이 강하다는 '에너지 프로필'을 만들었다. 그리고 이 음양의 조화를 공간에 구현하는 것을 설계의 핵심 목표로 삼았다.

다음으로, 그는 이 목표를 구체적인 '프롬프트'로 번역하여 생성형 디자인 AI에 입력했다. "남편의 공간(서재, 응접실)은 동남향에 배치하여 '양'의 기운을 극대화하고, 아내의 공간(정원과 연결된 썬룸, 침실)은 북서향에 배치하여 '음'의 기운을 안정시키라. 단, 두 공간이 완전히 단절되지 않고, 중앙의 거실과 주방을 통해 부드럽게 연결되도록 동선을 최적화하라. 또한, 모든 공간에서 창밖의 정원을 조망할 수 있도록 하라."

'AI'는 이 프롬프트를 바탕으로 수백 가지의 서로 다른 평면도와 건물 배치 안을 생성했다. 어떤 안은 두 공간을 완전히 분리하여 프라이버시를 극대화했고, 어떤 안은 중앙 거실을 중심으로 방사형으로 펼쳐지는 형태를 제안했다. 건축가는 이 대안들 중에서, 두 개의 매스가 살짝 어긋나게 배치되어 자연스럽게 안마당을 형성하는 안을 최종적으로 선택했다. 이 안은 각자의 독립성을 보장하면서도, 안마당이라는 공유 공간을 통해 시각적, 공간적으로 연결되는 절묘한 균형을 보여 주었다.

건축가는 AI가 제안한 기본 구조 위에, 자신의 경험과 감성을 더해 창문의 크기, 마감재의 질감, 조명의 색온도 등 섬세한 디테일을 완성했다. 그 결과, 활동적인 남편과 정적인 아내가 각자의 영역에서 행복을 누리면서도, 언제든 함께 차를 마시며 정원을 바라볼 수 있는, 음양의 조화가 완벽하게 구현된 '살아 있는 집'이 탄생했다.

투자전략 연구 2. 매물별 '에너지 프로파일' 기반 맞춤 추천 시스템(주역 괘 활용)

　• **배경 원리(고대의 지혜):** 주역 64괘는 각각 고유한 우주의 상태와 기운(에너지)

을 상징하며, 이는 공간의 배치, 향(向), 그리고 거주하는 사람의 성향과의 조화
(음양의 조화)를 분석하는 데 활용될 수 있습니다. 텍스트의 '에너지 프로파일'
개념을 확장한다.

- **프롭테크 적용:**
- **데이터 구축:** 부동산 매물의 **지리 정보, 건축 연도, 향, 내부 공간 구성** 등의 데이
  터를 수집한다.
  - **AI/프롬프트:** 이 데이터를 바탕으로 AI가 주역 64괘 중 해당 매물의 '공간 에너지'
    에 가장 근접한 **핵심 괘**(예: 이택(頤宅), 화풍정(火風鼎) 등)를 도출하고, 거주자
    의 생년월일시 기반의 **개인 괘**를 분석한다.
  - **적용 예시:** 프롭테크 플랫폼에서 매물을 검색할 때, AI가 매물의 '공간 괘'과 사용
    자(혹은 가족 구성원)의 **'개인 괘'** 간의 조화도(Harmonization Score)을 계산하여
    표시한다. 사용자에게 가장 기운이 '상생'하거나 '조화'로운 매물을 **맞춤형 추천**하
    여 심리적 안정감을 주는 '살아 있는 공간'을 제안한다.

투자전략 연구 3. 건설 프로젝트 초기 단계, '부지 잠재력 분석' 및 '리스크 예측'(괘상
분석)

- **배경 원리(고대의 지혜):** 주역 괘의 효(爻) 변화를 통해 현재 상태의 잠재적인
  발전 방향과 리스크(흉(凶)/길(吉))를 예측하는 원리를 적용한다.
- **프롭테크 적용:**
  - **데이터 구축:** 신규 건설 예정 부지의 **지형(산, 강), 주변 환경(도로, 시설물), 역사
    적 사건, 기후 데이터** 등을 수집한다.
  - **AI/프롬프트:** 건설사가 AI에 "해당 부지에 주거단지를 개발할 때 발생할 수 있는
    잠재적 리스크와 기회는 무엇인가?"라는 **프롬프트**와 함께 부지 데이터를 입력한
    다. AI는 이 데이터를 주역의 특정 괘상(卦象)과 연결하여 '환경 조화 리스크'를
    분석하고, 최적의 배치와 설계 방향(예: 출입구의 최적 방위 등)을 도출한다.

- **적용 예시:** 건설 프로젝트 기획 단계에서, 'AI 기반 부지 잠재력 분석 보고서'를 통해 투자자에게 **풍수(주역)적 관점**에서 예측되는 **사업의 길흉**과 관련된 **디자인 제약 조건**을 구체적인 수치와 도면으로 제시하여, 초기 설계 오류를 줄이고 사업 리스크를 최소화하는 의사결정을 지원한다.

14.4 요약 및 활용 가이드

1) 제14장 핵심 개념 요약

절(Section)	핵심 개념(Core Concept)	부동산학적 적용 (Application in Real Estate)
14.1 기술자의 함정	**역할의 재정의:** AI가 기술적 실행을 자동화함에 따라, 건축가는 '기술자'에서 벗어나 문제의 본질을 파악하고 비전을 제시하는 '마스터 빌더'가 되어야 한다.	개발 프로젝트에서 단순히 주어진 요구사항을 구현하는 것을 넘어, 클라이언트의 비즈니스 목표와 최종 사용자의 경험까지 고려한 근본적인 공간 전략을 제안.
14.2 오케스트레이터와 스토리텔러	**새로운 핵심 역량:** 다양한 전문가와 AI를 지휘하는 '오케스트레이터' 역량과, 공간의 보이지 않는 가치를 설득력 있게 전달하는 '스토리텔러' 역량이 중요해짐.	복잡한 이해관계자들이 얽힌 대규모 프로젝트를 성공적으로 이끌고, 설계안의 철학과 가치를 효과적으로 전달하여 공감대를 형성하고 프로젝트의 가치를 높임.
14.3 새로운 도구 상자	**지혜-프롬프트-AI의 통합:** '고대의 지혜'로 원칙을 세우고, '프롬프트'로 AI에게 질문하며, 'AI'를 통해 가능성을 탐색하는 새로운 워크플로우.	생성형 디자인 툴에 풍수, 신경건축학, 구성기학의 원리를 프롬프트로 입력하여, 통합적 가치를 만족시키는 최적의 설계안을 효율적으로 도출.

2) 핵심 활용 가이드(Actionable Guide for Researchers & Practitioners)

본 장의 내용을 연구와 실무에 효과적으로 적용하기 위해 다음의 세 가지 지침을 따를 것을 제안한다.

(1) '답변가'가 아닌 '질문가'가 되어라.

클라이언트나 상사와의 다음 미팅에서, 그들의 요구사항을 듣고 바로 해결책을 제시하려 하지 마라. 대신, 최소 세 번 이상 "왜?"라는 질문을 던져 보라. "왜 오픈형 오피스를 원하십니까?", "왜 직원들의 협업이 중요하다고 생각하십니까?", "왜 지금 그 문제가 가장 시급합니까?" 이 과정을 통해 문제의 표면이 아닌 본질에 접근할 수 있으며, 이는 당신을 단순한 실행자가 아닌 신뢰받는 전략적 파트너로 만들어 줄 것이다.

(2) 당신의 디자인을 '이야기'로 번역하는 연습을 하라.

당신이 최근에 작업한 프로젝트 하나를 선택하고, 그 공간을 전혀 모르는 사람에게 도면 없이 오직 '이야기'로만 설명해 보라. 그 공간이 어떤 경험을 주기 위해 만들어졌는지, 그곳에 사는 사람의 삶이 어떻게 바뀔 것인지에 초점을 맞춰 설명하라. 이 훈련은 당신의 디자인에 담긴 무형의 가치를 발견하고, 그것을 전달하는 스토리텔링 능력을 향상시키는 데 큰 도움이 될 것이다.

(3) '지혜 프롬프트' 노트를 만들어라.

이 책이나 다른 인문/과학 서적을 읽다가 영감을 주는 문구나 원칙(예: '조망과 피난처', '수생목')을 발견하면, 그것을 별도의 노트에 기록하라. 그리고 그 옆에 "만약 이 원칙을 AI에게 가르친다면, 어떤 구체적인 규칙과 명령어로 번역할 수 있을까?"라는 질문에 대한 답을 적어 보라. 이 '지혜 프롬프트' 노트는 당신만의 독창적인 디자인 언어이자, AI 시대를 헤쳐 나갈 가장 강력한 무기가 될 것이다.

제15장

미래는 예측이 아닌 선택이다

프롬테크 세대를 향한 제언

1. 마음가짐: 선택과 창조	2. 책임: 윤리적 의무	3. 실천: 행동 촉구
기술 결정론을 극복하고, 우리가 원하는 미래를 능동적으로 선택하고 만들어가야 함.	AI의 알고리즘 편향이 불평등을 심화시키지 않도록, 공정성과 투명성을 갖춘 '신뢰의 아키텍처' 구축.	개인, 리더, 시민 각자의 위치에서 평생 학습하고, 비전을 제시하며, 사회적 대화에 참여해야 함.

프롬테크 시대의 지향점과 실천 과제(Directions and Practices for the PromTech Era)

개념도 설명: 프롬테크 시대를 맞아 기술 결정론을 넘어선 주체적 선택, 알고리즘 편향을 극복하는 윤리적 책임, 그리고 사회 구성원 모두의 지속적인 배움과 실천을 통해 신뢰 중심의 미래를 구축해야 함을 강조합니다.

15.1 결정론적 무력감의 극복

이 책을 여기까지 읽은 독자라면, 인공지능(AI)이 가져올 변화의 규모와 깊이에 압도당하는 느낌을 받을지도 모른다. 일의 소멸과 재창조, 기업의 해체, 인간 가치의 재정의, 그리고 사회 시스템의 전면적인 재설계까지. 이 거대한 변화의 물결 앞에서 한 명의 개인이 할 수 있는 일은 아무것도 없는 것처럼 느껴질 수 있다. 마치 거대한 쓰나미가 몰려오는 것을 해변에서 지켜보는 것처럼, 무력감과 체념에 빠지기 쉽다.

이러한 ‘결정론적 무력감(Deterministic Helplessness)’은 변화에 대응하는 가장 큰 심리적 장벽이다. “미래는 어차피 기술의 논리에 따라 정해져 있고, 그 발전은 내가 막을 수 있는 것이 아니니, 나는 그저 다가오는 미래에 순응하고 적응할 수밖에 없다.” 이러한 생각은 우리를 변화의 주체가 아닌 수동적인 관찰자로 전락시킨다. 변화의 흐름에 몸을 맡긴 채, 최악의 시나리오가 닥치지 않기만을 막연히 기도하게 만드는 것이다.

하지만 이러한 태도야말로 ‘자기실현적 예언(Self-fulfilling Prophecy)’이 되어, 우리가 가장 우려하는 바로 그 암울한 미래를 현실로 만드는 가장 확실한 길이다. 만약 모두가 AI로 인한 일자리 감소를 피할 수 없는 운명으로 받아들이고 준비를 포기한다면, 사회는 정말로 대규모 실업의 위기에 처하게 될 것이다. 만약 모두가 AI의 발전을 통제 불가능한 것으로 여기고 윤리적 논의를 멈춘다면, 기술은 정말로 인간의 통제를 벗어난 방향으로 발전할 수 있다.

문제의 핵심은, 기술의 미래가 결코 기술 그 자체에 의해 결정되지 않는다는 사실을 망각하는 데 있다. 이는 ‘기술 결정론(Technological Determinism)’이라는 낡은 관점의 오류다. 기술 결정론은 기술이 자율적인 힘을 가지고 사회 변화를 이끄는 유일하거나 가장 중요한 원인이라고 주장한다. 하지만 수많은 사회학 연구들은 기술이 사회적 맥락 속에서 선택되고, 사용되며, 그 의미가 재구성되는 ‘기술의 사회적 형성(Social Shaping of Technology)’ 과정을 통해 발전해 왔음을 보여 준다.

기술은 가능성을 열어 줄 뿐, 그 가능성을 어떤 방향으로 실현시킬 것인지는 전적으로 우리 인간의 ‘선택’에 달려 있다. 원자력 기술이 인류를 위협하는 원자폭탄이 될 수도 있었지만, 동시에 인류에게 에너지를 공급하는 원자력 발전소가 될 수도 있었던 것처럼 말이다. 인터넷 기술이 감시와 통제의 도구가 될 수도 있지만, 지식과 기회의 민주화를 이끄는 플랫폼이 될 수도 있는 것과 같다. AI라는 인류 역사상 가장 강력한 도구를 손에 쥔 지금, 우리는 그 어느 때보다 중요한 선택의 기로에 서 있다.

이 중대한 순간에 '나는 어쩔 수 없다'는 무력감에 빠지는 것은 개인적으로나 사회적으로나 가장 위험한 태도다. 미래는 예측하는 것이 아니라, 만들어가는 것이다. 이 책의 마지막 장에서 우리가 던져야 할 궁극적인 질문은 "미래는 어떻게 될 것인가?"가 아니라, "우리는 어떤 미래를 만들고 싶은가?"이다. 그리고 그 미래를 만들기 위해, '나'는 오늘 무엇을 할 것인가를 결단하고 행동하는 것이다. 이 책에서 제시한 모든 분석과 전략은 결국 이 마지막 행동을 위한 나침반이자 지도다.

미래 창조 위해, 손익(損益)의 변화에 능동 행동하라.

- **결정론적 무력감의 위험**: AI가 가져올 거대한 변화 앞에서 개인이 무력하다고 느끼는 것은, 변화에 수동적으로 끌려가는 가장 위험한 태도다.
- **기술 결정론의 오류**: 기술의 미래는 기술 자체의 논리에 의해 결정되는 것이 아니라, 그것을 사용하는 인간의 '선택'과 사회적 합의에 의해 형성된다(기술의 사회적 형성).
- **예측에서 창조로**: 따라서 우리의 과제는 미래를 '예측'하는 것이 아니라, "우리는 어떤 미래를 만들고 싶은가?"라고 질문하고, 그 미래를 '창조'하기 위해 오늘 행동하는 것이다.

투자전략 연구 1. 환경 운동의 탄생: 결정론을 넘어선 선택의 역사

1950년대와 60년대, 제2차 세계대전 이후의 폭발적인 산업 성장 속에서 환경오염은 마치 피할 수 없는 '운명'처럼 보였다. DDT와 같은 강력한 살충제는 농업 생산성을 획기적으로 높였고, 공장에서 뿜어져 나오는 연기는 경제 성장의 상징으로 여겨졌다. 당시 대부분의 사람들은 환경 파괴가 기술 발전과 경제 성장을 위해 치러야

할 어쩔 수 없는 대가라고 생각하는 '산업화 결정론'에 빠져 있었다.

이러한 거대한 흐름에 맞서, 생물학자 레이첼 카슨(Rachel Carson)은 1962년『침묵의 봄(Silent Spring)』이라는 책을 통해 작은 목소리를 냈다. 그녀는 DDT의 무분별한 사용이 어떻게 생태계를 파괴하고, 새들이 더 이상 노래하지 않는 '침묵의 봄'을 가져올 수 있는지 과학적인 데이터와 감성적인 필치로 경고했다. 그녀의 책은 거대 화학 기업들의 격렬한 비난과 공격에 직면했지만, 수많은 시민들의 마음을 움직이는 데 성공했다.

카슨의 책은 하나의 '선택'이었다. 그녀는 환경 파괴라는 결정된 미래에 순응하는 대신, 다른 미래가 가능하다는 것을 보여 주기로 선택했다. 그녀의 선택은 수많은 사람들의 작은 선택들로 이어졌다. 시민들은 환경 단체를 조직했고, 과학자들은 오염의 심각성을 증명하는 연구들을 발표했으며, 일부 정치인들은 이들의 목소리에 귀를 기울이기 시작했다.

이러한 움직임이 모여 마침내 거대한 변화를 만들어 냈다. 1970년, 미국에서는 '지구의 날'이 처음으로 선포되었고, 같은 해 미국 환경보호청(EPA)이 설립되었다. DDT의 사용은 금지되었고, 대기오염과 수질오염을 규제하는 강력한 환경 법안들이 제정되었다. 이는 기술 발전의 방향이 결코 미리 정해진 것이 아니라, 인간의 가치와 사회적 합의, 즉 '선택'을 통해 바뀔 수 있음을 보여 주는 역사적인 증거다. AI 시대의 우리 역시 마찬가지다. 우리는 AI가 가져올 미래에 대해 무력감을 느낄 것이 아니라, 우리가 원하는 미래를 위해 어떤 '침묵의 봄'을 써 내려갈 것인지 선택해야 한다.

투자전략 연구 2. 프로젝트 리스크 분석 및 전략 수정(주역: 건/곤, 屯, 隨 괘 등 활용)
- **배경:** 대규모 주거/상업 복합단지 개발 프로젝트의 초기 단계
- **프롭테크 적용**
  - **AI 기반 빅데이터 분석** 시스템에 주역의 **'변화와 시기(時宜)'** 개념을 접목.
  - **예시 괘:** '어려움의 시작'을 상징하는 **'屯(둔)' 괘**를 초기 시장 진입 리스크 지표로

설정, '순응과 따름'을 상징하는 **'隨(수)' 괘**를 정책 변화 민감도 지표로 설정.

- **적용 예시:** 프로젝트 진행 중 시장 상황(금리, 정책 등)의 변화가 주역의 특정 '변화 괘'과 일치하는 패턴(예: '위험'을 암시하는 괘의 동요)을 보이면, 시스템이 자동으로 계획의 보수적 수정(Plan B 발동)을 권고.

- **효과:** 단순 수치 분석을 넘어 **거시적 흐름과 시기**를 고려한 유연한 리스크 관리 및 최적화된 사업 단계별 전략 제시.

투자전략 연구 3. 맞춤형 매물 추천 및 심리적 거래 만족도 증진(주역: 家人, 豊, 謙 괘 등 활용)

- **배경:** 주택 매수자를 위한 라이프스타일 기반 매물 추천 서비스.
- **프롭테크 적용:**

  - '디지털 트윈' 환경 분석과 고객의 **'주거 가치관'** 데이터를 주역의 **'관계와 조화'** 개념에 연결.

  - **예시 괘:** '화목한 가정'을 상징하는 **'家人(가인)' 괘**를 가족 구성원의 상호작용 지표로, '풍요'를 상징하는 **'豊(풍)' 괘**를 생활 만족도 예측 지표로 활용.

  - **적용 예시:** 고객 설문(희망 주거 형태, 가족 간 거리 등) 데이터를 괘상에 대입하여, 단순히 스펙(면적, 가격)을 넘어 **고객의 심리적 안정과 조화**를 극대화할 수 있는 매물(예: 사생활 보호, 교육 환경)을 추천.

  - **효과:** 거래 만족도(Qualitative value)를 높이고, 부동산이 단순 자산이 아닌 '삶의 공간'으로서의 가치에 부합하는 매칭을 제공하여, 장기적 고객 충성도 향상.

15.2 윤리적 의무: 편향과 불평등의 문제 해결

AI 기술이 가져올 미래를 낙관적으로만 바라보는 것은 순진함을 넘어 위험한 일이다. 제15.1절에서 기술의 방향이 우리의 '선택'에 달려 있다고 강조했지만, 그 선택의 과정에는 반드시 풀어야 할 어려운 윤리적 숙제가 동반된다. 만약 우리가 이 문제를 외면한 채 기술 개발에만 몰두한다면, 우리는 의도치 않게 기존의 사회적 불평등을 더욱 심화시키고 새로운 형태의 차별을 만들어 내는 '디스토피아'를 건설하게 될지도 모른다.

AI의 가장 심각한 윤리적 문제 중 하나는 바로 '알고리즘 편향(Algorithmic Bias)'이다. AI는 진공 속에서 탄생하는 것이 아니다. AI는 인간이 만든 과거의 데이터를 '학습'하여 패턴을 익히고 미래를 예측한다. 문제는 그 과거의 데이터가 이미 우리 사회에 존재하는 편견과 차별, 그리고 불평등의 역사를 고스란히 담고 있다는 점이다. AI는 이 편향된 데이터를 아무런 비판 없이 학습하여, 기존의 차별적인 구조를 더욱 교묘하고 강력한 방식으로 재생산하고 영속시킬 위험이 있다.

부동산 분야는 이러한 알고리즘 편향이 가장 심각한 사회적 문제로 이어질 수 있는 대표적인 영역이다. 예를 들어, AI 기반의 주택담보대출 심사 모델이나 자동 가치 평가 모델(AVM)을 생각해 보자. 이 모델들이 과거 수십 년간의 데이터를 학습한다고 가정해 보자. 이 데이터 안에는 과거 정부와 은행이 특정 인종이나 소득 계층이 사는 지역에 대출을 거부했던 '레드라이닝(Redlining)'이라는 명백한 차별의 역사가 포함되어 있다.

AI 모델의 학습 과정에서 '인종'이라는 변수를 명시적으로 제외하더라도, AI는 우편번호, 지역 학교의 평균 성적, 소득 수준 등 인종과 강하게 상관관계를 가지는 다른 '대리 변수(Proxy Variable)'들을 통해 과거의 차별적인 패턴을 학습하게 된다. 그 결과, AI는 특정 지역에 거주하는 사람들에게 더 높은 대출 금리를 물리거나, 그 지역의 주택 가치를 부당하게 낮게 평가하는 '디지털 레드라이닝(Digital Redlining)'을 저지를 수 있다.

이러한 차별은 과거 인간 심사관의 주관적인 편견에 의한 차별보다 훨씬 더 위험하다. 왜냐하면 알고리즘은 '객관적'이고 '중립적'이라는 거짓된 아우라를 쓰고 있기 때

문이다. 대출을 거부당한 사람은 "AI가 데이터를 분석한 결과"라는 설명 앞에서 이의
를 제기하기가 매우 어렵다. 이처럼 AI의 '블랙박스' 특성은 차별을 더욱 은밀하고 강
력하게 만들며, 사회적 불평등을 고착화시키는 거대한 기술적 장벽이 될 수 있다.

　따라서 AI 시스템을 개발하고 도입할 때, 기술적 정교함만큼이나, 혹은 그 이상으
로 '신뢰의 아키텍처(Architecture of Trust)'를 구축하는 것이 중요하다. 이는 단순히
선언적인 윤리 강령을 만드는 것을 넘어, AI의 개발과 운영 전 과정에 책임성을 확
보하기 위한 구체적인 제도적, 기술적 장치를 마련하는 것을 의미한다.

바른 도리로 신뢰를 세워야, 투자에 변함 없는 성공이 있다.

- **알고리즘 편향의 위험:** AI는 과거 데이터에 내재된 사회적 편견을 학습하여, '디
  지털 레드라이닝'과 같이 기존의 불평등을 더욱 심화시키고 영속시킬 위험이
  있다.
- **신뢰의 아키텍처 구축:** AI의 윤리적 문제를 해결하기 위해서는 기술적 정교함
  만큼이나, 공정성, 투명성, 책임성, 개인정보보호 등을 보장하는 '신뢰의 아키텍
  처'를 구축하는 것이 중요하다.
- **모두의 윤리적 의무:** AI 윤리는 기술자만의 책임이 아니라, 정책 입안자, 기업,
  시민 사회 등 모든 이해관계자가 함께 참여하여 해결해야 할 사회적 과제다.

투자전략 연구 1. '디지털 레드라이닝'과의 싸움과 책임 있는 AI 프레임워크

　2021년, 미국 매사추세츠주에서 한 흑인 여성이 아파트 임대 신청을 거부당하는
사건이 발생했다. 그녀는 안정적인 직업과 좋은 신용 점수를 가지고 있었지만, 집주
인이 사용한 '자동 세입자 스크리닝' AI 시스템이 그녀를 '고위험'으로 분류했기 때문

이다. 이 사건은 AI가 어떻게 주택 시장에서 새로운 형태의 차별을 만들어 낼 수 있는지를 보여 주는 상징적인 사례가 되었다.

이러한 문제에 대응하기 위해, 미국 정부와 시민 사회, 그리고 기술 업계는 '책임 있는 AI(Responsible AI)'를 구현하기 위한 다양한 노력을 기울이고 있다. 미국 바이든 행정부는 'AI 권리 장전 청사진(Blueprint for an AI Bill of Rights)'을 발표하고, 알고리즘 차별로부터 시민을 보호해야 할 원칙을 천명했다. 또한, 주택도시개발부(HUD)와 소비자금융보호국(CFPB) 등 규제 기관들은 기존의 공정주택법(Fair Housing Act)을 AI 시대에 맞게 어떻게 적용할 것인지에 대한 새로운 가이드라인을 제시하고 있다.

기술 업계에서도 마이크로소프트, 구글, IBM과 같은 기업들은 자체적인 '책임 있는 AI 프레임워크'를 개발하여 발표하고 있다. 이 프레임워크들은 공통적으로 다음과 같은 핵심 원칙들을 강조한다.

1. 공정성(Fairness): AI 시스템이 특정 집단에게 불공정한 편향을 보이지 않도록, 데이터 수집 단계부터 모델 학습, 평가에 이르기까지 편향을 감지하고 완화하는 기술을 적용한다.

2. 투명성 및 설명가능성(Transparency & Explainability): AI가 왜 특정한 결정을 내렸는지 인간이 이해할 수 있는 방식으로 설명할 수 있어야 한다(XAI). 이는 사용자가 부당한 결정에 대해 이의를 제기하고 시정을 요구할 권리를 보장하는 데 필수적이다.

3. 인간 중심 및 책임성(Human-in-the-Loop & Accountability): AI는 인간의 의사결정을 돕는 '조언자'일 뿐, 최종적인 책임은 AI를 사용하기로 결정한 인간과 조직에 있다. 중요한 결정에는 반드시 인간의 검토와 개입이 포함되어야 한다.

4. 개인정보보호 및 보안(Privacy & Security): AI 학습에 사용되는 개인 데이터를 안전하게 보호하고, 데이터 수집 및 활용에 대한 투명한 동의 절차를 마련한다.

이러한 노력들은 AI의 윤리적 문제가 단순히 기술자들만의 책임이 아니라, 정책 입안자, 기업 경영자, 그리고 시민 사회 전체가 함께 풀어 가야 할 사회적 과제임을 보여 준다. 부동산 산업의 모든 참여자는 자신이 사용하거나 개발하는 AI 기술이 이러한 '신뢰의 아키텍처' 위에 구축되어 있는지 끊임없이 질문하고 감시해야 할 윤리적 의무가 있다.

투자전략 연구 2. 매매/대출 심사 공정성 확보: '천지비(天地否)'와 '지천태(地天泰)' 괘를 통한 균형 진단

AI 대출 심사의 공정성 확보: '비(否)'의 단절을 넘어 '태(泰)'의 화합으로

최근 금융권의 AI 주택담보대출 심사 모델이 과거의 차별적 관행이었던 '레드라이닝(Redlining)' 데이터를 학습함으로써, 특정 지역이나 계층에 불리한 결정을 내리는 알고리즘 편향성 문제가 심각한 과제로 떠오르고 있습니다. 본 연구는 이러한 불평등의 고착화를 동양 철학의 주역 괘를 통해 진단하고 기술적 해법을 제시합니다.

① 현상 진단: 하늘과 땅이 막힌 '천지비(天地否)'의 위기

현재 AI 모델이 과거의 편향된 데이터를 답습하는 상황은 천지비(天地否)의 상태와 같습니다. 이는 하늘과 땅이 소통하지 못하고 막혀 있는 형상으로, 금융 서비스가 특정 계층에만 편중되고 소외된 계층과의 불통(不通)이 심화되는 위기 상황을 의미합니다. 즉, AI가 데이터의 한계에 갇혀 사회적 불평등을 재생산하는 '단절의 상태'에 머물러 있는 것입니다.

② 목표 설정: 교류와 화합의 '지천태(地天泰)' 구현

우리가 지향해야 할 미래 금융 모델은 지천태(地天泰)의 형상입니다. 하늘과 땅이 서로 교류하며 만물이 화합하는 상태를 목표로 삼아야 합니다. 이를 위해 AI의 지역 및 소득 편향 지수를 '비(否) 지수'로 정량화하여 실시간으로 감시하고, 데이터의 불균형을 지속적으로 바로잡는 능동적인 관리 체계를 구축해야 합니다.

③ 기술적 해결책: 공정성 보정 엔진과 설명 가능한 AI(XAI)

단순한 진단을 넘어 프롭테크 기술을 활용한 실질적인 공정성 확보 방안은 다음과 같습니다.

- 보정 계수 도입: AI가 특정 대상에게 불리한 결정을 내릴 때, 주거 안정성이나 직업 안정성 등 개인의 잠재적 성장성을 반영하는 대리 변수(Proxy Variable)와 보정 계수를 적용하여 평가의 형평성을 맞춥니다.
- 투명성 강화(XAI): '설명 가능한 AI' 기술을 통해 심사 과정의 투명성을 높입니다. 왜 그러한 결과가 나왔는지 명확히 설명함으로써, 금융 소외 계층의 불평등을 해소하고 사회 전반을 '태(泰)의 상태'인 조화로운 균형으로 전환시켜야 합니다.

결과적으로, AI 금융 심사는 단순히 효율성을 쫓는 도구를 넘어, 사회적 신뢰와 공정성을 담보하는 '상생의 기술'로 진화해야 합니다. 과거의 편향된 데이터가 만드는 '비(否)'의 벽을 허물고 기술적 보정을 통해 '태(泰)'의 가치를 실현하는 것이 미래 프롭테크 투자의 핵심 전략이 될 것입니다.

투자전략 연구 3. 부동산 추천 서비스의 윤리적 책임: '화풍정(火風鼎)' 괘를 통한 지속 가능성 확보
'화풍정' 정신으로 세우는 부동산 AI의 미래

오늘날 AI 부동산 추천 서비스는 단순한 편의를 넘어 우리 삶의 터전을 결정하는 중요한 역할을 하고 있습니다. 하지만 현재의 알고리즘은 사용자의 과거 데이터에만 매몰되어 새로운 기회를 차단하는 '에코 챔버(Echo Chamber)' 현상과 '개인화 편향'이라는 중대한 윤리적 과제에 직면해 있습니다.

우리는 이 문제를 해결하기 위해 주역의 '화풍정(火風鼎)' 괘가 지닌 지혜에 주목합니다. 세 발 달린 솥(鼎)이 균형을 잡고 정성껏 요리하여 사회에 꼭 필요한 양식을 나누듯, 프롭테크 서비스 역시 개인의 이익을 넘어 지역 사회의 지속 가능한 발전에 기여해야 한다는 철학을 담았습니다.

① 혁신을 위한 세 가지 핵심 전략

순히 매칭률이 높은 매물만을 제시하는 관행에서 벗어나겠습니다. 청년 창업 지원 공간이나 친환경 건축물과 같이 '지역 상생 지수'가 높은 매물을 일정 비율 포함하여 추천함으로써, 사용자가 사회적으로 가치 있는 선택을 할 수 있도록 유도합니다.

② 기술과 인간의 조화로운 공존(Human-in-the-Loop)

AI의 효율성에만 의존하지 않고, 중요한 결정 과정에는 반드시 인간의 검토와 개입 절차를 의무화합니다. 이는 알고리즘이 가질 수 있는 편향성을 보완하고, 기술에 따뜻한 인격적 책임을 부여하는 핵심 장치가 될 것입니다.

③ 지속 가능한 신뢰의 구축

우리는 이러한 윤리적 가이드라인을 서비스의 핵심 평가 기준으로 설정했습니다. 기술이 사회를 풍요롭게 만드는 '솥'의 역할을 충실히 수행할 때, 비로소 서비스의 가치는 화풍정의 정신처럼 흔들림 없이 군건해질 것입니다.

결과적으로, 우리가 꿈꾸는 프롭테크는 단순한 정보 중개자가 아닙니다. 인공지능의 스마트함과 인간 중심의 윤리 의식을 결합하여, 거주자와 지역 사회가 함께 성장하는 '지속 가능한 주거 생태계'를 만드는 신뢰의 파트너가 되는 것입니다.

15.3 프롭테크 세대를 향한 행동 촉구

이 책의 여정은 여기서 끝나지만, 진짜 여정은 이제부터 시작이다. 제1부에서 제4부까지 우리는 주역과 AI의 융합을 통해 미래를 바라보는 새로운 렌즈와 도구를 얻었다. 하지만 아무리 좋은 나침반과 지도를 가지고 있어도, 항해를 시작하지 않으면 아무 의미가 없다. AI라는 거대한 파도는 이미 우리 발밑까지 밀려왔다. 이 파도 앞에서 우리는 두 가지를 선택할 수 있다. 하나는 그저 파도에 휩쓸려 어디로 가는지도 모른 채 떠내려가는 것이고, 다른 하나는 서핑보드를 들고 파도 위로 뛰어올라, 우리가 원하는 방향으로 나아가는 것이다.

이 책을 덮는 당신은 더 이상 미래의 수동적인 관객이 아니다. 당신은 당신의 공간을, 당신의 커리어를, 그리고 당신이 속한 공동체의 미래를 설계하는 '프롭테큰 시대의 첫 번째 건축가'다. 당신이 오늘 내리는 작은 선택, 당신이 시작하는 작은 실천이 바로 우리가 살아갈 미래의 첫 문장을 쓰는 것이다. 이 위대한 전환의 시대에 수동적인 희생자가 아닌, 자신의 미래를 스스로 만들어 가는 능동적인 '창조자'가 되어야 한다.

이를 위해, 우리는 각자의 위치에서 다음과 같은 행동을 시작해야 한다. 이것은 프롭테큰 세대를 향한 구체적인 행동 촉구다.

첫째, 개인으로서의 당신: '나'라는 프로젝트의 CEO가 되어라. 더 이상 안정적인 직장이나 정해진 커리어 경로가 당신의 미래를 보장해 주지 않는 시대다. 당신은 이제 '나'라는 이름의 1인 기업, 즉 가장 중요한 프로젝트의 CEO다. 이 책을 덮고, 제7장에서 제시한 '과업 포트폴리오' 분석을 통해 당신의 현재 역량을 냉정하게 진단하라. 그리고 앞으로 3개월 동안 당신의 '인간 프리미엄'을 높이기 위해 어떤 새로운 기술이나 지혜를 학습할지 구체적인 행동 계획을 세워라. 당신이 오늘 시작하는 작은 사이드 프로젝트, 당신이 오늘 읽기 시작한 한 권의 인문 고전이 바로 당신의 미래를 만드는 첫 번째 벽돌이다.

둘째, 조직의 리더로서의 당신: '증강'의 비전을 제시하라. 당신이 만약 조직의 리더라면, AI를 단기적인 비용 절감이나 직원 감시의 도구로 사용하려는 유혹과 싸워야 한다. 그것은 조직의 장기적인 혁신 잠재력을 파괴하는 근시안적인 선택이다. 대신, 인간과 AI가 협력하여 더 높은 가치를 창출하는 '증강(Augmentation)'의 비전을 조직 전체에 제시하라. 직원들이 안심하고 새로운 기술을 배우고 실패를 두려워하지 않고 실험할 수 있는 '심리적 안전지대'를 만들고, 그들의 성장을 위한 교육과 투자를 아끼지 마라. 당신의 선택이 당신의 조직을 미래의 '초능력을 가진 전문가' 집단으로 이끌 수도, '자동화된 긴축'의 희생양으로 만들 수도 있다.

셋째, 사회의 구성원으로서의 당신: 대화에 참여하고 목소리를 내라. AI 시대를 위한 새로운 사회 계약(Social Contract)은 몇몇 전문가나 정치인에 의해 위에서부터 만들어지는 것이 아니다. 그것은 우리 모두의 참여를 통해 아래로부터 만들어지는 사회적 합의다. AI가 가져올 윤리적 문제, 불평등 문제, 기본소득의 필요성 등에 대해 관심을 갖고, 당신이 속한 커뮤니티에서 이 주제에 대한 대화를 시작하라. 당신이 지지하는 정책에 대해 목소리를 내고, 책임 있는 혁신을 추구하는 기업의 제품을 소비하라. 당신의 작은 관심과 참여가 모여 사회가 올바른 방향으로 나아가게 하는 거대한 힘이 된다.

스스로 때를 읽어 미래를 산다.

- **선택의 주체로서의 개인**: 거대한 변화 앞에서 무력감을 느끼는 대신, '나'라는 프로젝트의 CEO로서 자신의 역량 포트폴리오를 주도적으로 재설계하고 평생 학습을 실천해야 한다.
- **리더의 비전 제시**: 조직의 리더는 AI를 비용 절감 도구가 아닌, 인간의 역량을 증강시키는 파트너로 정의하고, 구성원들이 안전하게 실험하고 성장할 수 있는 문화를 조성해야 한다.
- **시민의 참여와 목소리**: AI 시대의 새로운 사회 계약은 시민들의 적극적인 관심과 참여를 통해 만들어진다. 윤리적, 사회적 문제에 대한 대화에 참여하고 목소리를 내는 것이 중요하다.

투자전략 연구 1. 인터넷 혁명의 새벽, 창조자들의 선택

1990년대 초, 월드 와이드 웹(WWW)이라는 새로운 기술이 등장했을 때, 대부분의 사람들은 그것이 무엇인지, 그리고 우리 삶을 어떻게 바꿀지 알지 못했다. 당시의 전문가들은 인터넷이 소수의 기술 애호가들을 위한 장난감이거나, 기껏해야 디지털 도서관 정도의 역할을 할 것이라고 예측했다. 그들은 인터넷의 미래를 '예측'하려 했지만, 그 예측은 대부분 빗나갔다.

하지만 소수의 사람들은 다른 선택을 했다. 제프 베조스는 안정적인 월스트리트의 직장을 그만두고, 인터넷에서 책을 팔겠다는 '무모한' 아이디어를 실행에 옮겨 '아마존'을 창업했다. 래리 페이지와 세르게이 브린은 스탠퍼드 대학의 기숙사에서 전 세계의 정보를 정리하겠다는 '불가능해 보이는' 꿈을 꾸며 '구글'의 검색 알고리즘을 개발했다.

그들은 인터넷의 미래를 예측하지 않았다. 그들은 인터넷의 미래를 '창조'했다. 그들이 던진 질문, 그들이 내린 선택, 그리고 그들이 시작한 작은 실천이 모여 오늘날 우리가 살아가는 디지털 세상을 만들었다. 그들은 수동적인 관객이 아니라, 능동적인 '창조자'였다.

지금 우리는 AI 혁명의 새벽에 서 있다. 프롭테크 세대인 우리 앞에는 1990년대의 인터넷 개척자들과 똑같은 선택지가 놓여 있다. 우리는 AI가 만들어 줄 미래를 수동적으로 기다릴 것인가, 아니면 AI라는 도구를 사용하여 우리가 원하는 미래를 능동적으로 만들어 갈 것인가? 이 책의 마지막 페이지를 덮는 당신의 선택이, 바로 우리가 살아갈 미래의 첫 문장을 쓰는 것이다.

투자전략 연구 2. 매물 '잠재력' 분석 및 최적 타이밍 예측: '택산함(澤山咸)' 괘 활용

- **주역 통찰: 택산함(澤山咸)**괘는 '감응(感應)', 즉 **서로 통하고 느끼는 상태**를 의미한다. 변화의 기운이 시작되는 초기 단계나, 어떤 현상에 대한 잠재적인 수요나 반응을 포착할 때 사용될 수 있다.

- **프롭테크 적용:**
  - **데이터 활용:** 지역별 잠재적 수요(검색량, 관심도 변화율, 관련 커뮤니티 언급량)와 부동산 심리 지표(거래량 대비 미계약률, 청약 경쟁률 변동)를 프롭테크 AI가 수집 및 분석한다.
  - **적용 예시:** AI는 현재는 저평가되어 있지만, 대규모 교통 호재 발표 등 외부 요인에 대한 '시장 감응(咸)'이 시작될 조짐(예: 관련 키워드 검색량 150% 급증)을 포착한다. 이를 통해 현재의 객관적 지표(가격)를 넘어선 '잠재적 가치'를 예측하고, 매입/투자 결정의 **최적 '초기 감응' 타이밍**을 실시간 알림으로 제공한다. 이는 단순한 현재 가치 분석을 넘어 **미래의 시장 심리 변화**에 기반한 선제적 투자 전략을 가능하게 한다.

- **주역 통찰: 천풍구(天風姤)**괘는 '만남(邂逅)', 즉 **예상치 못한 만남이나 우연한 변화의 시작**을 의미하며, 특히 '새로운 변수'의 등장과 이에 대한 **신속한 대응 및 경계**를 강조한다.
- **프롭테크 적용:**
  - **데이터 활용:** 대형 개발 프로젝트(예: 재개발, 신도시 조성)의 진행 과정에서 발생하는 **비정형 데이터**(민원 발생 건수, 인허가 지연 관련 기사, 관련 정책 변경)를 AI가 지속적으로 모니터링 한다.
  - **적용 예시:** 프롭테크 AI는 개발 과정 중 예상치 못한 '변수'(예: 환경 문제 관련 주민 소송 제기, 건설 자재 가격의 급작스러운 폭등)가 발생하는 시점을 **'천풍구'의 괘상**으로 진단한다. AI는 이 변수가 프로젝트 완료 일정 및 수익성에 미치는 **리스크 시뮬레이션 결과**를 제공하고, 이에 대한 **신속한 대응 전략**(예: 대체 자재 수급 경로, 법적 대응팀 구성 가이드라인)을 실무진에게 즉각 제시한다. 이는 프로젝트 관리자가 사후 대응이 아닌, **변수의 초기 발생 단계**에서 주도적인(능동적인) 리스크 관리를 수행하도록 돕는다.

15.4 요약 및 활용 가이드

1) 제15장 핵심 개념 요약

절(Section)	핵심 개념(Core Concept)	부동산학적 적용 (Application in Real Estate)
15.1 결정론적 무력감의 극복	**미래는 선택이다:** 기술의 미래는 정해진 것이 아니라, 인간의 '선택'에 의해 만들어진다. '예측'이 아닌 '창조'의 관점이 필요하다.	부동산 시장의 미래를 수동적으로 예측하고 따르는 대신, '통합적 가치'에 기반한 새로운 주거 모델과 도시를 적극적으로 기획하고 제안하는 주체가 되어야 한다.

15.2 윤리적 의무	**신뢰의 아키텍처**: AI의 편향과 불평등 문제를 해결하기 위해, 공정성, 투명성, 책임성을 보장하는 윤리적, 제도적 장치가 필수적이다.	AI 기반 가치 평가(AVM)나 임차인 스크리닝 시스템 도입 시, '디지털 레드라이닝'과 같은 차별적 결과를 낳지 않도록 지속적으로 감사하고, 설명가능성(XAI)을 확보해야 할 의무가 있다.
15.3 행동 촉구	**창조자로서의 역할**: 개인, 리더, 시민 각자의 위치에서 미래를 만들기 위한 구체적인 행동(학습, 비전 제시, 사회적 참여)을 시작해야 한다.	부동산 전문가는 평생 학습을 통해 자신의 역량을 재설계하고, 리더는 인간-AI 협업 모델을 구축하며, 시민으로서 지속 가능한 도시 정책에 참여해야 한다.

2) 핵심 활용 가이드(Actionable Guide for Researchers & Practitioners)

본 장의 내용을 연구와 실무에 효과적으로 적용하기 위해 다음의 세 가지 지침을 따를 것을 제안한다.

(1) 당신의 '미래 선언문'을 작성하라.

이 책을 덮기 전에, 당신이 만들고 싶은 '미래'에 대한 짧은 선언문을 작성해 보라. "나는 AI 기술을 활용하여, 모든 세대가 자연과 교감하며 건강하게 살아갈 수 있는 지속 가능한 주거 공동체를 만드는 데 기여하겠다."와 같이, 당신의 가치와 비전을 담은 구체적인 문장으로 표현하라. 이 선언문은 당신이 앞으로 수많은 선택의 기로에 설 때, 길을 잃지 않게 해 주는 강력한 북극성이 될 것이다.

(2) 당신이 사용하는 AI의 '윤리적 건강검진'을 실시하라.

당신의 업무나 일상에서 사용하는 AI 도구(추천 알고리즘, 분석 툴 등)에 대해 비판적인 질문을 던져라. "이 AI는 어떤 데이터를 학습했을까?", "이 AI의 결정 과정은 투명한가?", "이 AI가 나도 모르게 나의 편견을 강화하고 있지는 않은가?" 이러한 질문을 통해 기술을 맹목적으로 수용하는 대신, 책임감 있는 사용자가 되는 훈련을 하라. 만약 당신이 AI 시스템을 개발하는 위치에 있다면, '신뢰의 아키텍처' 원칙들을 체크리스트로 만들어 모든 프로젝트에 적용하라.

(3) '예측' 대신 '실험'을 시작하라.

미래 부동산 시장이 어떻게 될지 예측하는 데 너무 많은 시간을 쓰지 마라. 대신, 당신이 옳다고 믿는 미래의 작은 조각을 오늘 당장 '실험'해 보라. 당신의 아파트 발코니에 작은 수직 농장을 만들어 보고, 당신의 팀에 새로운 AI 협업 툴을 도입해 보며, 당신의 동네에 '15분 도시' 아이디어를 제안하는 커뮤니티 모임을 시작해 보라. 미래는 거창한 예측이 아니라, 용기 있는 작은 실험들의 총합으로 만들어진다.

제6부

주역 64괘 성공 실무 적용 사례 연구

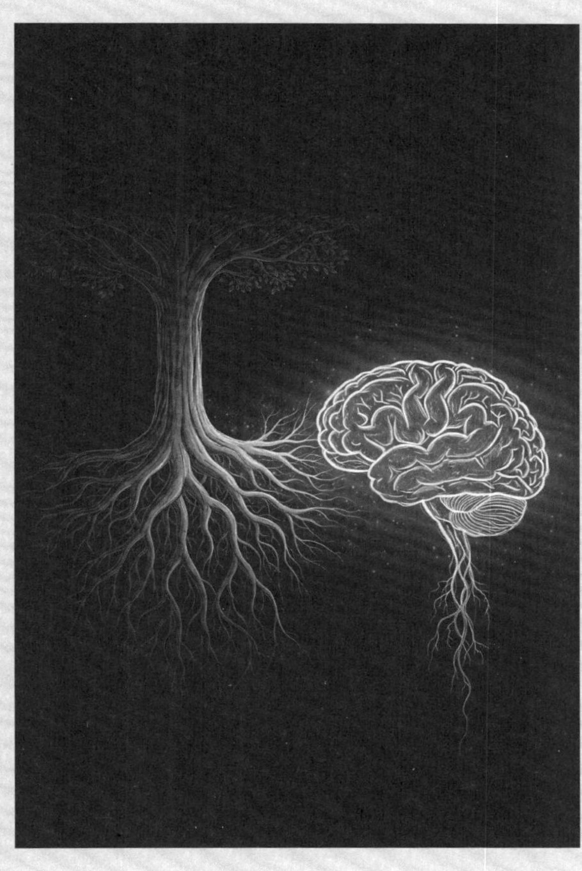

제16장
건乾부 적용 사례

제17장
태兌부 적용 사례

제18장
이離부 적용 사례

제19장
진震부 적용 사례

제20장
손巽부 적용 사례

제21장
감坎부 적용 사례

제22장
간艮부 적용 사례

제23장
곤坤부 적용 사례

건乾부 적용 사례

괘 순서	괘 이름	괘 그림 (상괘/하괘)	변화 과정	괘의 의미(간략)
1	건위천 (乾爲天)	☰ / ☰	건궁의 **으뜸 괘(世)**	하늘, 창조, 강건함
2	천풍구 (天風姤)	☰ / ☰	**초효가** 변함(陽→陰)	만남, 한 음이 아래에서 생겨남
3	천산둔 (天山遯)	☰ / ☶	**이효가** 변함(陽→陰)	물러남, 산 아래에서 숨음
4	천지부 (天地否)	☰ / ☷	**삼효가** 변함(陽陰)	막힘, 하늘과 땅이 소통하지 못함
5	천수송 (天水訟)	☰ / ☵	**사효가** 변함(陽陰)	다툼, 하늘 아래 물이 흐르는 혼란
6	천화동인 (天火同人)	☰ / ☲	**오효가** 변함(陽→陰)	함께함, 하늘 아래 불이 빛을 나눔
7	천뢰무망 (天雷无妄)	☰ / ☳	**상효가** 변함(陽→陰)	망령 됨이 없음, 하늘 아래 우레가 움직임
8	천택리 (天澤履)	☰ / ☱	**사효, 오효, 상효가** 다시 변함(3효 변화)	호랑이 꼬리를 밟음, 조심스러운 행동

개념도 설명: 본 도표는 건궁(乾宮)에 속한 8개 괘의 변화 과정을 요약한 것입니다. 근본인 '건위천'괘를 시작으로, 하효부터 상효까지 순차적으로 음(陰)이 침투하며 변하는 원리를 보여 줍니다. 각 단계별 괘 이름과 상·하괘의 구조, 그리고 그에 따른 핵심적인 의미(하늘, 만남, 물러남 등)를 통해 주역의 동적인 순환 체계를 한눈에 파악할 수 있도록 구성되었습니다.

건부에 속한 모든 괘는 **하늘(건)의 기운**을 뿌리로 하여, 그 기운이 세상의 다양한 현상(풍, 산, 지, 수, 화, 뢰, 택)과 만나며 변화하고 발전하는 과정을 순서대로 보여주는 것이다.

16.1 건위천(乾爲天), 천택리(天澤履), 천화동인(天火同人)

1) 건위천(乾爲天) : 하늘의 질서로 일하는 법

하늘은 스스로 질서를 세우고, 그 질서 속에서 만물을 움직인다. 건위천의 가르침은 "기세는 강하되, 마음은 절제하라"는 것이다. 현대의 조직과 일터에서도 마찬가지다. 무한한 가능성을 추구하되, 절도 있는 추진력과 협력의 신뢰로 일을 완성해야 한다. 그리고 성공의 정점에서도 초심으로 돌아가 다시 시작할 수 있는 겸허함이 필요하다.

적용 예시 1. "계획은 크되, 실행은 절도 있게"

"과욕을 줄이면 속도가 붙는다."

한 스타트업 대표는 새로운 건강식품 브랜드를 런칭하면서 "1년 안에 전국 유통망 구축"이라는 거대한 비전을 세웠다. 하지만 초반에는 목표만 크고 실행계획이 불명확해 팀이 혼란스러웠다. 그때 그는 건위천의 교훈처럼 "하늘의 도는 절도에 있다"는 원리를 적용했다. 모든 과업을 '분기별 핵심단계'로 나누고, 욕심을 줄이는 대신 정확한 실행력과 신뢰 구축에 집중했다. 그 결과 1년 안에 전국망은 아니었지만, 주요 대형 유통 채널 세 곳과의 안정적 계약을 체결하며 '지속 가능한 성장'의 기반을 마련했다.

"성공의 끝에는 성찰이 있어야 진짜 완성이다."

한 마케팅팀은 대형 캠페인 성공 후 자신감이 과해져 내부 갈등이 시작됐다. 성과에 도취된 나머지 피드백을 무시하고, 개선점을 외면했다. 팀장은 이때 건위천의 구절 "하늘은 높아서 다시 내려오는 일만 남았다"를 인용했다. 그는 즉시 '성공 복기 워크숍'을 열어 잘된 점과 부족한 점을 모두 공개적으로 점검했다. 이 과정에서 팀원들은 자신들의 과오를 인정하고, 겸손함 속에서 다시 방향을 정립했다. 그 다음 프로젝트는 오히려 이전보다 효율과 완성도가 높아졌다.

"하늘의 질서처럼, 기본부터 바로 세워라."

신규 개발사업 초기, 수익성보다 법적 절차·인허가·토지용도 분석을 우선 검토하여 리스크를 차단한다.

욕심보다 원칙이 프로젝트를 살린다.

"믿을 만한 사람과 함께 가라."

투자유치나 공동개발 시, 단기이익보다 투명한 계약과 신뢰관계를 기반으로 협력한다. 사람이 곧 하늘의 길이다.

결론적으로, 건위천의 지혜는 단순한 철학이 아니다. 그것은 리더가 어떻게 추진하고, 언제 멈추며, 어떻게 다시 시작해야 하는가에 대한 실무의 원리다. 하늘처럼 크고 질서 있게 움직이며, 거울처럼 맑은 마음으로 자신을 돌아보는 사람 — 그가 바로 시대의 건(乾)이다.

2) 천택리(天澤履): 예의와 절제로 위기를 건너는 법

천택리는 '하늘 위의 연못'처럼 겉으로는 평온하지만, 그 속에는 깊은 긴장과 균형이 숨어 있다. 이는 곧 위험한 상황 속에서도 품격과 예의를 잃지 않는 태도, 그리고 경거망동하지 않고 중심을 지키는 자세를 뜻한다. 실무에서 천택리의 지혜는 "내가 할 수 있는 일의 한계를 알고, 예의를 지키며 신중히 움직이는 것"으로 해석된다.

적용 예시 1. "조직 내 갈등 상황에서의 리더십"

"위험할수록 한발 물러서라. 예의와 절제가 방패가 된다."

한 기업의 중간관리자는 부서 간 예산 다툼 속에서 양쪽의 비난이 자신에게 쏟아지는 위기 상황에 놓였다. 그는 천택리의 교훈처럼 앞장서지 않고, 조용히 예의를 지키며 상급자의 지시를 따르는 전략을 택했다. 감정적으로 대응하지 않고, 각 부서의 입장을 정리해 윗선에 전달하며 '질서 있는 조정자'의 역할을 수행했다. 결국 그는 갈등을 진정시키고 "신뢰받는 관리자"로 평가받았다. 이는 '호랑이의 꼬리를 밟되, 물리지 않는 지혜'였다.

적용 예시 2. "능력 이상의 일을 맡았을 때의 판단력"

"모험보다 현명함이 오래간다. 나의 한계를 아는 것이 지혜다."

한 스타트업 직원은 대규모 프로젝트를 혼자 책임지게 되었으나, 역량 이상의 부담으로 점점 지쳐 갔다. 그는 천택리의 가르침처럼 '능력 이상의 일을 맡으면 중도에 좌절한다'는 경고를 떠올렸다. 이에 즉시 상사에게 상황을 솔직히 공유하고, 협업 구조를 재편성하여 팀 단위로 일을 나눴다. 결과적으로 프로젝트는 안정적으로 마무리되었고, 그는 '위험을 미리 감지하고 대처한 유능한 실무자'로 인정받았다.

"호랑이 꼬리를 밟지 말라."

사업 입지나 투자 타이밍이 불확실할 때,
성급한 계약·투자 대신 시장 흐름을 관망하며 단계적으로 접근한다.
조심스러움이 곧 생존 전략이다.

"하늘을 닮은 겸손함이 길을 연다."

인허가 협의나 지주·관계자 미팅 시,
예의와 정성으로 관계를 풀어 가는 태도가 결국 협상의 문을 연다.
예의가 곧 힘이다.

결론적으로, 천택리는 우리에게 '위험 속의 품격'을 가르친다. 불리한 상황에서도 예의를 잃지 않고, 조급하지 않으며, 신중히 나아가는 것 ― 그것이 진정한 실무자의 힘이다. 하늘처럼 높고, 연못처럼 잔잔하게 움직이는 사람만이 위기를 넘어 성숙으로 나아간다.

3) 천화동인(天火同人): 함께할 때 길이 열린다

천화동인은 "하늘(天)"과 "불(火)"이 만난 상(象)으로, 하늘의 원대한 뜻과 인간의 뜨거운 열정이 조화를 이루는 시기다. 어두운 길 위에서 등불을 얻듯, 좋은 사람과의 연대가 성공의 불씨가 된다는 뜻이다. 이 괘는 실무 현장에서 "협력과 신뢰의 리더십"으로 해석된다. 즉, 혼자가 아닌 함께 일할 때 비로소 큰 일을 이룰 수 있다는 메시지다.

적용 예시 1. "경쟁팀과의 협업으로 돌파구를 만들다"

"경쟁보다 협력이 더 큰 불을 만든다."

한 IT 기업에서 A팀과 B팀은 유사한 프로젝트를 진행하며 서로를 경쟁 상대로 여겼다. 하지만 시장 변화로 두 팀 모두 비슷한 난관에 부딪히자, 본부장은 '동인(同人)'의 원리를 적용했다. 두 팀이 각자의 강점을 공유하고 공동 목표를 설정하도록 리더십을 발휘했다.

서로의 불신이 협력으로 바뀌자, 불가능하던 기술적 문제를 단 3주 만에 해결했다.

이후 프로젝트는 업계에서 혁신 사례로 소개되었고, 구성원들은 '함께 빛나는 성공'을 경험했다.

적용 예시 2. "고객과의 신뢰로 브랜드를 세우다"

"신뢰는 가장 강력한 협력의 불꽃이다."

한 식품회사의 영업팀은 신제품을 시장에 내놓았지만, 거래처들의 반응이 냉담했다. 팀장은 천화동인의 가르침처럼 "공평무사하게, 신뢰로 연결되는 관계를 만들자"는 전략으로 전환했다. 단기 실적보다 진심 어린 소통에 집중하며 거래처의 문제를 함께 해결했다. 그 결과 고객사들은 오히려 브랜드의 진정성에 감동해 장기 계약을 제안했다. '공정한 마음'이 결국 명예와 재물로 돌아온 것이다.

"불빛을 나누면 밤길이 밝아진다."

시행·시공·투자사가 각자 이익만 보지 않고 공정한 분담과 투명한 계약으로 협력할 때, 프로젝트가 빠르고 안정적으로 성과가 난다.

"경쟁자를 적이 아닌 동지로 삼아라."

인근 경쟁사나 지역 중개 네트워크와 정보를 공유하고 상생 구조를 만든다면, 시장 내 주도권과 신뢰를 동시에 얻는다.

결론적으로, 천화동인은 "함께할 때 세상이 밝아진다"는 실무의 법칙이다. 공정하고 진심 어린 마음으로 협력하면, 경쟁은 동력이 되고 시기는 시너지가 된다. 하늘의 뜻(天)과 사람의 불(火)이 하나 되어 타오를 때 — 그 불빛은 조직과 세상을 함께 비춘다.

16.2 천뢰무망(天雷无妄), 천풍구(天風姤), 천수송(天水訟)

1) 천뢰무망(天雷无妄): 욕심을 버리고 이치에 따를 때 길이 열린다

천뢰무망은 '하늘 위에서 천둥이 치는 상(象)'으로, 위(上)는 하늘의 질서, 아래(下)는 변화의 번개를 뜻한다. 이는 세상이 스스로 움직이듯, 모든 일은 자연의 순리를 따를 때 가장 순조롭다는 메시지다 '무망(无妄)'은 거짓된 욕심이 없는 상태를 의미한다. 즉, 실무에서는 인위적인 조급함이나 과도한 욕심을 버리고, 현실의 흐름에 맞춰 유연하게 대응하는 지혜를 요구한다.

적용 예시 1. "조급한 확장보다 자연스러운 성장"

"조급함은 번개처럼 사라지고, 순리는 하늘처럼 오래간다."

한 온라인 유통기업은 초반의 성공에 힘입어 급격한 시장 확장을 추진했다. 하지만 물류와 인력 시스템이 준비되지 않은 상태에서 무리하게 사업을 넓히자, 오히려 품질 문제가 발생했다. 대표는 천뢰무망의 교훈을 떠올리고, "성장은 하늘의 때에 맞춰야 한다"며 확장 계획을 전면 재조정했다. 즉각적인 욕심을 버리고 내부 안정화와 고객 신뢰 회복에 집중했다. 1년 후, 자연스럽게 고객이 늘어나며 오히려 매출은 이전보다 2배로 성장했다.

적용 예시 2. "위기 속에서 이치를 따른 의사결정"

"이익보다 도리를 따를 때, 위기는 기회가 된다."

한 제조업체는 원자재 가격 급등으로 심각한 손실이 예상되었다. 경영진은 단기

이익을 위해 저가 원료로 대체하려 했으나, 품질관리팀장은 천뢰무망의 원리처럼 "자연의 법칙(이치)을 거스르면 더 큰 손실이 온다"고 조언했다. 결국 회사는 품질을 지키며, 단기 손실을 감수하는 대신 고객 신뢰를 유지했다. 이듬해 시장이 안정되자, '품질을 지킨 브랜드'로 인식되며 재도약에 성공했다.

"억지로 움직이면 벼락을 맞는다."

시장 상황이 불안정할 때 무리한 매입·분양추진을 멈추고, 수요 흐름과 정책 방향에 맞춰 자연스러운 시점을 기다린다.

시세보다 타이밍이 답이다.

"이치와 도리를 지켜라."

계약이나 개발 과정에서 편법·과욕을 버리고 법과 절차를 따를 때, 예상치 못한 문제도 단비처럼 해결된다.

정도가 곧 안전망이다.

결론적으로, 천뢰무망은 "무리하지 말고 순리에 따르라"는 하늘의 경고이자 축복이다. 실무에서는 욕심보다 원칙, 속도보다 방향, 성과보다 진정성이 중요하다. 하늘의 소리에 귀 기울이고 자연의 때를 기다릴 줄 아는 리더 — 그가 결국 번개의 혼란 속에서도 길을 잃지 않는다.

2) 천풍구(天風姤): 우연히 불어온 바람을 기회로 바꾸는 법

천풍구는 하늘 아래 바람이 부는 상(象)으로, 뜻밖의 만남이나 기회가 찾아오지만 그 속에는 유혹과 위험이 함께 존재함을 경고한다. "구름 속의 달이 다시 나오는 상"이라는 표현처럼, 잠시 가려졌던 운이 열리고, 새로운 변화의 조짐이 다가오지만 그 빛이 진짜인지, 착시인지를 구분할 수 있는 냉철한 판단력이 필요하다. 이 괘는 실무 현장에서 "기회는 준비된 자에게만 진짜가 된다"는 메시지로 해석된다. 즉, 우연을 기회로 바꾸려면 감정보다 분석, 충동보다 절제가 우선되어야 한다.

적용 예시 1. "뜻밖의 제안, 냉철한 판단이 기회를 만든다"

"모든 바람이 순풍은 아니다. 냉철함이 기회를 지킨다."

한 스타트업 대표는 투자 유치를 막막해하던 중, 한 대기업 관계자로부터 "즉시 지분을 넘기면 큰 자금 지원을 하겠다"는 제안을 받았다. 처음엔 횡재처럼 느껴졌지만, 그는 천풍구의 교훈처럼 '밝지 않은 일이라면 불길하다'는 원칙을 떠올렸다. 서류를 면밀히 검토한 끝에, 계약에는 기술 독점 조항이 숨겨져 있었음을 발견했다. 결국 제안을 거절하고, 반년 뒤 독립적으로 투자 유치에 성공했다. 그는 말했다. "기회는 바람처럼 불지만, 잡을 때는 하늘처럼 냉정해야 한다."

적용 예시 2. "예상치 못한 협력으로 성장의 전환점을 맞다"

"우연을 흥분으로 소비하지 말고, 전략으로 전환하라."

한 식품 브랜드 마케팅팀은 우연히 SNS에서 인플루언서의 자발적 언급으로 큰 관심을 받았다. 팀은 천풍구의 상처럼 '뜻밖의 바람'이 불었다는 것을 직감했다. 하지만 흥분 대신 냉정하게 전략을 세웠다. 광고비를 무리하게 쓰지 않고, 자연스러운 신뢰를 쌓는 방향으로 콘텐츠를 확장했다. 결과적으로 브랜드 인지도는 폭발적으로 상승했고, 장기적인 팬층까지 확보했다. 그들은 "우연한 바람을 전략으로 바꾼 팀"이라 불렸다.

"바람이 불 때 돛을 올려라."

예상치 못한 투자 제안이나 급매물이 들어왔을 때, 감정이 아닌 냉철한 데이터 검토 후 선택해야 한다.

우연한 기회는 준비된 자의 것이다.

"밝지 않은 만남은 흉하다."

신규 시행·투자 파트너를 만날 때 조건보다 신뢰와 투명성을 먼저 본다.

짧은 이익에 흔들리면 위험이 바람처럼 휩쓴다.

결론적으로, 천풍구는 "바람처럼 찾아오는 기회 속에 숨어 있는 위험을 꿰뚫어 보라"는 하늘의 경고다. 우연한 만남도, 갑작스런 제안도, 그 안에 진짜 가치가 있는지

냉철히 살펴야 한다. 바람은 잠시지만, 하늘의 질서는 길다. 순간의 운에 흔들리지 않고 중심을 잡는 자만이, 진짜 '기회의 바람'을 탈 수 있다.

3) 천수송(天水訟) : 이길 수 없는 싸움은 품격으로 이겨라

천수송은 '하늘 위의 물(비)'의 형상으로, 위(天)는 내려오려 하고, 아래(水)는 흘러내리려 하니 방향이 엇갈린다. 즉, 서로의 뜻이 달라 충돌하는 상황, 오해나 논쟁이 불거지는 시기를 의미한다. 이는 곧 소송, 다툼, 내부 갈등, 또는 의견 충돌의 상(象)이다. 하지만 동시에, 이 괘는 "겸허와 양보 속에 길이 있다"고 말한다. 즉, 실무에서는 이기려는 마음보다 문제를 해결하려는 태도가 더 큰 결과를 낳는다는 가르침이다.

적용 예시 1. "내부 갈등을 협력의 기회로 바꾼 리더"

"고집은 물을 막고, 양보는 흐름을 만든다."

한 제조기업의 품질팀과 영업팀이 제품 불량률 문제로 격렬한 다툼을 벌였다. 각 부서가 서로의 책임을 떠넘기며 분위기가 험악해졌지만, 본부장은 천수송의 원리를 떠올렸다. 그는 "고집을 부리면 물이 위로 흐르려는 격이다"라며 중재자 역할에 나섰다. 양쪽의 입장을 모두 듣고, '문제의 원인을 함께 밝히는 공동 TF팀'을 구성했다. 서로를 공격하던 팀은 결국 협력 구조를 만들며 문제를 해결했고, 이 사건 이후 회사에는 "이기는 팀보다 함께 사는 팀"이라는 문화가 자리 잡았다.

적용 예시 2. "고객 분쟁에서 브랜드 신뢰를 지킨 대응"

"이기려 하지 말고 이해하려 하라. 진심은 결국 판결을 바꾼다."

"비가 내리면 땅이 굳는다."

시행사·시공사 간 의견 충돌이 생겼을 때, 법적 대응보다 협의와 조정으로 해결 방향을 전환한다.

양보가 곧 리스크 절감이다.

"하늘의 뜻은 이치에 있다."

계약 조건이나 인허가 문제로 갈등이 있을 때, 상급자나 전문가의 조언을 받아 냉정히 재판단한다.

겸허함이 위기를 기회로 바꾼다.

결론적으로, 한 서비스업체는 고객의 과실임에도 불만이 확산되며 SNS에서 논란이 커졌다. 초기 대응팀은 법적 대응을 검토했으나, 대표는 천수송의 교훈을 적용했다. "다정함과 양보심이 화를 면하게 한다"는 말처럼, 회사는 사과문을 발표하고 고객 불편을 진심으로 공감하는 커뮤니케이션 전략을 펼쳤다. 결국 고객 여론은 호전되었고, 회사는 오히려 '책임을 지는 브랜드'로 긍정적인 이미지를 얻었다.

천수송은 "논쟁보다 화합, 고집보다 겸손"의 철학을 담고 있다. 소송(訟)은 외형의 싸움이지만, 진짜 승부는 내면의 품격에서 결정된다. 실무에서는 싸움보다 신뢰를, 주도권보다 관계를 택하는 사람이 결국 이긴다. 하늘과 물이 만나는 순간, 진정한 해결이 시작된다.

16.3 천산돈(天山遯), 천지부(天地否)

1) 천산돈(天山遯): 멈출 줄 아는 사람이 오래간다

천산돈은 '하늘 아래 산이 엎드린 상(象)'으로, 크게 움직이던 기운이 조용히 가라앉고, 물러남이 길한 때를 뜻한다. 이 괘의 핵심은 "퇴진(退進)의 지혜", 즉 때로는 나아가는 것보다 멈추는 것이 현명하다는 깨달음이다. "길이 끊어진 자리에서 억지로 앞으로 나아가면 낙상한다"는 경고처럼, 지금은 무리한 추진보다 현상 유지와 내면의 정비가 필요한 시기다.

실무적으로는 '속도의 리더십이 아닌 방향의 리더십'을 의미한다.

적용 예시 1. "프로젝트 철수 결정이 회사를 살리다"

"멈춤은 포기가 아니라, 다음 도약을 위한 숨고르기다."

한 IT 스타트업은 대기업과의 협업 프로젝트를 진행했으나, 예상보다 기술 장벽이 높고 인력 부담이 커서 손실이 커지고 있었다. 팀 내부에서는 "끝까지 밀어붙이자"는 의견도 많았지만, 대표는 천산돈의 원리를 따랐다. "때를 기다리는 지혜로 조용히 물러나야 한다." 그는 과감히 프로젝트를 중단하고 손실을 정리하며 핵심 기술 개발에 집중했다. 6개월 뒤, 그 기술이 완성되며 오히려 더 좋은 조건의 제휴 제안을 받았다. 퇴보가 아닌 '전략적 후퇴'였다.

"쉼은 낭비가 아니라 회복의 기술이다."

한 식품 기업은 신제품 런칭 일정에 쫓겨 전 직원이 주말 없이 일하는 상황이었다. 매출 압박이 커지자 경영진은 속도를 높이려 했지만, 팀장은 천산돈의 상징인 '하늘 아래 얕은 산처럼 낮추는 마음'을 택했다. 그는 일정을 2주 늦추고, 재충전 주간을 선언했다. 결과적으로 직원들의 사기가 회복되었고, 제품 완성도 또한 높아져 출시 후 호평을 받았다. '잠시 멈춘 용기'가 결국 조직을 지켜 낸 것이다.

투자전략 연구 3. 시장 하락기 대응 전략

"지금은 확장보다 방어의 시기."

거래량이 둔화되고 정책이 불확실할 때는 신규 사업보다는 기존 자산의 안정 관리에 집중한다.

무리한 분양·매입은 손실로 이어질 수 있다.

투자전략 연구 4. 프로젝트 일시 중단의 결단

"한 걸음 물러서야 길이 열린다."

개발 인허가 지연이나 자금 조달 불안이 있을 경우, 잠시 멈추고 시장 분위기와 자금 흐름을 재정비한다.

현명한 '멈춤'이 장기적 생존을 보장한다.

결론적으로, 천산돈은 우리에게 "물러날 줄 아는 용기, 기다릴 줄 아는 지혜"를 가르친다. 실무에서 멈춤은 실패가 아니라 전략적 판단이다. 하늘처럼 높이 보되, 산처럼 낮게 엎드려야 오래간다. 잠시 멈춘 리더가 결국 더 멀리 간다.

2) 천지부(天地否) : 막힘은 끝이 아니라, 새로운 순환의 시작이다

천지부는 '하늘(天)과 땅(地)이 서로 멀어져 만나지 못하는 상(象)'으로, 의견 충돌, 의사소통 단절, 조직 내 불통의 시기를 의미한다. 모든 일이 막히고 엇갈리는 시점이지만, 이 괘는 "부정(否)" 속에서도 새로운 순환의 가능성을 품고 있다는 희망의 메시지를 담고 있다. 즉, 지금은 부딪히지 말고 내부를 다지고 기초를 쌓을 때, 다시 흐름이 열릴 수 있다는 뜻이다. 실무에서는 조직의 소통 정비와 중장기 전략 재설계의 시기로 해석된다.

적용 예시 1. "조직 내 단절을 해소한 소통 복원 프로젝트"

"소통이 끊기면 성과도 멈춘다. 듣는 것이 통로다."

한 대기업의 본사와 지방지사는 수년간 업무 방식의 차이로 갈등이 깊어졌다. 회의 때마다 불만이 폭발했고, 협력보다 대립이 많았다. 이때 인사팀장은 천지부의 원리를 떠올렸다. "하늘과 땅이 만나지 못하듯, 우리는 같은 목표를 잃었다." 그는 모든 부서를 대상으로 '조용한 경청 주간'을 도입해, 서로의 어려움과 제안을 자유롭게 공유하게 했다. 이후 공통의 KPI를 새롭게 설정하고, 상하 간 신뢰 회복이 시작되었다. 막혀 있던 에너지가 다시 흐르며, 회사의 분위기는 완전히 달라졌다.

"길이 막혔을 땐 더 큰 길을 설계하라. 순환은 멈춤 속에서 시작된다."

한 창업팀은 신제품 개발 초기에는 순조로웠지만, 시장 반응이 예상과 달라 매출이 정체되고 내부 사기도 떨어졌다. 팀장은 천지부의 교훈처럼 "기초가 약하면 일이 막힌다"는 사실을 깨달았다. 그래서 새로운 프로젝트를 추진하기보다, 기존 제품의 본질—고객의 불편과 진짜 니즈—로 돌아갔다. 그 결과 핵심 기능을 개선한 리뉴얼 버전이 폭발적인 반응을 얻었다. '막힘'을 '전환의 신호'로 읽은 것이 성장의 전환점이 되었다.

투자전략 연구 3. 시장 침체기의 전략적 관망

"하늘과 땅이 만나지 않는다."

정책, 금리, 수요가 엇갈려 거래가 막힌 시기엔 억지 추진보다 관망이 답이다.
새로운 투자보다 자금 유동성 확보와 구조 조정에 집중한다.
통하지 않을 때는 움직이지 말라.

투자전략 연구 4. 의사소통 단절의 복원

"막힘은 소통으로 푼다."

시행사·시공사·금융사 간 이해가 엇갈릴 때, 정기미팅·데이터 공유로 신뢰 회복 구조를 만든다.
대화가 끊기면 사업도 멈춘다.

결론적으로, 천지부는 "막힘 속의 통찰, 단절 속의 재정비"를 상징한다. 이 괘는 우리에게 말한다. "하늘이 멀어질 때, 땅을 다져라. 그래야 다시 만날 때 천지가 열린다." 실무에서는 불통의 시기를 두려워하지 말고, 그 시간을 조직의 체질을 강화하고 미래를 설계하는 기회로 삼는 것이 지혜다. 막힘은 실패가 아니라 새로운 질서의 시작점이다.

제17장

태兌부 적용 사례

괘 순서	괘 이름	괘 부호 (상괘/하괘)	상괘/하괘	8궁 내 순서 (세(世)의 변화)
1	태위택(兌爲澤)	☱☱(兌/兌)	순괘(본궁)	1세(본궁)
2	택수곤(兌水困)	☱☵(兌/坎)	1효 변	2세(1세 변)
3	택산함(兌山咸)	☱☶(兌/艮)	2효 변	3세(2세 변)
4	택천쾌(兌天夬)	☱☰(兌/乾)	3효 변	4세(3세 변)
5	택풍대과(兌風大過)	☱☴(兌/巽)	4효 변	5세(4세 변)
6	택화혁(兌火革)	☱☲(兌/離)	5효 변	상괘 변(유혼괘)
7	택뢰수(兌雷隨)	☱☳(兌/震)	5효 변 후 4효 복귀	7세(귀혼괘)
8	택지췌(兌地萃)	☱☷(兌/坤)	4효/3효/2효/1효 변	-

개념도 설명: 본 도표는 태괘(兌卦)를 근본으로 하는 '태궁(兌宮)'의 8개 괘 구성과 그 변화 과정을 보여 줍니다. 태위택(본궁)에서 시작해 효의 변화에 따라 순차적으로 생성되는 각 괘의 명칭, 괘상, 그리고 세(世)의 변화를 정리하였습니다. 이는 주역의 변화 원리가 태궁 내에서 어떻게 순환하고 적용되는지를 한 눈에 파악할 수 있게 돕습니다.

8개 괘는 태괘(兌)를 근본으로 하는 주역 8궁 중 하나인 '태궁'에 속한다.

17.1 택천쾌(澤天夬), 태위택(兌爲澤), 택화혁(澤火革)

1) 택천쾌(澤天夬) : 변화는 결단에서 시작된다

택천쾌는 '연못(澤)이 하늘 위에 있는 상(象)'으로, 구름이 짙게 몰려 있다가 결국 비를 쏟아 내듯, 멈춰 있던 기운이 폭발적으로 터져 나오는 시기를 뜻한다. 이는 곧 부정적인 상황의 단절, 오래된 관성의 청산, 그리고 새로운 질서의 시작을 상징한다. 하지만 동시에, 이 괘는 "고집을 버리고 유연성을 가지라"고 경고한다. 무리한 결단은 혼란을 낳고, 지혜로운 결단만이 새 길을 연다. 즉, 실무에서는 정체된 시스템을 혁신하되, 냉정하고 절제된 리더십으로 추진할 때 길하다는 뜻이다.

적용 예시 1. "부정적 조직문화를 혁신한 인사팀장"

"변화는 단절의 용기에서 시작된다."

한 기업의 인사팀장은 몇 년째 이어진 '형식적 보고 문화' 때문에 직원들이 눈치만 보고 창의적 의견을 내지 못하는 상황을 목격했다. 그는 택천쾌의 교훈처럼 "부정적인 흐름을 단호히 끊어야 한다"고 판단했다. 그래서 '무기명 아이디어 제안 제도'를 도입하고, 불필요한 보고 단계를 과감히 삭제했다. 초기에는 혼란이 있었지만, 몇 달 뒤 혁신적 제안이 쏟아지며 조직문화가 활력을 되찾았다. 고집을 버리고 유연하게 바꾼 결정이 결국 회사의 체질을 바꾼 것이다.

적용 예시 2. "위기 속에서 과감히 결단한 브랜드 전략팀"

"머뭇거림은 위기를 키우고, 결단은 변화를 만든다."

한 식품 기업은 주력 제품의 판매가 급감하자 광고를 늘리며 대응했지만, 효과가 없었다. 그때 마케팅팀장은 택천쾌의 상징처럼 "구름이 몰려 검은 비를 쏟기 전, 결단해야 한다"는 생각으로 기존 제품군을 과감히 정리하고, 젊은 세대 타깃의 리브랜딩을 추진했다. 처음에는 내부 반발이 있었으나, 새 BI와 콘셉트로 재출시한 후 매출이 3배 상승했다. 기존의 익숙한 길을 버리고 새로운 바람을 받아들인 결과였다.

"검은 구름은 흩어져야 비가 온다."

수익성이 낮거나 리스크가 큰 사업은 미련 없이 정리하고 자원을 재배치해야 한다. 결단이 곧 회복의 시작이다.

"고집을 버려야 길이 열린다."

오래된 관행·비효율적 협력 구조를 유연한 사고로 재편하면, 막혔던 사업도 새 기류를 탄다.
변화는 위기가 아니라 갱신의 신호다.

결론적으로, 택천쾌는 "불필요한 것을 과감히 버릴 때 길이 열린다"는 하늘의 메시지다. 실무에서는 낡은 관행, 비효율적 프로세스, 부정적 관계를 끊는 용기가 필요하다. 그러나 결단은 감정이 아니라 통찰과 균형의 판단으로 이루어져야 한다.

유연한 결단, 냉철한 혁신 — 이것이 택천쾌의 리더십이다.

2) 태위택(兌爲澤) : 즐거움은 나누되, 중심은 지켜라

태위택은 '하늘의 구름이 연못을 비추는 상(象)'으로, 겉으로는 밝고 희망적인 기운이 넘치지만, 그 안에는 숨은 변수와 경계의 필요가 담겨 있다. 즉, 기쁨이 지나치면 방심이 생기고, 방심은 위험을 부른다는 경고다. 연못은 웃음과 휴식의 상징이지만, 동시에 얕은 물에 비친 하늘처럼 허상에 취하지 말라는 뜻을 품고 있다. 실무적으로는 팀 분위기, 성과의 달성, 대인관계의 성공 속에서도 냉철함을 유지하는 리더십으로 해석된다.

적용 예시 1. "성과 축하 자리에서 위기를 감지한 팀장"

"즐거움 뒤에는 늘 점검이 따라야 한다."

한 영업팀은 분기 목표를 초과 달성해 축하 파티를 열었다. 분위기는 뜨거웠지만, 팀장은 태위택의 교훈처럼 '웃음 속에 칼을 감추는 상'을 떠올렸다. 그는 파티 중 직원들의 대화 속에서 일부 고객과의 계약이 불안정하다는 사실을 포착했다. 이후 즉시 사후 관리팀을 구성해 문제를 조기에 차단했고, 결국 큰 손실을 막을 수 있었다. 기쁨 속에서도 중심을 잃지 않은 냉철함이 위기를 예방한 것이다.

적용 예시 2. "겉웃음보다 진심으로 신뢰를 쌓은 협상가"

"기쁨 속에서도 판단력은 깨어 있어야 한다."

한 스타트업 대표는 투자 협상 자리에서 상대 측의 과한 호의와 유머에 마음이 풀렸다. 하지만 문득 '대인관계에서 절반은 속내를 드러내지 말라'는 태위택의 가르침이 떠올랐다. 그는 즉시 감정적 대응을 멈추고, 계약 조항을 꼼꼼히 재검토했다. 결국 일부 불리한 조건을 발견해 수정 요청을 했고, 협상은 공정하게 마무리되었다. 만약 순간의 기쁨에 취해 방심했다면, 큰 손해를 볼 뻔한 상황이었다.

투자전략 연구 3. 분위기 반전의 기회 포착

"연못 위에 비친 빛을 놓치지 말라."

시장 분위기가 점차 회복될 때, 작은 호재라도 긍정적으로 활용해 투자 심리를 되살린다. 단, 지속성 없는 반등엔 신중히 대응한다.

기쁨은 짧고, 판단은 길게.

투자전략 연구 4. 웃음 뒤의 리스크 관리

"기쁨 뒤엔 그늘이 있다."

협상이나 계약 과정에서 겉으로는 화합하되, 핵심 정보와 조건은 신중히 관리한다. 겉미소보다 내실이 중요하다.

결론적으로, 태위택은 우리에게 "기쁨은 나누되, 마음은 지켜라"고 말한다. 웃음은 에너지를 주지만, 그 안에 경계심이 없다면 허망해진다. 실무에서는 성취의 순간일수록, 관계가 원만할수록, 조용한 관찰력과 절제가 진짜 힘이다. 겉으로는 부드럽고, 내면은 단단한 리더 — 이것이 태위택의 리더십이다.

3) 택화혁(澤火革) : 낡은 것을 버리고 새로움을 세우는 용기

택화혁은 '연못(澤)' 위에 '불(火)'이 타오르는 상(象)으로, 이는 정체된 현실을 불태워 새 길을 여는 변화의 시기를 뜻한다. 태양이 구름 속에 갇혀 있다가 다시 빛을 내듯, 잠시 어둡고 혼란스러워도 결국 새로운 질서가 드러나는 시기다. 이 괘는 '옛 것을 버리고 새로운 것을 취하라'는 혁신의 메시지를 전한다. 그러나 단순히 부수는 개혁이 아니라, 사람을 살리고 조직을 새롭게 정돈하는 지혜로운 변화를 강조한다. 지금은 고집을 버리고 유연하게 대처하며, 적을 만들지 않고 협력 속에서 새 방향을 세워야 할 때이다.

적용 예시 1. "낡은 시스템을 혁신으로 전환하다"

"변화는 힘으로 밀어붙이는 것이 아니라, 신뢰로 이끌어야 완성된다."

한 중견기업은 오랫동안 관행대로 운영되던 업무 시스템 때문에 의사결정이 느리고, 변화에 둔감한 상태였다. 신임 경영진은 택화혁의 교훈처럼 "옛 틀을 버려야 새 시대가 열린다"는 원칙 아래 전사적 디지털 전환 프로젝트를 추진했다. 하지만 단번에 바꾸기보다, 직원들과 소통하며 점진적으로 시스템을 통합해 나갔다. 그 결과 혼란 없이 업무 효율이 2배 이상 향상되었다. 이는 "혁신은 파괴가 아니라 설득에서 시작된다"는 택화혁의 정신을 보여 준다.

적용 예시 2. "위기 속에서 반전의 기회를 잡은 리더"

"흉한 운 뒤에는 반드시 반전의 기회가 있다."

한 스타트업 대표는 제품 실패로 큰 손실을 입고 투자까지 끊긴 상황이었다. 그러나 그는 택화혁의 상징처럼 "태양이 구름을 걷고 새로운 날을 여는 때가 온다"는 믿음을 버리지 않았다. 기존 제품을 과감히 접고, 데이터를 분석해 고객 중심의 신제품을 개발했다. 이전의 실패를 발판으로 삼은 전략적 변화 덕분에, 1년 만에 시장 재진입에 성공했다. 위기 속에서도 새 길을 찾은 그는 "혁신은 포기가 아니라 전환의 기술"임을 증명했다.

"구름은 걷히고 태양이 드러난다."

오래된 관행, 비효율적인 조직 체계, 불투명한 협력 구조를 과감히 혁신할 때다. 변화를 두려워하지 말고, 시스템을 새롭게 재설계하라.

혁신이 곧 생존이다.

"새로운 날이 떠오른다."

정책 변화나 경기 반등의 초입에서 남보다 한발 앞서 신사업·신입지를개척한다. 단, 적을 만들지 말고 협력의 균형을 유지해야 한다.

개혁의 성공은 관계의 지혜에 달려 있다.

결론적으로, 택화혁은 "변화의 시기, 낡은 것을 버리고 새 길을 여는 리더의 시간"을 상징한다. 지금은 안정을 고집하기보다, 미래를 향해 새 질서를 세워야 할 때다.

단, 변화는 냉정한 판단과 따뜻한 소통이 함께할 때 진정한 힘을 갖는다. 혁신은 불이지만, 그 불은 빛을 내야지 타오르기만 해서는 안 된다.

17.2 택뢰수(澤雷隨), 택풍대과(澤風大過), 택수곤(澤水困)

1) 택뢰수(澤雷隨): 흐름을 따르며 때를 기다리는 지혜

택뢰수는 '연못(澤)' 아래 '천둥(雷)'이 있는 상(象)으로, 비구름이 모이고 천둥이 울리려 하는, 변화의 기운이 서서히 모여드는 시기를 뜻한다. 이 괘는 "때가 아직 무르익지 않았으니, 움직이지 말고 순리를 따르라"는 메시지를 담고 있다. 즉, 지금은 주도하기보다 따르고, 주장하기보다 조율해야 할 때다. 안에서 길한 기운이 자라고 있으니 조급해하지 말고, 내면을 다듬고 실력을 쌓으면 때가 왔을 때 크게 도약할 수 있다. 이 괘는 '용이 승천할 때를 기다리는 상'으로, 결국 인내의 시간이 가장 값진 도약의 준비기가 됨을 가르친다.

"기다림은 낭비가 아니라 준비다."

한 스타트업은 자금난으로 핵심 프로젝트를 잠시 중단해야 했다. 팀 내부에 불안감이 돌았지만, 대표는 택뢰수의 교훈을 떠올렸다. "지금은 나아갈 때가 아니라, 실력을 닦을 때다." 그는 팀원들과 함께 고객 데이터를 재분석하고, 프로토타입을 개선하며 조용히 시간을 보냈다. 몇 달 후 투자 환경이 회복되자, 완성도 높은 시제품으로 투자 유치에 성공했다. 멈춤의 시간은 곧 도약의 시간이었다.

"순응은 굴복이 아니라, 흐름을 읽는 전략이다."

한 대기업의 중간관리자는 인사개편 소식으로 팀 분위기가 뒤숭숭한 상황에 놓였다. 그는 불안한 동료들에게 불필요한 저항을 하지 말고, 조용히 질서를 지키며 맡은 일에 집중하자고 조언했다. 그는 오히려 상위 리더의 결정을 존중하며 협조적인 태도를 보였다. 결국 변화 이후 새 조직의 핵심 리더로 발탁되었고, "위기를 따름으로써 기회로 바꾼 사람"이라는 평가를 받았다.

"천둥 전의 고요를 읽어라."

시장의 변화 조짐이 감지될 때, 조급함보다 흐름을 관찰하며 유연하게 대응한다. 정책·금리·수요의 방향에 순응하면 기회가 온다.

타이밍은 준비된 자의 편이다.

"용이 승천할 때를 기다려라."

지금은 무리한 확장보다 팀역량, 네트워크, 자금 기반을 다질 때다. 잠재력을 키우며 때를 기다리면 귀인과 기회가 동시에 찾아온다.

성공은 기다림 속에서 자란다.

결론적으로, 택뢰수는 "때를 기다리는 지혜, 따름 속의 성장"을 상징한다. 지금은 큰 움직임보다 내면의 성찰과 관계의 조화가 더 중요하다. 조급하지 않고 순리를 따를 때, 하늘이 길을 열어 준다. 용이 승천하기 전의 고요, 그것이 바로 성공의 전조다.

2) 택풍대과(澤風大過): 지나침은 무너짐의 시작이다

택풍대과는 '연못(澤)' 위에 '바람(風)'이 부는 상(象)으로, 바람이 세차게 불어 연못의 물결을 뒤집는 형상이다. 즉, 균형이 깨지고 힘이 지나쳐 위태로워진 상태를 의미한다. "대들보가 부러지는 상"이라 하듯, 지금은 어떤 형태로든 '무리함'과 '과잉'이 누적된 시기다. 이는 조직에서의 속도 과신, 권한 남용, 과도한 추진력으로 나타나며, 잠시 멈추고 균형을 바로잡지 않으면 시스템 전체가 흔들릴 수 있음을 경고한다. 하지만 동시에, 지혜로운 리더는 이 시기를 재정비의 기회로 전환할 수 있다.

적용 예시 1. "성과중심의 과속이 조직을 흔들다"

"속도가 아니라 방향이 회사를 살린다."

한 스타트업은 빠른 성장세에 취해 '속도가 곧 성공'이라 믿고 단기간에 사업 라인을 무리하게 확장했다. 초기에는 수익이 늘었지만, 이내 인력과 품질 관리가 붕괴되며 혼란이 발생했다. 대표는 택풍대과의 교훈처럼 "지나친 추진은 결국 중심을 무너뜨린다"는 사실을 깨닫고, 모든 신규 사업을 잠시 중단하고 핵심 제품에 집중하는 전략을 세웠다. 결국 회사를 안정시키며, 다음 성장을 위한 기반을 다시 세웠다.

적용 예시 2. "조직 내 권한 과잉을 바로잡은 리더"

"리더십의 힘은 통제보다 신뢰에 있다."

한 대기업의 부서장은 실적 압박 속에서 모든 결정을 직접 내리며 팀원들에게 지시만 내리는 구조를 만들었다. 결국 구성원들의 자율성이 사라지고, 사소한 일에도 의사결정이 마비되었다. 그는 이후 택풍대과의 가르침처럼 "대들보가 부러지지 않으려면 하중을 나누어야 한다"는 원리를 실감했다. 권한을 위임하고, 팀별 의사결정 체계를 회복시킨 뒤 조직은 다시 활력을 되찾았다.

"대들보는 무게를 이기지 못한다."

무리한 투자 확장이나 과잉 분양 추진은 조직과 자금을 동시에 흔들 수 있다. 시장 흐름보다 빠른 욕심은 붕괴를 부른다.
중도가 곧 생존이다.

"바람이 거세면 연못도 뒤집힌다."

팀 내·파트너 간 이해충돌이 커질수록 감정이 아닌 원칙으로 조율해야 한다.
리더의 냉정한 균형감이 위기를 안정시킨다.

결론적으로, 택풍대과는 "지나침은 결핍보다 더 큰 위험"임을 경고한다. 성과가 높아질수록, 권력이 커질수록, 더 깊은 성찰과 절제가 필요하다. 리더는 순풍에 돛을 달되, 방향을 잃지 않아야 한다. 균형을 잃은 추진력은 흉, 절제된 속도는 길이다.

3) 택수곤(澤水困) : 막힘은 끝이 아니라, 도약의 전조다

택수곤은 '연못(澤)' 아래 '물(水)'이 있는 상(象)으로, 물이 말라 바닥이 드러나 답답하고 막힌 상황을 의미한다. 즉, 외부의 방해와 제약이 많고, 노력해도 성과가 더디며 재정적·정서적 한계에 부딪히는 시기다. 그러나 이 괘는 단순한 실패의 징조가 아니라, "내면의 힘을 재정비하고 다시 일어설 준비를 하는 시기"임을 가르친다. 지금은 나아가기보다 멈춰서 스스로를 돌아보고, 겸손히 배우며 운의 전환점을 만들어야 할 때이다. 하늘은 어려움 속에서 성숙한 사람에게 새로운 길을 열어 준다.

적용 예시 1. "사업 위기 속에서도 원칙을 지켜 반전을 만든 대표"

"위기 속에서도 신뢰를 지키면, 곤란은 반전의 무대가 된다."

한 중소기업 대표는 경기침체로 매출이 급감하고 투자도 끊겼다. 직원 감축과 임금체불까지 겹치며 회사는 벼랑 끝에 몰렸다. 그러나 그는 택수곤의 교훈처럼 "은인자중(隱忍自重)"하며 비난보다 문제의 근본 원인을 찾아 내부 효율을 재정비했다. 특히 직원들에게 솔직히 상황을 공유하고 신뢰를 유지했다. 그 진심은 곧 귀인을 불러왔고, 협력사의 긴급 지원으로 회사를 살릴 수 있었다. 그는 말했다. "가장 큰 곤란은, 진심을 보여 줄 마지막 기회였다."

적용 예시 2. "프로젝트 실패 후 성장의 발판을 만든 팀"

"실패는 종점이 아니라, 실력을 닦는 시간이다."

한 기획팀은 대형 프로젝트를 추진했으나, 예산 문제와 내부 갈등으로 결과적으로 실패를 맞았다. 좌절한 팀원들에게 팀장은 택수곤의 상징처럼 말했다. "연못이

말라야 바닥의 진흙이 보이고, 거기서 새 물이 고인다." 그는 팀원들과 함께 실패 원인을 투명하게 분석하고, 그 경험을 매뉴얼화하여 다음 프로젝트에 반영했다. 이후 그 팀은 동일한 실수를 반복하지 않고 오히려 성공률이 높아졌다.

"연못의 물이 바닥났다."

자금난이나 프로젝트 중단 등 현금 흐름이 막힌 시기엔 무리한 확장보다 자산 방어가 우선이다. 비핵심 자산 매각, 비용 절감, 신뢰 기반 협상으로 돌파구를 찾는다. 위기를 버티는 자가 다음 기회를 잡는다.

"곤궁 속에서도 덕을 지켜라."

어려운 국면일수록 동료·협력사와의 신뢰 회복과 내부 역량 강화가 필요하다. 겸손하게 배우고 실력을 다지면 귀인과 새 기회가 찾아온다.
시련은 내공을 쌓는 시간이다.

결론적으로, 택수곤은 "곤란 속의 진심, 막힘 속의 내면 성장"을 상징한다. 지금은 외부의 탓보다 스스로의 자세를 다듬고, 겸손과 진심으로 사람을 대하면 귀인과 기회가 나타난다. 물이 마른 연못이라도, 그 바닥에 새로운 생명이 움튼다. 진정한 리더는 위기 속에서 신뢰와 품격으로 다시 흐름을 만든다.

17.3 택산함(澤山咸), 택지췌(澤地萃)

1) 택산함(澤山咸) : 진심이 통하면 세상이 움직인다

택산함은 '연못(澤)' 위에 '산(山)'이 있는 상(象)으로, 산의 정기를 머금은 연못이 산을 적시듯, 서로가 서로에게 영향을 주고 감동을 주는 시기를 뜻한다. 즉, 상하나 남녀, 리더와 구성원, 조직과 고객 간에 감응(感應)이 일어나는 상태이다. 지극한 정성이 상대에게 전해지고, 마음과 뜻이 통할 때 비로소 협력·화합·신뢰가 완성된다. 이 괘는 실무적으로 "진심의 리더십", "감성의 커뮤니케이션", 그리고 "관계 속의 성장"을 상징한다. 겉으로만 이끄는 권위가 아니라, 상대의 마음을 움직여 스스로 따르게 하는 리더십이 필요한 때다.

적용 예시 1. "진심으로 조직을 움직인 리더"

"사람은 말로 움직이지 않는다. 진심으로 움직인다."

한 기업의 본부장은 실적 부진으로 팀 분위기가 가라앉은 상황에서 지시 대신 직원 한 명 한 명의 이야기를 듣는 시간을 가졌다. 그는 팀원들의 어려움과 불안을 이해하고, '성과 중심'이 아닌 '사람 중심'의 목표를 다시 설정했다. 이후 팀은 스스로 몰입하며 짧은 기간 내 성과를 회복했고, 조직 내 신뢰도는 오히려 위기 이전보다 더 강해졌다. 이는 "감동은 지시보다 강하다"는 택산함의 진리를 보여 주는 사례다.

적용 예시 2. "고객 감동을 만든 브랜드의 이야기"

"진정성은 가장 강력한 설득력이다."

한 식품 브랜드는 광고 대신 고객 후기와 체험담 중심의 진정성 캠페인을 펼쳤다. 제품의 화려함보다 '만드는 사람의 진심'과 '건강을 위한 철학'을 강조하자.

소비자들은 깊은 신뢰를 보내기 시작했다. 그 결과 브랜드 충성도가 급격히 상승하고, 재구매율이 크게 높아졌다. 이는 택산함이 말하는 "감응의 힘"—진심이 통하면 관계가 자라난다—을 실현한 사례다.

"감응은 이익보다 진심에서 온다."

시행·시공·투자 간 협력에서 이익보다 신뢰를 우선하면, 서로의 이해가 자연스럽게 맞물리며 장기적시너지가 생긴다.

진정성이 곧 자산이다.

"산과 연못이 서로 적셔 준다."

프로젝트 홍보나 분양 현장에서 감성·신뢰 중심의 커뮤니케이션을 펼치면, 브랜드 호감도와 고객 충성도가 높아진다.

감동이 곧 판매력이다.

결론적으로, 택산함은 "감응과 화합의 리더십"을 상징한다. 사람의 마음을 움직이는 힘은 권위가 아니라 정성에서 나온다. 지위가 높을수록 겸손해야 하고, 관계가 가까울수록 배려해야 한다. 그럴 때 비로소 하늘의 뜻과 사람의 뜻이 통하고, 조직과 개인 모두 '길운(吉運)'을 맞이하게 된다.

2) 택지췌(澤地萃): 모이면 길하고, 나누면 오래간다

택지췌는 '연못(澤)'이 '땅(地)' 위에 생긴 상(象)으로, 물이 모여 연못이 만들어지듯 사람과 기운이 한곳으로 모이는 시기를 뜻한다. 조직, 공동체, 가족, 프로젝트 등 모든 관계에서 화합과 협력이 빛을 발하는 때다. 좋은 인연이 생기고, 재물과 명예가 따르며, 뜻밖의 경사가 일어나는 대길(大吉)의 운이다. 하지만 이 괘는 동시에 "기쁨 속의 경계"를 일깨운다. 모인 기운이 너무 커지면 흩어지기 쉬우며, 성공의 순간에도 자만하지 않고 나중을 대비해야 진정한 길운이 유지된다. 즉, 지금은 함께 이루되, 겸손히 다음을 준비할 시기다.

"성공의 정점에서 다음 단계를 설계하라."

한 스타트업은 혁신 제품의 성공으로 단기간에 매출이 급상승했다. 사내 분위기는 축제 같았지만, 대표는 택지췌의 교훈을 떠올렸다. "쌓임이 클수록 무게도 크다. 방비를 게을리하지 말자." 그는 흥분을 가라앉히고, 수익 일부를 재투자와 인재 교육에 사용했다. 그 결과 경쟁사들이 흔들릴 때도 이 회사는 안정적으로 성장하며 업계의 신뢰를 얻었다.

"모임의 가치는 숫자가 아니라 마음의 합에 있다."

한 지방기업은 지역 상인들과 협력하여 공동 마케팅 프로젝트를 추진했다. 처음엔 각자의 이해관계로 의견이 엇갈렸지만, 대표는 "혼자선 흐르지 못하지만, 모이면 연못이 된다"는 태도로 모든 참여자의 의견을 수렴했다. 결국 상생 모델이 완성되어 지역 전체의 매출이 상승했고, 이 기업은 지역사회의 신뢰와 명성을 동시에 얻었다.

결론적으로, 택지췌는 "모이면 길하고, 흩어지면 위태롭다"는 원리를 전한다. 지금은 함께 일하고, 함께 나누며, 서로의 성공을 진심으로 기뻐해야 할 때다. 그러나 그 기쁨 속에서도 겸손과 절제를 잊지 말아야 한다. 연못이 깊을수록 그 물은 조용하다 — 진짜 리더는 성취의 순간에 오히려 조용히 다음을 준비한다.

제18장

이離부 적용 사례

괘 순서	64괘 명칭	구성(상괘/하괘)	팔괘 구성	괘의 의미
1	화천대유 (火天大有)	이(離, ☲) / 건(乾, ☰)	불/하늘	하늘 위에 해가 떠서 천하를 비추니 크게 소유하고 형통함
2	화택규 (火澤睽)	이(離, ☲) / 태(兌, ☱)	불/연못	불은 위로 타오르고 연못은 아래로 향하니 서로 어긋나고 바라봄
3	이위화 (離爲火)	이(離, ☲) / 이(離, ☲)	불/불	밝은 불이 거듭되니 밝음을 이어 나감
4	화뢰서합 (火雷噬嗑)	이(離, ☲) / 진(震, ☳)	불/우레	우레 위에 불이 있으니 이를 악물고 깨물어 먹듯이 형벌을 시행함
5	화풍정 (火風鼎)	이(離, ☲) / 손(巽, ☴)	불/바람	바람 위에 불이 있으니 솥이 만물을 익히듯 인재를 기르고 새롭게 함
6	화산여 (火山旅)	이(離, ☲) / 간(艮, ☶)	불/산	산 위에 불이 있으니 나그네가 정처 없이 머물듯 밖에서 움직임
7	화지진 (火地晉)	이(離, ☲) / 곤(坤, ☷)	불/땅	땅 위에 해가 떠오르니 앞으로 나아감
8	화수미제 (火水未濟)	이(離, ☲) / 감(坎, ☵)	불/물	물 위에 불이 있어 서로 섞이지 못하니, 아직 완성되지 않은 상태

개념도 설명: 본 도표는 이(離, 불)를 상괘(위)로 하고 팔괘의 각 괘를 하괘(아래)로 조합한 이부(離部) 8개 괘의 구성과 의미를 설명합니다. 불이 하늘, 못, 우레, 바람, 산, 땅과 만나 형성되는 변화를 통해 대유(풍요), 규(어긋남), 서합(형벌), 정(인재 양성), 여(나그네), 진(나아감) 등 자연 현상에 비유한 인간사의 이치와 지혜를 요약하고 있습니다.

이 괘들은 모두 **하늘 위에 태양이 비추듯 밝고 문명적인 상태**를 기본 특성으로 갖는다.

"물이 모여 연못을 이룬다."

시행·시공·금융·마케팅 등 각 분야가 협력해 시너지를 내는 시기다. 관계의 단절이 아닌 연대가 부를 만든다.

함께할수록 커지는 운이다.

"폭포 아래엔 소용돌이가 있다."

성과와 수익이 클수록 지속가능성을 위해 저축·리스크 관리에 힘써야 한다. 성공이 오래가려면, 절제가 보호막이다.

18.1 화천대유(火天大有), 화택규(火澤睽)

1) 화천대유(火天大有): 밝음으로 크게 가지다

화천대유는 '불(火)'이 '하늘(天)' 위에 떠 있는 상(象)으로, 태양이 중천에 올라 세상을 비추는 시기, 즉 명성과 권위가 최고조에 오른 순간을 뜻한다. 이는 리더십, 성취, 부, 명예의 절정기를 의미하지만, 동시에 "가장 밝을 때가 가장 위험할 때"라는 경고도 함께 담고 있다. 하늘의 태양처럼 강한 영향력을 가진 사람은 그 빛으로 세상을 이롭게 해야 하며, 겸허함을 잃지 않아야 한다. 이 괘는 실무적으로 "성공기의 리더십", 즉 성취를 관리하고, 권위를 균형 있게 사용하는 시기를 상징한다.

"성공의 정점에서는 속도가 아니라 절제가 필요하다."

한 글로벌 기업의 CEO는 기업 가치가 최고치를 기록하던 시기에 과도한 자신감으로 대규모 인수합병을 추진하려 했다. 그러나 그는 화천대유의 교훈처럼 "밝음이 지나치면 그늘이 생긴다"는 조언을 듣고, 결정을 잠시 보류하고 내부 시스템 점검에 집중했다. 그 결과 리스크를 사전에 차단하며 안정적인 성장을 이어 갔다. 이 CEO는 훗날 "멈춤의 겸손이 회사를 지켰다"고 회고했다.

"진짜 빛은 스스로를 비추지 않고, 타인을 비춘다."

한 스타트업 팀장은 탁월한 성과로 업계의 주목을 받았다. 하지만 그는 개인의 명예에 머무르지 않고, 공로를 팀원들과 나누며 모두를 성장의 주인공으로 세웠다. 그의 겸허한 리더십은 조직의 충성도를 높였고, 회사는 빠르게 성장하며 업계의 신뢰를 얻었다. 이것이 바로 화천대유가 말하는 '여왕의 자비로움이 빛나는 리더십'이다.

"태양이 온 누리를 비춘다."

프로젝트 리더로서 명확한 방향성과 결단력을 보이면 조직과 파트너들이 자연히 따르게 된다.

겸허한 리더십이 곧 성공의 빛이다.

"밝을수록 그림자도 짙다."

성과와 인기가 높을수록 과신·과소비를 경계하고 내실을 다져야 한다.

겸손이 운을 오래 붙드는 비결이다.

결론적으로, 화천대유는 "성취 속의 겸손, 권위 속의 따뜻함"을 상징한다. 리더는 높은 자리에서 더욱 조심해야 하며, 명예와 부가 따를수록 그 빛을 사회와 사람들에게 나눌 줄 알아야 한다. 하늘 위의 태양은 혼자 빛나지만, 그 빛을 나누는 리더가 세상을 따뜻하게 만든다.

2) 화택규(火澤睽) : 서로 다름 속에서 길을 찾는 지혜

화택규는 '불(火)'이 위에 있고, '연못(澤)'이 아래에 있는 상(象)이다. 불은 위로 타오르고, 물은 아래로 흐르니 서로 다른 방향을 향해 가는 모습, 즉 의견 충돌, 관점의 불일치, 관계의 거리감을 의미한다. 이 괘는 겉으로는 대립과 불화의 시기처럼 보이지만, 그 속에는 "관찰을 통해 조화를 회복하라"는 메시지가 담겨 있다. 서로의 차이를 억지로 맞추기보다는, 다름을 인정하고 흐름을 관찰하는 지혜가 필요하다. 감정적으로 반응하면 불(火)이 더 타오르고, 물(澤)은 더 멀어진다. 지금은 판단보다 경청, 반박보다 성찰이 필요한 시기다.

"갈등의 원인은 말보다 구조 안에 있다."

한 기업의 마케팅팀과 개발팀은 프로젝트 일정 문제로 심한 갈등을 겪었다. 각 팀은 상대를 비난하며 회의가 파행으로 치달았다. 이때 부장은 화택규의 교훈처럼 즉시 개입하지 않고, 일주일간 각 부서의 업무 흐름을 관찰했다. 그 결과 문제는 일정이 아니라 "정보 공유 방식의 불일치"에 있음을 발견했다. 그는 간단한 협업 툴 하나를 도입해 구조를 개선했고, 양 팀은 오해를 풀고 다시 협력하게 되었다. 싸움이 아닌 관찰이 문제를 풀었다.

"빛날수록 자신을 비추지 말고, 주변을 살펴라."

한 스타트업 대표는 최근 큰 투자 유치를 성공하며 언론의 주목을 받았다. 하지만 내부에서는 "대표가 독단적으로 결정한다"는 불만이 터져 나왔다. 그는 화택규의 상처럼 '태양이 바다로 떨어지는 순간, 빛은 아름답지만 오래 머물지 못한다'는 경고를 떠올렸다. 즉시 외부 홍보를 잠시 멈추고, 내부 미팅을 통해 팀원들의 의견을 다시 듣는 자리를 마련했다. 그 결과 잃어 가던 신뢰를 회복하며 조직의 균형을 되찾았다.

"노을이 아름다워도 곧 사라진다."

성과나 주목을 받는 시기일수록 내부 갈등과 질투가 생기기 쉬우니 감정 대응보다 조율이 중요하다.

조직의 균형을 지키는 리더십이 흉운을 막는다.

"등진 자를 공격하지 말고 관찰하라."

비슷한 시장에서 경쟁 중인 업체나 파트너와의 마찰이 있을 때, 맞대응보다 전략적 관찰과 분석으로 방향을 잡는다.

지혜로운 인내가 승부를 만든다.

결론적으로, 화택규는 "서로 다른 방향이 충돌할 때, 불이 아닌 빛으로 남으라"는 가르침을 준다. 대립과 불화의 시기일수록 상대를 관찰하고, 다름을 인정하며 내면의 균형을 유지해야 한다. 진정한 리더는 모든 사람을 설득하지 않고, 모두가 자신을 이해할 때까지 조용히 관찰하며 조율하는 사람이다.

18.2 이위화(離爲火), 화뢰서합(火雷噬嗑)

1) 이위화(離爲火): 타오르되, 중심을 잃지 마라

이위화는 '불(火)'이 위와 아래 모두에 있는 상(象)으로, 태양이 두 개 떠 있는 세상, 곧 강렬한 에너지와 명성이 절정에 이른 시기를 뜻한다. 밝게 타오르는 빛은 세상을 비추지만, 지나치면 스스로를 태우고 타인을 눈부시게 만든다. 이 괘는 실무적으로 "성과와 열정의 과잉", "야망과 번뇌의 경계"를 경고한다.

즉, 지금은 성장과 확장이 빠르게 이뤄지는 시기지만, 자만과 과열이 함께 밀려오는 때이기도 하다. 따라서 냉철한 자기관리, 절제된 리더십, 관계 속 겸손이 필수적이다.

적용 예시 1. "성과의 불길 속에서 균형을 회복한 리더"

"열정의 불길을 통제하는 자만이 오래 탄다."

한 기업의 마케팅팀은 캠페인 성공으로 시장 점유율 1위를 차지했다. 팀 분위기는 뜨거웠지만, 곧 지나친 자신감이 문제를 일으켰다. 경쟁사와의 갈등, 예산 과다 집행, 내부 피로감이 이어졌다. 이때 팀장은 이위화의 교훈처럼 "불은 세상을 밝히되, 자신을 태워서는 안 된다"는 마음으로 속도를 줄이고 내부 점검에 나섰다. 팀은 냉정한 복기 과정을 통해 다시 안정감을 되찾고, 지속 가능한 성장 구조를 마련했다.

적용 예시 2. "대인관계의 과열을 진심으로 다스린 리더"

"빛나는 순간일수록, 사람을 먼저 지켜라."

한 스타트업 대표는 짧은 시간에 주목받으며 유명세를 얻었다. 하지만 주변에서 그를 둘러싼 인맥과 기회가 급격히 늘어나자, 진정한 관계와 표면적인 관계를 구분하기 어려워졌다. 결국 신뢰하던 파트너와의 오해로 사업이 흔들렸다. 그는 이위화의 가르침처럼 "대인관계의 불은 밝지만 뜨겁다. 조심히 다뤄야 한다."는 교훈을 실감했다. 이후 그는 빠른 확장보다 신뢰 중심의 협업을 선택하며 회사를 안정시켰다.

"태양은 크지만 두 개일 수 없다."

성과와 주목이 집중되는 시기일수록 교만과 과욕을 경계하고 겸허함을 유지해야 한다.

명성이 높을수록 실수 한 번이 치명적이다.

"빛이 강하면 그림자도 생긴다."

여러 프로젝트를 동시에 추진할 때는 핵심 사업에 집중하고 불필요한 확장을 줄여야 한다.

집중력이 곧 생존력이다.

결론적으로, 이위화는 "밝음과 번뇌의 경계"를 상징한다. 성공과 권위가 높아질수록, 자만과 낭비의 그림자가 따라온다. 지금은 외부의 빛보다 내면의 온도를 조절할 때다. 태양이 두 개면 세상은 타 버린다. 진짜 리더는 타오르되, 자신을 태우지 않는 사람이다.

2) 화뢰서합(火雷噬嗑) : 부딪치고 끊어 내야 길이 열린다

화뢰서합은 '불(火)'이 위에, '천둥(雷)'이 아래에 있는 상(象)으로, 하늘에 번개가 치고 불이 타오르듯 강한 추진력과 결정의 순간을 상징한다. '서합(噬嗑)'은 "씹어 삼킨다"는 뜻으로, 무언가 막혀 있는 문제를 이빨로 끊어 내듯 단호하게 해결해야 하는 시기를 의미한다. 즉, 지금은 미루거나 피할 때가 아니라 정면으로 부딪쳐 장애를 제거해야 할 시기다. 문제는 무겁고 복잡하지만, 집중과 실행력으로 돌파하면 반드시 성취가 따른다. 이 괘는 실무적으로 "결단과 해결의 리더십"을 상징한다 — 무엇을 버려야 할지, 어디를 정리해야 할지 분명히 알아야 한다.

적용 예시 1. "문제의 핵심을 끊어 낸 리더의 결단"

"문제는 기다려 주지 않는다. 행동이 곧 해답이다."

한 제조기업의 품질 문제가 반복되어 내부 감사가 진행되었다. 관리자들은 서로 책임을 미루며 해결책이 나오지 않았다. 그때 CEO는 화뢰서합의 가르침처럼 말했다. "지금은 말로 돌리지 말고, 이빨로 끊을 때다." 그는 즉시 비효율적 공정을 전면 수정하고, 원인 제공 부서를 포함한 모든 절차를 재정비했다. 초기엔 반발이 있었지만, 불과 3개월 만에 품질 문제는 완전히 사라졌다. 단호한 결단이 조직의 흐름을 바꾼 것이다.

적용 예시 2. "막힌 협상을 풀어 낸 실행형 협상가"

"복잡한 문제일수록, 핵심만 남겨라."

한 영업팀은 핵심 거래처와의 협상에서 수개월째 교착상태에 있었다. 서로의 입

장만 반복하며 타결점을 찾지 못하던 중, 팀장은 화뢰서합의 교훈을 떠올렸다. "말의 벽을 깨지 않으면, 관계도 갇힌다." 그는 불필요한 논점을 과감히 제거하고, '상호이익이 되는 단일안'만을 중심으로 협상 구조를 단순화했다. 결과적으로 거래는 신속히 성사되었고, 이후 파트너십은 더욱 단단해졌다.

"씹어 삼켜야 길이 열린다."

프로젝트 내 갈등, 인허가 지연, 자금 문제 부동산 실무 적용 사례 등 묵혀 둔 난제를 정면 돌파 해야 할 때다. 불편한 진실을 끊어 내야 사업이 다시 움직인다.
결단이 곧 돌파구다.

"무거운 임무라도 끝까지 물고 늘어져라."

일시적 손해나 압박이 있어도 포기하지 않고 밀어붙이면 성취가 따른다.
장애는 의지를 시험하는 무대다.

결론적으로, 화뢰서합은 "부딪침 속에서 길이 열린다"는 괘다. 지금은 회피보다 결단이, 미봉책보다 근본 해결이 필요한 때다. 문제를 외면하면 불은 꺼지고 번개는 흩어지지만, 직면하고 끊어 내면 에너지가 순환하여 새 길이 열린다. 진짜 리더는 아픈 결정을 미루지 않고, 그 결단으로 조직을 살리는 사람이다.

18.3 화풍정(火風鼎), 화산여(火山旅), 화지진(火地晉), 화수미제(火水未濟)

1) 화풍정(火風鼎): 오래된 것을 녹여 새로움을 빚다

화풍정은 '불(火)' 위에 '바람(風)'이 부는 상(象)으로, 불이 솥 안의 약재를 달이듯 열정과 지혜가 하나로 어우러져 새로운 가치를 창조하는 시기를 뜻한다. '정(鼎)'은 삼발 솥으로, 안정된 균형과 중심의 힘을 상징한다. 즉, 이 괘는 단순한 변화가 아니라, 기존의 것을 다듬고 재구성해 새로운 질서를 만드는 시기를 말한다. 실무적으로는 "조직의 내적 정비", "제품의 리뉴얼", "가치의 재해석" 같은 상황에서 균형감각·지속성·협력의 조화가 필요한 시기이다. 교만하거나 한쪽으로 치우치면 솥이 기울 듯 사고가 생기고, 중용의 도를 지키면 불과 바람이 만나 최고의 성과를 만든다.

적용 예시 1. "전통 브랜드를 현대적으로 재해석하다"

"진짜 혁신은 버림이 아니라 재창조다."

한 전통 식품 기업은 오랜 시간 '낡은 브랜드'라는 이미지를 벗지 못하고 있었다. 새 CEO는 화풍정의 교훈처럼 '옛것을 버리기보다 새롭게 끓여 내자'는 전략을 세웠다. 기존 제조법과 전통 스토리는 유지하되, 패키지 디자인과 마케팅 언어를 현대적으로 바꾸어 '프리미엄 건강식'으로 리뉴얼했다. 그 결과, 1년 만에 MZ세대 구매율이 급증하며 브랜드의 전성기가 다시 찾아왔다. 이는 "불과 바람이 만나 더욱 타오르는 상"을 실현한 사례였다.

적용 예시 2. "조직 내 다양한 세대를 조화시킨 리더"

"균형은 갈등을 녹이고, 조화는 열정을 지속시킨다."

한 대기업 부서는 기성세대와 젊은 직원 간의 의견 충돌로 갈등이 잦았다. 부서장은 화풍정의 상징처럼 '솥의 세 다리를 맞추듯, 세대 간 균형을 잡는 중용의 리더십'을 택했다. 그는 매주 '세대교류 미팅'을 열어 상호 의견을 공유하고, 공통된 목표를 중심으로 팀의 에너지를 모았다. 결국 세대 차이가 경쟁이 아닌 시너지로 작용하며, 부서는 사내 최우수 협업팀으로 선정되었다.

투자전략 연구 3. 프로젝트 재구조화와 혁신의 시기

"솥 안의 약을 달여 완성하라."

기존 사업 구조나 조직 시스템을 새롭게 정비하고 효율화해야 할 때다. 옛 방식을 버리고, 시장에 맞는 새로운 전략을 끓여 내라.

꾸준한 노력은 반드시 결실로 이어진다.

투자전략 연구 4. 협업의 불씨로 시너지를 키우기

"불과 바람이 만나야 솥이 끓는다."

시행·시공·금융 등 각자의 역할이 조화롭게 어우러질 때 큰 성과가 난다. 균형 감각과 중용의 리더십이 성공의 관건이다.

협력이 곧 불을 살리는 바람이다.

결론적으로, 화풍정은 "조화 속의 창조, 균형 속의 성취"를 상징한다. 이 시기에는 불처럼 추진하되, 바람처럼 유연해야 하며, 솥처럼 중심을 잃지 않아야 한다. 리더는 구성원의 다양한 에너지를 하나로 모아 새로운 비전과 가치를 만들어야 한다.

2) 화산여(火山旅): 낯선 길 위에서 자신을 다시 만나다

화산여는 '불(火)'이 위에, '산(山)'이 아래에 있는 상(象)이다. 즉, 산 위에 걸린 저녁노을—해가 기울며 나그네가 숙소를 찾는 형상이다. 이 괘는 떠돌이의 운(旅), 즉 낯선 곳에서의 불안함과 고독을 상징한다. 삶이나 일의 흐름에서 지금은 안정보다 변화와 이동, 혹은 일시적 방황의 시기다. 재물이나 환경은 흔들릴 수 있지만, 그 과정에서 진짜 자신을 만나는 내면의 성찰의 시간이 열린다. 겉은 불안정하지만, 이 여정은 리부트(reboot)의 기회다.

적용 예시 1. "전환기 속에서 길을 잃은 리더"

"방황의 끝은 혼돈이 아니라, 확장의 시작이다."

한 중간관리자는 부서 개편으로 낯선 팀에 발령받았다. 익숙한 환경을 떠난 그는 외롭고 불안했다. 하지만 화산여의 뜻처럼, 이 낯선 여정이 성장의 통로임을 깨달았다. 그는 새로운 동료들과 소통하며, 다른 관점의 리더십을 배웠다. 1년 후, 그는 "방황이 끝난 뒤 더 넓은 리더로 돌아왔다"고 회고했다.

적용 예시 2. "퇴직 후 새 길을 찾은 리더"

"떠남이 끝이 아니라, 자신에게 돌아가는 길이다."

한 임원은 수십 년간 다니던 회사를 떠났다. 처음엔 공허함과 상실감에 괴로웠지만, 그는 화산여의 교훈대로 고독 속의 내면 성찰을 시작했다. 그 결과, 그는 자신의 경험을 정리해 컨설팅 사업을 시작했고, 삶의 2막에서 오히려 더 큰 의미를 발견했다.

"해는 서산에 기울고, 나그네는 숙소를 찾는다."

사업지 변경, 팀 이동, 조직 재편 등 자리 이동이 필요한 시기다. 지금의 자리에 연연하지 말고, 새로운 시장·입지를 향한 탐색과 준비가 길하다.

움직임이 멈춤보다 낫다.

"여정의 끝에서 자신을 돌아보라."

성과는 잠시 정체될 수 있으나, 그 안에서 내공과 비전을 다듬는 기회다.

외로움을 두려워 말고, 조용히 실력과 평판을 쌓으면 귀인이 따른다.

성찰이 다음 여정의 연료다.

결론적으로, 화산여는 "고독의 시기, 그러나 성찰의 시간"이다. 지금은 안정된 집이 아니라, 낯선 길 위에서 자신을 돌아봐야 할 때다. 외로움은 리더에게 '멈춤'을 주고, 그 멈춤이 '통찰'을 낳는다. 해는 산 뒤로 지지만, 그 여명(餘明)은 다음 날의 빛을 준비하고 있다. 지금의 여정이 불안하다면, 그것은 성장의 징조다.

3) 화지진(火地晉) : 새벽의 태양처럼, 밝게 나아가라

화지진은 '불(火)'이 위에, '땅(地)'이 아래에 있는 상(象)이다. 즉, 대지 위로 태양이 떠올라 세상을 비추는 형상이다. 그 의미는 '밝음으로 전진(晉)'—성장, 출세, 확장, 도약을 뜻한다. 이 괘는 정체되어 있던 기운이 뚫리고, 새로운 기회와 에너지가 솟구치는 시기다. 그동안의 인내와 노력이 결실을 맺으며, 명예와 성취가 눈앞에 다가온다. 그러나 동시에 빛이 강해질수록 그림자도 짙어진다. 지금은 승리의 자만보다, 다가올 변화를 대비하는 지혜로운 리더십이 필요하다.

적용 예시 1. "도약의 순간, 자만을 경계한 리더"

"빛은 나아가되, 자만을 태워 버리지 않게 다스려라."

한 스타트업은 대형 투자 유치에 성공하며 주목을 받았다. 대표는 화지진의 교훈을 떠올렸다. "지금은 태양이 떠오르는 때이지만, 곧 정오의 열기가 찾아온다." 그는 확장 대신 내실을 다지는 전략을 선택했다. 그 결과 다른 경쟁사들이 과열 속에서 흔들릴 때, 이 회사는 꾸준히 성장하며 '지속 가능한 도약'을 이뤘다.

적용 예시 2. "정체기 끝에 전진한 리더"

"기회의 해가 떴을 때, 주저하지 말고 움직여라."

한 부서장은 오랜 침체 끝에 새 프로젝트를 맡았다. 그는 화지진의 상징처럼 "이제는 빛으로 나아갈 때"라며 팀원들과 새 목표를 세우고 실행에 옮겼다. 수개월 만에 성과가 가시화되며 팀은 자신감을 되찾고 조직 내 핵심 부서로 부상했다. 그는 말했다. "도약은 운이 아니라, 기다림 끝의 결단이다."

"태양이 대지 위로 떠오른다."

침체됐던 시장이 다시 움직이는 시기, 빠른 결단과 실행력으로 기회를 선점해야 한다. 신규 투자·분양·리모델링 등 확장 전략이 길하다.

지금은 머무를 때가 아니라 나아갈 때다.

"밝을수록 그림자를 준비하라."

성과가 오르는 시기일수록 무리한 확장·과신을 경계하고, 내실을 다져야 한다. 잠시의 영광 뒤엔 조정이 온다. 균형이 지속 성장을 만든다.

결론적으로, 화지진은 "빛으로 나아가는 시기", 즉 확장과 상승의 리더십을 상징한다. 지금은 행동과 추진력의 시기이며, 그동안 준비했던 모든 것을 실현할 수 있는 기회의 문이 열렸다. 하지만 태양은 머무르지 않는다. 정오의 찬란함은 곧 저물기 시작한다. 따라서 지금은 빛을 즐기되, 그 빛이 꺼지지 않도록 겸손과 절제의 그늘을 함께 준비해야 한다.

4) 화수미제(火水未濟): 미완성

아직은 아니지만 곧 이루어진다는 뜻이다. 바다 위의 태양이 떠올라 각각의 길을 가고 있는 모습이다. 태양은 궤도를 돌아 결국 처음 지역으로 다시 돌아오는 모습이다. 완성을 향해 점차 나아가는 모습이지만, 아직 때를 기다려야 한다. 합리적인 이기심으로 완성을 향해 노력해야 한다. 장님이 안개 속에서 발을 잘못 디뎌 넘어지기 쉬운 모습이다. 기름과 물이 따로 놀 듯 불안하다. 사람을 만나도 잘 이루어지지 않는다. 항상 조심 조심히 사려깊게 행한다면 반드시 운이 좋아진다. 현재의 상황을 이겨 낸다면 필히 운이 좋아진다.

화수미제(火水未濟)

미완성, 곧 다시 시작된다

태양이 떠올라 각자 길을 가다

"태양은 떠올랐지만 아직 항로를 완주하지 못했다."

개발 인허가나 분양이 지연되는 상황이라면 조급함보다 절차적 완성에 집중해야 한다.

성급한 추진은 손실을 부르고, 인내가 완성을 이끈다.

"기름과 물이 섞이지 않는다."

파트너십이나 이해관계가 불안정하다면, 이익분배·의사소통 체계를 명확히 재정비해야 한다.

안정된 관계가 완성을 앞당긴다.

제19장

진震부 적용 사례

괘 순서	육효괘 (卦名)	육효괘 (卦象)	내괘 (下卦, 內卦)	외괘 (上卦, 外卦)	진부에 속하는 이유
1	뢰천대장 (雷天大壯)	☳ ☰	진(震, ☳) - 우레	건(乾, ☰) - 하늘	내괘가 **진**
2	뢰택귀매 (雷澤歸妹)	☳ ☱	진(震, ☳) - 우레	태(兌, ☱) - 연못	내괘가 **진**
3	뢰화풍 (雷火豐)	☳ ☲	진(震, ☳) - 우레	이(離, ☲) - 불	내괘가 **진**
4	진위뢰 (震爲雷)	☳ ☳	진(震, ☳) - 우레	진(震, ☳) - 우레	내괘가 **진**
5	뢰수해 (雷水解)	☳ ☵	진(震, ☳) - 우레	감(坎, ☵) - 물	내괘가 **진**
6	뢰산소과 (雷山小過)	☳ ☶	진(震, ☳) - 우레	간(艮, ☶) - 산	내괘가 **진**
7	뢰지예 (雷地豫)	☳ ☷	진(震, ☳) - 우레	곤(坤, ☷) - 땅	내괘가 **진**
8	뇌풍항 (雷風恒)	☳ ☴	항상성, 지속, 부부 의 도리, 꾸준함		내괘가 **진**

개념도 설명: 본 도표는 주역의 진부(震部)에 속하는 8가지 괘의 구성 원리를 설명합니다. 하괘(내괘)가 우레를 상징하는 진괘(震, ☳)로 고정된 상태에서 상괘(외괘)의 변화에 따라 형성되는 각 괘의 명칭과 상징을 체계화하였습니다. 이는 내면의 강한 움직임과 진동이 외부의 다양한 요소들과 만나 어떻게 구체적인 상황(괘)으로 발현되는지를 보여 주는 지표입니다.

주역의 진부(震部)에 속한다.

19.1 뢰천대장(雷天大壯), 뢰택귀매(雷澤歸妹), 뢰화풍(雷火豐)

1) 뢰천대장 크게 울리다 하늘 위의 우레

뢰천대장(雷天大壯): 힘이 넘치지만, 중심을 잃지 마라. 뢰천대장은 '천둥(雷)'이 하늘(天) 위에서 울리는 상(象)으로, 세상이 크게 진동하는 듯한 양(陽)의 기운이 최고조에 오른 시기를 뜻한다. 모든 것이 활기차고, 추진력과 에너지가 넘치는 성장기(成長期)이지만, 동시에 "과하면 오히려 꺾인다(盛極則衰)"는 경고가 숨어 있다. 지금은 세력도 크고, 명예도 따르며, 영향력도 커지는 시기다.

그러나 이 시기의 함정은 바로 '속도와 권위의 과잉'이다. 몸은 바쁘고 성과는 눈부시지만, 정작 마음은 불안하고 결과는 미완이다. 뢰천대장은 리더에게 이렇게 말한다. "진짜 강한 자는 힘을 쓰는 법보다, 힘을 다스리는 법을 안다."

"기세보다 균형이, 속도보다 방향이 중요하다."

한 스타트업은 급격한 성장으로 투자금과 고객이 몰려들었다. 대표는 기세를 몰아 인력과 지점을 빠르게 늘렸지만, 관리 체계가 따라가지 못하면서 혼란이 발생했다. 그는 결국 뢰천대장의 교훈처럼 깨달았다. "천둥소리는 크지만, 번개는 한순간이다." 즉시 확장을 중단하고 핵심 사업에만 집중했다. 그 결정 덕분에 회사는 과열 경쟁에서 벗어나 지속 가능한 수익 구조로 안착할 수 있었다.

"힘은 누르는 것이 아니라, 함께 나눌 때 더 강해진다."

한 부서장은 회사 내에서 강한 리더십으로 이름이 났다. 그는 빠른 결단으로 프로젝트를 성공시켰지만, 점차 독단적이라는 평가가 나오기 시작했다. 그는 뢰천대장의 상처럼 '하늘 위의 천둥은 크게 울리지만, 결국 멈춰야 한다'는 깨달음을 얻었다. 이후 회의 방식을 바꾸고 팀원들의 의견을 먼저 듣기 시작했다. 결과적으로 리더십은 더욱 강해졌고, 팀의 충성도는 크게 높아졌다.

투자전략 연구 3. 세력 확장의 신중함

"하늘 위에 우레가 친다."

사업이 빠르게 성장하고 주목받는 시기지만, 세력이 커질수록 리스크도 함께 커진다. 확장 보다 내실 강화, 권위보다 신뢰 구축에 집중해야 한다.

지나친 힘은 스스로를 무너뜨린다.

투자전략 연구 4. 성급한 성과보다 꾸준한 목표

"소리는 크지만 아직 결실은 없다."

화려한 외형이나 단기 성과에 집착하지 말고, 지속가능한 프로젝트와 장기 수익 구조에 초점을 맞춰야 한다.

묵묵한 지속성이 결국 대성과로 이어진다.

결론적으로, 뢰천대장은 "힘의 균형"과 "절제된 추진력"을 상징한다. 지금은 강하고 유리한 위치에 있지만, 그 힘을 조심스럽게 다루지 않으면 기세가 오히려 흉으로 변한다. 리더는 속도를 늦추고, 결실을 서두르지 말며, 꾸준히 한 목표를 향해 묵묵히 걸어가야 한다. 하늘의 천둥은 요란하지만, 그 뒤를 따르는 비가 세상을 살린다.

2) 뢰택귀매(雷澤歸妹): 움직이되, 서두르지 말라

뢰택귀매는 '천둥(雷)'이 위에, '연못(澤)'이 아래에 있는 상(象)으로, 물결이 요동치지만 결국 제자리로 돌아가는 모습이다. 이는 "때를 기다리며 순리대로 돌아가는 자연의 이치"를 상징한다. 지금은 기운이 조금 흔들리고, 계획이 순조롭게 풀리지 않는 시기지만, 관망하고 때를 기다리면 결국 기회가 돌아온다. 이 괘는 조급함 속에서 실패를 경고하며, "작은 일에는 길하나, 큰일은 시기상조"임을 알려 준다. 즉, 지금은 속도보다 방향, 결과보다 관계를 정비해야 할 때이다. 잠시 멈춤은 정체가 아니라, 다음 도약을 위한 균형 잡기다.

적용 예시 1. "프로젝트 지연 속에서 흐름을 바꾼 리더"

"속도를 늦추면, 방향이 보인다."

한 기업은 신제품 출시를 앞두고 예기치 못한 문제로 일정이 미뤄졌다. 팀원들은 초조했지만, 팀장은 뢰택귀매의 교훈처럼 말했다. "지금은 때가 아니야. 억지로 밀면 더 막힌다." 그는 대신 시장 조사를 보강하고, 고객 피드백을 정리하는 시간을 가졌다. 3개월 뒤, 더 명확한 타깃 전략으로 출시된 제품은 예상보다 두 배의 매출을 올리며 성공했다. 기다림은 낭비가 아니라, 준비였다.

"신뢰는 기다림 속에서 자란다."

한 중소기업 대표는 해외 파트너와의 협상이 지연되자 계약을 서두르고 싶었다. 그러나 그는 뢰택귀매의 뜻처럼 "성급하면 흉, 기다리면 길"을 되새겼다. 그는 관계를 단단히 다지기 위해 공식 미팅 대신 문화 교류와 신뢰 형성에 집중했다. 결국 협상은 더 큰 조건으로 성사되었고, 그 파트너는 장기 협력사가 되었다.

"출렁이던 물결은 결국 제자리로 돌아간다."

시장 흐름이 불안정한 시기에는 조급히 계약이나 매입을 추진하지 말고 정책·금리·수요의 방향을 관망하며 최적의 타이밍을 기다린다.

때를 아는 인내가 수익을 만든다.

"큰일은 막히지만 작은 일은 성취된다."

대규모 프로젝트보다 단기형·소규모 사업이나 기존 고객 관리에 집중하면 길하다. 협력 관계를 돈독히 하면 귀인이 따른다.

화합이 곧 기회다.

결론적으로, 뢰택귀매는 "귀환(歸)과 기다림의 미학"을 상징한다. 지금은 억지로 움직이기보다, 자연의 흐름에 순응하며 내면을 다스릴 때다. 일시적 방황과 지연은 실패가 아니라, 방향을 바로잡는 과정이다. 진정한 리더는 앞서 달리는 자가 아니라, 때를 읽고 움직이는 자다.

3) 뢰화풍(雷火豊) : 풍요로움, 성대함

어둠을 등지고 밝은 곳으로 향하는 상이다. 풍족하고 넉넉한 삶을 의미한다. 지나치게 밝음은 내부적으로 점차 해이해짐을 의미한다. 신속하게 일을 마무리 지어야 할 상황이고 결단력이 필요하다. 재산과 명예가 있으며, 넉넉하고 안정된다. 그런데, 갑자기 운의 중간에 풍파가 있다. 잘 익은 곡식과 과일이 가득한 가을 추수의 농장에, 뇌성벽력과 태풍이 불어와, 모든 농사를 망치는 모습이다. 우레의 번갯불이 부싯돌로 불을 일으키는 상이다. 불꽃이 일어나서 밝으니 길하고 얻는다. 빨리 일을 성취 마무리하고 어려움을 대비해야 함을 보인다.

투자전략 연구 1. 호황기의 신속한 마무리

"곡식이 익었을 때는 서둘러 거둬야 한다."

시장 호황기에는 성과를 빠르게 실현하고 수익을 확정짓는 결단력이 필요하다. 지나친 낙관보다 속도 있는 실행이 길하다.

기회는 오래 머물지 않는다.

투자전략 연구 2. 풍요 속의 긴장 유지

"태풍은 풍요의 한가운데 온다."

성과가 커질수록 내부 관리가 느슨해질 수 있다. 자금 관리·리스크 점검·인력 체계 재정비로 대비해야 한다.

풍요의 시기야 말로 위기 관리의 때다.

19.2 진위뢰(震爲雷), 뢰수해(雷水解)

1) 진위뢰(震爲雷) : 패기와 활력, 그러나 중심을 잃지 말라

진위뢰는 '천둥(雷)'이 위아래로 겹친 상(象)이다. 사방에서 우레가 울리듯, 활력과 에너지가 넘치고 패기가 솟는 시기를 뜻한다. 하지만 소리가 크면 반대로 실속이 부족할 수 있음을 경고한다. 즉, 지금은 추진력과 기세는 좋지만, 방향이 분산되거나 감정이 앞서면 오히려 혼란에 빠질 수 있다. 이 괘는 실무적으로 "과열된 추진력의 리더십", 즉 열정이 넘치지만 조율이 부족한 조직이나 개인에게 주는 경고다. 천둥은 세상을 깨우지만, 오래 울리면 귀가 멀 듯, 리더는 '기세의 리더십'이 아니라 '균형의 리더십'으로 전환해야 한다.

"패기보다 방향, 속도보다 집중이 이긴다."

한 스타트업 대표는 신사업 아이디어가 넘쳐 여러 프로젝트를 동시에 추진했다. 초기엔 열정으로 모든 것이 가능해 보였지만, 결국 자원 분산과 내부 혼선으로 손실이 발생했다. 그는 진위뢰의 교훈처럼 깨달았다. "천둥은 사방을 울리지만, 번개는 한곳을 친다." 이후 한 가지 핵심 사업만 집중 추진하며 6개월 만에 손익분기점을 회복했다.

"진짜 울림은 소리가 아니라 결과에서 나온다."

한 부서장은 프로젝트 발표 때마다 강렬한 프레젠테이션으로 주목받았지만, 정작 실행 단계에서는 세부 성과가 미비했다. 그는 상사의 피드백을 받고 진위뢰의 의미를 되새겼다. "소리만 크면 사람은 모이지만, 실속이 없으면 신뢰는 흩어진다." 이후 그는 '결과 중심 관리체계'를 도입해 작은 성공을 꾸준히 쌓으며 팀의 평가를 반전시켰다. 그의 이름은 이제 '말 잘하는 리더'가 아니라, '성과로 말하는 리더'로 바뀌었다.

투자전략 연구 3. 추진력은 강하게, 방향은 신중하게

"천둥은 세상을 울리지만 실속이 있어야 한다."

사업 추진 속도는 빠르지만 실질적 성과 관리가 부족하면 허망한 소리로 끝난다. 단기 성과보다 실질 수익과 완성도에 집중하라.

소리보다 실력을 내는 시기다.

투자전략 연구 4. 내부 리스크와 배신 방지

"사방이 요란하니 가까운 곳을 살펴라."

파트너나 내부 인력 간의 의사 불일치·정보 누락이 문제를 일으킬 수 있다. 투명한 소통과 신뢰 관리로 불협화음을 미연에 방지해야 한다.

바른 길이 번개의 방향이다.

결론적으로, 진위뢰는 "활력의 시기지만, 중심이 필요하다"는 괘다. 지금은 열정이 넘치고 세상이 움직이지만, 그 에너지를 조절하지 못하면 소리만 요란한 결과를 초래한다. 리더는 빠르게 나아가되, 한 방향을 향해야 하며, 기세 속에서도 내면의 균형을 잃지 말아야 한다. 천둥은 시작을 알리는 신호이지, 끝을 장식하는 소리가 아니다. 진정한 리더는 세상을 흔들기보다, 사람의 마음을 움직인다.

2) 뢰수해(雷水解): 천둥 뒤의 단비, 문제는 결국 풀린다

뢰수해는 '천둥(雷)' 위에 '물(水)'이 있는 상(象)으로, 우레가 치고 난 뒤 비가 내려 가뭄을 해갈하는 모습이다. 이 괘는 막혔던 일, 얽혔던 관계, 오랜 고민이 풀리기 시작하는 시기를 뜻한다. 혼란과 불안이 사라지고, 새로운 협력자나 해결의 단서를 만나게 된다. 그러나 아직은 모든 일이 완전히 정리된 것은 아니다. 지금은 억지로 밀어붙이지 말고, 자연의 흐름에 맡겨 차분히 기다리면 해결의 때가 온다. "비는 하늘이 내리지만, 해갈은 땅의 시간으로 이루어진다."

적용 예시 1. "장기 프로젝트의 돌파구를 찾은 팀"

"해결은 노력의 끝이 아니라, 인내의 끝에서 온다."

한 IT 기업은 1년 넘게 이어진 개발 프로젝트가 기술적 한계에 부딪혀 멈춰 있었다. 팀은 답답함 속에 여러 시도를 했지만 진전이 없었다. 그러던 중 외부 전문가와의 협업이 이루어지면서, 단 며칠 만에 문제의 핵심을 해결할 수 있었다.

팀장은 이 경험을 "뢰수해의 순간"이라 표현했다. "천둥 같은 혼란 뒤엔 반드시 비가 온다. 중요한 건 그때까지 포기하지 않는 것이다."

"진정한 해결은 설득이 아니라 신뢰에서 시작된다."

한 조직에서 오랜 갈등을 겪던 두 팀이 있었다. 서로 비난과 불신으로 협업이 끊긴 상태였다. 하지만 새로 부임한 리더는 화합을 강요하지 않고, 시간과 대화를 통한 자연스러운 회복을 선택했다. 그는 작은 공동 프로젝트를 만들어 양 팀이 함께 성과를 내도록 했다. 몇 달 뒤, 두 팀은 다시 협력하며 시너지를 만들어 냈다. 이는 천둥 뒤의 단비처럼 '관계의 해소'가 이루어진 순간이었다.

"천둥 뒤의 단비가 가뭄을 적신다."

인허가 지연·자금 압박 등으로 막혔던 문제가 협력자나 제도 변화로 자연스럽게 풀리는 시점이다. 억지로 밀어붙이기보다 상황의 흐름에 맞춰 유연히 대응하라.

해결은 자연의 리듬 속에서 온다.

"얼음이 녹고 물고기가 헤엄친다."

막혔던 시장이 풀릴 조짐이 보이는 시기, 실무 역량과 네트워크를 정비해 다음 상승기를 준비하라.

지금의 회복은 더 큰 도약의 서막이다.

결론적으로, 뢰수해는 "해결의 괘(卦)"이다. 지금까지의 혼란이 끝나고, 답이 서서히 드러나는 시점이다. 하지만 조급함은 여전히 금물이다. 강한 추진보다 자연스러운 순응, 밀어붙이기보다 흐름에 맡기는 지혜가 필요하다. 하늘이 천둥으로 깨우고, 비로 씻어내듯 리더는 문제를 강하게 깨우되, 부드럽게 풀어야 한다. 그럴 때 진정한 회복과 성취가 찾아온다.

19.3 뢰산소과(雷山小過), 뢰지예(雷地豫), 뢰풍항(雷風恒)

1) 뢰산소과(雷山小過): 작은 성취에 만족하고, 절제하라

뢰산소과는 '천둥(雷)'이 산(山) 위에서 울리는 상(象)이다. 산 위에서 천둥이 울리면 그 메아리가 멀리 퍼지지만, 실제 힘은 크지 않고 소리만 요란하다. 즉, 겉으로는 활발하고 화려해 보이나 실속이나 내실이 부족할 수 있는 시기다. 이 괘는 "조금 과한 것이 오히려 지나치다"는 경고를 담고 있다. 지금은 큰 일보다 작은 일에 집중해야 하며, 욕심을 부리거나 권위를 과시하면 오히려 손해를 본다. 리더는 속도보다 완급을 조절하고, 조직은 성과보다 안정과 신뢰를 우선시해야 한다.

적용 예시 1. "작은 목표로 조직의 균형을 되찾은 리더"

"큰 도약의 시작은 작은 안정에서 온다."

한 중견기업은 대규모 해외 진출 프로젝트를 추진했지만, 인력과 자금이 충분히 준비되지 않은 상태였다. 대표는 처음엔 밀어붙였으나, 연이은 시행착오에 조직이 흔들렸다. 그는 뢰산소과의 교훈을 떠올리며 "큰일은 잠시 멈추고, 작은 일부터 다시 바로 세우자"고 결단했다. 그 후 내부 프로세스 개선, 핵심 인재 육성 등 작은 성공들을 쌓아 가며 다시 성장의 기반을 마련했다.

"리더십은 말의 크기가 아니라, 행동의 깊이에서 나온다."

한 팀장은 매번 회의에서 큰 비전과 계획을 제시했지만, 정작 실행 단계에서는 자주 지연이 발생했다. 그는 팀원들로부터 "말은 큰데 실행이 약하다"는 피드백을 받았다. 이에 그는 화려한 프레젠테이션보다 '작은 약속을 지키는 실천'에 집중하기로 했다. 그 결과 팀의 신뢰도가 높아지고, 프로젝트는 일정대로 안정적으로 완수되었다.

"높이 날던 새는 잠시 내려와야 한다."

대규모 개발이나 확장보다 현재 가능한 범위의 작은 프로젝트에 집중하라. 무리한 추진은 구설과 손실을 부른다.
지금은 속도보다 세밀함이 필요한 때다.

"천둥은 크지만 산은 움직이지 않는다."

상급 기관이나 파트너와의 관계에서 과한 주장보다 절제와 조율이 필요하다.
겸손한 리더십이 조직을 지키는 방패가 된다.

결론적으로, 뢰산소과는 "지나침보다 부족함이 낫다"는 겸손의 괘다. 지금은 큰 성취를 노리기보다, 작은 성공으로 리듬을 되찾아야 할 때다. 조급하거나 과시하면 천둥처럼 요란할 뿐 실속이 없다. 하지만 절제하고 균형을 잡는다면, 조용한 안정 속에서 다음 도약의 힘을 얻게 된다. 리더의 품격은 크기의 문제가 아니라, 무게의 문제다. 작은 일에 진심을 다할 때, 큰 길은 자연히 열린다.

2) 뢰지예(雷地豫) : 새로운 변화를 즐기며 준비하라

뢰지예는 '천둥(雷)'이 하늘이 아니라 '땅(地)' 위에서 울리는 상(象)이다. 즉, 평온한 대지 위에서 번개가 치듯 정체된 흐름 속에 새로운 변화의 에너지가 깨어나는 시기를 뜻한다. 그동안 묵묵히 쌓은 노력이 인정을 받고, 기회를 만나 세상으로 나아가는 "기쁨의 시기, 그러나 준비된 변화의 때"다. 이 괘는 "움직이면 형통한다"는 원리를 담고 있다. 즉, 주저하지 말고 행동하되, 감정이 아니라 계획된 준비를 기반으로 나아가야 한다. 지금은 새로운 일, 이동, 변화에 좋은 때이며 조직에서는 확장·전환·성장의 첫 단계로 해석할 수 있다.

적용 예시 1. "준비된 리더가 변화를 이끈 순간"

"행운은 준비된 사람에게만 길하다."

한 기업의 부장은 오랫동안 내부 혁신안을 구상했지만, 상황이 불안정해 발표를 미뤄 왔다. 그러던 중 조직 개편의 기회가 오자, 그는 미리 준비한 자료로 즉시 제안서를 제출했다. 그 결과 프로젝트 리더로 선임되었고, 팀은 새로운 변화를 주도하게 되었다. 그는 말했다. "기회는 번개처럼 온다. 준비된 사람만이 그 빛을 잡는다."

적용 예시 2. "기쁨으로 변화를 맞이한 조직문화"

"변화를 즐기면, 그것이 성장의 원동력이 된다."

한 스타트업은 새로운 제품 라인을 준비하면서 직원들이 불안해하는 분위기에 직면했다. CEO는 '뢰지예'의 교훈처럼 변화를 두려워하지 말고 즐기자는 메시지를 전했다. 그는 사내 워크숍에서 변화를 "도전이 아니라 축제"로 재정의하고, 작은 성취를 함께 축하하는 문화를 만들었다. 결과적으로 조직의 사기가 높아지고, 출시된 신제품은 성공적으로 시장에 안착했다.

투자전략 연구 3. 준비된 자에게 오는 변화의 기회

"땅 위에 천둥이 울리니 움직여야 형통한다."

시장에 새로운 정책·트렌드 변화가 오는 시점, 이미 준비된 인허가·자금·네트워크를 즉시 실행에 옮길 때다.

기회는 미리 준비된 자의 손에 떨어진다.

투자전략 연구 4. 팀의 사기와 협력으로 성장

"봉황이 새끼를 얻었다."

조직이나 프로젝트팀 내 성과가 인정받고 분위기가 상승하는 시기다. 이럴수록 함께한 사람들과의 보상·소통·화합에 힘써야 명예와 재물이 함께 따르는 지속 성장이 가능하다.

결론적으로, 뢰지예는 "움직임 속의 기쁨, 변화 속의 성장"을 상징한다. 지금은 준비된 변화를 실행에 옮길 시점이며, 그 과정에서 긍정과 협력이 가장 큰 힘이 된다. 기쁨은 단순한 감정이 아니라 진심으로 일에 몰입할 때 생기는 에너지다. 하늘의 번개는 두렵지만, 땅 위의 번개는 새 생명을 일깨운다. 리더는 그 번개의 방향을 잡고, 조직의 기쁨을 창조하는 사람이다.

3) 뇌풍항(雷風恒): 지속, 항구적인 덕성, 천둥빛에 후 바람이 스치는 상

성급한 변화·과욕·무리한 확장은 재앙이 될 수 있다. 지금의 방향을 유지하며 성실하게 쌓을수록 큰 결실이 온다. 급하게 흔들리거나 좌우로 흔들리는 선택은 피해야 한다. 중심을 지키는 것이 최고의 전략이다.

투자전략 연구 1. 장기 보유 전략

시장이 흔들리고 정책이 자주 바뀌는 시기, 급매에 쫓겨 매도하거나 과한 레버리지 확대는 위기 초래.

입지·수요가 확실한 자산은 흔들림 없이 꾸준히 보유·관리 전략 유지.

장기 수익률 극대화 & 안정적 현금흐름 확보

투자전략 연구 2. 개발 사업 추진 흐름 유지

재건축/재개발에서 갈등·의견 충돌로 방향이 바뀌면 사업 지연 & 비용 상승.

지금 정해진 일정·계획·합의 방향을 중심으로 흔들림 없이 유지.

외부 자극에 반응하지 않는 일관된 추진이 결국 성공의 힘.

결론적으로, "뇌풍항의 길은 꾸준함의 힘이다. 변화를 좇지 말고 중심을 지켜라. 그게 가장 큰 수익이다."

제20장

손巽부 적용 사례

괘 순서	괘 이름	상괘(위)	하괘(아래)
1	풍천소축(風天小畜)	손(☴, 바람)	건(☰, 하늘)
2	풍택중부(風澤中孚)	손(☴, 바람)	태(☱, 연못)
3	풍화가인(風火家人)	손(☴, 바람)	리(☲, 불)
4	풍뢰익(風雷益)	손(☴, 바람)	진(☳, 우레)
5	손위풍(巽爲風)	손(☴, 바람)	손(☴, 바람)
6	풍수환(風水渙)	손(☴, 바람)	감(☵, 물)
7	풍산점(風山漸)	손(☴, 바람)	간(☶, 산)
8	풍지관(風地觀)	손(☴, 바람)	곤(☷, 땅)

개념도 설명: 본 도표는 '바람(巽)'이 상괘(위)에 머무는 8가지 상황을 나타냅니다. 바람이 아래의 하괘들과 만남에 따라, '작은 것이 쌓임(소축)', '믿음이 생김(중부)', '화목한 가족(가인)' 등 고유한 의미가 파생됩니다. 즉, 상층의 바람이 하층의 하늘, 연못, 불 등 다양한 요소와 상호작용하며 발생하는 변화의 원리를 체계적으로 보여 줍니다.

이 8개의 괘는 모두 **바람이 위에서 작용하는** 상황을 기본 바탕으로 하며, 아래 괘(하괘)가 무엇이냐에 따라 '바람이 하늘을 만나 작은 것이 쌓임(소축)', '바람이 연못을 만나 믿음이 생김(중부)' 등으로 그 의미가 파생된다.

20.1 풍천소축(風天小畜), 풍택중부(風澤中孚), 풍화가인(風火家人)

1) 풍천소축(風天小畜) : 잠시 멈춰, 때를 모으는 시간

풍천소축은 '바람(風)'이 하늘(天) 위에서 부는 상(象)으로, 비가 올 듯 구름이 모이지만 아직 내리지 않는 모습이다. 즉, 기운은 모이고 있으나 결과로 이어지기 전의 시기, 움직임보다 인내와 관찰이 필요한 때를 의미한다. 지금은 큰일을 추진하기에는 아직 때가 무르익지 않았다. 눈앞의 답답함을 견디고, 내부를 다지며, 외부의 신뢰를 쌓을 때다. 조급히 행동하면 오히려 기운이 흩어지고, 차분히 기다리면 하늘의 바람이 비를 부를 것이다.

"때를 기다림은 멈춤이 아니라 준비다."

한 제조기업은 매출 성장세에 힘입어 해외시장 진출을 추진했다. 그러나 내부 인력 구조와 공급망이 준비되지 않아 혼선이 발생했다. 대표는 풍천소축의 교훈처럼 "비가 내릴 때를 기다리자"고 판단했다. 확장을 일시 중단하고, 내부 프로세스 정비와 인력 재교육에 집중했다. 1년 뒤 시장 상황이 안정되자 진출을 재개했고, 이번에는 안정적인 공급망과 품질 신뢰로 큰 성공을 거두었다.

"지금 움직이지 않는 것도, 가장 현명한 움직임일 수 있다."

한 스타트업 CEO는 대형 투자사와 협상 중이었지만 조건이 불리해 쉽게 타결되지 않았다. 그는 풍천소축의 상처럼 '비가 내릴 때까지는 구름을 모아야 한다'는 뜻을 되새기며, 무리한 합의를 피하고 협력 관계를 꾸준히 이어 갔다. 결국 3개월 후 투자사가 조건을 완화하며 계약이 성사되었다. 그의 인내는 결과적으로 더 큰 이익을 가져왔다.

"비는 머지않아 내릴 것이다."

사업 추진이나 매입을 준비 중이라면 지금은 결정보다 관망이 유리한 시기다. 정책 변화, 금융 흐름을 관찰하며 계획만 세우고 실행은 조금 미루는 전략이 필요하다.

잠시의 정지가 큰 손실을 막는다.

"옥은 진흙 속에 묻혀 있으나 곧 빛난다."

주변 사람들과의 협력, 인맥, 기존 고객 기반을 통해 정체된 프로젝트의 실마리가 풀릴 수 있다.

도움은 바깥이 아니라, 가까운 곳에서 온다.

결론적으로, 풍천소축은 "기운이 모이는 때, 그러나 아직 내리지 않은 비"를 상징한다. 지금은 조급히 달릴 때가 아니라, 호흡을 고르고 에너지를 축적할 때다. 이 시기의 리더는 팀의 불안을 다독이며, 미래의 방향을 조용히 정비해야 한다. 하늘은 이미 비를 준비하고 있다. 당신의 역할은 바람을 가라앉히는 것이다.

2) 풍택중부(風澤中孚) : 진심이 흐르면, 세상이 따라온다

풍택중부는 '바람(風)'이 '연못(澤)' 위를 스치는 상(象)이다. 바람이 연못의 물결을 흔들어 탁한 물을 정화하듯, 이 괘는 '정성과 진심으로 관계와 조직을 새롭게 한다' 는 뜻을 담고 있다. 지금은 빠른 변화보다 깊은 신뢰를 쌓아야 할 때이다. 쉽게 성과 를 내기보다는, 서로를 믿고 인내하며 더디더라도 진심으로 협력해야 길하다. 정성 스럽게 다져진 관계와 신뢰는 결국 큰 재산과 안정된 성취로 돌아온다.

적용 예시 1. "신뢰로 다시 세운 조직"

"정성은 문제를 해결하는 가장 오래가고 강력한 전략이다."

한 기업은 내부의 불신과 이직률 증가로 위기를 맞았다. 대표는 풍택중부의 교훈 처럼 '문제를 바로잡기보다, 마음을 다듬자'고 결단했다. 그는 모든 직원과 1:1 면담 을 진행하며 경청했고, 조직 내 '신뢰 회복 주간'을 만들어 서로의 이야기를 나누게 했다. 몇 달 후, 회사의 분위기는 서서히 회복되고 직원 만족도와 팀워크가 눈에 띄 게 좋아졌다. 정성은 숫자가 아니라, 에너지를 바꾸는 힘이었다.

적용 예시 2. "지속 가능한 신뢰로 성공한 투자자"

"신뢰는 가장 오래 남는 자본이다."

한 투자 전문가는 단기 수익에 집착하지 않고 오랜 시간 기업의 경영 철학과 사람을 관찰했다. 그의 판단 기준은 숫자가 아니라 '진심이 있는가'였다. 그는 신뢰를 바탕으로 협업한 기업들과 장기적 성과를 거두었고, 업계에서 '신뢰를 투자하는 사람'으로 불렸다. 이것이 바로 풍택중부가 말하는 '지극한 정성의 결실'이다.

"바람이 연못을 흔들어도, 깊은 곳은 잔잔하다."

프로젝트 파트너 간의 관계는 다소 흔들릴 수 있으나, 서로의 신뢰와 진정성으로 문제를 풀면 큰 성과로 이어진다.

정성은 결국 자본보다 강한 신용이 된다.

"진흙 속 옥은 갈아야 빛난다."

지금은 단기 수익보다 묵묵한 현장 관리·브랜드 신뢰도 구축·품질 개선에 집중할 시기다.

더디더라도 꾸준히 쌓은 신뢰가 큰 재산으로 돌아온다.

결론적으로, 풍택중부는 "진심이 모든 것을 정화한다"는 괘다. 지금은 서두르지 말고, 사람과 일, 관계를 정성으로 다듬어야 한다. 탐욕이나 조급함이 섞이면 물이 흐려지고, 겸손과 성실이 깃들면 맑은 바람이 불어온다. 진정한 리더는 사람을 통제하는 자가 아니라, 진심으로 감화시키는 자다. 세상은 결국 진심을 이기는 전략을 본 적이 없다.

3) 풍화가인(風火家人) : 가족처럼 화합하라

풍화가인은 '바람(風)'이 위에, '불(火)'이 아래에 있는 상(象)이다. 부드러운 바람이 모닥불을 살살 살리듯, 온기와 정성으로 사람들의 마음을 모으는 시기를 뜻한다. 이 괘는 '가인(家人)', 즉 가정이나 조직의 질서와 화합을 상징한다. 지금은 외부의 성취보다 내부의 단속과 관계 관리가 더 중요하다. 조직이 크든 작든, 리더는 가족처럼 구성원을 돌보고 따뜻한 분위기 속에서 신뢰를 키워야 한다. 정성과 배려가 있다면 길하나, 나태하거나 냉담하면 관계가 쉽게 흩어질 수 있다.

적용 예시 1. "가족 같은 조직 문화를 만든 리더"

"사람이 모이는 조직은, 온기가 있는 조직이다."

한 중소기업 대표는 빠른 성장을 추구하느라 직원들과의 관계가 점점 소원해진 것을 느꼈다. 그는 풍화가인의 교훈처럼 "불은 관리하지 않으면 꺼진다"는 사실을 깨닫고, 조직의 '온도'를 다시 높이기로 결심했다. 매주 짧은 타운홀 미팅을 열고, 팀 간 소통 프로그램을 도입했다. 몇 달 후, 직원 만족도는 상승했고, 자발적인 협업이 활발해졌다.

적용 예시 2. "가정 같은 팀워크로 성과를 만든 리더"

"가족 같은 팀이 결국 최고의 성과를 낸다."

한 부서의 팀장은 목표 달성 압박으로 인해 팀원들에게 강한 지시를 반복하던 중,

팀 분위기가 무겁게 가라앉는 걸 느꼈다. 그는 풍화가인의 상처럼 "바람이 불지 않으면 불꽃은 꺼진다"는 가르침을 떠올리고, 각 팀원에게 '칭찬 한마디 프로젝트'를 시작했다. 서로의 노고를 인정하고 따뜻하게 격려하는 문화가 자리 잡자 분위기는 부드러워졌고, 결과적으로 업무 효율과 성과 모두 향상되었다.

투자전략 연구 3. 조직 내부의 화합과 단속

"따뜻한 불 주위에 사람들이 모인다."

조직·팀·파트너십 내 갈등보다는 소통과 신뢰를 중심으로 내부 단속에 집중할 때다. 가족처럼 유대감을 쌓으면 조직이 안정되고 성과가 따라온다.

내부의 온기가 외부의 성장을 만든다.

투자전략 연구 4. 관계 중심의 경영과 고객 관리

"바람이 불을 살리고, 불이 사람을 모은다."

지금은 인맥·고객·협력 네트워크를 강화할 시기로, 진심 어린 관리와 꾸준한 소통이 명예와 재물운을 함께 부른다.

사람이 곧 자산이다.

결론적으로, 풍화가인은 "온기가 조직을 살리고, 관계가 성공을 만든다"는 괘다. 지금은 경쟁보다 협력, 냉철함보다 따뜻함이 필요한 시기이다. 가정처럼 서로를 신뢰하고 챙기는 문화가 결국 큰 성과와 지속 가능한 성장을 가져온다. 리더는 불처럼 중심을 지키되, 바람처럼 부드럽게 사람을 감싸야 한다. 진심이 온도를 만들고, 온도가 조직을 움직인다.

20.2 풍뢰익(風雷益), 손위풍(巽爲風), 풍수환(風水渙)

1) 풍뢰익(風雷益) : 더함은 나눔에서 시작된다

풍뢰익은 '바람(風)'이 위에, '천둥(雷)'이 아래에 있는 상(象)이다. 바람이 천둥의 기운을 끌어올리며 점차 커지는 모습으로, 이는 "위가 아래를 돕고, 함께 성장하는 상"을 의미한다. 이 괘는 "이익(益)"이라는 이름처럼 성장, 풍요, 협력의 기운을 상징하지만, 그 바탕에는 반드시 이타심(利他心)과 진정성 있는 봉사정신이 깔려야 한다. 지금은 나 자신보다 공동의 이익과 관계의 조화에 초점을 맞춰야 한다. 개인의 욕심으로 이익을 취하려 하면 흉하고, 타인을 이롭게 하면 자연스레 나에게도 복이 돌아온다. 즉, '이익을 나누는 자가 진짜 부를 얻는다.'

"진짜 리더는 나의 이익보다 모두의 성공을 설계한다."

한 프로젝트 팀은 마케팅 예산을 놓고 부서 간 갈등을 겪고 있었다. 팀장은 풍뢰익의 교훈을 떠올리며, "각 부서의 이익이 아니라, 브랜드 전체의 이익을 생각하자"고 제안했다. 그는 각 부서의 우선순위를 조율해 공동 캠페인을 추진했고, 결국 회사 전체 매출이 오르며 모두가 이익을 얻었다. 그 결과, 리더의 신뢰도와 평판도 함께 상승했다.

"이익을 나누는 것이 가장 현명한 투자다."

한 기업의 CEO는 단기 성과보다 협력사의 성장에 집중했다. 그는 거래처의 어려움을 듣고 먼저 결제 조건을 완화해 주었고, 몇 년 뒤 그 협력사는 업계 1위 파트너로 성장해 회사의 핵심 동반자가 되었다. 이것이 바로 풍뢰익의 이치—'도움을 베풀면, 세상은 더 큰 도움으로 보답한다.'

투자전략 연구 3. 이익보다 신뢰를 우선하라

"바람이 천둥을 도우니 만물이 이로워진다."

지금은 단기 수익보다 파트너·고객·팀원에게 실질적 이익을 주는 시기다. 상대의 성장을 돕는 행동이 결국 더 큰 신뢰와 자산으로 돌아온다.

베푸는 손이 가장 오래 남는다.

투자전략 연구 4. 빠른 실행, 확실한 마무리

"회오리바람은 오래 머물지 않는다."

기회가 왔다면 지체 없이 실행하고, 길게 끌지 말고 신속히 마무리하라. 지금은 계획보다 실천, 이상보다 현실의 시기다.

빠른 완수가 곧 이익이다.

결론적으로, 풍뢰익은 '공익과 나눔의 리더십'을 상징한다. 지금은 혼자 잘되려 하기보다, 함께 잘될 방법을 찾을 때다. 자신의 이익에만 집착하면 관계는 금세 메말라 버리지만, 타인의 성장을 도우면 그 에너지가 결국 나를 살린다. 바람은 천둥을 키우고, 천둥은 다시 하늘을 울린다. 리더는 바로 그 바람처럼—보이지 않지만 모든 것을 살리는 존재가 되어야 한다.

2) 손위풍(巽爲風) : 부드럽게 스며들되, 중심을 잃지 말라

손위풍은 '바람(風)'이 위에도 있고, 아래에도 있는 상(象)이다. 즉, 세상을 감싸는 바람이 부드럽게 흐르며 모든 것을 스며드는 시기를 뜻한다. 바람은 형태가 없지만, 모든 곳을 통하게 한다. 이 괘는 "유연함 속의 지속성", "겸손 속의 영향력"을 상징한다. 지금은 강하게 밀어붙이기보다, 부드럽게 설득하고 자연스럽게 녹아드는 전략이 필요하다. 우직함보다는 융통성, 명령보다는 대화가 중요한 시점이다. 하지만 동시에, 너무 흔들리면 방향을 잃는다. "유연하되, 원칙을 잃지 말라." 이 균형이 바로 위풍이 말하는 리더의 자세다.

적용 예시 1. "부드러움으로 갈등을 녹인 리더"

"부드러움은 약함이 아니라, 신뢰를 키우는 힘이다."

한 대기업의 부서는 오랫동안 상하 간의 긴장으로 협업이 어려웠다. 새로 부임한 팀장은 위풍의 교훈처럼 "태풍이 아닌 산들바람이 조직을 살린다"는 마음으로 접근했다. 그는 강한 지시 대신, '대화 중심 회의'를 통해 의견을 듣고 모든 결정 과정을 투명하게 공유했다. 그 결과, 경직된 분위기가 풀리고 협업 속도가 두 배로 빨라졌다.

"변화에 맞서지 말고, 변화와 함께 흘러라."

한 스타트업은 시장 변화로 사업 방향을 급히 조정해야 했다. 대표는 기존 전략을 고집하기보다, 위풍의 바람처럼 유연하게 시장 흐름을 받아들이는 방향 전환을 선택했다. 그는 내부 회의를 통해 아이디어를 수용하고, 직원 의견을 반영한 새로운 제품으로 빠르게 전환했다. 결과적으로 기업은 위기를 기회로 삼아 새로운 시장에서 자리 잡았다.

투자전략 연구 3. 유연한 협상력으로 기회를 만든다

"바람은 막히면 비켜 간다."

협상·인허가·파트너십에서 강압보다 부드러운 접근과 융통성 있는 대화가 필요하다. 상대의 입장을 존중하며 우회하는 전략이 결국 성과를 만든다.

유연함이 곧 실력이다.

투자전략 연구 4. 꾸준함으로 신뢰를 쌓는 시기

"부드러운 바람이 숲을 움직인다."

지금은 큰 결단보다 일관된 태도와 진심으로 신뢰를 구축할 때다. 조급해하지 말고 꾸준히 움직이면 조용한 성장과 명예가 따라온다.

부드럽지만 멈추지 않는 바람이 길하다.

결론적으로, 위풍은 "부드러움 속의 강함", "겸손 속의 영향력"을 상징한다. 지금은 고집이나 완고함보다, 사람을 감싸는 리더십과 유연한 사고의 시기다. 리더는 바람처럼 어디에나 스며들지만, 결코 흔들리지 않는다. 바람은 나무를 쓰러뜨리지 않지만, 시간이 지나면 산도 깎고 바위도 다듬는다. 그것이 진정한 힘이다.

3) 풍수환(風水渙) : 흩어짐은 끝이 아니라, 새 출발의 신호

풍수환은 '바람(風)'이 위에, '물(水)'이 아래에 있는 상(象)이다. 바람이 물결을 흩트리며 넓게 퍼지게 하듯, 이 괘는 정체된 상황이 깨지고 새로운 흐름이 시작되는 시기를 의미한다. 겉으로는 흩어지는 듯 보이지만, 그 안에는 새로운 방향으로 나아가기 위한 정화와 재편성의 힘이 숨어 있다. 지금은 변화, 혁신, 전환의 시기다. 기존의 틀이나 방식에 집착하지 말고, 흩어짐을 두려워하지 말고 새로운 질서를 만들 준비를 해야 한다. "흩어짐은 무너짐이 아니라, 더 큰 구조를 위한 해체다."

적용 예시 1. "조직 개편의 혼란을 기회로 바꾼 리더"

"흩어짐은 무질서가 아니라, 새로운 질서를 위한 진통이다."

한 기업은 대대적인 조직 개편으로 직원들의 불안이 커졌다. 업무 체계가 흩어지고 팀이 재편되면서 혼란이 이어졌다. 하지만 CEO는 풍수환의 교훈처럼 "흩어짐은 재정비의 과정이다"라는 메시지를 던졌다. 그는 팀 간의 경계를 허물고, 열린 소통 구조를 도입했다. 몇 달 뒤, 새로운 협업 체계가 자리 잡으며 생산성이 오히려 향상되었다.

"변화는 흩어짐에서 시작된다 ― 해체는 진화의 전조다."

한 브랜드는 장기간 매출 부진을 겪고 있었다. 리더는 풍수환의 상처럼 "정체된 물에 바람을 불어넣자"고 결심했다. 그는 제품 라인을 과감히 줄이고, 고객층을 새롭게 정의하는 전략적 '선택과 집중'을 실행했다. 처음엔 내부 반발이 있었지만, 6개월 후 브랜드는 완전히 새 얼굴로 시장에 재등장하며 성공적인 리브랜딩을 이루었다.

"바람을 받은 돛배가 다시 항로를 찾는다."

그동안 막혀 있던 사업이나 시장이 새로운 기류를 타고 움직이기 시작하는 시점이다. 과거의 방식에 머물지 말고 혁신적인 접근과 과감한 구조 조정으로 전환하라. 정체에서 벗어날 바람이 이미 불고 있다.

"바람은 흩어지게 하지만, 돛은 방향을 잡는다."

시장 변화가 거셀수록 리더의 의지와 중심이 필요하다. 흩어지는 조직이나 협력 구조를 명확한 목표와 신뢰로 다시 묶어 내면, 혼란 속에서도 성장이 시작된다.

결론적으로, 수환은 "흩어짐 속의 재정립", "혼란 속의 혁신"을 상징한다. 지금은 움켜쥘 때가 아니라, 흩어짐을 인정하고 새로운 질서를 세울 때다. 리더는 중심을 잡되, 구성원들이 새로운 방향으로 흘러갈 수 있게 바람을 만들어야 한다.

바람은 물을 흩트리지만, 그 물은 결국 더 넓은 바다로 흐른다. 진정한 리더는 혼란의 시기에도 방향을 제시하는 돛대의 사람이다.

20.3 풍산점(風山漸), 풍지관(風地觀)

1) 풍산점(風山漸): 서두르지 말고, 한 걸음씩 나아가라

풍산점은 '바람(風)'이 산(山) 위에 있는 상(象)이다. 산 위에서 바람이 부는 모습은 조금씩, 그러나 멈추지 않고 변화가 일어나는 시기를 뜻한다. 이 괘는 "급하지 않게, 그러나 멈추지 않게"라는 메시지를 담고 있다. 지금은 단기적 성과보다 장기적 신뢰와 내실을 쌓아야 할 때이다. 산 위의 나무가 천천히 자라듯, 당장은 눈에 띄는 결과가 없어도 꾸준히 쌓인 노력은 결국 큰 숲이 된다. 과감한 변화보다 점진적 발전, 속도보다 방향, 이것이 풍산점이 전하는 성장의 공식이다.

적용 예시 1. "급성장을 멈추고 내실을 다진 리더"

"속도를 줄이면, 방향이 보인다."

한 스타트업은 빠른 확장으로 투자금을 확보했지만, 품질 관리와 인력 교육이 뒤처져 고객 불만이 늘어났다. 대표는 풍산점의 교훈처럼 "이제는 성장보다 안정이 필요하다"고 판단했다. 제품 라인을 줄이고 품질 중심으로 전환한 결과, 1년 뒤 브랜드 평판이 회복되고, 충성 고객이 늘어났다. 그는 이렇게 말했다. "천천히 가도, 제대로 가면 결국 더 멀리 간다."

"작은 성공이 큰 변화를 부른다."

한 공공기관의 혁신팀은 업무 효율화를 위해 거대한 개편안을 추진하려 했다. 하지만 내부 저항이 커 실패할 위기에 처했다. 팀장은 방향을 바꿔 작은 변화부터 시작하는 '점진 전략'을 선택했다. 우선 일부 부서에서 시범 운영을 하고, 성공 사례를 전사적으로 확산시켰다. 결과적으로 조직 전체가 무리 없이 새로운 시스템으로 전환되었다.

투자전략 연구 3. 점진적 성장 전략

"산 위의 나무는 천천히 자란다."

지금은 급격한 확장보다 기존 프로젝트의 완성도와 신뢰도를 차근히 높일 시기다. 작지만 꾸준한 개선이 장기적인 성장을 만든다.

느리지만 확실하게 쌓아라.

투자전략 연구 4. 현실 기반의 비전 관리

"구름은 산 위에서 조금씩 모인다."

이상은 크더라도 현실적인 자금·인력·시장 상황에 맞는 실행이 중요하다. 무리한 혁신보다 실현 가능한 계획으로 점진적 도약을 준비하라.

발밑을 다지면 정상은 따라온다.

결론적으로, 풍산점은 "점진적 성장과 꾸준한 노력"을 상징한다. 지금은 대담한 혁신보다, 한 걸음씩 쌓아 가는 인내의 시간이다. 하루의 진전이 작아 보여도, 그것이 쌓이면 어느새 산을 오르고 있음을 알게 된다. 리더는 사람과 조직이 성장할 '시간'을 믿어야 한다. 바람은 천천히 산을 깎지만, 결국 산의 모양을 바꾸는 것은 그 꾸준함이다.

2) 풍지관(風地觀): 관찰은 멈춤이 아니라 준비다

풍지관은 '바람(風)'이 '땅(地)' 위를 스치는 상(象)이다. 바람이 대지를 훑으며 세상의 흐름을 느끼듯, 이 괘는 "움직이지 말고 세상을 살펴라"는 메시지를 담고 있다. 지금은 행동보다 관찰이, 추진보다 성찰이 더 큰 힘을 가지는 시기다. 운세가 점차 하강세이니, 서둘러 결정을 내리기보다 흐름을 읽고 때를 기다리는 지혜가 필요하다. 조금의 손해나 지연은 감수하더라도, 잘못된 판단으로 큰 손실을 보는 일을 피해야 한다. 즉, 지금은 "보는 자가 이기는 시기"다.

적용 예시 1. "무리한 확장을 멈추고 기회를 잡은 리더"

"한 걸음 멈추면, 전체 지도가 보인다."

한 유통기업은 시장 점유율 확대를 위해 무리한 신규 출점을 진행하고 있었다. 하지만 대표는 풍지관의 교훈처럼 "지금은 나아갈 때가 아니라, 바라볼 때다"라고 판단했다. 그는 확장 계획을 중단하고, 소비자 트렌드와 경쟁사 동향을 면밀히 관찰했다. 결국 몇 달 후, 경쟁사가 과잉 투자로 손실을 본 반면 이 회사는 여유 자금으로 시장 변화를 선도할 기회를 얻었다.

"관찰은 리스크를 줄이는 가장 저렴한 보험이다."

한 기술 스타트업은 신제품을 서둘러 출시하려 했지만, CTO는 성능 안정성이 부족하다는 이유로 '출시 지연'을 제안했다. 그는 풍지관의 정신처럼, "화려한 속도보다 정확한 판단"을 우선시했다. 3개월 뒤 경쟁사의 비슷한 제품이 오류로 리콜되는 사태가 발생했고, 그 스타트업은 완성된 품질로 시장의 신뢰를 얻으며 성공적으로 진입했다.

투자전략 연구 3. 시장 하강기, 관망의 전략

"꽃이 피었을 때는 열매를 서두르지 말라."

시장이나 프로젝트가 과열되었을 때는 추가 투자나 확장을 멈추고 흐름을 관찰해야 한다. 지금은 움직일 때가 아니라 판단을 다듬을 때다.

관찰이 곧 리스크 관리다.

투자전략 연구 4. 경험 기반의 냉정한 의사 결정

"하늘을 보기 전, 발밑의 그림자를 살펴라."

데이터보다 경험과 현장 감각을 기반으로 시장 변동성을 분석하고 대응 전략을 세워야 한다. 감정적 판단이나 탁상공론은 손실을 부른다.

실질을 보는 눈이 성공의 열쇠다.

결론적으로, 풍지관은 "멈춤 속에서 얻는 통찰", "관찰을 통한 전략적 판단"의 괘다. 지금은 빠른 결정보다 넓은 시야가 필요하고, 움직이는 것보다 세상의 흐름을 읽는 힘이 중요하다. 리더는 단기 성과에 집착하지 말고, 지금의 멈춤을 미래를 설계하는 정지(靜止)의 시간으로 삼아야 한다. 바람은 보이지 않지만, 그 흔들림이 세상의 변화를 가장 먼저 알려 준다. 진정한 리더는 행동보다 먼저 세상을 '읽는 사람'이다.

제21장

감坎부 적용 사례

괘 순서	괘 이름	괘상(상괘/하괘)	상괘(위)	하괘(아래)
1	수천수(水天需)	☵/☰	坎(감) - 물	乾(건) - 하늘
2	수택절(水澤節)	☵/☱	坎(감) - 물	兌(태) - 못
3	수화기제(水火旣濟)	☵/☲	坎(감) - 물	離(리) - 불
4	수뢰둔(水雷屯)	☵/☳	坎(감) - 물	震(진) - 우레
5	수풍정(水風井)	☵/☴	坎(감) - 물	巽(손) - 바람
6	감위수(坎爲水)	☵/☵	坎(감) - 물	坎(감) - 물
7	수산건(水山蹇)	☵/☶	坎(감) - 물	艮(간) - 산
8	수지비(水地比)	☵/☷	坎(감) - 물	坤(곤) - 땅

개념도 설명: 감괘부(坎部)는 64괘 중 상괘(上卦)가 감(坎, ☵)괘로 이루어진 8개의 괘를 분류한 것입니다. 감(坎)은 만물의 생명원천인 '물(水)'과 극복해야 할 '험난함'을 동시에 상징합니다. 본 단락에서는 수천수부터 수지비까지, 감괘를 머리로 하는 각 괘의 구성 원리와 그 속에 담긴 변화의 이치를 다룹니다.

위 8괘는 감부(坎部) 또는 감궁(坎宮)에 속한다. 8괘의 공통점은 모든 괘의 상괘(上卦)가 감(坎, ☵)이다. 감(坎)은 물(水)과 **험난함**을 상징하며, 64괘를 분류할 때 **상괘**가 감인 괘들을 묶은 것이 감부이다.

21.1 수천수(水天需), 수택절(水澤節), 수화기제(水火旣濟)

1) 수천수(水天需): 하늘이 비를 품은 시간, 기다림이 곧 준비다

수천수는 '물(水)'이 위에 있고, '하늘(天)'이 아래에 있는 상(象)이다. 즉, 비가 내리기 직전, 먹구름이 가득 찬 하늘의 모습이다. 이 괘는 모든 조건이 무르익었지만 아직 "때(時)"가 오지 않은 시기를 의미한다. 지금은 조급함을 내려놓고, 내면을 단단히 가다듬으며 흐름을 기다릴 때다. 일이 잘 풀리지 않더라도, 이를 억지로 밀어붙이면 오히려 구설과 손해를 초래할 수 있다. 하늘이 비를 머금은 이유는 단 하나, "때가 되면 반드시 내리기 위함"이다.

적용 예시 1. "사업 확장을 멈추고 기회를 기다린 리더"

"기다림은 멈춤이 아니라, 더 큰 도약을 위한 호흡이다."

한 기업은 새로운 시장 진출을 앞두고 있었다. 그러나 경기 상황이 불안정하고, 경쟁사들이 치열하게 움직이는 시기였다. 대표는 수천수의 교훈처럼 판단했다. "비는 준비된 하늘에서 내린다. 아직은 기다릴 때다." 그는 공격적 확장을 미루고 내부 경쟁력을 강화하는 데 집중했다. 6개월 후 시장이 안정되자, 그는 완벽한 준비로 진출해 단숨에 시장 점유율을 확보했다.

적용 예시 2. "인내로 위기를 반전시킨 리더"

"불확실한 때일수록 마음의 중심이 전략이다."

한 스타트업 팀은 투자 유치가 지연되며 자금난에 직면했다. 팀원들은 불안에 흔들렸지만, 리더는 수천수의 상처럼 "흐트러지지 않는 기다림"을 택했다. 그는 팀원들에게 이렇게 말했다. "지금은 비가 오기 전의 먹구름 같은 시간이다. 우리가 버티면, 하늘은 반드시 열릴 것이다." 결국 몇 달 뒤 투자 유치에 성공했고, 그 인내의 시간은 조직의 신뢰를 두 배로 높였다.

"먹구름은 이미 비를 머금었다."

인허가, 투자유치, 분양 등 진행이 답답하더라도 지금은 기다림이 해답인 시기다. 무리한 추진보다, 관계 정비·자료 보완·내실 강화로 다음 단계를 준비하라.

때는 반드시 온다.

"자애로움이 비를 부른다."

주변과의 협력·소통을 돈독히 하고, 양보와 겸손으로 신뢰를 쌓을 때 막혔던 일도 귀인의 도움으로 해결된다.

인덕이 곧 운의 전환점이다.

결론적으로, 수천수는 "때를 기다림의 미학", 그리고 "인내 속의 준비"를 상징한다. 세상 모든 흐름에는 '타이밍'이 있다. 지금은 움직임보다 버팀, 말보다 침묵이 더 큰 힘이 되는 시기다. 하늘은 한순간도 움직임을 멈추지 않지만, 비를 내리기 전에는 반드시 고요를 만든다. 그 고요 속에서 리더는 내면을 단단히 세우고, 다가올 기회를 향한 준비를 마쳐야 한다.

2) 수택절(水澤節): 절제가 깊을수록 흐름은 멀리 간다

수택절은 '물(水)'이 위에, '연못(澤)'이 아래에 있는 상(象)이다. 물은 위에서 흘러 내리고, 연못은 아래에서 그 물을 머금는다. 이 괘는 "넘침과 부족 사이의 미묘한 균형", 즉 절제(節)의 도리를 상징한다. 지금은 과감한 확장이나 감정적 결정보다는 모든 일에 규범, 질서, 순서를 지켜야 할 때다. 절제가 지나치면 답답하지만, 절제가 없으면 결국 넘쳐 흘러 버린다. "성장은 자유가 아니라 절도 속에서 완성된다."

적용 예시 1. "통제된 성장으로 회사를 지킨 리더"

"멈출 줄 아는 자만이 오래 달린다."

한 기업은 투자금 유입으로 급격한 확장을 시도했다. 하지만 대표는 수택절의 교훈처럼 "지금은 늘릴 때가 아니라 조율할 때"라며 신규 채용과 지출을 절반으로 줄였다. 그 결정은 당시에는 비판받았지만, 1년 후 경기 침체가 오자 그 회사만이 안정적으로 버틸 수 있었다. 절제는 단기 성과를 늦추지만, 위기에서 회사를 지키는 방패가 된다.

적용 예시 2. "욕심을 비워 신뢰를 얻은 리더"

"절제는 리더의 품격이며, 신뢰의 시작이다."

한 부서장은 실적 압박 속에서도 팀원들에게 무리한 목표를 요구하지 않고, '지속 가능한 속도'를 유지하는 원칙을 지켰다. 그는 단기적 실적보다 팀의 피로도와 신뢰를 먼저 고려했다. 결과적으로 팀원들은 자발적으로 동기부여를 얻었고, 2분기 후에는 조직 전체에서 가장 안정적인 성과를 냈다.

"비가 연못에 고이니 넘치지 않게 다스려야 한다."

시장 상황이 안정되어 보여도 과잉 투자나 무리한 확장은 흉하다. 현금 흐름·인력·사업 규모를 '적정선'으로 유지하면 리스크를 줄이고 지속 가능성을 높인다.
절제가 곧 장기 성장의 지혜다.

"장마 속에서도 대나무는 곧게 자란다."

업무 프로세스·계약·보고 체계를 규칙과 절도 있게 정비할 시기다. 사려 깊은 의사결정과 투명한 절차가 고객과 파트너의 신뢰를 높인다.
질서가 곧 경쟁력이다.

결론적으로, 수택절은 "절도의 미학", 즉 조절과 통제의 리더십을 상징한다. 지금은 "얼마나 더 하느냐"보다 "어디서 멈추느냐"가 성공을 가르는 시기다. 지나치면 흐름이 깨지고, 부족하면 생명이 마른다. 대나무가 장마철에도 곧게 자라는 이유는, 물이 많아도 줄기가 스스로 절제하기 때문이다. 진정한 리더는 강을 만든 사람이 아니라, 물이 흐를 길을 열어 주고, 넘치지 않도록 둑을 세우는 사람이다.

3) 수화기제(水火旣濟): 완성은 끝이 아니라, 새로운 시작이다

수화기제는 '물(水)'이 위에 있고, '불(火)'이 아래에 있는 상(象)이다. 물이 아래로 흐르고, 불은 위로 오르니 서로가 조화를 이루는 완성의 시기이다. 즉, 모든 것이 조화를 이루며 최고의 성취를 이룬 시점, 그러나 동시에 그 조화가 곧 무너질 수도 있는 불안정한 균형을 의미한다. 지금은 명예, 지위, 재산, 인간관계 등 모든 면에서 순조롭다. 하지만 이 괘의 진짜 메시지는 "이루었다고 멈추지 말라"이다. 완성의 순간이 바로 하강의 출발점이기 때문이다. 따라서 지금은 자만이나 방심을 경계하고, 다가올 변화를 대비하며 다음 도약을 준비해야 한다.

"성공의 끝에서 미래를 준비하는 리더가 진짜 승자다."

한 IT 기업은 혁신 제품 출시로 폭발적인 성공을 거두었다. 그러나 대표는 수화기제의 의미를 깊이 이해하고 있었다. 그는 "지금이 가장 위험한 순간이다"라며 즉시 내부 시스템 점검, 조직 구조 개선, R&D 투자에 착수했다. 그 결과 3년 후에도 안정적 성장세를 유지하며 단기 성공에 그치지 않는 지속 가능한 기업으로 자리 잡았다.

"끝맺음의 리더십은, 다음 시작을 설계하는 리더십이다."

한 조직은 대형 프로젝트를 성공적으로 마무리한 뒤, 팀원들의 집중력이 떨어지

고 성과 유지가 어려워졌다. 리더는 수화기제의 교훈처럼 "완성 후의 공허함을 다시 불태워야 한다"는 사실을 깨달았다. 그는 프로젝트 평가 워크숍을 열어 성과를 축하하는 동시에 다음 단계 비전을 제시했다. 팀은 다시 방향을 잡고, 새로운 프로젝트를 성공적으로 이어 갔다.

"불과 물이 조화를 이루니 모든 것이 완성되었다."

현재는 성과가 드러나고 프로젝트가 결실을 맺는 시기다. 그러나 이룬 것에 안주하면 흐름이 꺾인다. 지금은 결산·유지보수·사후관리에 집중하며 다음 사이클을 준비해야 한다.

완성이 끝이 아니라, 다음 도약의 시작이다.

"물은 내려가고 불은 올라간다."

시장이 활황이라도 무리한 확장이나 장기투자는 금물이다. 유동성 확보, 위험 분산, 구조 재정비로 다음 변화를 대비하라.

성공기일수록 방심이 가장 큰 리스크다.

결론적으로, 수화기제는 "완성의 시기, 그러나 방심의 금물"이라는 괘다. 모든 것이 순조롭게 흘러가는 지금이야말로 리더는 마음을 낮추고 다음 단계를 설계해야 한다. 성취에 안주하면 물은 마르고 불은 꺼진다. 그러나 겸손히 미래를 준비한다면, 그 불은 더 크게 타오르고 그 물은 더 넓게 흐른다. 진정한 리더는 결과보다 순환을 본다. 끝은 다음 시작의 문이다.

21.2 수뢰둔(水雷屯), 수풍정(水風井), 감위수(坎爲水)

1) 수뢰둔(水雷屯): 시작의 어려움 속에서 성장의 뿌리를 내리다

수뢰둔은 '물(水)'이 위에 있고, '천둥(雷)'이 아래에 있는 상(象)이다. 물은 흐르려하고, 천둥은 아래에서 치며 위로 오르려 한다. 즉, 위아래가 서로 어긋난 상태—시작은 되었지만 아직 길이 열리지 않은 시기를 뜻한다. 이 괘는 '시작의 어려움'이자, 동시에 '성장의 필연적 진통'을 상징한다. 지금은 조급히 밀어붙이기보다, 도움을 구하고, 배우며, 경험을 축적해야 하는 시점이다. 시작의 불안은 실패의 신호가 아니라, 새싹이 땅을 밀어올리는 성장의 징후다.

적용 예시 1. "창업 초기의 혼란을 견딘 리더"

"시작의 어려움은 성장의 자격 시험이다."

한 스타트업 대표는 초기 사업에서 매출도 인력도 부족해 매일 불안한 상태였다. 하지만 그는 수뢰둔의 교훈처럼 "지금은 성장의 뿌리를 내리는 시기"라 믿고 조언을 구하며, 멘토와 함께 기본기를 다지는 데 집중했다. 그 결과 1년 후, 작지만 단단한 수익 구조를 만들어 냈다. 성공의 핵심은 속도가 아니라 버티는 힘과 배우려는 태도였다.

"협력은 시작의 어려움을 이기는 가장 강한 전략이다."

한 부서장은 새 프로젝트를 맡자마자 여러 부서의 반발에 부딪혔다. 그는 독단적으로 추진하지 않고, 경험 많은 선배의 조언을 구하며 "함께 여는 첫걸음"을 택했다. 그 결과 프로젝트는 서서히 안정되었고, 초기 혼란이 오히려 팀 간 신뢰를 다지는 계기가 되었다. 그는 말했다. "도움받는 것은 약함이 아니라, 빠르게 성장하는 방법이다."

투자전략 연구 3. 사업 초기의 시행착오, 멈춤의 지혜

"얼음 아래의 죽순은 봄을 기다린다."

신규 프로젝트나 투자 초기 단계에서는 예상보다 지연과 장애가 따르는 시기다. 조급히 추진하기보다 시장 조사·인허가 준비·파트너 구축 등기초 작업에 집중하라.

준비가 끝나야 봄이 온다.

투자전략 연구 4. 멘토와 협력의 중요성

"윗어른을 따르며 도움을 받아라."

경험 많은 선배, 전문가, 금융 파트너의 조언을 겸손히 받아들일 때 막혀 있던 문제도 풀릴 실마리가 생긴다.

함께 가야 빠르게 성장할 수 있다.

결론적으로, 수뢰둔은 "시작의 고비를 넘어서는 지혜"를 상징한다. 지금의 혼란과 장애는 실패가 아니라, 도약의 전조다. 이 시기의 리더는 완벽함보다 배우는 자세를 갖추고, 함께 걷는 사람들의 손을 잡아야 한다. 얼음 아래 죽순은 보이지 않지만, 그 속에서 봄을 준비하는 생명은 자라고 있다. 리더는 바로 그 봄을 믿고 견디는 사람이다.

2) 수풍정(水風井) : 우물과 같은 역할

시련 과정에 꾸준히 노력한 결과로 좋은 성과물을 얻는다. 새로운 일을 도모하지 말고 지금까지 하던 일을 지키는 것이 좋다. 길하다. 사람의 인덕이 있다. 이름나고 명예롭다. 이름에 따라 재산도 따른다. 유탁하면 주변의 도움을 받는다. 시끄럽고 소리 나는 일과 인연이 있다. 위는 물이고 아래는 바람이다. 물속에 물을 푸는 나무 두레박(손)이 있는 상으로 우물을 상징한다. 우물은 마을의 중심이고 여러 사람에게 혜택을 준다. 길하다. 또 우물가에 여인들이 모이니 시끄러운 소리를 상징한다. 수풍정 우물과 같은 역할 폭풍 후 우물이 생겨난 형상이다._

3) 감위수(坎爲水) : 깊은 수렁 속에서도, 물은 흐른다

감위수는 '물(水)'이 위에도 있고, 아래에도 있는 상(象)이다. 즉, 물이 물을 감싸 흐르는 형태 — 거듭된 시련, 어려움의 연속을 의미한다. 배가 풍랑에 부딪히고, 파도가 거세게 밀려드는 상황처럼 지금은 외부의 충격이나 예기치 못한 위기 속에 있는 시기이다. 그러나 이 괘는 단순한 불운이 아니라, 위기 속에서 마음을 다스리고, 길을 새로 찾는 '수련의 시기'를 뜻한다. 물이 가장 낮은 곳으로 흘러도 멈추지 않듯, 지금의 리더는 흐름을 유지하고, 냉정함을 잃지 않아야 한다. 이 어려움은 끝이 아니라, 새로운 방향으로 나아가기 위한 정화의 과정이다.

"흐름이 막힐 땐, 움직이지 말고 물의 방향을 다시 읽어라."

한 제조업체는 글로벌 경기 침체로 매출이 반 토막이 났다. 리더는 감위수의 교훈처럼 "지금은 헤엄칠 때가 아니라, 뜰 때다."라며 무리한 확장 대신 유동성 확보와 인력 보호에 집중했다. 그는 내부 구조를 단순화하고, 핵심 인재를 지켰다. 6개월 뒤 시장이 회복되자, 그 회사는 누구보다 빠르게 반등하며 신뢰받는 기업으로 성장했다.

"위기의 순간, 리더의 품격은 태도에서 드러난다."

한 팀장은 프로젝트 실패로 큰 손실을 봤다. 상사와 고객 모두의 압박 속에서 그는 감정적으로 대응하지 않았다. 대신 감위수의 가르침처럼 "낮게 흐르는 물처럼 겸손하게 대처"하며, 문제의 원인을 투명하게 공유하고 해결책을 함께 모색했다. 그의 진심 어린 태도는 조직의 신뢰를 회복시켰고, 그 프로젝트는 2차 기회에서 오히려 더 큰 성공을 거두었다.

"배가 풍랑을 맞았을 땐, 돛을 내리고 방향을 잡아라."

시장 침체나 프로젝트 차질로 어려움이 예상된다면 무리한 확장보다 자금·인력·리스크 구조를 재정비해야 한다.

지금은 손실을 줄이는 것이 곧 생존이다.

"깊은 물속에서도 손을 내밀어 주는 이는 있다."

신뢰할 만한 파트너, 금융사, 멘토의 도움으로 위기를 돌파할 수 있는 전환점이 생긴다.

겸손과 진심이 귀인을 부른다.

결론적으로, 감위수는 "반복되는 시련 속에서도 중심을 잃지 말라"는 괘다. 지금은 불안하고 힘든 시기일 수 있지만, 물이 바위를 깎듯이 끈기와 겸손으로 나아가면 반드시 길이 열린다. 세상에서 가장 유연한 물이 결국 가장 단단한 바위를 이긴다. 리더는 위기에서 방향을 잃지 않는 자이며, 고요함 속에서도 흐름을 멈추지 않는 사람이다.

21.3 수산건(水山蹇), 수지비(水地比)

1) 수산건(水山蹇): 길이 막혀도, 길은 있다

수산건은 '물(水)'이 위에, '산(山)'이 아래에 있는 상(象)이다. 앞에는 강이 흐르고, 뒤에는 산이 막혀 있는 진퇴양난(進退兩難)의 형상이다. 즉, 움직이면 위험하고, 멈추면 답답한 시기, 리더가 결단보다 안정과 판단의 균형을 가져야 하는 때를 뜻한다. 이 괘는 "움직이지 않는 것이 최선"이라는 교훈을 담고 있다.

지금은 돌파가 아니라 정비의 시간, 성과보다 생존, 속도보다 방향을 재정립해야 하는 시기이다. '멈춤은 후퇴가 아니라 재정렬이다.'

"멈춤은 포기가 아니라, 전략적 기다림이다."

한 기업은 글로벌 시장 진출을 준비하던 중, 환율 변동과 공급망 불안정으로 리스크가 커졌다. 대표는 수산건의 교훈처럼 "앞길이 보이지 않을 땐, 먼저 멈춰야 한다"며 진출 계획을 일시 중단하고, 내부 자산과 조직 구조를 재정비했다. 그 결과 다른 경쟁사들이 손실을 입는 동안 이 회사는 안정적으로 기회를 기다렸다가 훗날 유리한 시점에 시장에 재진입했다.

"막힘의 순간, 해답은 혼자가 아니라 함께에서 나온다."

한 팀은 프로젝트가 교착 상태에 빠져 진행도 중단도 어려운 상황이었다.

팀장은 독단적으로 해결하려 하지 않고, 경험 많은 외부 자문가와 협력하기로 결정했다. 그 조언을 통해 팀은 새로운 접근법을 찾았고, 프로젝트는 재개되어 성공적으로 마무리되었다. 수산건의 말처럼 "귀인을 만나면 막힌 길도 열린다."

"앞엔 강이요, 뒤엔 산이다."

프로젝트나 투자가 막혔을 때 무리한 추진은 더 큰 손실을 부른다. 지금은 멈추고 방어를 강화하며 자금·계약 리스크를 최소화해야 할 시기다.

멈춤이 곧 생존의 기술이다.

"험한 길일수록 길잡이가 필요하다."

단독으로 해결하려 하지 말고 경험 많은 전문가나 파트너의 조언과 협조를 구하라. 신뢰할 수 있는 사람과의 동행이 막힌 길을 트는 열쇠가 된다.

귀인을 만나면 막힘도 길로 바뀐다.

결론적으로, 수산건은 "위험 속에서 안전을 구하라", 즉 위기 시점의 멈춤과 재정비의 리더십을 상징한다. 지금은 새로운 시도를 하기보다 내부를 다지고, 관계를 정비하고, 신뢰를 쌓아야 한다. 길이 끊긴 것처럼 보여도, 그 멈춤 속에서 다음 길의 방향이 분명해진다. 리더는 언제나 앞으로만 가는 자가 아니다. 가야 할 때와 멈춰야 할 때를 아는 자가 진짜 리더다.

2) 수지비(水地比) : 함께해야 길이 열린다

수지비는 '물(水)'이 위에, '땅(地)'이 아래에 있는 상(象)이다. 물이 흘러들어 땅을 적시듯, 윗사람의 덕이 아랫사람에게 미치는 형상이다. 즉, 리더십과 팔로워십이 조화롭게 어우러질 때의 형통함을 상징한다. 이 괘는 "함께하면 길하다"는 교훈을 준다. 강한 리더십이 공동체를 안정시키지만, 그 리더가 '나 혼자'의 힘이 아니라 '함께의 힘'을 이끌어야 함을 강조한다. 지금은 독단보다는 신뢰, 비전, 배려의 리더십이 필요하다.

적용 예시 1. "비전으로 팀을 하나로 만든 리더"

"신뢰는 명령보다 강력한 리더십의 도구다."

한 기업의 팀장은 서로 경쟁하던 구성원들에게 공동의 목표와 팀 비전을 제시했다. 그는 수지비의 뜻처럼 "지도자의 덕이 구성원을 편하게 한다"는 철학으로 성과보다 신뢰를 우선시했다. 그 결과 팀원들은 스스로 움직이기 시작했고,
조직의 결속력은 이전보다 강해졌다. 리더의 덕은 지시보다 공감에서 비롯된다.

적용 예시 2. "함께의 힘으로 위기를 넘긴 리더"

"함께 버틴 위기는, 함께 성장한 자산이 된다."

한 스타트업은 자금난으로 존폐 위기에 처했다. 대표는 수지비의 교훈처럼 "혼자 버티는 대신 함께 해결한다"는 원칙을 세우고 투명하게 회사 상황을 공유했다. 직원들은 스스로 비용 절감 아이디어를 내고, 고객사들도 신뢰를 잃지 않았다. 결국 회사는 위기를 극복했고, 그 경험은 조직 전체의 결속을 더욱 단단하게 만들었다.

투자전략 연구 3. 신뢰와 리더십으로 조직을 이끌다

"논에 물이 가득 차니 벼가 자란다."

조직이나 팀의 중심에 선 리더라면 신뢰와 인덕으로 구성원을 이끄는 시기다.

비전 제시와 세심한 배려가 구성원의 동력을 키우고, 리더의 품격이 곧 성과의 크기를 결정한다.

"물이 넘치면 논이 무너진다."

현재는 성취가 따라오지만, 과욕이나 무리한 사업 확장은 위험하다. 내부 시스템 정비·리스크 관리·자금 안정화에 집중해야 기존 성과가 오래 유지된다.

신중함이 번영을 지킨다.

결론적으로, 수지비는 "함께함의 리더십"을 상징한다. 리더의 덕이 넓으면 구성원의 마음이 편하고, 구성원의 신뢰가 깊으면 리더의 비전이 실현된다. 조직의 성공은 개인의 힘이 아니라 관계의 힘에서 비롯된다. 물이 흘러야 땅이 비옥해지고, 땅이 단단해야 물길이 안정된다. 리더와 구성원의 관계도 이와 같다.

제22장

간艮부 적용 사례

순서	괘 이름	괘상(上卦/下卦)	상징
1	간위산(艮爲山)	☶ / ☶	산 위의 산(멈춤) - **종주괘**
2	산화비(山火賁)	☶ / ☲	산 아래에 불(꾸밈, 아름다움)
3	산천대축(山天大畜)	☶ / ☰	산이 하늘을 막음(크게 쌓음)
4	산뢰이(山雷頤)	☶ / ☳	산 아래에 우레(양육, 턱)
5	산풍고(山風蠱)	☶ / ☴	산 아래에 바람(폐단, 일의 시작과 끝)
6	산수몽(山水蒙)	☶ / 坎	산 아래에 물(어림, 미혹)
7	산지박(山地剝)	☶ / ☷	산이 땅 위에 있음(깎임, 쇠퇴)
8	산택손(山澤損)	☶ / ☱	산 아래에 연못이 있는 모습. 줄여서 이익을 얻는 상으로, 간궁의 귀혼괘입니다.

개념도 설명: 본 도표는 간(艮, ☶)을 상괘(上卦)로 하는 8개의 괘를 정리한 것입니다. 이는 '산(山)'의 성질인 멈춤과 안정을 기반으로 하며, 하괘의 변화에 따라 산 아래의 불, 하늘, 우레 등이 조합됩니다. 종주괘인 간위산(艮爲山)에서 시작해 마지막 산택손(山澤損)에 이르기까지, 간부(艮部)에 속한 각 괘의 상징적 의미와 변화 원리를 체계적으로 보여 줍니다.

위 8괘 모두 **간(艮, ☶)을 상괘로 가지며** 종주괘 간위산(艮爲山)의 변화 순서에 따라 배열된 괘들이므로 간부에 속하게 된다.

22.1 산천대축(山天大畜), 산화비(山火賁), 산뢰이(山雷頤)

1) 산천대축(山天大畜): 크게 모으는 자가, 크게 이룬다

산천대축은 '산(山)'이 '하늘(天)' 위에 있는 형상이다. 즉, 세상에서 가장 높은 곳에 솟은 산처럼, 강한 의지와 잠재력이 응축된 시기를 의미한다. 하지만 지금은 그 힘을 바로 써서는 안 된다. 움직이지 않고 쌓는 때, 즉 축적(蓄積)의 시기다. 포부는 크지만, 현실은 아직 그릇이 다 채워지지 않았다. 그래서 성급히 뛰기보다, 단단히 채워야 할 때다. 하늘 위의 산처럼 고난은 높지만, 그 고난이 바로 미래를 위한 에너지의 저장고가 된다.

"기회는 준비된 자의 인내 위에 핀다."

한 창업가는 신기술을 개발했지만 시장의 반응은 미미했다. 그는 조급하게 확장하지 않고, 산천대축의 뜻처럼 내부 시스템을 정비하고, 기술력과 데이터 자산을 꾸준히 쌓았다. 2년 뒤, 산업 트렌드가 바뀌자 그는 가장 먼저 도약할 수 있었다. 준비된 자에게만 기회는 찾아왔다.

"보이지 않는 준비가, 눈부신 결과를 만든다."

한 중간관리자는 팀의 성과가 정체되자 불안해졌다. 하지만 그는 산천대축의 교훈을 떠올렸다. "지금은 나아갈 때가 아니라, 기초를 단단히 쌓을 때다." 그는 팀원

교육, 데이터 정리, 고객 피드백 수집에 집중했다. 3개월 후, 새로운 프로젝트를 맡게 되었고, 그동안 쌓아 둔 준비 덕분에 누구보다 빠르게 성과를 냈다.

"하늘 위의 산은 쉽게 넘을 수 없다."

지금은 확장보다 자금력·인력·정보를 비축해야 하는 시기다. 유동성 확보·리스크 관리·시장 데이터 축적에 집중하면 다가올 기회를 크게 잡을 수 있다.

지금의 저축이 내일의 도약이다.

"포부는 크지만, 산은 높다."

큰 비전을 세우더라도 현실적 한계를 인정하고 실행 가능한 부분부터 쌓아야 한다. 성과보다 기반을 다지는 꾸준함이 필요하다.

견고한 준비가 위대한 성취를 만든다.

2) 산화비(山火賁): 화려함을 거두고, 내실을 세우라

산화비는 '산(山)' 위에 '불(火)'이 붙은 형상이다. 즉, 산 위에 타오르는 저녁 노을, 겉으로는 찬란하지만 그 불빛이 사그라들면 곧 어둠이 찾아오는 시기다. 이 괘는 겉으로는 화려하고 성공적으로 보이지만, 속은 비어 있거나 에너지가 고갈된 상태를 경고한다. 지금은 치장보다 본질, 포장보다 내실이 중요하다. 리더는 외형적 성공에 취하지 말고, 보이지 않는 기반 ― 조직의 신뢰, 체계, 건강함을 점검해야 한다.

"겉의 불빛보다 속의 불씨를 지켜야 한다."

한 기업은 광고와 외형 확장으로 빠르게 성장했다. 그러나 리더는 산화비의 교훈을 알고 있었다. 그는 "지금의 화려함은 석양빛과 같다"며 내부 프로세스 점검, 재무 건전성, 인력 재정비에 나섰다. 외형은 잠시 주춤했지만, 1년 후 그 회사는 위기 속에서도 흔들리지 않는 '탄탄한 조직'으로 성장했다.

"화려함은 잠시지만, 진정성은 오래간다."

한 마케팅 팀은 화려한 캠페인으로 주목을 받았지만, 실질 매출은 기대에 미치지 못했다. 팀장은 산화비의 의미를 되새기며 "우리는 포장을 잘한 게 아니라, 본질을 놓친 것이다"라고 말했다. 그는 고객의 실질적 만족을 위한 서비스 개선으로 방향을 전환했다. 결국 '겉보다 진심'의 전략이 시장의 신뢰를 얻었다.

"산 너머 붉은 노을은 아름답지만 곧 사라진다."

겉으로 보기엔 성과가 좋아 보이지만 실질적 수익과 구조는 불안정할 수 있다. 브랜딩·외형성장보다 재무·운영의 내실 관리에 집중하라.

지속 가능한 안정이 진짜 빛이다.

"단풍이 붉어도 뿌리는 흔들리지 않는다."

시장 분위기에 휩쓸려 감정적 투자나 과소비를 하면 손실이 크다. 냉정한 데이터 분석과 실질 가치 중심의 판단이 길하다.

화려함보다 실속을 지켜야 한다.

결론적으로, 산화비는 "겉의 빛이 아닌 속의 빛을 다스려라"는 괘다. 겉으로는 성공의 빛이 가득하지만, 그 이면에는 피로, 공허, 혹은 자만이 자리하기 쉽다. 이 시기 리더는 스스로를 내려놓고 조직의 내실, 구성원의 안정, 시스템의 완성도를 점검해야 한다. 산 위의 불은 오래가지 못한다. 그러나 산속의 불씨는 오래 따뜻함을 남긴다. 지금은 타오를 때가 아니라, 불을 다스릴 때다.

3) 산뢰이(山雷頤) : 말을 삼키는 자가 신뢰를 얻는다

산뢰이는 '산(山)'이 위에, '천둥(雷)'이 아래에 있는 상(象)이다. 산은 멈추고, 천둥은 움직인다. 이 두 상이 마주하며 위턱과 아래턱이 맞물린 '입'의 형상을 이룬다. 이 괘는 "입(口)"을 다스리는 운이다. 즉, 말과 소통, 음식, 표현, 언론, 그리고 '생각의 소화'를 상징한다. 입은 생명을 유지하는 통로이자, 사람 사이의 다리를 놓는 수단이다. 하지만 잘못된 말 한마디, 서두른 발언은 큰 장애를 부를 수 있다. 따라서 지금은 말보다 경청과 숙성의 리더십, 생각보다 내면의 정리가 필요하다. 말은 행운을 불러오기도, 위기를 불러오기도 한다.

"말의 양을 줄이면, 말의 힘이 커진다."

한 임원은 회의 때마다 의견이 충돌하자 강하게 주장을 펼치곤 했다. 하지만 팀 분위기는 점점 경직되었다. 그는 산뢰이의 교훈을 깨닫고, "말보다 듣는 힘"을 훈련했다. 이후 회의에서 그는 먼저 질문하고, 경청하며, 핵심만 짧고 명확하게 말했다. 팀은 자연스럽게 활기를 되찾았고, 그의 말 한마디는 이전보다 훨씬 무게 있게 들리게 되었다.

"소통은 말이 아니라, 귀에서 시작된다."

한 식품 기업 마케팅팀은 내부 오해와 갈등으로 협업이 무너졌다. 팀장은 산뢰이의 뜻처럼 "입의 역할은 싸우는 게 아니라 이어 주는 것"이라 믿고 팀 회식 대신 '경청의 날'을 만들었다. 모두가 돌아가며 솔직한 의견을 말했고, 리더는 끝까지 끼어들지 않고 들었다. 그날 이후 팀의 공감대가 회복되고, 프로젝트 성과는 이전보다 30% 상승했다.

"입은 복도 만들고, 화도 부른다."

협상·계약·파트너십 과정에서 언행과 소통 방식에 따라 결과가 갈린다. 감정적 대응보다 신중한 커뮤니케이션과 경청 중심의 태도가 길하다.

말의 힘을 다스리면 구설을 피하고 명예를 얻는다.

"쓴밥이라도 꼭꼭 씹어 삼켜라."

새로운 프로젝트나 직업적 전환이 시작되는 시기이지만, 무리한 확장보다 실질적 이익이 되는 일부터 추진해야 한다.

현실적 판단이 성공의 입맛을 만든다.

결론적으로, 산뢰이는 "입을 다스리는 리더십", 즉 표현과 경청의 균형을 강조하는 괘다. 지금은 말을 줄이고, 생각을 다듬고, 관계를 소화해야 할 때다. 섣부른 주장보다는 신중한 공감, 즉흥적인 말보다 진심 어린 침묵이 더 큰 영향력을 가진다. 입은 먹는 기관이기도 하지만, 듣고 이해하는 기관의 시작이기도 하다. 말로 이기려 하지 말고, 마음으로 설득하라. 그럴 때 비로소 사람은 당신의 말을 믿게 된다.

22.2 산풍고(山風蠱), 산수몽(山水蒙)

1) 산풍고(山風蠱): 썩은 가지를 잘라야 새싹이 난다

산풍고는 '산(山)' 위에 '바람(風)'이 부는 상(象)이다. 겉으로는 바람이 불어 상쾌해 보이지만, 속에서는 곰팡이와 부패가 번지고 있는 형상이다. 즉, 조직이나 관계 속에 겉은 멀쩡하지만 내부적으로 썩어 들어가는 문제가 있음을 뜻한다. 이 괘는 단순히 "불운"을 의미하는 것이 아니라, "부패한 것을 정화하고, 고여 있는 문제를 개혁하라"는 강력한 경고이자 기회다. 지금은 문제를 덮거나 미루면 안 된다. 썩은 뿌리를 드러내고, 고통스러운 수술을 단행해야 새 성장의 기반이 생긴다.

"썩은 가지를 자르는 결단이 진짜 리더십이다."

한 기업은 내부 회계 부정으로 위기를 맞았다. 리더는 산풍고의 교훈처럼 "문제를 덮는 대신 드러내는 용기"를 택했다. 즉시 외부 감사를 요청하고, 내부 윤리 제도를 전면 개편했다. 초기에는 혼란과 반발이 있었지만, 결국 조직은 신뢰를 회복하고 브랜드 평판이 더욱 높아졌다. 그는 말한다. "고통의 개혁은 잠시지만, 침묵의 부패는 평생을 망친다."

"문제를 감추는 리더는 위기를 키우고, 드러내는 리더는 조직을 살린다."

한 부서장은 고객 불만이 폭주하자, '조용히 덮자'는 부하들의 의견을 단호히 거부했다. 그는 "산풍고의 시기에는 숨길수록 더 썩는다"며 직접 고객을 만나 사과하고, 문제를 투명하게 공개했다. 그 진정성은 오히려 고객의 신뢰를 회복시켰고, 이 사건 이후 회사는 내부 피드백 시스템을 강화해 더 단단한 조직으로 성장했다.

"산은 단단하나, 그 속이 썩고 있다."

겉보기엔 안정돼 보여도 조직 내부나 프로젝트 구조에 누적된 문제가 숨어 있을 수 있다. 지금은 재무·계약·인력 문제를 점검하고 바로잡아야 할 시기다.

내부 리스크를 먼저 치유해야 외부 성과가 생긴다.

투자전략 연구 4. 위기 속 사업의 반등 기회

"산허리가 무너져도, 새로운 길이 열린다."

시장 불안이나 외부 리스크 속에서도 냉철한 판단과 실행력이 있다면 오히려 타사가 주저하는 틈을 파고들어 큰 이익을 얻을 수 있다.

위기 속 결단이 곧 반전의 힘이다.

결론적으로, 산풍고는 "위기와 부패의 경고이자, 개혁의 신호"다. 지금의 고통은 나쁜 징조가 아니라, 새로운 시스템과 진정한 신뢰를 세우기 위한 정화의 과정이다. 리더는 고통스러운 진실을 마주해야 하며, 썩은 부분을 잘라내야 새로운 조직의 성장판이 열린다. 바람이 산허리를 흔들 때, 그건 무너짐의 전조가 아니라 정화의 시작이다. 지금은 멈추지 말고, 문제의 뿌리를 찾아내라.

2) 산수몽(山水蒙): 몽매한 자에 대한 교육

계곡물이 바위에 막히는 것처럼 확실한 전망을 세우기 곤란하다. 발전 가능성이 매우 크기 때문에 자신의 진로를 찾아 계속 조언을 구하며 전진해 나가는 것이 좋다. 처음 무엇을 추진하는 계획 단계나 학문 분야에서는 길하다. 명예와 이름이 난다. 그리고 이에 따라 재물도 따라온다. 보통의 경우엔, 장애가 많고 안개 속 같이 앞길이 안 보인다. 오랜 노력 뒤에 획기적 전기가 이룩된다. 산 아래에서 처음으로 샘물이 솟아나는 모양이다. 작고도 작은 샘물은 바다까지의 먼 여정을 꿈꾼다. 아직은 작고 어려워서 모두가 당혹스럽고 어렵다. 초등학교 일학년 어린 학동의 배움의 모양이라 한다.

투자전략 연구 1. 초심자의 자세로 배우는 시기

"산 아래 샘물이 처음 솟는다."

신규 사업, 지역 확장, 새로운 투자 분야라면 지금은 경험을 쌓고 배우는'학습의 단계'다. 전문가 조언을 구하고, 시장 흐름을 연구하며, 기초를 다질수록 이후 큰 성취의 기반이 된다.

겸손한 배움이 가장 빠른 성장이다.

투자전략 연구 2. 불확실성 속 기초 다지기

"안개 속에서도 방향을 잃지 말라."

현재는 명확한 전망이 보이지 않아도 기초 체력과 시스템 정비에 집중해야 한다. 데이터 축적, 리스크 관리, 내부 프로세스 정비가 앞으로의 도약을 가능하게 하는 숨은 동력이 된다.

불확실할수록 기본으로 돌아가라.

22.3 간위산(艮爲山), 산지박(山地剝), 산택손(山澤損)

1) 간위산(艮爲山): 멈춰야 길이 보인다

간위산은 '산(山)'이 위에도, 아래에도 겹겹이 쌓인 상(象)이다. 앞도, 뒤도, 옆도 산으로 막혀 있는 형상—즉 "전진이 불가능한 상태"를 의미한다. 그러나 이 괘는 단순한 막힘이 아니라, 멈춤을 통한 재정비의 시기를 뜻한다. 세상은 끊임없이 '더 빨리'와 '더 멀리'를 요구하지만, 간위산은 말한다. "지금은 속도가 아니라, 방향이 중요하다." 멈춤은 실패가 아니라, 다음 도약을 위한 준비의 시간이다.

적용 예시 1. "멈춤으로 조직의 방향을 바로잡은 리더"

"속도를 줄이면, 진짜 길이 보인다."

한 회사는 신사업을 무리하게 확장하던 중 성과가 급격히 떨어지고 인력이 이탈하기 시작했다. 대표는 간위산의 교훈처럼 "잠시 멈춰야 할 때"라 판단했다. 모든 신규 프로젝트를 일시 중단하고, 조직의 핵심 목표와 비전을 재정립했다. 3개월간의 '정지 기간' 동안 내부 결속이 강화되었고, 그 후의 재출발은 이전보다 훨씬 단단했다.

적용 예시 2. "과열된 팀을 진정시킨 리더"

"쉬는 것도 전략이다."

한 팀은 목표 달성을 위해 야근과 과부하가 일상이 되었다. 성과는 올라갔지만, 구성원들의 피로는 극에 달했다. 팀장은 간위산의 뜻을 따라 '의도적인 멈춤'을 선언했다. 일주일간 업무 속도를 줄이고, 리프레시 워크숍을 통해 팀의 마음을 다시 맞쳤다. 그 결과, 팀은 재정비된 상태로 복귀하여 다음 분기 최고 성과를 달성했다.

투자전략 연구 3. 추진보다 '정지'가 현명한 시기

"산이 길을 막았을 땐, 멈추어야 산다."

지금은 시장이 정체되어 투자나 확장보다 자산 보존과 리스크 방어에 집중할 때다. 무리한 신규 사업은 손실을 키울 수 있으니, 현 상태 유지와 점검에 주력하라.

멈춤은 후퇴가 아니라, 방향을 바로잡는 쉼이다.

투자전략 연구 4. 내실 점검과 전략 재정비

"첩첩산중에서도 길은 안에 있다."

외부 확장 대신 내부 시스템, 재무, 인력 구조를 점검하며 기반을 다질 시기다. 지금은 조용히 데이터와 현황을 분석해 다음 기회를 준비해야 한다.

안정된 기반 위에서만 다음 산을 넘을 수 있다.

결론적으로, 간위산은 "멈춤의 미학", 즉 속도를 줄여 방향을 바로잡는 리더십을 상징한다. 지금은 억지로 돌파하기보다, 내부를 정비하고 자신을 성찰해야 할 시점이다. 겹겹이 막힌 산은 리더에게 "돌파가 아니라 숙성"을 요구한다. 고요 속에서 판단이 명확해지고, 정지 속에서 새로운 길이 열린다.

2) 산지박(山地剝) : 무너짐은, 새로 세워질 땅이다

산지박은 '산(山)'이 위에, '땅(地)'이 아래에 있는 상(象)이다. 겉으로는 든든해 보이지만, 내부가 서서히 깎여 무너지는 형상이다. 즉, 겉은 그대로이나 안이 약해진 시기를 뜻한다. 이 괘는 '붕괴'의 모습이 아니라, 새로운 구조를 만들기 위한 해체의 과정임을 알려 준다. 지금은 억지로 버티거나 확장하기보다, 기존의 방식과 구조를 내려놓고 다시 다져야 할 리셋의 시기다. 무너짐을 인정하는 용기야말로 다음 단계를 위한 진짜 성장의 시작점이다.

적용 예시 1. "조직 해체를 통해 새로 태어난 리더"

"낡은 구조를 버리지 않으면, 새 성장의 뿌리가 자라지 않는다."

한 회사는 매출은 유지됐지만 내부 갈등이 극심했다. 대표는 산지박의 교훈처럼 "지금은 버틸 때가 아니라 비울 때"라 판단하고, 팀 구조를 전면 해체한 뒤 핵심 인재 중심으로 재편했다. 혼란은 있었지만, 새 팀은 더 효율적이고 유연한 조직으로 거듭났다. 결국 이 '무너짐'은 회사가 한 단계 도약하는 계기가 되었다.

적용 예시 2. "개인적 실패를 성장으로 바꾼 리더"

"무너졌다고 끝이 아니다. 그 자리가 새 길의 출발점이다."

한 중간 관리자는 큰 프로젝트 실패로 좌절했다. 하지만 그는 산지박의 상징처럼, 이 실패를 단순한 '끝'이 아니라 '정화의 과정'으로 받아들였다. 그는 실패 원인을 냉정하게 분석하고, 그 경험을 기반으로 새 전략을 세워 다음 프로젝트를 완수했다. 결국 그는 실패로 인해 '경험으로 단단해진 리더'로 성장했다.

"산이 무너질 땐 그 자리를 피해야 한다."

사업 구조나 재무 상태가 불안하다면 지금은 확장보다 리스크 진단과 구조 조정이 먼저다. 계약·현금 흐름·파트너 관계를 면밀히 점검해 손실을 최소화하라.

무너지는 걸 붙잡기보다, 무너지지 않게 막는 게 지혜다.

"무너짐은 새로운 땅을 드러낸다."

현재의 손실이나 실패는 새로운 성장의 기반이 되는 전환점이다. 기존 방식을 버리고 내부 역량과 시스템을 다시 설계하면 다음 단계에서 더 단단히 일어설 수 있다.

붕괴는 재정비의 기회다.

결론적으로, 산지박은 "붕괴 속에서 재구성하라"는 괘다. 지금의 무너짐은 실패가 아니라, 다음 성장을 위한 구조조정과 성찰의 시간이다. 겉모습을 유지하려 애쓰지 말고, 내부를 비우고 다시 세우는 용기가 필요하다. 산이 무너질 때 흙은 흩어지지만, 그 흙이 쌓여 더 넓은 들판을 만든다. 리더는 무너짐을 두려워하지 않고, 그 무너짐 속에서 새 질서를 설계하는 자다.

3) 산택손(山澤損): 덜어서 더 큰 것을 얻는 때, "작은 손해는 큰 성공을 위한 투자다"

미래를 위한 과감한 투자가 필요하다. 손해를 보며 덕을 쌓는다. 작은 이익보다는 장래의 더 큰 결실을 위해 노력해야 한다. 말썽과 구설수가 있을 수 있다. 양보한다면 형통하다. 때가 좋지 않으니 투자와 일의 추진에는 불길하다. 기다리면 획기적 전환이 온다. 마치 산이 허물어져 연못을 메우는 형상이다. 인덕을 잃지 말고 베풀면 보답이 있다.

투자전략 연구 1. 재건축·재개발 분담금 & 갈등 조정

조합원 분담금 증가, 추가 출자 요구, 이해관계 충돌이 발생하는 시점.

단기 손익 계산보다 장기 가치 상승에 초점.

작은 희생(분담금·양보·갈등 조정)을 해야 최종 수익 극대화.

"조금 손해 보고 크게 번다."

분쟁 대신 속도와 가치 상승 확보 → 프리미엄 폭발.

투자전략 연구 2. 프로젝트 투자·PF 자금 구조 조정

금리 상승·시장 위축으로 PF 압박, 현금흐름 어려움 발생.

수익성 낮은 자산 정리하고 핵심 사업에 자금 집중.

단기 손실 감수 → 실행력 확보 → 대형 기회 선점.

생존이 우선, 선택과 집중으로 대전환 기회를 마련.

시장 반등 시 압도적 수익 환수.

결론적으로, "지금의 작은 손해는 미래의 큰 이익을 위한 전략적 선택이다. 덜어 내야 더 높이 쌓을 수 있다."

제23장

곤坤부 적용 사례

괘 순서	괘상(대성괘)	상괘(위)	하괘(아래)
1	☷☰	곤(坤, ☷) – 땅	건(乾, ☰) – 하늘
2	☷☱	곤(坤, ☷) – 땅	태(兌, ☱) – 못
3	☷☲	곤(坤, ☷) – 땅	리(離, ☲) – 불
4	☷☳	곤(坤, ☷) – 땅	진(震, ☳) – 우레
5	☷☴	곤(坤, ☷) – 땅	손(巽, ☴) – 바람
6	☷☵	곤(坤, ☷) – 땅	감(坎, ☵) – 물
7	☷☷	곤(坤, ☷) – 땅	곤(坤, ☷) – 땅
8	☷☶	곤(坤, ☷) – 땅	간(艮, ☶) – 산

개념도 설명: 곤부(坤部)는 하괘(下卦)가 땅(坤, ☷)인 8개의 괘를 집대성한 것입니다. 이는 만물을 포용하고 순응하는 '땅의 덕성'을 모든 변화의 근본(아래)에 두고 있음을 의미합니다. 위쪽의 상괘가 하늘·못·불 등으로 변하더라도, 그 바탕에는 대지의 헌신적이고 수용적인 성질이 뿌리 깊게 자리 잡고 있다는 통찰을 담고 있습니다.

　곤부는 **하괘가 땅(坤, ☷)인 모든 괘**를 모은 것이다. 이는 모든 괘가 **땅의 순응하고 포용하는 성질**을 근본(아래)에 두고 있음을 의미한다.

23.1 지천태(地天泰), 지택림(地澤臨), 지화명이(地火明夷)

1) 지천태(地天泰): 조화로 세상을 이롭게 하다

지천태는 '땅(地)'이 위에, '하늘(天)'이 아래에 있는 상(象)이다. 즉, 하늘의 기운이 오르고, 땅의 기운이 내려와 서로 교감하는 시기를 뜻한다. 이 괘는 세상의 질서가 바르게 흐르고, 사람들이 서로 화합하며 안정된 조화를 이루는 모습을 상징한다. 지금은 억지로 밀어붙이거나 바꾸려 하기보다, 조직과 관계 속의 '균형'을 지키는 것이 최고의 전략이다. 모든 것이 순리대로 돌아가는 시기이기에, 겸손과 감사로 이 조화를 유지하는 것이 중요하다.

적용 예시 1. "조화로운 조직 문화를 만든 리더"

"조화로운 조직은 스스로 성장한다."

한 기업은 큰 성장을 이룬 뒤 내부 갈등이 늘어갔다. 대표는 지천태의 교훈처럼 "질서와 조화를 회복해야 할 때"라 판단하고 성과 경쟁보다 협력 중심의 조직문화를 설계했다. 성과는 일시적으로 줄었지만, 1년 후 회사는 안정성과 신뢰를 회복하며 다시 성장 궤도에 올랐다. 리더의 가장 큰 능력은 '균형'을 유지하는 힘이다.

적용 예시 2. "협업과 신뢰로 위기를 돌파한 리더"

"화합은 속도보다 강력한 추진력이다."

한 프로젝트 팀은 이해관계가 복잡해 부서 간 마찰이 계속되었다. 팀장은 지천태의 정신을 실천하며, 모든 구성원이 참여하는 '공감 회의'를 열었다. 서로의 입장을 이해하고 협의점을 찾은 결과, 프로젝트는 일정 내에 성공적으로 마무리되었다. 이 경험은 팀워크의 힘이 전략보다 크다는 사실을 증명했다.

"하늘 아래 땅이 평화롭다."

시장 흐름과 팀의 에너지가 안정적으로 맞물리는 시기다. 신규개발, 분양, 브랜드 확장 등 새로운 일을 시작하기에 최적의 운. 조화로운 협력과 명확한 계획이 뒷받침된다면 순풍에 돛 단 듯 진행된다.

균형 잡힌 출발이 큰 결실을 부른다.

"음양이 조화되어 만물이 통한다."

지금은 팀 간의 이견을 조율하고 신뢰를 구축하는 리더십이 중요한 시점. 조직, 투자자, 협력사 간 이해관계가 조화롭게 맞물리면 큰 성과와 명예가 따라온다.

조화가 곧 성장의 동력이다.

결론적으로, 지천태는 "조화와 순환의 시기"를 상징한다. 지금은 밀고 나가기보다, 사람과 사람 사이의 관계를 다듬고, 시스템의 균형을 유지해야 할 때다. 운이 좋을수록 오히려 겸손해야 하며, 성공의 시기일수록 '안정의 리더십'을 발휘해야 한다. 하늘과 땅이 만나는 이때, 리더는 그 중심에서 균형과 순환을 지켜 내는 사람이다.

2) 지택림(地澤臨) : 겸손히 임하는 리더, 세상을 품는다

지택림은 '땅(地)'이 위에 있고, '연못(澤)'이 아래에 있는 상(象)이다. 깊은 연못이 고요히 세상을 비추듯, 지혜와 겸손으로 세상에 임하는 리더의 태도를 상징한다. 지금은 기운이 무르익어 결실이 눈앞에 있으며, 새로운 일을 시작해도 순조롭게 발전할 수 있는 시기다. 그러나 이 괘의 본질은 "교만하지 않은 완숙"에 있다. 성공을 눈앞에 두고 있을수록, 리더는 낮은 자세로 더 깊이 세상을 바라보아야 한다. 겸손한 눈으로 미래를 보고, 신중한 손으로 실행할 때 형통한다.

적용 예시 1. "겸손한 태도로 조직을 성장시킨 리더"

"지혜로운 리더는 먼저 보고, 나중에 움직인다."

한 기업의 CEO는 새로운 해외 진출 기회를 맞이했다. 그러나 그는 지택림의 교훈처럼 "지금의 성과에 들뜨지 말고, 먼저 내실을 다져야 할 때"라 판단했다. 그는 시장 조사와 협력 파트너십 구축에 집중하며, 성급히 확장하기보다 깊이 있게 준비하는 길을 택했다. 그 결과, 1년 후 첫 진출 시장에서 안정적인 성과를 거두었다.

적용 예시 2. "낮은 자리에서 빛난 리더십"

"조용한 리더가 진짜 큰 파도를 일으킨다."

한 중간 관리자는 회사의 구조조정 속에서도 묵묵히 팀을 챙겼다. 그는 지택림의 의미처럼 '낮은 자리의 깊은 안목'을 지녔고, 조직의 불안 속에서도 구성원들의 신뢰를 얻었다. 그는 큰소리치지 않았지만, 위기 이후 그의 리더십은 인정받아 상위직으로 승진했다. 겉의 화려함보다 깊이 있는 책임감이 진짜 리더를 만든다.

"깊은 연못 위로 하늘이 비친다."

시장 흐름이 안정되고 프로젝트 여건이 무르익은 시기다. 신규 개발·리뉴얼·투자 실행 등 새로운 사업을 시작하기에 적기이며, 지혜로운 계획과 냉정한 실행이 따라야 완성도를 높일 수 있다.

준비된 자에게 문이 열린다.

"맑은 수면엔 별도, 하늘도 비친다."

성과가 가시화되더라도 교만을 버리고 겸허히 주변의 흐름을 읽어야 할 때다. 시장과 조직, 자금 흐름을 넓은 시야로 살피면 작은 움직임이 큰 성취로 이어진다.

깊이 있는 통찰이 리더의 품격을 만든다.

결론적으로, 지택림은 "성숙의 문턱에서 겸손히 임하라"는 괘다. 지금은 이미 성장의 기반이 단단히 다져진 시기이며, 이제 그 힘을 바탕으로 세상을 향해 나아갈 때다. 그러나 성공의 순간일수록, 리더는 고요한 연못처럼 마음을 가라앉혀야 한다. 그 고요함 속에서만 큰 지혜와 명확한 판단이 나온다. 겉의 빛보다 내면의 깊이, 성과보다 품격이 리더의 미래를 결정한다.

3) 지화명이(地火明夷): 어둠 속의 지혜, 빛을 감추다

지화명이는 '땅(地)'이 위에 있고, '불(火)'이 아래에 있는 괘다. 즉, 태양이 땅속으로 내려가 어둠이 깔린 형상이다. 이는 세상이 혼란하고, 지혜로운 자가 드러나지 못하는 시기—암흑의 시대, 혹은 불리한 상황에서의 침묵의 미덕을 상징한다. 지금은 빛을 내기보다, 빛을 감추고 내면을 단련해야 하는 시기다. 소란스럽게 움직이지 말고, 묵묵히 실력을 쌓고 때를 기다려야 한다. 그 어둠의 시간은 결코 낭비가 아니라, 다음 '밝음의 시대'를 위한 준비기다.

적용 예시 1. "조직의 구조조정 속에서 살아남은 실무자"

"빛이 꺼진 듯 보여도, 내면의 불을 꺼뜨리지 마라."

한 회사가 대규모 구조조정에 들어갔다. 능력 있는 직원들도 불합리하게 밀려나는 상황이었다. 그러나 한 실무자는 화를 내거나 나서지 않았다. 그는 지화명의의 교훈처럼 묵묵히 내면의 불을 다스리며, 새로운 기술을 배우고, 네트워크를 정비했다. 1년 후 조직이 재편되자, 그는 준비된 실력으로 다시 불려 나와 핵심 인재로 복귀했다.

적용 예시 2. "위기 속 브랜드 리더십을 회복한 기업"

"빛을 숨길 줄 아는 리더가 진짜 위기관리자다."

한 기업은 외부의 비난과 악성 루머로 큰 타격을 입었다. 대응할수록 불이 번졌고, 리더는 '잠시 멈춤'을 선택했다. 그는 내부 정비와 고객 신뢰 회복에 집중하며 '보이지 않는 복구'에 힘썼다. 시간이 지나자, 조용히 다시 신뢰가 회복되었고, 그 기업은 한층 단단한 브랜드로 돌아왔다.

"태양이 땅 밑으로 저물었으나, 다시 떠오를 준비를 한다."

지금은 시장이 어둡고 가시적인 성과가 보이지 않더라도 내부 역량 강화·정보 수집·기획력 재정비에 집중해야 한다.

조용한 준비가 곧 다음 도약의 빛이 된다.

"어둠 속의 작은 빛이 세상을 비춘다."

홍보, 마케팅, 인테리어, 조명, 디자인 등 '빛'이나 공간 감각과 관련된 일이라면 지금의 암흑기에도 오히려 기회가 숨어 있다.

어두운 틈새에서 빛을 찾아내면 반전의 길운이 열린다.

결론적으로, 지화명이는 "내면의 단련과 기다림의 미학"을 뜻한다. 지금은 불리한 시기처럼 보일지라도, 그 속에서 지혜와 실력을 다듬는 사람만이 다음 시대의 리더가 된다. 세상이 어둡다고 불평하지 말라. 그 어둠은 당신이 자신의 불빛을 다시 발견할 기회다.

23.2 지뢰복(地雷復), 지풍승(地風升), 지수사(地水師)

1) 지뢰복(地雷復): 회복과 새 출발의 리더십

지뢰복은 '땅(地)'이 위에 있고, '우레(雷)'가 아래에 있는 괘다. 즉, 땅속 깊이 잠들었던 생명이 천둥의 진동으로 다시 깨어나는 상(象)이다. 겨울이 끝나고 봄이 오는 전환점, 정체된 시기가 지나고 새롭게 시작되는 때를 뜻한다. 이 괘는 단순히 '회복'이 아니라, 본질로 돌아가 새 질서를 세우는 복귀(復)의 의미를 담고 있다. 지금은 화려한 도약보다, 기초를 다시 세우는 시기다. 그 시작이 작더라도, 꾸준히 쌓이면 큰 결실로 이어진다.

적용 예시 1. "실패 후 다시 일어선 스타트업"

"회복의 출발점은 초심으로의 복귀다."

한 스타트업은 신제품 런칭에 실패했다. 그러나 대표는 지뢰복의 교훈처럼 '초심으로 돌아가자'고 선언했다. 처음의 비전과 고객의 니즈를 다시 점검하며 작은 실험부터 재시작했다. 그 결과, 1년 후에는 시장 반응이 폭발적으로 돌아왔다.

적용 예시 2. "조직의 회생을 이끈 중간 관리자"

"작은 정상 복귀가 큰 부활의 시작이다."

한 부서는 실적 부진으로 해체 위기였다. 그러나 팀장은 지뢰복의 기운처럼 '기초업무 복원'부터 시작했다. 성과보다 프로세스와 기본 원칙을 점검하고, 팀원과 함께 다시 목표를 재설정했다. 작은 성공이 이어지자 조직의 사기가 되살아났다. 결국 그 부서는 다음 분기 최고 실적을 냈다.

"땅속에서 새싹이 다시 움튼다."

그동안 막혔던 사업이나 정체된 시장이 서서히 회복세로 돌아서는 시점이다. 기존 자산의 리뉴얼, 중단된 프로젝트 재개, 재정비된 투자 플랜이 성과를 낼 수 있다.

지금은 '리부트'의 시기— 작은 새싹부터 키워라.

"나그네가 고향으로 돌아오듯, 방향을 되찾는다."

짧은 이익보다 긴 호흡의 자산 운용·시장 분석·브랜드 축적에 초점을 두면 길하다. 기초부터 다시 세우는 마음으로 계획을 세우면, 다음 상승기의 중심에 설 수 있다.

복귀는 새로운 시작이다.

결론적으로, 지뢰복은 "본질로 돌아가 새로 시작하라"는 괘다. 잠시의 침체나 실패는 끝이 아니라, 새로운 순환이 시작되는 신호다. 지금은 조급해하지 말고, 기초를 다지고 장기 계획을 세우며, 새싹처럼 천천히 성장해야 할 때다. 세상은 다시 봄을 맞이한다. 그 봄의 첫걸음을 내딛는 자만이 진정한 '복귀의 주인공'이 된다.

2) 지풍승(地風升): 서두르지 않는 상승, 진짜 실력으로 오른다

지풍승은 '땅(地)'이 위에 있고, '바람(風)'이 아래에 있는 괘다. 즉, 바람이 대지를 향해 천천히 퍼져나가며, 만물을 위로 밀어올리는 상(象)이다. 이는 단번에 뛰어오르는 도약이 아니라, 단계별로 실력을 쌓아 올라가는 "점진적 상승"의 시기를 뜻한다. 지금은 급하게 성장하려 하기보다, 기초를 다지고, 실력을 쌓으며, 매 단계마다 확실히 자리 잡는 것이 중요하다. 그렇게 한 걸음씩 올라가면, 결국 큰 성취와 명예가 뒤따른다.

"빨리보다 바르게, 성장보다 성숙이 먼저다."

한 영업팀장은 빠른 실적을 내라는 압박 속에서도 팀원들에게 "지금은 기초 체력을 다질 때"라고 말했다. 그는 단기 목표 대신 고객관리·데이터 분석·영업 매뉴얼 정비에 집중했다. 결과적으로 다음 분기부터 매출이 급상승했고, 그의 팀은 '지속 가능한 성장팀'으로 평가받았다.

"천천히 오른 자가 결국 가장 멀리 오른다."

한 실무자는 동기들이 앞서 승진할 때마다 조급함을 느꼈다. 하지만 그는 지풍승의 의미처럼 "단계별 성장"에 집중했다. 매 프로젝트마다 개선점을 기록하고, 멘토의 조언을 받아 실무 역량을 넓혔다. 그의 성실함은 결국 인정받아, 단숨에 두 단계를 뛰어넘는 특별 승진으로 이어졌다.

"시냇물이 강을 이루어 바다로 흐른다."

지금은 급격한 도약보다 꾸준한 신뢰 구축과 단계적 성장이 필요한 시기다. 작은 프로젝트라도 완성도와 성실함으로 인정받으면 큰 기회가 자연스럽게 따라온다.

실력을 쌓으면 명예는 뒤따른다.

"산 아래의 바람이 위로 오른다."

프로젝트는 이미 움직이기 시작했지만, 단계별 실행 계획과 리스크 관리가 필수다. 단계를 건너뛰지 말고 철저히 준비하며 추진하면 대성할 운.

지속적 추진이 성공의 핵심이다.

결론적으로, 지풍승은 "단계적 성장의 미학", 즉 조급함을 버리고 내실로 승진하라는 뜻을 담고 있다. 지금은 눈앞의 성과보다, 실력·품격·신뢰라는 '보이지 않는 자산'을 쌓아야 할 때다. 그 자산이 쌓이면, 운명은 자연히 당신을 한 단계 위로 올려줄 것이다.

3) 지수사(地水師): 강한 리더십으로 조직을 하나로 묶다

지수사는 '땅(地)' 위에 '물(水)'이 있는 형상이다. 즉, 땅속 깊이 모인 지하수가 점차 하나의 큰 흐름을 이루는 상(象)으로, 많은 사람과 의견이 모여 하나의 목표를 향해 나아가야 하는 시기를 뜻한다. 이는 곧 조직의 혼란기, 전환기, 혹은 위기 상황에서의 리더십 시험대다. 이 시기에는 권위가 아니라 덕과 중심의 리더십, 명령이 아니라 화합을 이끄는 통찰력이 요구된다.

"혼란의 시기일수록, 리더는 방향이 되어야 한다."

한 기업의 대형 프로젝트가 일정 지연으로 혼란에 빠졌다. 개발, 디자인, 마케팅 부서가 서로 책임을 떠넘기며 갈등이 심화되었다. 하지만 팀장은 지수사의 교훈처럼 "지금은 비난보다 방향이 필요하다"며 각 부서의 목표를 재정렬하고 '공통의 성공 지표'를 설정했다. 그 결과, 모두의 시선이 한곳으로 모이며 위기를 극복했다.

"강한 리더십은 힘이 아니라, 진심과 덕에서 나온다."

한 스타트업 대표는 자금난으로 핵심 인력이 이탈하자 강압 대신 신뢰와 비전 공유로 대응했다. 그는 회사의 장기 목표와 자신이 감당할 희생을 솔직히 밝혔다. 이 진정성은 팀원들의 마음을 움직였고, 다시금 함께 나아가는 힘이 모였다. 그 후 투자 유치를 이끌며 조직은 새롭게 도약했다.

"지하의 물이 모여 큰 흐름을 만든다."

여러 팀·협력사·투자자가 얽힌 프로젝트일수록 혼란을 막기 위한 중심 리더십이 필요하다. 명확한 방향 제시와 단호한 결정이 모두를 하나로 모으는 힘이 된다. 리더의 판단이 곧 흐름을 만든다.

"물은 낮은 곳으로 모이되, 그 힘은 크다."

조직 내부뿐 아니라 외부 파트너, 고객, 지역 사회와의 신뢰 구축이 핵심이다. 욕심을 줄이고, 공익과 상생의 관점으로 움직이면 사람이 모이고 운이 따른다.

리더십의 본질은 신뢰다.

결론적으로, 지수사는 "사람을 모으는 힘, 그리고 혼란을 다스리는 지혜"의 괘다. 지금은 각자의 생각이 흩어져 있지만, 리더가 중심을 세우고 공통의 목적을 제시하면 흐트러진 조직은 다시 하나로 모인다. 리더는 명령으로 통제하지 말고, 덕과 신뢰로 사람을 움직여야 한다. 그것이 진짜 "전장의 장수이자, 공동체의 조정자"의 길이다.

23.3 곤위지(坤爲地), 지산겸(地山謙)

1) 곤위지(坤爲地): 받아들임과 포용의 리더십

곤위지는 '땅(地)'이 위에도, 아래에도 있는 괘로 하늘 아래 가장 넓고 깊은 수용의 상징이다. 모든 생명을 품고, 어떤 비바람이 와도 묵묵히 받아들이는 대지의 모습이다. 이 괘는 '강함보다 부드러움이 강하다'는 진리를 담고 있다. 즉, 지도자는 통제하지 않고, 감싸 안으며, 세상을 받아들일 때 비로소 진정한 힘을 얻는다. 지금은 주도하기보다, 경청하고 수용하며 사람들과 조화를 이루는 리더십이 필요한 시기다.

"품는 자가 이긴다. 포용은 최고의 리더십이다."

한 조직의 팀장은 강한 추진력으로 유명했지만, 최근 구성원들의 피로감과 반발이 커졌다. 그는 곤위지의 교훈처럼 "내가 이끌기보다, 팀을 품자"는 자세로 전환했다. 그는 회의에서 말을 줄이고, 팀원의 의견을 먼저 들었다. 그 결과, 조직은 자발적으로 움직이기 시작했고, 성과는 이전보다 오히려 두 배로 높아졌다.

"리더의 낮춤이 조직을 다시 일으킨다."

한 회사가 위기 속에 있을 때, CEO는 불만을 내세운 임직원을 꾸짖지 않았다. 대신 그는 조용히 전 직원의 이야기를 듣고, 직접 현장을 돌며 '땅의 리더십'을 실천했다. 그의 낮은 자세와 진심이 신뢰를 회복시켰고, 회사는 다시 단합하며 위기를 기회로 전환했다.

"대지는 모든 것을 품는다."

지금은 주도보다 협력, 명령보다 포용의 시기다. 투자자·고객·협력사와의 관계에서 유연하게 듣고 받아들이는 자세가 새로운 기회를 불러온다.

포용이 곧 성장의 토양이다.

"대지는 묵묵히 생명을 기른다."

토지·개발·농지·건축 등 실물 기반의 사업에 집중하면 길하다. 지금은 눈에 띄는 성과보다 기반을 다지고 내실을 쌓는 시기로, 정직함과 성실함이 장기적 복으로 이어진다.

천천히, 그러나 확실히 자라라.

결론적으로, 곤위지는 "수용과 겸손, 그리고 포용의 미덕"을 상징한다. 세상을 바꾸는 힘은 외침이 아니라, 듣는 귀에서 나온다. 리더는 하늘처럼 높지 않아도 된다. 오히려 땅처럼 낮고 넓을수록 더 많은 생명을 살린다. 지금은 나서기보다, 들어 주고, 품고, 기다릴 때다. 그 기다림 속에서 진정한 리더의 뿌리가 자란다.

2) 지산겸(地山謙): 낮출수록 높아진다

지산겸은 '땅(地)'이 위에 있고, '산(山)'이 아래에 있는 괘다. 이는 산이 땅 아래에 자리한 모습, 즉 자신을 낮추는 겸손의 상(象)이다. 벼가 익어 고개를 숙이듯, 겸손한 자세로 자신을 다스릴 때 주변의 신뢰와 존경이 쌓이는 운세다. 지금은 드러내기보다 조용히 내공을 쌓고, 사람들을 세워 주는 시기다. 교만은 몰락을, 겸손은 번영을 부른다. '높이 오르되 낮게 행동하라' — 그것이 지산겸의 핵심이다.

"겸손은 리더의 말이 아니라, 리더의 태도다."

한 부서장은 큰 프로젝트를 성공시켰지만, 공을 자신에게 돌리지 않고 팀원들을 먼저 세웠다. 그의 겸양은 팀 내 신뢰를 강화시켰고, 조직 분위기는 안정과 화합으로 이어졌다. 결국 그 부서는 다음 해 전사 최고 평가를 받았다.

적용 예시 2. "낮춤으로 다시 일어선 임원"

"낮춤은 포기하는 게 아니라, 다시 일어서는 준비다."

한 임원은 한때 교만으로 조직 내 반감을 샀다. 그러나 위기를 겪은 후 그는 '지산 겸'의 철학을 깨달았다. 그는 회의에서 먼저 사과하고, 후배들의 의견을 직접 청취했다. 조직은 서서히 화합을 되찾았고, 그는 다시 신뢰받는 리더로 복귀했다.

투자전략 연구 3. 겸손한 협상 전략으로 신뢰 확보

"벼가 익으면 고개를 숙인다."

지금은 자신의 실력이나 성과를 드러내기보다, 낮은 자세로 협력 관계를 다질 때다. 과도한 자신감보다는 겸손한 태도와 경청이 큰 신뢰를 만든다.
겸손은 최고의 협상력이다.

투자전략 연구 4. 내실 중심의 성장기

"산 위의 땅은 높지만 조용하다."

외형적 확장보다는 기초를 다지고 리스크를 줄이는 시기다. 겸손히 내부 관리·재무 점검·시장 분석에 집중하면 향후 명예와 안정이 자연스럽게 따라온다.

조용히 쌓은 기반이 가장 오래간다.

결론적으로, 지산겸은 "낮춤의 미학, 겸손의 리더십"을 상징한다. 겸손은 약함이 아니라, 강한 자만이 가질 수 있는 내면의 힘이다. 리더는 자신을 낮춤으로써 조직을 세우고, 자신의 빛을 줄임으로써 구성원의 빛을 키운다. 그럴 때 리더의 권위는 말이 아니라 덕(德)으로 세워진다.

연구논문 모델 개발

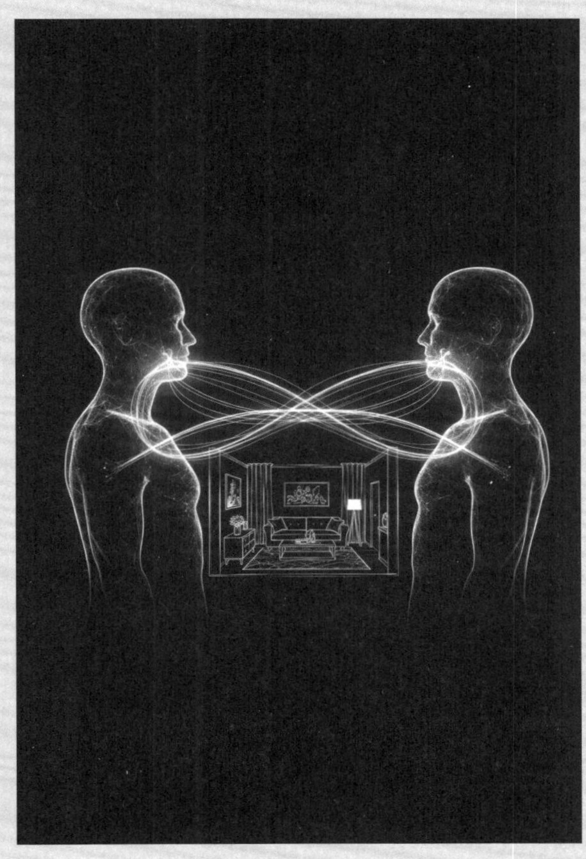

제24장

영혼 이중나선(Soul Double Helix) 모델을 통한 공간자산의 지속 가능한 가치 연구

제24장

영혼 이중나선(Soul Double Helix) 모델을 통한 공간자산의 지속 가능한 가치 연구
- 기술적 아키텍처 규명과 실천적 시사점을 중심으로 -

국문요약

4차 산업혁명과 인공지능(AI)의 비약적인 발전은 기능적 역량의 범용화를 초래하며 인간 존재 가치에 대한 근본적인 위기를 불러왔다. 본 연구는 이러한 '성공의 역설(Success Paradox)'을 해결하기 위해, 저자가 제창한 '영혼 이중나선(Soul Double Helix) 모델'을 기반으로 공간자산의 개념을 재정의하고 지속 가능한 가치 창출 메커니즘을 규명한다. 본 연구는 인간의 내면적 가치인 '영(Spirit)'과 외부적 역량인 '혼(Soul)'이 생명공학적 DNA 구조처럼 상호 보완적으로 결합할 때 비로소 대체 불가능한 '공간자산'이 형성됨을 입증한다.

특히 Value = (Spirit × Soul)Synergy라는 가치 창출 공식을 통해 시너지의 공학적 원리를 제시하고, 이를 실현하기 위한 구체적인 기술(Technology)로서 '영 선언문', '린 라이프 캔버스', '성장 플라이휠' 등을 제안한다. 결론적으로 본 논문은 기술 만능주의 시대에 인간이 '영혼 없는 기술자'나 '무기력한 몽상가'로 전락하지 않고, 자신만의 고유한 영향력의 장(Field)을 구축하여 유산(Legacy)을 남길 수 있는 실천적 로드맵을 제시한다.

주제어: 영혼 이중나선, 공간자산, 영(Spirit), 혼(Soul), 시너지 공학, 지속 가능성

24.1 서론: AI 시대의 위기와 가치의 재발견

1) 연구의 배경: 성공의 역설(Success Paradox)

21세기 인류 문명은 역사상 유례없는 기술적 특이점(Singularity)을 향해 질주하고 있다. 인공지능(AI), 사물인터넷(IoT), 빅데이터, 클라우드 컴퓨팅으로 대변되는 제4차 산업혁명은 단순한 기술적 진보를 넘어, 생산성의 개념과 노동의 가치를 근본적으로 재편하고 있다. 과거 산업화 시대에는 인간의 육체노동이 기계로 대체되었다면, 이제는 인간의 지적 노동과 창의적 영역마저 알고리즘과 대규모 언어 모델(LLM)에 의해 잠식당하고 있는 실정이다. 우리는 스마트폰 하나로 전 세계의 방대한 정보에 즉각적으로 접속하고, 물리적 거리를 초월하여 실시간으로 소통하며, 고도로 자동화된 시스템 속에서 물질적 풍요와 편리함을 향유하는 것이 일상이 되었다. 기술적 진보는 인간의 노동 시간을 획기적으로 단축시키고, 질병을 정복하며, 기대 수명을 연장시키는 등 인류의 삶에 긍정적인 기여를 해 왔음이 분명하다.

그러나 이러한 기술적 풍요와 물질적 성장이 과연 인간의 실존적 행복과 직결되는가에 대한 근본적인 의문은 여전히 해소되지 않고 있다. 오히려 기술이 고도화될수록 인간은 거대 시스템의 부속품으로 전락했다는 소외감(Alienation)을 느끼며, 디지털 과부하로 인한 정신적 피로감과 정체성의 혼란은 날로 가중되고 있다. 기술은 우리를 24시간 초연결 사회로 이끌었지만, 역설적으로 현대인은 그 어느 때보다 깊은 고독과 단절을 경험하고 있다. 이는 물질적 풍요가 결코 인간의 내면적 빈곤을 해결해 주지 못한다는 사실을 방증하며, 나아가 기술적 진보가 인간 존엄성을 담보하지 않는다는 뼈아픈 현실을 드러낸다.

특히, 현대인은 '성공의 역설(Success Paradox)'이라는 기이한 현상에 직면하고 있다. 본 연구자는 이를 사회적으로 규정된 성공의 지표들—높은 연봉, 사회적 지위, 명예, 부동산 자산 등—을 달성했음에도 불구하고, 개인은 극심한 내면적 공허함과 방향 상실을 겪는 병리적 현상으로 정의한다. 이는 단순히 개인의 심리적인 불안정

상태를 넘어, 자본주의 시스템 내에서 인간을 평가하고 보상하는 척도가 붕괴되었음을 의미한다. 외부적 성취에 집중할수록 내면의 자아는 고갈되고, 사회적 인정 욕구에 매몰될수록 진정한 자아 실현과는 멀어지는 이 모순은 개인의 삶을 지속 불가능하게 만드는 핵심 요인이다.

글로벌 갤럽(Gallup)의 '2023년 세계 직장 현황 보고서'에 따르면, 전 세계 근로자의 59%가 직장에 소속되어 있으면서도 심리적으로는 이미 이탈한 '조용한 사직(Quiet Quitting)' 상태에 있으며, 44%가 전날 극심한 스트레스를 겪었다고 응답했다. 이는 조직 내에서 기능적 역할(Soul)은 기계적으로 수행하고 있으나, 자신이 하는 일의 존재론적 목적(Spirit)과 의미를 상실한 현대인의 초상을 적나라하게 보여주는 정량적 데이터이다. 고도화된 기술 사회일수록 역설적으로 인간 소외가 가속화되는 현상은, 우리가 기존에 맹신해 왔던 '성장 지상주의'와 '효율성 중심'의 방정식이 더 이상 유효하지 않음을 시사한다. 이제는 '무엇을 얼마나 빨리 처리하는가'의 속도전이 아니라, '왜 하는가'와 '어디로 가는가'의 방향성이 중요한 시대로 전환되고 있다.

본 연구는 이러한 위기의 근본 원인을 '영(Spirit)'과 '혼(Soul)'의 구조적 불균형에서 찾는다. 현대 사회는 가시적인 성과와 기술적 역량인 '혼'의 영역은 비대해진 반면, 이를 통제하고 삶의 방향을 제시할 내면적 가치인 '영'의 영역은 위축되거나 부재한 상태다. 마치 강력한 엔진(혼)을 장착했으나 나침반(영)을 잃어버린 선박과 같이, 현대인은 속도(Speed)에는 집착하지만 방향(Direction)은 상실한 채 표류하고 있다. 이러한 '가치의 진공 상태'는 개인 차원에서는 번아웃과 우울증을, 조직 차원에서는 리더십의 부재와 조직 문화의 붕괴를, 나아가 사회 전체적으로는 도덕적 해이와 역동성 저하로 이어지는 총체적 위기를 초래한다. 따라서 본 연구는 기술적 해법이 아닌 인문학적 성찰과 공학적 설계를 결합한 새로운 패러다임의 필요성을 역설한다.

2) 문제 제기: 기능적 역량의 범용화와 존재론적 위기

현대 사회가 직면한 위기의 본질은 '분리(Separation)'와 '단절(Disconnection)'에서 기인한다. 근대 교육 시스템과 기업의 인사 평가 시스템은 인간의 총체적인 능력을 철저히 기능적 단위로 분해하여 측정하고 보상해 왔다. 이 과정에서 '혼(Soul)'의 영역에 속하는 학벌, 자격증, 외국어 능력, 기술 숙련도, 연봉 등은 과대평가되고 계량화된 지표로 관리되어 왔다. 반면, '영(Spirit)'의 영역에 속하는 소명 의식, 철학, 도덕성, 공감 능력, 직관 등은 측정 불가능하다는 이유로 배제되거나 개인의 영역으로 치부되어 왔다. 본 연구자는 이러한 현상이 "영혼 없는 기술자(Soulless Technician)"를 양산하는 시스템적 결함이라고 진단한다.

영혼 없는 기술자는 특정 업무를 매뉴얼에 따라 완벽하게 수행할 수 있지만, 그 업무가 왜 필요한지에 대한 근원적인 질문을 던지지 않으며, 윤리적 판단이나 상황적 맥락을 고려하지 않는다. 이들은 AI 알고리즘과 로봇 자동화가 가장 쉽고 빠르게 대체할 수 있는 표적이다. AI는 지치지 않고, 감정의 기복 없이, 인간보다 훨씬 더 빠르고 정확하게 데이터를 처리하고 패턴을 분석하며 '혼'의 영역을 수행하기 때문이다. 딜로이트(Deloitte)와 옥스퍼드 대학의 연구에 따르면, 반복적이고 규칙 기반의 업무는 향후 수십 년 내에 90% 이상의 확률로 자동화될 것으로 예측된다. 결과적으로, 영이 결여된 혼의 성장은 축복이 아닌 재앙이 되며, 이는 개인에게 있어 자신의 존재 가치가 언제든 대체될 수 있다는 '대체 공포(Replacement Fear)'라는 실존적 불안을 야기한다.

반면, 영의 과잉과 혼의 결핍 또한 심각한 문제다. 이를 본 모델에서는 "무기력한 몽상가(Powerless Dreamer)"로 정의한다. 이들은 높은 이상과 도덕성, 창의적인 아이디어(영)를 가지고 있으나, 이를 현실 세계에 구현할 구체적인 기술적 역량과 실행력(혼)이 부족한 경우다. 이들은 세상의 문제점을 예리하게 비판하고 거창한 비전을 제시하지만, 정작 자신의 삶을 변화시킬 경제적 토대나 실질적인 결과물을 만들어 내지 못한다. 결과물(Output) 없는 비전은 타인에게 '망상'으로 치부되며, 사회적 신뢰를 얻지 못해 결국 고립되거나 냉소주의에 빠지기 쉽다. 예술계, 시민단체, 혹은 초기 스타트업 창업자들에게서 종종 발견되는 이 유형은, 자신의 뜻이 세상에 받아들여지지 않는다는 '억울함'을 호소하지만, 본 연구는 이를 세상의 탓이 아닌 '실행 도구(혼)의 부재'로 진단한다.

결국 문제는 영이나 혼 어느 한쪽의 우열이 아니라, 두 요소의 '단절'과 '불균형'에 있다. 이러한 분리는 개인 차원을 넘어 공간(Space)의 개념에도 심대한 영향을 미친다. 전통적 관점에서 공간은 물리적 점유(Real Estate)를 의미했으며, 부동산 자산의 크기가 곧 부의 척도였다. 그러나 디지털 전환이 가속화되면서 물리적 공간의 절대적 가치는 변동하고 있다. 대신 사람들의 '주목(Attention)'과 '신뢰(Trust)'가 흐르는 가상 공간 및 관계적 공간의 중요성이 급부상하고 있다. 물리적 자산(부동산, 현금)에만 집착하고 보이지 않는 공간자산(신뢰, 브랜드, 평판, 철학)을 등한시하는 태도는 구시대적 발상이며, 이는 자산 가치의 급격한 하락 리스크를 내포한다.

더 나아가, 정부의 정책 또한 이러한 사일로(Silo) 현상에서 자유롭지 못하다. 각 부처는 통합적인 시각 없이 자신들의 정량적 성과 지표 달성에만 몰두하는 '칸막이 행정'을 반복하고 있다. 기획재정부는 경제 성장률 수치에만, 교육부는 입시 성적과 취업률에만, 국토교통부는 주택 공급 물량에만 집중한다. 부처 간의 유기적 협력이 부재한 상태에서 쏟아지는 정책들은 서로 시너지를 내기는커녕 상충하거나 중복되어 국민의 삶을 더욱 복잡하게 만든다. 삶은 영과 혼이 통합된 총체적인 경험임에도 불구하고, 이를 지원하는 정책은 파편화되어 있어 정책의 체감 효과가 떨어지는 것이다. 따라서 개인의 삶뿐만 아니라 국가 시스템 전반에 걸쳐 영과 혼을 통합하는 새로운 거버넌스와 철학이 절실히 요구된다.

3) 연구의 목적: 모델을 통한 공간자산의 재정의

본 연구의 궁극적인 목적은 저자가 제창한 '영혼 이중나선 모델(Soul Double Helix Model)'을 기반으로, AI 시대에 지속 가능한 새로운 가치 창출의 원리를 '공간

자산(Space Asset)'이라는 개념으로 재정의하고 이를 체계적으로 구조화하는 데 있다. 여기서 공간자산이란 단순히 등기부등본상의 소유권을 의미하는 물리적 부동산(Real Estate)에 국한되지 않는다. 이는 한 존재가 타인의 인식 속에, 그리고 사회적 관계망 속에 점유하는 '신뢰의 총량'이자 '영향력의 장(Field)'을 의미한다. 공간자산은 물리적 공간을 초월하여 심리적, 관계적, 문화적 차원에서 형성되는 무형의 자산을 포괄하며, 이는 AI가 결코 복제할 수 없는 인간 고유의 영토이다.

본 연구는 구체적으로 다음의 세 가지 연구 목표를 달성하고자 한다.

첫째, 박운선 영혼 이중나선 모델의 기술적 아키텍처(Technical Architecture)를 명확히 규명한다. 추상적인 개념으로 머물러 있던 영(Spirit)과 혼(Soul)을 생명공학적 이중나선 구조에 대입하여, 두 나선이 어떻게 상호 보완하며 상승하는지 그 메커니즘을 도식화하고 수식화한다. 특히 가치 창출 공식을 Value = (Spirit × Soul)Synergy로 정의하고, 각 변수의 상관관계를 분석함으로써 시너지 효과가 어떻게 기하급수적인 성장을 이끌어내는지 논증한다. 이는 인문학적 통찰을 공학적 모델링으로 전환하는 시도이며, 가치 창출의 원리를 과학적으로 설명하는 기반이 될 것이다.

둘째, 영과 혼의 결합을 통한 **'공간자산'의 형성 원리**를 밝힌다. 물리적 공간을 넘어선 심리적 공간의 점유가 어떻게 경제적 가치로 환원되는지, 그리고 이것이 어떻게 외부 환경의 변화에도 흔들리지 않는 지속 가능성을 담보하는지 규명한다. 부동산학, 심리학, 경영학의 융합적 접근을 통해, 진정성(Authenticity)과 신뢰(Trust)가 어떻게 자산화(Assetization)되는지를 분석한다. 이를 통해 '소유하는 공간'에서 '향유하고 공유하는 공간'으로의 패러다임 전환을 제시한다.

셋째, 개인과 조직이 실제 삶과 경영 현장에 적용할 수 있는 실천적 방법론(Action Plan)을 제시한다. 이론적 논의에 그치지 않고, '영 선언문' 작성, '린 라이프 캔버스' 활용, '성장 플라이휠' 구축, '휴먼 임페러티브' 포트폴리오 재조정 등 구체적인 도구(Tool)와 프로세스를 제안하여 박운선 모델의 실용적 가치를 입증한다. 이는 추상적인 철학을 구체적인 행동 지침으로 변환하여, 자신의 삶을 주체적으로 설계하고 변화시킬 수 있도록 돕는 매뉴얼이 될 것이다.

본 연구는 '나'라는 존재가 어떻게 AI가 모방할 수 없는 고유한 대체 불가능성(Non-fungibility)을 확보하고, 이를 통해 자신만의 견고한 공간자산을 구축할 수 있는지에 대한 청사진을 제시하고자 한다. 이는 기술 만능주의의 거센 파고 속에서 인간 존엄을 지키고, 물질적 풍요와 정신적 충만이 조화를 이루는 진정한 부(Wealth)의 의미를 회복하는 시발점이 될 것이다. 본 연구는 4차 산업혁명이라는 거대한 문명사적 전환기에서 길을 잃은 개인과 조직에게 새로운 나침반을 제공하는 것을 목표로 한다.

24.2 이론적 배경: 영혼 이중나선 모델의 아키텍처

1) 이중나선 구조의 생명공학적 은유와 철학적 통합

본 모델의 가장 독창적이고 핵심적인 이론적 토대는 인간의 성장과 가치 창출 메커니즘을 생명공학의 'DNA 이중나선(Double Helix)' 구조에 빗대어 설명한다는 점이다. 1953년 제임스 왓슨과 프랜시스 크릭이 밝혀낸 DNA 구조는 두 개의 폴리뉴클레오타이드 사슬이 서로 휘감겨 나선형으로 상승하는 기하학적 형태를 띤다. 이 구조는 단일 나선으로는 유전 정보를 안정적으로 보존하거나 복제할 수 없다는 생물학적 필연성을 내포하고 있다. 두 가닥의 사슬이 염기쌍(Base Pair)을 통해 수소결합으로 단단히 연결되어야만 생명 정보는 안전하게 유지되고 다음 세대로 전달될 수 있다.

본 연구는 이러한 생명공학적 원리를 인적 자본론과 존재론에 차용하여, 인간의 존재(Being) 또한 '영(Spirit)'과 '혼(Soul)'이라는 두 개의 상호 보완적인 나선이 결합할 때 비로소 온전한 생명력과 지속 가능한 가치를 지니게 된다고 주장한다. 이는 동양 철학의 음양(Yin-Yang) 이론과도 맥을 같이 하며, 상반되는 두 힘의 조화와 균형이 만물의 생성 원리임을 재확인하는 것이다.

이 모델에서 'A 나선'으로 명명되는 영(Spirit, 靈)은 내면적이고 비가시적인 가치의 총체를 의미한다. 이는 동양 철학의 주역(周易)에서 말하는 '불역(不易)', 즉 시대와 환경이 변해도 변하지 않는 본질적 가치에 해당한다. 영은 존재의 이유(Mission), 핵심 신념(Belief), 직관(Intuition), 도덕적 나침반, 그리고 타인에 대한 사랑과 공감 능력을 포함한다. 물리학적으로 영은 중심으로 수렴하려는 '구심력(Centripetal Force)'을 가지며, 자아의 정체성을 단단하게 붙잡아 주는 역할을 한다. 시간의 차원에서는 물리적 흐름인 크로노스가 아닌, 의미와 기회의 시간인 '카이로스(Kairos)'를 점유한다. 영이 굳건할수록 개인은 외부 환경의 변화나 시련에도 흔들리지 않는 깊은 뿌리(Root)를 갖게 된다.

반면 'B 나선'으로 명명되는 혼(Soul, 魂)은 외부적이고 가시적인 역량의 총체이다. 이는 주역의 '변역(變易)', 즉 시대와 환경, 기술의 발전에 따라 끊임없이 변화하고 적응해야 하는 영역이다. 혼은 지식(Knowledge), 기술(Skill), 경험(Experience), 인적 네트워크, 재무적 자산, 그리고 데이터 처리 능력 등을 포함한다. 혼은 외부 세계로 확산하려는 '원심력(Centrifugal Force)'을 가지며, 물리적 시간의 흐름인 '크로노스(Chronos)'의 지배를 받는다. 혼은 세상을 살아가는 데 필요한 강력한 엔진(Engine)이자, 구체적인 성과를 맺는 가지(Branch) 역할을 수행한다. 혼은 현실 세계에서 문제를 해결하고 가치를 구현하는 실질적인 도구이다.

전통적인 자기계발 담론이나 현대 경영학은 주로 가시적인 성과를 내는 '혼'의 개발—직무 역량 강화, 자격증 취득, 성과 관리, 효율성 증대—에 집중해 왔다. 그러나 본 모델은 단일 나선의 성장은 구조적으로 불안정하며 지속 불가능하다고 지적한다. 영 없는 혼의 비대화는 방향 없는 속도전을 낳아 결국 개인의 번아웃과 조직의 붕괴(Collapse)에 이르게 한다. 반대로 혼 없는 영의 고양은 현실 감각 없는 몽상(Delusion)에 그치게 하여 실질적인 변화를 만들어 내지 못한다. 따라서 두 나선은 서로를 견제하는 동시에 지지하는 '상호 의존적 긴장 관계(Interdependent

Tension)'를 유지해야 하며, 이 긴장감이 바로 성장의 동력이 된다.

2) 상호작용 메커니즘: 시너지 계수와 가치 창출 공식

본 연구는 영과 혼의 결합이 단순한 산술적인 덧셈(+)이 아니라, 기하급수적인 곱셈과 거듭제곱의 관계임을 수학적 모델로 제시한다. 이는 두 요소가 독립적으로 기능하는 것이 아니라, 화학적 결합을 통해 제3의 물질을 만들어 내는 유기적 과정과 유사하다. 본 연구는 이를 다음과 같은 '박운선 가치 창출 공식(Park's Value Creation Formula)'으로 정의하고 정량화한다.

$$Value = (Spirit \times Soul)^{Synergy}$$

여기서 Value는 개인이 창출하는 총체적 가치이자 공간자산의 크기를 의미한다. Spirit과 Soul은 각각 0에서 무한대 사이의 값을 가지며, Synergy는 두 요소 간의 결합 밀도와 조화로움을 나타내는 지수(Exponent)이다. 이 수식은 가치 창출에 있어 몇 가지 매우 중요한 시사점을 제공한다.

첫째, '0의 곱셈 법칙'이다. 영이나 혼 중 어느 하나라도 '0'에 수렴하면, 전체 가치(Value) 역시 '0'이 된다. 아무리 뛰어난 기술(Soul=100)을 가지고 있어도 올바른 목적의식(Spirit=0)이 부재하면, 그 결과값은 0이다. 이는 '영혼 없는 기술자'가 왜 사회적으로 큰 영향력을 미치지 못하거나, 윤리적 문제로 인해 하루아침에 몰락하는지를 설명한다. 반대로 고결한 인격(Spirit=100)을 가졌어도 실행 역량(Soul=0)이 전무하면, 그 또한 현실적 가치를 만들어 내지 못한다. 이는 두 요소가 필수불가결한 관계임을 수학적으로 증명한다.

둘째, **'시너지 지수(Synergy Exponent)'의 중요성**이다. 수식에서 시너지는 단순한 곱셈 인자가 아니라 지수 자리에 위치하여 결과값에 가장 결정적인 영향을 미친다. 영과 혼이 서로 갈등하거나 분리되어 있다면 시너지 계수는 1 미만이 되거나 심지어 음수(-)가 될 수도 있다. 이 경우 영과 혼의 곱은 오히려 가치를 감산시킨다. 그러나 영과 혼이 완벽하게 정렬(Alignment)되어 칙센트미하이(Csikszentmihalyi)가 말한 '몰입(Flow)' 상태에 이르면, 시너지 계수는 1을 넘어 급격한 우상향 곡선을 그리게 된다. 이것이 바로 본 연구자가 말하는 '폭발적 성장(Exponential Growth)'의 구간이다.

셋째, 비선형성(Non-linearity)과 티핑 포인트(Tipping Point)이다. 초기 단계에서는 영과 혼을 개발하는 데 투입되는 노력 대비 결과(Value)가 미미해 보일 수 있다. 이는 시너지 계수가 아직 임계점에 도달하지 못했기 때문이다. 그러나 두 나선이 일정 수준 이상 성장하고 시너지 계수가 임계 질량(Critical Mass)을 초과하는 순간, 가치는 비선형적으로 급증하며 J커브를 그리게 된다. 이를 '티핑 포인트'라 하며, 이 지점에서 개인은 '노력하는 단계'를 넘어 '존재 자체가 가치가 되는 단계'로 진입한다.

이러한 메커니즘을 통해 본 모델은 개인과 조직이 왜 성장의 정체기에 빠지는지, 그리고 어떻게 그 한계를 돌파할 수 있는지에 대한 명확한 해답을 제시한다. 영과 혼의 개별적 총량을 늘리는 것보다 더 중요한 것은 두 요소 사이의 '연결성(Connectivity)'을 높여 시너지 지수를 극대화하는 것이다. 이를 위해 본 연구는 '자기 성찰(Self-reflection)'과 '빠른 실행(Agile Action)'을 반복하는 구체적인 훈련 프로세스를 제안한다.

24.3 진단 및 분석: 4가지 불균형 프로파일과 리스크

1) 가지 불균형 프로파일 분석

본 모델은 영과 혼의 발달 수준(High/Low)에 따라 인간 군상을 네 가지 프로파일로 분류하는 '4분면 매트릭스(Quadrant Matrix)'를 제시한다. 이 분류 체계는 단순한 성격 유형 검사가 아니라, AI 시대의 생존 가능성과 공간자산 형성 역량을 예측하는 리스크 관리 도구이다. 각 유형은 현대 사회에서 흔히 관찰되는 인간상이며, 각자가 직면한 위기의 본질을 명확히 보여 준다.

1. 영혼 없는 기술자(The Soulless Technician): 영(Low)/혼(High).

이들은 탁월한 직무 역량, 높은 연봉, 전문 자격증 등 화려한 '혼'의 자산을 보유하고 있는 전형적인 엘리트 집단이다. 그러나 이 모든 성취의 근거가 되는 '영'의 뿌리가 부재하거나 빈약하다. "왜 이 일을 하는가?"라는 질문에 대해 연봉이나 승진 외의 본질적인 답을 하지 못하며, 외부의 인정이 사라지면 급격히 무너진다. 이들은 AI 알고리즘에 의해 기능적 역량이 대체될 위험이 가장 높으며, 조직을 떠나는 순간 정체성 상실을 겪는 '은퇴 쇼크'의 주된 대상이다. 공간자산 관점에서 이들은 신뢰보다 기능으로 평가받기에 지속 가능한 자산을 형성하기 어렵다.

2. 무기력한 몽상가(The Powerless Dreamer): 영(High)/혼(Low).

높은 이상과 도덕성, 창의적인 아이디어(영)를 가지고 있으나, 이를 현실화할 '혼'의 근육이 결여된 상태다. 이들은 세상의 문제점을 비판하고 거창한 비전을 제시하지만, 정작 자신의 삶을 변화시킬 구체적인 기술이나 경제적 토대를 마련하지 못한다. 결과물(Output) 없는 비전은 타인에게 '망상'으로 치부되며, 신뢰를 얻지 못해 공간자산을 형성하는 데 실패한다. 예술계나 시민단체 등에서 종종 발견되는 이 유형은, 자신의 뜻이 세상에 받아들여지지 않는다는 '억울함'과 '냉소'에 빠지기 쉽다.

3. 불안한 완벽주의자(The Anxious Perfectionist): 영(High)/혼(High)[충돌].

영과 혼이 모두 높은 수준으로 발달했으나, 두 나선이 시너지를 내지 못하고 서로 충돌하는 상태다. 높은 이상(영)을 만족시키기 위해 과도한 기술적 완벽성(혼)을 추구하다 보니, 실패에 대한 두려움으로 인해 실행이 마비(Paralysis)된다. 이들은 엑셀러레이터와 브레이크를 동시에 밟고 있는 자동차와 같다. 내적 에너지가 엄청난 소음과 열(스트레스)을 발생시키며 내부에서 소진되기 때문에, 외부로 확장되는 공간자산은 제한적이다. 초기 스타트업 창업자들이 겪는 극심한 스트레스와 의사결정 장애가 이 유형에 속한다.

4. 길 잃은 방랑자(The Lost Wanderer): 영(Low)/혼(Low).

영의 목적성도, 혼의 기술도 모두 개발되지 않은 상태다. 이들은 삶의 주도권을 상실하고 외부의 알고리즘(SNS, 유행, 타인의 지시)에 수동적으로 반응한다. 쾌락주의적 소비나 게임 중독 등에 빠지기 쉬우며, 사회적 관계망 속에서 유의미한 영향력을 행사하지 못한다. 공간자산의 관점에서 이들은 '점유'하는 자가 아니라 타인의 공간자산에 '점유당하는' 객체에 불과하다. 이들은 AI 시대에 가장 먼저 소외될 위험이 큰 고위험군이다.

2) 구조적 원인 분석 및 리스크 평가

본 연구는 표면적으로 드러난 불균형의 증상(Symptom)만을 치료해서는 근본적인 해결이 불가능하다고 본다. 따라서 도요타 생산 시스템의 '5 Whys(다섯 번의 왜)' 기법을 개인의 존재론적 진단에 차용하여, 문제의 원인을 5단계 깊이로 파고든다. 이를 통해 개인의 내면에 숨겨진 구조적 결함, 즉 '영과 혼의 단절 고리'를 찾아내는 프로세스를 수행한다.

진단 결과, 현재의 불균형이 지속될 경우 각 유형이 직면하게 될 리스크는 명확하다.

첫째, 대체 가능성(Replaceability)의 위험이다. 특히 '영혼 없는 기술자' 유형에게 치명적이다. 반복적이고 기능적인 업무는 AI와 로봇에 의해 90% 이상 대체될 것이며, 영적 고유성이 없는 인재는 설 자리를 잃게 된다. 이들의 공간자산(직위, 명함)은 기술 변화 한 번에 신기루처럼 사라질 수 있는 '휘발성 자산'이다.

둘째, 신뢰의 상실(Loss of Trust)이다. 영과 혼이 불일치하는 존재, 즉 말과 행동이 다른 리더나 기업은 진정성을 잃고 사회적 자본인 신뢰를 잃게 된다. 딥페이크와 가짜 뉴스가 범람하는 시대에 대중은 본능적으로 '진정성'을 갈구하며, 신뢰를 잃는다는 것은 곧 공간자산 가치가 '0'으로 수렴함을 의미한다.

셋째, 확장성의 한계(Limit of Scalability)이다. 시너지가 없는 단일 나선 중심의 성장은 1인분의 삶에 갇히게 된다. '불안한 완벽주의자'는 권한 위임을 하지 못해 조직을 키우지 못하고, '무기력한 몽상가'는 결과물이 없어 영향력을 넓히지 못한다. 네트워크 경제에서 연결과 확장은 부의 원천이 되므로, 확장성의 한계는 곧 도태를 의미한다.

따라서 정확한 진단을 통해 자신의 현재 좌표를 객관화하고, 영혼의 재통합을 위한 구체적인 처방을 내리는 것이 시급하다. 본 연구는 이러한 진단을 바탕으로, 영과 혼을 각각 어떻게 개발하고 통합할 것인지에 대한 체계적인 기술적 방법론을 제시한다. 이는 단순한 마음가짐의 변화를 넘어, 습관과 시스템을 재설계하는 공학적 접근이다.

24.4 영(靈) 나선 개발 기술: 존재론적 나침반의 구축

1) 정체성 확립 기술: 골든 서클의 심화 적용

영 나선을 개발하는 첫 번째이자 가장 근본적인 단계는 '나'라는 존재의 근원적 이유를 규명하는 정체성 확립이다. 본 연구는 사이먼 시넥(Simon Sinek)의 '골든 서클(Golden Circle)' 이론을 마케팅 도구가 아닌 존재론적 탐구 도구로 심화하여 적용할 것을 제안한다. 일반적인 개인이나 조직은 "무엇을(What)" 하고 "어떻게(How)" 하는지에 대해서는 명확히 인지하고 있으나, "왜(Why)" 하는지에 대해서는 희미하거나 사후적으로 합리화하는 경향이 있다. 그러나 영 나선의 복원은 이 순서를 역전시켜 'Why'를 최우선 변수로 설정하는 데서 시작된다. 'Why'는 행동의 결과가 아니라 행동을 유발하는 원천적인 동기이자 신념이기 때문이다.

'Why'를 발견하는 기술적 과정은 추상적인 사색이 아니라, 과거의 데이터(기억)를 발굴하는 고고학적 작업에 가깝다. 본 연구는 이를 위해 '인생 회고록(Life Review Protocol)'이라는 구체적인 방법론을 제시한다. 이는 개인이 살아온 궤적 속에서 가장 강렬한 성취감과 몰입을 느꼈던 정점 경험(Peak Experience)과 가장 깊은 절망을 느꼈던 심연의 경험을 교차 분석하는 과정이다. 이 상반된 경험들 속에 공통적으로 내재된 가치 키워드를 추출할 때, 비로소 외부 환경이나 타인의 시선에 휘둘리지 않는 고유한 정체성(Identity)이 드러난다. 이것이 바로 영 나선의 핵심 코어(Core)가 된다.

예를 들어, 국내 굴지의 기업가 故 정주영 현대그룹 명예회장의 'Why'를 분석해 보면, 그는 단순히 부를 축적하기 위해서가 아니라 "이 땅에 공업 입국을 실현하여 빈곤을 퇴치하겠다"는 강력한 소명 의식(Spirit)을 가지고 있었다. 이 확고한 영적 나침반이 있었기에, 거북선 지폐 한 장으로 차관을 도입하거나 백사장 사진만으로 조선소를 짓는 등 당시의 기술적 한계(혼의 부족)를 뛰어넘는 불가능한 도전들이 가능했다. 본 모델은 이를 '영이 혼을 견인(Traction)하는 현상'으로 해석한다.

글로벌 사례로는 파타고니아(Patagonia)의 창업자 이본 쉬나드를 들 수 있다. 그의 'Why'는 "우리는 우리의 터전인 지구를 되살리기 위해 사업을 한다"로 명확히 정의된다. 이 영적 선언은 '이익 추구'라는 기업의 전통적인 혼(Soul)의 논리와 충돌하는 것처럼 보였으나, 결과적으로는 강력한 브랜드 팬덤이라는 독보적인 공간자산으로 전환되었다. "이 재킷을 사지 말라(Don't buy this jacket)"는 캠페인은 역설적으로 매출을 폭발시켰는데, 이는 소비자들이 제품(What)이 아닌 그들의 철학(Why)을 구매했기 때문이다. 따라서 정체성 확립 기술의 핵심은 남들과 다르게 보이려고 애쓰는 '차별화(Differentiation)'가 아니라, 본연의 가치를 회복하는 '자기다움(Being Yourself)'에 있다.

2) 비움(Emptying)의 기술과 도덕경의 현대적 해석

영 나선을 채우기 위해서는 역설적으로 내면의 공간을 비우는 작업이 선행되어야 한다. 본 연구자는 노자(Laozi)의 도덕경에 나오는 "유지이위리 무지이위용(有之以爲利 無之以爲用)" ―있음(채움)이 이로움이 되는 것은 없음(비움)이 쓰임이 되기 때문이다―라는 구절을 인용하여, 현대인의 정보 과부하 상태를 진단한다. 스마트폰, SNS, 업무 연락 등 끊임없이 쏟아지는 외부 데이터는 영혼의 하드디스크를 꽉 채워, 정작 중요한 직관이나 통찰이 들어설 공간(Space)을 없애 버린다. 영혼이 질식하는 상태에서는 어떤 창의성도 발휘될 수 없다.

본 모델은 이를 해결하기 위해 '의도적 멈춤(Intentional Pausing)'이라는 기술을 제안한다. 이는 수동적인 휴식이 아니라, 능동적으로 외부 입력을 차단하고 내면의 목소리를 듣는 '단절의 시간'을 확보하는 것이다. 빌 게이츠의 '생각 주간(Think Week)'이나 스티브 잡스의 명상 수행은 모두 이러한 비움의 기술을 경영에 적용한 사례다. 혼(Soul)이 가속 페달이라면, 영(Spirit)은 핸들이자 브레이크다. 고속 주행 중인 자동차에서 방향을 바꾸려면 반드시 속도를 줄여야 하듯, 삶의 방향(Why)을 재설정하기 위해서는 반드시 멈춤의 시간이 필요하다.

또한, 이 단계에서는 칼 융(Carl Jung)의 심리학을 차용하여 '그림자 통합(Shadow Integration)'을 수행한다. 내면의 불안, 열등감, 질투와 같은 부정적 감정들을 억압하거나 제거하려 하지 않고, 이를 나의 일부로 수용하는 과정이다. 그림자를 억압하는 데 쓰이는 에너지는 막대하다. 이를 해방시켜 성장의 동력으로 전환할 때 영 나선은 더욱 굵고 단단해진다. 본 연구는 "자신의 어둠을 직면하지 않은 자는 결코 타인의 빛이 될 수 없다"고 강조하며, 실패와 상처의 경험을 부끄러운 과거가 아닌 고유한 자산으로 재해석(Reframing)할 것을 주문한다.

이러한 비움과 통합의 과정은 개인의 내면에 '심리적 완충지대(Buffer Zone)'를 형성한다. 이 공간이 확보된 사람은 외부의 자극(비난, 실패, 불확실성)에 즉각적으로 반응(React)하지 않고, 여유를 가지고 주체적으로 대응(Respond)할 수 있게 된

다. 이것이 바로 영혼이 만드는 공간자산의 기초 체력인 '회복 탄력성(Resilience)'의
원천이다.

3) 기술적 산출물: 영 선언문(Spirit Manifesto) 작성

영 나선 개발의 최종 단계는 추상적인 가치를 구체적인 텍스트로 명문화하는 것
이다. 본 연구는 이를 '영 선언문(Spirit Manifesto)'이라 명명하며, 개인이나 조직의
헌법(Constitution)으로 기능하게 할 것을 제안한다. 헌법이 법률(혼)보다 상위법이
듯이, 영 선언문은 개인의 커리어 전략이나 재무 계획(혼)보다 상위에서 모든 의사
결정을 통제하고 조정하는 기준점이 된다. 영 선언문은 다음의 세 가지 핵심 요소로
구성된다.

1. **사명(Mission):** 나는 궁극적으로 어떤 가치를 세상에 남길 것인가?(존재 이유)
2. **핵심 가치(Core Values):** 사명을 이루는 과정에서 절대 포기하지 않을 3~5가지
   원칙.
3. **비전(Vision):** 사명이 실현되었을 때의 구체적인 미래 모습.

작성된 선언문은 책상 서랍에 넣어 두는 것이 아니라, 매일 아침 낭독하거나 눈에
띄는 곳에 게시하여 뇌의 망상활성계(RAS)를 자극해야 한다. 본 연구자는 이를 '영
적 주파수 튜닝(Spiritual Tuning)'이라고 부른다. 라디오 주파수를 맞추듯, 매일 자
신의 영 선언문을 통해 흐트러진 내면의 초점을 다시 맞추는 의식(Ritual)이다. 이
반복적인 튜닝 과정이 축적되면, 무의식 차원에서도 선언문에 부합하는 정보를 필
터링하고 행동을 유도하게 된다.

실천적 시사점으로서, 이 영 선언문은 **'신뢰의 앵커(Trust Anchor)'** 역할을 한다.
불확실한 상황에서 리더가 영 선언문에 기반한 일관된 의사결정을 내릴 때, 구성
원들은 예측 가능성과 안정감을 느낀다. 이는 곧바로 조직의 사회적 자본(Social

Capital)인 신뢰 비용을 낮추고, 협력의 효율성을 높이는 경제적 효과로 이어진다. 반면, 선언문이 없거나 있어도 지키지 않는 리더는 매번 상황 논리에 따라 말을 바꾸게 되어(혼 중심의 기회주의), 결국 공간자산을 탕진하게 된다. 따라서 영 선언문은 단순한 문구가 아니라 공간자산의 설계도이다.

24.5 혼(魂) 나선 개발 기술: 애자일 실행과 데이터화

1) 린 라이프 캔버스(Lean Life Canvas) : 인생 경영의 애자일 전환

본 연구는 전통적인 선형적 계획 수립(Waterfall) 방식이 불확실성이 높은 AI 시대에는 더 이상 유효하지 않다고 진단한다. 대신 실리콘밸리의 스타트업 방법론인 '린 스타트업(Lean Startup)'을 인생 경영에 적용한 '린 라이프 캔버스(Lean Life Canvas)'를 제안한다. 이는 거창하고 완벽한 인생 계획표(Master Plan)를 작성하느라 시간을 허비하는 대신, 한 페이지의 캔버스에 가설을 수립하고 즉시 검증 가능한 형태로 구조화하는 기술이다.

린 라이프 캔버스는 총 9개의 블록으로 구성된다. 핵심은 '나'라는 존재를 하나의 '스타트업'으로, 나의 재능과 시간을 '제품(Product)'으로, 세상과 타인을 '고객(Customer)'으로 정의하는 것이다. 구체적으로 문제(Problem), 고객 세그먼트(Customer Segment), 고유 가치 제안(UVP), 솔루션(Solution), 채널(Channel) 등을 정의하여, 내 삶의 비즈니스 모델을 시각화한다.

이 방식의 가장 큰 특징은 '속도(Speed)'와 '유연성(Agility)'이다. 완벽한 준비가 될 때까지 기다리는 것이 아니라, 현재 가진 자원만으로 시도할 수 있는 '최소 기능 제품(MVP)'을 정의하고 시장에 내놓는다. 예를 들어, 작가가 꿈인 사람(영)이 완벽한 소설을 탈고할 때까지 몇 년을 칩거하는 것이 아니라, 블로그에 매주 짧은 에세이를 연재(혼)하며 독자의 반응을 살피는 식이다. 이는 실패의 비용을 줄이고 학습 속도

를 높이는 전략이다.

국내 사례로 '우아한형제들(배달의민족)'의 김봉진 의장은 창업 초기, 완벽한 앱을 개발하기 전에 전단지를 직접 주워 입력하는 방식으로 가설을 검증했다. 이는 화려한 기술(Soul)보다 고객의 니즈를 확인하는 과정에 집중한 린 방식의 전형이다. 본 모델은 개인의 커리어 개발에도 이와 동일한 접근을 요구한다. 자격증을 따느라 1년을 보내기보다, 관련 프로젝트에 무급으로라도 참여하여 실무 경험 데이터를 쌓는 것이 혼 나선을 훨씬 빠르고 견고하게 성장시킨다.

2) 실험과 회고(Experiment & Retrospective) : 실패의 데이터화

린 라이프 캔버스가 지도라면, '실험과 회고'는 실제로 길을 걷는 보법(步法)이다. 본 연구는 '혼' 나선의 성장이 성공의 횟수가 아닌, '실패를 데이터로 전환한 횟수'에 비례한다고 정의한다. 많은 사람들이 실패를 두려워하여 실행을 주저하지만(불안한 완벽주의자), 본 모델에서 실패는 단순히 결과값이 'False'로 나온 실험 데이터일 뿐이다. 이 데이터를 삭제하지 않고 분석하여 영혼의 알고리즘을 업데이트할 때, 비로소 '지혜'라는 공간자산이 축적된다.

이를 위한 구체적인 기술로 MVA(Minimum Viable Action)가 제시된다. MVP가 제품 개발 용어라면, MVA는 개인의 행동 변화를 위한 최소 단위다. "매일 1시간 운동하기"라는 거창한 목표 대신 "운동화 끈 묶기"를 MVA로 설정한다. 이는 뇌의 저항감을 없애고 실행의 관성을 만드는 심리 공학적 기법이다. 혼의 근육은 거창한 결심이 아니라, 사소하지만 반복적인 행동의 누적을 통해 강화된다.

실행 후에는 반드시 '애자일 회고(Agile Retrospective)'가 뒤따라야 한다. 본 연구는 단순한 일기 쓰기가 아닌, KPT(Keep, Problem, Try) 프레임워크를 활용한 구조적 회고를 권장한다. Keep(잘해서 유지하고 싶은 행동), Problem(아쉬웠거나 문제가 된 행동), Try(다음 스프린트에서 시도할 구체적인 개선책)를 분석함으로써, 경험을 휘발시키지 않고 '암묵지(Tacit Knowledge)'를 '형식지(Explicit Knowledge)'로 변환하는 것이다. 회고가 없는 실행은 다람쥐 쳇바퀴와 같아서 같은 실수를 반복하게 만들지만, 철저한 회고를 거친 실패는 영혼의 오답 노트가 되어 다음 도전의 성공 확률을 비약적으로 높여 준다.

3) 휴먼 임페러티브(Human Imperative)로의 포트폴리오 재조정

AI가 고도로 발달한 환경에서 혼(Soul)의 역량을 어디에 집중할 것인가는 생존과 직결된 문제다. 과거에는 엑셀 능력, 외국어 번역, 코딩 기초 등이 훌륭한 혼의 자산이었으나, 이제는 AI의 영역(Red Ocean)이 되었다. 본 연구는 개인의 업무 포트폴리오를 AI가 대체 불가능한 **'휴먼 임페러티브(Human Imperative: 인간의 책무)'** 영역으로 재조정할 것을 강력히 주문한다.

휴먼 임페러티브는 다음의 네 가지 핵심 영역으로 분류된다. 첫째, 궁극적 책임(Accountability)이다. AI는 제안할 수 있지만 책임질 수 없다. 최종 의사결정을 내리고 그 결과에 대해 도덕적, 법적 책임을 지는 행위는 인간만의 고유 권한이다. 둘째, 깊은 공감과 치유(Empathy)이다. 사람의 마음을 얻고 상처를 어루만지는 고차원적인 감성 노동은 가치가 급상승한다. 셋째, 복합적 협상과 조율(Complex Negotiation)이다. 이해관계가 첨예하게 대립하는 상황에서 정치적 타협안을 도출하는 능력이다. 넷째, 비전 제시(Visionary Leadership)이다. 존재하지 않는 미래를 상상하고 타인에게 영감을 불어넣는 행위다.

따라서 혼 나선 개발의 방향은 '기능 숙달'에서 '인간적 깊이의 심화'로 전환되어야 한다. "영어를 얼마나 잘하느냐"보다 "영어로 누구와 어떤 깊이의 대화를 나누느냐"가 중요해진다. 본 모델은 이를 '기술의 인문화(Humanization of Technology)'라고 정의하며, 이것이 곧 공간자산의 질적 가치를 결정짓는다고 강조한다. AI를 경쟁자가 아닌 '비서(Co-pilot)'로 활용하여 남는 시간과 에너지를 휴먼 임페러티브 영역에 재투자하는 것, 이것이 본 연구가 제시하는 '스마트한 혼(Smart Soul)'의 모습이다.

24.6 시너지 공학: 공간자산의 형성 메커니즘

1) 티핑 포인트(Tipping Point)와 상태 변화(Phase Transition) 이론

영혼 이중나선 모델에서 '시너지(Synergy)'는 단순한 협력이 아니라, 물리적 상태가 변하는 **'상전이(Phase Transition)'** 현상으로 정의된다. 물이 99도까지는 액체 상태를 유지하다가 100도가 되는 순간 기체로 변하여 부피가 급격히 팽창하듯, 영과 혼의 결합 또한 특정 임계점을 넘어서는 순간 가치의 폭발적 확장을 일으킨다. 본 연구자는 이 지점을 '티핑 포인트(Tipping Point)'라 명명하며, 많은 개인과 조직이 이 지점 직전의 '죽음의 계곡(Valley of Death)'을 견디지 못하고 포기함으로써 공간자산 형성에 실패한다고 분석한다.

수식 Value = (Spirit × Soul)Synergy에서 시너지 지수가 1을 넘어 기하급수적 성장(Exponential Growth)을 시작하기 위해서는 '영의 진정성'과 '혼의 탁월성'이 동시에 임계 질량(Critical Mass)을 초과해야 한다. 초기 단계에서는 투입되는 노력(Input) 대비 성과(Output)가 미미한 '잠복기'를 거친다. 이때는 영과 혼이 서로를 간섭하고 조율하는 과정에서 에너지가 내부적으로 소모되기 때문이다. 그러나 이 내부 통합 과정을 견뎌 내고 두 나선의 주파수가 동기화(Synchronization)되는 순간, 그래프는 J커브를 그리며 급상승한다.

이러한 메커니즘은 '대나무의 성장'에 비유될 수 있다. 대나무는 땅속에서 뿌리(영)를 내리는 데 수년을 보내며 지상(혼)으로는 거의 자라지 않는 것처럼 보인다. 그러나 뿌리 시스템이 완성되는 순간, 하루에 수십 센티미터씩 자라나 숲(공간자산)을 이룬다. 본 모델은 이 '보이지 않는 구간'에서의 성장을 신뢰하고 지속할 수 있는 힘이 바로 '영(Spirit)'에서 나온다고 강조한다. 혼(성과)만 바라보는 자는 이 구간을 버티지 못한다.

글로벌 기업 아마존(Amazon)의 성장사는 이러한 티핑 포인트 이론을 증명한다. 제프 베조스는 창업 초기, 당장의 이익(Soul)보다는 "고객 중심(Customer

Obsession)"이라는 확고한 철학(Spirit)을 바탕으로 물류 시스템과 인프라에 천문학적인 투자를 감행했다. 수년 간의 적자(죽음의 계곡)에도 불구하고 영과 혼의 통합을 지속한 결과, 아마존은 단순한 쇼핑몰을 넘어 클라우드와 물류를 장악하는 거대한 '플랫폼 제국'으로 상전이했다. 이는 시너지가 발생하면 경쟁자가 따라올 수 없는 압도적인 격차가 형성됨을 보여 준다.

2) 직관(Intuition)과 몰입(Flow) : 통합 지능의 발현

시너지가 발생하고 있다는 가장 강력한 생체 신호는 '직관(Intuition)'과 '몰입(Flow)'의 발현이다. 본 연구는 직관을 신비주의적인 영감이 아니라, 고도로 훈련된 영과 혼의 '초고속 연산 결과'로 정의한다. 영(Spirit)은 가치 판단의 알고리즘을 제공하고, 혼(Soul)은 축적된 경험 데이터베이스를 제공한다. 이 둘이 결합될 때, 인간의 뇌는 논리적 추론(Sequential Processing) 단계를 건너뛰고 즉각적으로 본질을 파악하는 패턴 인식(Pattern Recognition) 능력을 발휘한다.

AI는 방대한 데이터를 처리할 수 있지만(혼), 데이터 간의 맥락과 의미를 파악하여 '질적인 도약'을 이루는 직관(영)은 인간의 고유 영역이다. 바둑 기사 이세돌이 알파고와의 대국에서 보여 준 '신의 한 수'는 계산된 확률(혼)을 넘어선 승부사적 직관(영)의 산물이었다. 본 모델은 이러한 직관이 우연이 아니라, 영 선언문에 기반한 삶을 치열하게 살아 낸 자만이 얻을 수 있는 '통합 지능(Integrated Intelligence)'이라고 설명한다.

또한, 시너지는 칙센트미하이의 '몰입(Flow)' 상태에서 극대화된다. 몰입은 '영의 목적'과 '혼의 기술'이 완벽하게 동기화되어, 자의식(Self-consciousness)이 사라지고 행위와 존재가 일치하는 물아일체(物我一體)의 경지다. 이 상태에서는 시간의 개념이 크로노스에서 카이로스로 전환되며, 에너지의 손실 없이 최고의 생산성을 발휘하게 된다. 본 모델은 몰입을 위한 기술적 조건으로 '도전과 역량의 황금비율'을 제시한다. 시너지 공학은 이 둘의 균형을 지속적으로 맞춰 주며 점진적으로 난이도를 높여가는 '성장 채널(Growth Channel)'을 설계하는 것이다.

3) 공간자산의 실체: 물리적 공간을 넘어선 '장(Field)'의 형성

영과 혼의 시너지가 외부 세계에 투영되어 형성되는 '공간자산(Space Asset)'이란 구체적으로 무엇인가? 본 연구자는 이를 물리학의 **'장(Field, 場)'** 개념을 빌려 설명한다. 자석이 주변에 자기장을 형성하여 철가루를 끌어당기듯, 영혼 이중나선이 강력하게 구축된 존재는 타인의 마음과 에너지를 끌어당기는 인력(Gravity)의 장을 형성한다. 이것이 바로 공간자산의 실체다.

전통적인 자산 관점(부동산)에서 공간은 평(坪)이나 제곱미터(m2)로 측정되는 물리적 영토였다. 이는 유한하고 배타적인 자원(Rivalrous Resource)이다. 내가 차지하면 남은 차지할 수 없다. 그러나 영혼이 만드는 공간자산은 '심리적 점유율(Mind Share)'과 '관계의 밀도(Density of Relationship)'로 측정된다. 이는 무한하고 비배타적인 자원이다. 나의 철학에 공감하는 사람이 늘어날수록 나의 공간자산은 기하급수적으로 넓어진다. 본 연구자는 이를 "나눔으로써 소유하는 역설"이라 칭한다.

예를 들어, 방탄소년단(BTS)은 중소 기획사라는 빈약한 혼(자본, 인맥)의 한계 속에서 시작했다. 그러나 그들은 "너 자신을 사랑하라(Love Yourself)"라는 진정성 있는 메시지(영)를 음악과 퍼포먼스(혼)에 완벽하게 결합시켰다. 이 시너지는 전 세계 아미(ARMY)라는 거대한 팬덤을 형성했고, BTS는 물리적 국경을 초월하여 수억 명의 마음속에 견고한 공간자산을 구축했다. 이들이 창출하는 경제적 가치는 단순한 엔터테인먼트 상품 매출을 넘어, 한국이라는 국가 브랜드의 가치까지 상승시키는 '공간의 확장'을 보여 준다.

이러한 공간자산은 '플랫폼(Platform)'의 성격을 띤다. 강력한 영적 구심력을 가진 리더나 브랜드 주변에는 인재, 정보, 자본이 자발적으로 모여들어 생태계를 이룬다. 본 모델은 이를 "소유하지 않음으로써 지배하는(Governing without Owning)" 전략이라고 칭한다. 물리적 공간을 소유하는 데 집착하는 '건물주' 모델에서 벗어나, 사람들의 시간과 관심을 점유하는 '장(Field)의 설계자'가 되는 것, 이것이 AI 시대에 개인이 추구해야 할 진정한 부의 모습이다.

24.7 결론 및 시사점: 유산(Legacy)과 지속 가능성

1) 성장 플라이휠(Growth Flywheel)의 설계와 관성 돌파

본 모델이 추구하는 최종 목표는 영(Spirit)과 혼(Soul)의 시너지가 일회성 이벤트에 그치지 않고, 시스템적으로 무한 반복되는 구조를 만드는 것이다. 이를 위해 짐 콜린스(Jim Collins)의 '플라이휠 효과(Flywheel Effect)'를 도입하여 '박운선 시너지 플라이휠(Park's Synergy Flywheel)'을 설계한다. 플라이휠은 처음 돌릴 때는 막대한 에너지가 필요하지만, 한 번 가속도가 붙으면 관성 모멘텀(Momentum)에 의해 적은 힘으로도 계속 회전하며 스스로 에너지를 증폭시키는 거대한 바퀴다.

본 연구의 플라이휠은 4단계 순환 구조로 작동한다. 1단계는 '영적 각성 및 선언'으로, 명확한 'Why'를 설정하고 영 선언문을 통해 방향을 잡는다. 2단계는 '혼의 애자일 실행'으로, 린 캔버스와 MVA를 통해 작은 성공 데이터를 만든다. 3단계는 '시너지 및 공간자산 축적'으로, 성과가 신뢰로 전환되어 영향력의 장이 넓어진다. 4단계는 '에너지 재투자'로, 확장된 영향력과 자원이 다시 영적 확신을 강화하는 연료로 쓰인다.

대부분의 사람들이 실패하는 지점은 1단계에서 2단계로 넘어가는 '초기 마찰 구간'이다. 본 연구는 이 구간을 돌파하는 핵심 기술이 '작은 승리의 축적'이라고 강조한다. 일단 플라이휠이 티핑 포인트를 넘어 회전하기 시작하면, 상황은 역전된다. 외부의 시련이나 실패가 와도 시스템의 관성이 이를 튕겨 내거나 오히려 회전력으로 흡수한다. 이를 '동적 안정성(Dynamic Stability)'이라 한다. 지속 가능한 가치는 멈춰있는 상태(안정)가 아니라, 끊임없이 움직이며 균형을 잡는 상태에서 나온다.

2) 유산(Legacy)의 설계: 밈(Meme)의 복제와 영속성

공간자산의 진정한 가치는 당사자의 '부재(Absence)' 시에 증명된다. 본 모델은 성공(Success)을 넘어 '유산(Legacy)'을 남기는 것을 최종 목적으로 한다. 성공이 '내가 얻는 것'이라면, 유산은 '내가 남기는 것'이다. 물리적 육체는 소멸하지만, 그가 구축한 영혼의 공간자산은 타인의 기억과 문화 속에 남아 계속해서 영향력을 행사할 수 있다.

이를 설명하기 위해 리처드 도킨스의 '밈(Meme)' 개념을 차용한다. 생물학적 유전자가 육체를 통해 전달되듯, 영적 유전자인 밈은 문화와 스토리를 통해 전달된다. 본 연구는 "지속 가능한 가치란 타인의 영혼 속에 나의 밈을 복제하는 것"이라고 정의한다. 故 유일한 박사가 세운 유한양행은 창업주가 떠난 지 반세기가 지났지만, 그의 '청지기 정신(Spirit)'은 여전히 기업 문화와 사회적 신뢰(공간자산)로 남아 강력하게 작동하고 있다. 이는 영이 혼(기업)에 완벽하게 이식되어 영속성을 획득한 사례다.

유산을 설계하는 기술적 방법론은 '소유에서 향유와 공유로의 전환'이다. 물리적 자산(부동산, 돈)은 나눌수록 줄어들지만(Zero-sum), 영적 자산(지혜, 사랑, 철학)은 나눌수록 커진다(Positive-sum). 본 모델은 이를 위해 생전에 자신의 경험과 철학을 체계화하여 후대가 활용할 수 있는 형태로 변환하는 작업을 필수 과제로 제시한다. 이것이 바로 '죽음 이후에도 작동하는 시스템'을 만드는 법이다.

3) 단계 실행 로드맵 및 결론

본 연구는 '영혼 이중나선 모델'을 통해, AI 시대의 위기를 극복하고 인간 고유의 공간자산을 구축하는 기술적 체계를 규명하였다. 결론적으로, 이론을 넘어 실제 삶의 변화를 이끌어 내기 위한 '4단계 실행 로드맵(Action Roadmap)'을 제안하며 연구를 마친다.

1. **각성(Awakening):** 현재의 불균형 상태를 인지하고 위기 의식을 갖는다. (도구: 4가지 불균형 프로파일 진단, 5 Whys)

2. **정립(Definition):** 흔들리지 않는 내면의 나침반(Spirit)을 세운다. (도구: 인생 회고록, 골든 서클, 영 선언문)

3. **실행(Execution):** 영의 비전을 검증하고 혼의 역량을 데이터화한다. (도구: 린 라이프 캔버스, MVA, 애자일 회고)

4. **확장(Expansion):** 시너지를 일으켜 공간자산을 구축하고 유산을 설계한다. (도구: 시너지 플라이휠 모델, 휴먼 임페러티브)

본 연구는 "가장 개인적인 것이 가장 창의적인 것이다"라는 명제를 다시 확인한다. AI는 보편적인 데이터의 평균값을 산출하는 데 탁월하지만, 결코 '고유한 개인'이 될 수는 없다. 오직 인간만이 자신의 영혼에 깊이 뿌리박은 고유성을 통해 대체 불가능한 공간자산을 만들 수 있다. 영혼이 만드는 공간자산은 눈에 보이지 않지만, 가장 강력하고 안전한 자산이다. 부동산은 폭락할 수 있고 화폐 가치는 떨어질 수 있지만, 타인의 마음속에 쌓아 올린 신뢰와 존경의 성채는 그 누구도 빼앗을 수 없다.

"당신의 영(Spirit)이 이끌고, 당신의 혼(Soul)이 밀 때, 당신의 삶은 그 자체로 위대한 공간자산이 된다." 본 연구가 혼란스러운 시대를 살아가는 모든 이들에게 자신의 영혼을 회복하고, 진정한 부의 주인이 되는 길잡이가 되기를 바란다.

더 조화로운 세상을 향하여

　우리는 지금 인류 문명의 새로운 르네상스 입구에 서 있다. 그것은 분석과 통합, 기술과 인문, 동양과 서양의 지혜가 하나로 만나는 시대이다. 이 책의 여정은 인공지능(AI)이라는 거울 앞에서 우리가 잃어버린 반쪽의 지혜를 되찾아야 한다는 문명사적 성찰에서 시작되었다. 우리는 주역과 양자물리학의 깊은 공명을 통해 세상이 고정된 기계가 아니라, 가능성으로 가득 찬 역동적인 관계의 그물망이라는 사실을 깨달았다. 풍수라는 렌즈를 통해 공간이 단순한 배경이 아니라 우리의 삶과 상호작용하는 살아 있는 유기체임을 보았고, AI가 우리의 일을 대체하는 것이 아니라 재정의하며 새로운 기회를 열어 주고 있음을 확인했다.

그리고 마침내, 우리는 이 모든 것을 '프롭테크(Prop-Tech)'라는 이름 아래 하나로 엮었다. 이 책에서 제시한 프롭테크 비전은 단지 부동산에 국한된 이야기가 아니다. 그것은 우리가 가진 가장 강력한 기술을 인류의 가장 깊은 지혜와 연결하여, 더 건강하고, 더 행복하며, 더 지속 가능한 미래를 어떻게 설계할 수 있는지에 대한 하나의 청사진이다. 이것은 단순한 기술적 결합이 아니다. 그것은 우리가 세상을 이해하고, 그 안에서 우리의 자리를 찾으며, 더 나은 미래를 향해 나아가는 방식에 대한 근본적인 패러다임의 전환이다.

데이터의 '무엇'을 넘어 의미의 '왜'를 묻고, 효율성을 넘어 조화를 추구하며, 예측을 넘어 창조를 선택하는 것. 이것이 프롭테큰의 정신이다. 물론, 이 위대한 재통합의 길은 결코 쉽지 않을 것이다. 낡은 관성과 새로운 기술에 대한 두려움, 그리고 복잡한 이해관계들이 우리의 앞을 가로막을 것이다. 하지만 주역이 가르쳐주듯, 모든 변화는 어려움(**준괘, 屯卦**) 속에서 시작되며, 가장 깊은 어둠(**명이괘, 明夷卦**) 속에서야 비로소 우리는 내면의 빛을 발견하고 새로운 시작(**복괘, 復卦**)을 준비하게 된다.

이 책을 덮는 당신은 더 이상 미래의 수동적인 관객이 아니다. 당신은 당신의 공간을, 당신의 커리어를, 그리고 당신이 속한 공동체의 미래를 설계하는 '프롭테큰 시대의 첫 번째 건축가'이다. 당신이 던지는 질문이, 당신이 내리는 선택이, 그리고 당신이 시작하는 작은 실천이 모여 우리가 살아갈 미래의 모습을 빚어 낼 것이다.

고대의 지혜가 미래의 기술로 구동되고, 차가운 데이터가 인간의 따뜻한 가슴과 만나는 세상. 분리되었던 모든 것이 다시 연결되어 더 큰 조화를 이루는 세상. 그 위대한 재통합의 시대를 향한 여정에 당신을 초대한다. 이제, 그 미래를 함께 만들어 갈 시간이다.

참고 문헌

김수연(2019), "회복탄력성이 기업실패 창업가의 창업의도에 미치는 영향: 창업경험, 역할모델, 창업교육의 조절효과를 중심으로," 『산업경영연구』, 42권 2호, pp. 57-82.

김종술·문재승·박계홍(2013), "직무 임베디드니스가 조직시민행동에 미치는 영향과 진정성 리더십의 조절효과," 『인적자원관리연구』, 20권 5호, pp. 63-84.

박운선(2007), 「수도권 자연보전권역 내 자연휴양림의 경제적 가치 분석」, 청주대학교 대학원 박사학위논문.

박운선(2012), 「주택하위시장별 특성가격 모형 추정에 관한 연구」, 한성대학교 대학원 박사학위논문.

박운선(2024), 「삶과 영혼의 이중나선(The Double Helix of Life and Soul)」, 미간행 연구보고서.

박운선(2024). 공간자산 불평등 해소를 위한 통합적 방법론 구축: 디지털 전환과 포용적 거버넌스를 중심으로. 사용자 제공 자료.

박운선(2025), 《ESG 공간자산 경제학: 불평등 해소 혁신》, 좋은땅출판사.

박운선(2025), 《ESG 부동산 경제학》, 좋은땅출판사

박운선(2025), 《디지털 자산과 부동산 금융론》, 좋은땅출판사

박운선(2026), 《프롭테크 AI 부동산 금융투자론》, 좋은땅출판사

박운선(2026), 《프롭테크 AI 주역 부동산 투자론》, 좋은땅출판사

박운선·권창희(2024), 「ESG 기반 지속 가능한 문화자산 도플러 효과 연구: 서울 성수동 수제화 거리 중심으로」, 『한국행정사학지』, 통권 62호, pp. 87~114.

변순용(2017), "인공지능 윤리의 쟁점과 과제," 『윤리연구』, 114호, pp. 1-24.

이수진(2012), "기업의 사회적 책임(CSR)과 브랜드 이미지가 기업호감도 및 구매의도에 미치는 영향," 『서비스마케팅저널』, 5권 1호, pp. 19-33.

이정동(2015), 『축적의 시간』, 지식노마드, 서울.

최진석(2018), 『탁월한 사유의 시선』, 21세기북스, 서울.

Aydinoglu, A. C., & Yilmaz, V. (2025). Examining the market sample size for machine learning-based mass appraisal: a case study in Pendik district of Istanbul. *Journal of Property Research, 42*(3).

Baum, A. (2020). PropTech 2020: The Future of Real Estate. University of Oxford, Saïd Business School.

Block, A., & Aarons, Z. (2019). *PropTech 101: Turning Chaos Into Cash Through Real Estate*

Innovation. PropTech 101.

Cheung, K. S. (2024). Real Estate Insights Unleashing the potential of ChatGPT in property valuation reports: the "Red Book" compliance Chain-of-thought(CoT) prompt engineering. *Journal of Property Investment & Finance, 42*(2).

Collins, J 2001, Good to Great: Why Some Companies Make the Leap… and Others Don't, HarperBusiness, New York.

Csikszentmihalyi, M 1990, Flow: The Psychology of Optimal Experience, Harper & Row, New York.

Dawkins, R 2006, The Selfish Gene, 30th Anniversary ed, Oxford University Press, Oxford.

Fitzpatrick, M., Gujral, V., Kapoor, A., & Wolkomir, A. (2023). *Generative AI can change real estate, but the industry must change to reap the benefits.*

Frey, CB & Osborne, MA 2017, 'The Future of Employment: How Susceptible Are Jobs to Computerisation?', Technological Forecasting and Social Change, vol. 114, pp. 254-280.

Gallup 2023, State of the Global Workplace: 2023 Report, Gallup, Washington, D.C.

Gladwell, M 2000, The Tipping Point: How Little Things Can Make a Big Difference, Little, Brown, Boston.

Huang, C., Li, Z., Chen, F., & Liang, B. (2025). Multimodal Machine Learning for Real Estate Appraisal: A Comprehensive Survey. *arXiv preprint arXiv:2503.22119*. https://doi.org.

Kassner, A. J., Cajias, M., & Zhu, B. (2022). The PropTech investors' dilemma - What are the key success factors that secure survival? *Journal of Property Investment & Finance, 41*(1), 76-91.

Kee, T., Aydinoglu, A. C., & Lee, S. H. (2025). Predicting industrial property prices with explainable artificial intelligence. *Journal of Property Research, 42*(3).

Li, C., Wang, W., Du, W., & Peng, W. (2024). Look Around! A Neighbor Relation Graph Learning Framework for Real Estate Appraisal. In *PKDD(4)* (Vol. 14648, pp. 3-16). Springer.

Oladiran, O., & Dickins, L. (2024). PropTech and Real Estate Innovations: *A Guide to Digital Technologies and Solutions in the Built Environment*. Routledge.

Poleg, D. (2019). *Rethinking Real Estate: A Roadmap to Technology's Impact on the World's Largest Asset Class*. Palgrave Macmillan.

Rampini, L., & Re Cecconi, F. (2021). Artificial intelligence algorithms to predict Italian real estate market prices. *Journal of Property Investment.*

Ries, E 2011, The Lean Startup: How Today's Entrepreneurs Use Continuous Innovation to Create

Radically Successful Businesses, Crown Business, New York.

Schwab, K 2016, The Fourth Industrial Revolution, Crown Business, New York.

Sinek, S 2009, Start with Why: How Great Leaders Inspire Everyone to Take Action, Portfolio, New York.

Squires, G., et al. (Eds.). (2020). *Routledge Companion to Real Estate Development*.

Teikari, P., Jarrell, M., Azh, M., & Pesola, H. (2025). The Architecture of Trust: A Framework for AI-Augmented Real Estate Valuation in the Era of Structured Data. *arXiv preprint arXiv:2508.02765*. https://doi.org.

Veluru, C. S. (2023). Revolutionizing Real Estate: AI-Driven Insights from Historical Data for Smart Property Decisions. *Journal of Artificial Intelligence & Cloud Computing, 2*(1), 6-11.

Yazdani, M., & Raissi, M. (2023). Real Estate Property Valuation using Self-Supervised Vision Transformers. *arXiv preprint arXiv:2302.00117*. https://doi.org.

주역(周易) 핵심 해설

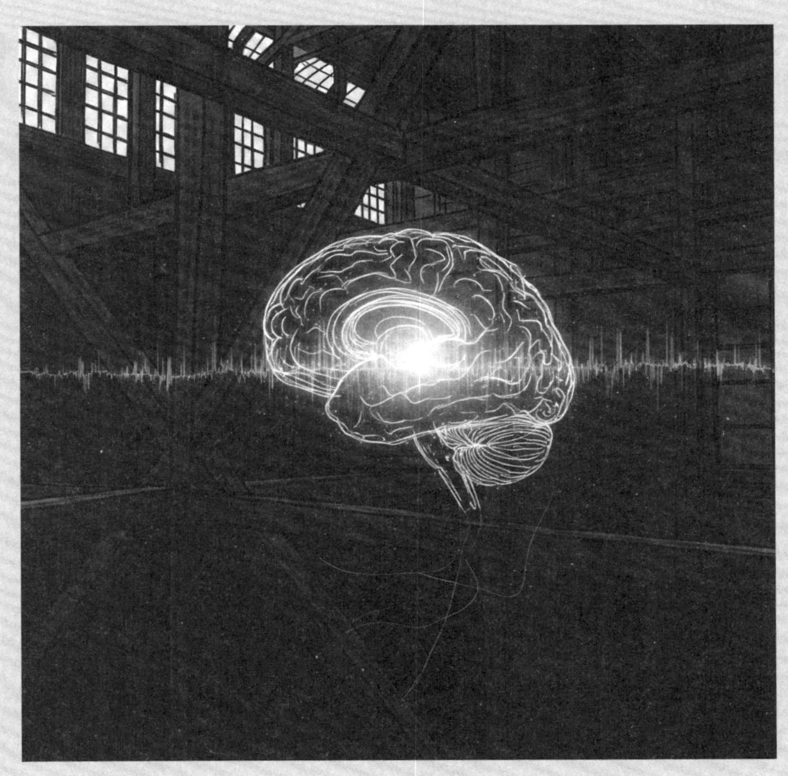

1. 주역 64괘(周易六十四卦)

주역의 64괘는 8괘(소성괘) 두 개가 위아래로 겹쳐져 만들어진 대성괘입니다. 각 괘는 자연과 인간사의 다양한 상황과 변화의 원리를 상징합니다.

번호	괘상(卦象)	괘명(卦名)	핵심 해석
1	☰(☰)	중천건(重天乾)	하늘, 강건함, 창조, 시작, 지도자, 활동적
2	☷(☷)	중지곤(重地坤)	땅, 유순함, 포용, 인내, 만물의 어머니, 안정
3	☵(☳)	수뢰둔(水雷屯)	어려움, 처음의 고난, 진통, 싹이 틈
4	☶(☵)	산수몽(山水蒙)	어리석음, 무지, 계몽, 교육, 안개 속의 길
5	☵(☰)	수천수(水天需)	기다림, 때를 기다림, 인내, 희망
6	☰(☵)	천수송(天水訟)	다툼, 소송, 갈등, 논쟁, 조심스러운 대처
7	☷(☵)	지수사(地水師)	군대, 조직, 통솔력, 단결, 전쟁
8	☵(☷)	수지비(水地比)	화합, 친밀함, 협력, 조화, 도움
9	☴(☰)	풍천소축(風天小畜)	작은 결실, 잠시 멈춤, 약간의 저지
10	☰(☱)	천택리(天澤履)	예절, 실천, 조심스러운 이행, 호랑이 꼬리를 밟는 위태로움
11	☷(☰)	지천태(地天泰)	태평, 안정, 교류, 화합, 번영
12	☰(☷)	천지비(天地否)	막힘, 불통, 단절, 쇠퇴, 인내의 시기
13	☰(☲)	천화동인(天火同人)	사람들과 함께함, 협력, 동지, 대동단결
14	☲(☰)	화천대유(火天大有)	크게 소유함, 풍요, 번영, 성공
15	☷(☶)	지산겸(地山謙)	겸손, 겸양, 자신을 낮춤, 덕을 쌓음
16	☳(☷)	뇌지예(雷地豫)	기쁨, 준비, 즐거움, 예비

17	䷐	택뢰수(澤雷隨)	따름, 순응, 변화에 따름, 추종
18	䷑	산풍고(山風蠱)	좀먹음, 부패, 개혁, 새로운 시작, 혼란을 바로잡음
19	䷒	지택림(地澤臨)	임함, 다스림, 통치, 발전, 봄이 옴
20	䷓	풍지관(風地觀)	봄, 관찰, 성찰, 통찰
21	䷔	화뢰서합(火雷噬嗑)	깨물어 합침, 장애물 제거, 결단, 법 집행
22	䷕	산화비(山火賁)	꾸밈, 장식, 문명, 형식과 실질의 조화
23	䷖	산지박(山地剝)	깎임, 쇠퇴, 붕괴, 몰락의 시기
24	䷗	지뢰복(地雷復)	회복, 복귀, 새로운 시작, 동지(冬至)
25	䷘	천뢰무망(天雷無妄)	망령됨이 없음, 순리, 자연스러움, 진실
26	䷙	산천대축(山天大畜)	크게 쌓음, 큰 축적, 실력 배양, 큰 저지
27	䷚	산뢰이(山雷頤)	턱, 기름, 언어, 음식, 자기 수양
28	䷛	택풍대과(澤風大過)	크게 지나침, 과오, 비상사태, 기둥이 휨
29	䷜	중수감(重水坎)	험난함, 빠짐, 시련, 위기, 지혜로운 극복
30	䷝	중화리(重火離)	불, 밝음, 의지, 지성, 문명
31	䷞	택산함(澤山咸)	느낌, 감응, 남녀의 사랑, 조화
32	䷟	뇌풍항(雷風恒)	항상성, 지속, 부부의 도리, 꾸준함
33	䷠	천산돈(天山遯)	물러남, 은둔, 후퇴, 시기를 피함
34	䷡	뇌천대장(雷天大壯)	크게 장함, 강성함, 힘의 남용 경계
35	䷢	화지진(火地晉)	나아감, 발전, 번영, 승진
36	䷣	지화명이(地火明夷)	밝음이 상함, 암흑기, 지혜를 숨김, 인내
37	䷤	풍화가인(風火家人)	집안사람, 가정, 내부 단속, 각자의 역할
38	䷥	화택규(火澤睽)	어긋남, 반목, 불화, 갈등
39	䷦	수산건(水山蹇)	절뚝거림, 어려움, 고난, 나아가지 못함
40	䷧	뇌수해(雷水解)	풀림, 해소, 위기 극복, 봄이 옴
41	䷨	산택손(山澤損)	덜어 냄, 손해, 희생, 절제
42	䷩	풍뢰익(風雷益)	더함, 이익, 발전, 성장
43	䷪	택천쾌(澤天夬)	결단, 터뜨림, 과감한 결정, 소인배를 제거함
44	䷫	천풍구(天風姤)	만남, 우연한 만남, 조심스러운 관계
45	䷬	택지췌(澤地萃)	모임, 번영, 집결, 인재 등용

46	䷭ (☷☴)	지풍승(地風升)	올라감, 성장, 승진, 꾸준한 노력의 결실
47	䷮ (☱☵)	택수곤(澤水困)	곤궁함, 어려움, 궁핍, 고난
48	䷯ (☵☴)	수풍정(水風井)	우물, 변치 않는 덕, 공동체, 기반
49	䷰ (☱☲)	택화혁(澤火革)	개혁, 혁명, 낡은 것을 바꿈, 큰 변화
50	䷱ (☲☴)	화풍정(火風鼎)	솥, 안정, 협력, 인재 양성, 새로운 질서
51	䷲ (☳☳)	중뢰진(重雷震)	우레, 놀람, 경계, 두려움, 새로운 시작
52	䷳ (☶☶)	중산간(重山艮)	그침, 멈춤, 안정, 절제, 분수를 지킴
53	䷴ (☴☶)	풍산점(風山漸)	점진적 발전, 순서, 차근차근 나아감
54	䷵ (☳☱)	뇌택귀매(雷澤歸妹)	시집가는 누이, 비정상적 결합, 경솔함 경계
55	䷶ (☳☲)	뇌화풍(雷火豊)	풍요, 번성, 전성기, 겸손이 필요함
56	䷷ (☲☶)	화산려(火山旅)	나그네, 여행, 불안정, 고독, 처세
57	䷸ (☴☴)	중풍손(重風巽)	바람, 겸손, 순종, 거듭되는 명령
58	䷹ (☱☱)	중택태(重澤兌)	기쁨, 즐거움, 교류, 대화
59	䷺ (☴☵)	풍수환(風水渙)	흩어짐, 해산, 이산, 새로운 결합을 위한 해체
60	䷻ (☵☱)	수택절(水澤節)	절제, 마디, 규율, 한계 설정
61	䷼ (☴☱)	풍택중부(風澤中孚)	믿음, 정성, 진실한 마음, 신뢰
62	䷽ (☳☶)	뇌산소과(雷山小過)	조금 지나침, 겸손, 작은 일에 충실
63	䷾ (☵☲)	수화기제(水火旣濟)	이미 이룸, 완성, 성공, 현상 유지의 어려움
64	䷿ (☲☵)	화수미제(火水未濟)	아직 이루지 못함, 미완성, 혼돈, 가능성

2. 오행(五行)

오행은 우주 만물을 이루는 다섯 가지 기본 원소(木, 火, 土, 金, 水)를 말하며, 이들은 서로 생성(相生)하고 극복(相剋)하며 순환합니다.

구분	목(木)	화(火)	토(土)	금(金)	수(水)
성질	성장, 뻗어 나감	발산, 타오름	중용, 포용	수축, 결실	응축, 저장
방위	동(東)	남(南)	중앙(中央)	서(西)	북(北)
계절	봄(春)	여름(夏)	환절기 (換節期)	가을(秋)	겨울(冬)
색	청색(靑)	적색(赤)	황색(黃)	백색(白)	흑색(黑)
상생(相生) 관계 (서로 돕는 관계)	水生木 (물이 나무를 키움)	木生火 (나무가 불을 만듦)	火生土 (불이 재를 만들어 흙이 됨)	土生金 (흙에서 쇠가 나옴)	金生水 (쇠에서 물이 생김)
상극(相剋) 관계 (서로 억제하는 관계)	金剋木 (쇠가 나무를 자름)	水剋火 (물이 불을 끔)	木剋土 (나무가 흙의 양분을 흡수)	火剋金 (불이 쇠를 녹임)	土剋水 (흙이 물을 막음)

3. 효(爻)

효는 괘를 구성하는 기본 단위인 ━(양효)와 ╍(음효)를 말합니다. 6개의 효가 모여 하나의 괘를 이루며, 각 효는 위치에 따라 다른 의미를 가집니다.

효의 위치	명칭	일반적 의미	음양 구분
맨 아래	초효(初爻)	사물의 시작, 가장 낮은 지위, 미미한 단계. 변화의 시작점.	양의 자리(홀수)
아래에서 2번째	이효(二爻)	내괘(아래 괘)의 중심. 실무자, 재능을 갖추었으나 아직 전면에 나서지 않음.	음의 자리(짝수)
아래에서 3번째	삼효(三爻)	내괘의 가장 위. 불안정한 위치, 위기와 기회가 공존. 내괘에서 외괘로 넘어가는 자리.	양의 자리(홀수)
아래에서 4번째	사효(四爻)	외괘(위 괘)의 시작. 고위 관료, 군주를 보좌하는 자리. 조심스러운 처신이 요구됨.	음의 자리(짝수)
아래에서 5번째	오효(五爻)	외괘의 중심이자 괘 전체의 주체. 군주, 지도자, 최고의 지위.	양의 자리(홀수)
맨 위	상효(上爻)	사물의 끝, 가장 높은 지위. 은퇴한 원로, 극에 달해 변화를 앞둔 상태.	음의 자리(짝수)

4. 핵심 용어 해설

- **64괘(64 Hexagrams):** 주역의 기본 단위. 8괘를 위아래로 겹쳐 만들어지며, 인간과 우주가 겪을 수 있는 64가지의 원형적 상황과 변화의 패턴을 상징한다. 이 책에서는 복잡계를 모델링하는 '상태 공간'으로 활용된다.

- **WaaS(Wisdom-as-a-Service):** '서비스로서의 지혜'. 전문가의 시간에 의존하는 전통적인 컨설팅을 넘어, AI 플랫폼을 통해 통합적인 지혜와 전략적 통찰을 구독 형태로 제공하는 새로운 비즈니스 모델.

- **국운풍수(國運風水):** 한 나라의 수도나 중심 도시의 입지와 공간 구조가 국가 전체의 운명에 미치는 영향을 분석하는 거시적 풍수지리학.

- **구성기학(九星氣學):** 사람이 태어난 해의 기운을 아홉 개의 별(본명성)으로 분류하여 개인의 성향, 운세, 그리고 공간과의 조화를 분석하는 학문. 개인 맞춤형 풍수의 기초가 된다.

- **기(氣):** 우주 만물을 구성하고 살아 움직이게 하는 근원적인 생명 에너지. 풍수에서는 이 기의 흐름과 상태를 가장 중요하게 여긴다.

- **신경건축학(Neuroarchitecture):** 신경과학과 건축학을 결합하여, 건축 환경이 인간의 뇌 기능, 감정, 행동에 어떤 영향을 미치는지 과학적으로 연구하는 융합 학문.

- **디지털 풍수(Digital Feng Shui):** BIM, AI 컴퓨터 비전, 공간 분석 알고리즘 등 현대 기술을 활용하여 풍수 원리를 객관적이고 정량적으로 분석하고 시뮬레이

선하는 새로운 접근 방식.

- **배산임수(背山臨水)**: 뒤로는 산을 등지고 앞으로는 물을 마주하는 지형. 풍수에서 가장 이상적인 명당의 제1원칙이다.
- **생명애 디자인(Biophilic Design)**: 인간이 본능적으로 자연과 연결되기를 갈망한다는 '생명애(Biophilia)' 가설에 기반하여, 건축 공간에 자연적인 요소를 적극적으로 도입하는 디자인 방법론.
- **오행(五行)**: 목(木), 화(火), 토(土), 금(金), 수(水). 세상을 구성하고 변화시키는 다섯 가지 근본적인 에너지 유형과 그 순환 관계를 설명하는 이론.
- **웰니스 부동산(Wellness Real Estate)**: 거주자의 신체적, 정신적, 사회적 건강과 웰빙을 적극적으로 지원하고 증진시키도록 설계, 건설, 운영되는 부동산.
- **음양(陰陽)**: 세상의 모든 현상을 설명하는 두 개의 상보적인 힘. 어둠과 밝음, 여성과 남성, 수동과 능동 등 모든 대립적인 개념을 포함하며, 이 둘의 조화를 중요하게 여긴다.
- **주역(周易, I Ching)**: 음양의 원리를 바탕으로 64괘를 통해 우주와 인생의 모든 변화 패턴을 설명하는 동양 최고의 경전. 이 책에서는 변화를 읽고 미래를 설계하는 '운영체제'로 설명된다.
- **프롬테큰(Prom-Tekn)**: 이 책에서 제시하는 핵심 패러다임. 인간의 깊이 있는 질문과 의도(Prompt)가 최첨단 기술(Technology)과 만나, 단순한 정보가 아닌 통합적인 '지혜'를 창조하는 새로운 방법론이자 미래 부동산의 비전.
- **휴먼 임페러티브(The Human Imperative)**: AI가 기술적, 분석적 능력을 대체함에 따라, 사회와 시장이 인간에게 더욱 강력하게 요구하게 되는 비판적 사고, 창의력, 공감, 윤리적 판단 등 인간 고유의 역량을 총칭한다.